QINGHAI
MINGSHAN
ZHI

青海名山志

青海省地方志编纂委员会办公室　编
陈克龙　主编
雷延金　执行主编

中山大学出版社
SUN YAT-SEN UNIVERSITY PRESS

·广州·

图书在版编目（CIP）数据

青海名山志／青海省地方志编纂委员会办公室编；陈克龙主编；雷延金执行主编 . —广州：中山大学出版社，2023.12

ISBN 978-7-306-07952-7

Ⅰ . ①青… Ⅱ . ①青… ②陈… ③雷… Ⅲ . ①山—地方志—青海 Ⅳ . ① K928.3

中国国家版本馆 CIP 数据核字（2023）第 219479 号

审图号：青 S（2023）223 号

出　版　人：王天琪

策划编辑：嵇春霞　李海东

责任编辑：李海东

封面设计：林绵华

装帧设计：林绵华

责任校对：赵　婷

责任技编：靳晓虹

出版发行：中山大学出版社

电　　话：编辑部 020-84110283，84113349，84111997，84110779,84110776
　　　　　发行部 020-84111998，84111981，84111160

地　　址：广州市新港西路135号

邮　　编：510275　　传　真：020-84036565

网　　址：http://www.zsup.com.cn　E-mail:zdcbs@mail.sysu.edu.cn

印　刷　者：恒美印务（广州）有限公司

规　　格：787mm×1092mm　1/16　28.75印张　450千字

版次印次：2023年12月第1版　2023年12月第1次印刷

定　　价：168.00元

青海省地方志编纂委员会

2020年10月—2022年8月

主　任：信长星

副主任：陈瑞峰　　高　华　　杨逢春（常务）　　杜德志

委　员：张黄元　　董杰人　　王志忠　　谢宏敏　　杨松义　　党晓勇

　　　　侯碧波　　张　宁　　刘天海　　张继东　　颜高国　　解晓东

　　　　索端智　　邓玉兰　　魏守良　　河生花　　马成俊

2022年9月—

主　任：吴晓军

副主任：王大南　　张黄元　　杨逢春（常务）　　马丰胜

委　员：邱纪春　　卢　彦　　杨松义　　索端智　　颜高国　　邓玉兰

　　　　高　鹏　　张纳军　　贾小煜　　冯志刚　　王学文　　蔡　敏

　　　　马呈见　　河生花　　马成俊

青海省地方志编纂委员会办公室

主　任：王振青（2011年4月—2015年1月）

　　　　高　煜（2015年2月—2017年11月）

　　　　杨松义（2018年9月—　　　）

副主任：刘德然（2005年12月—2012年6月）

　　　　杨松义（2012年8月—2018年9月）

　　　　魏守良（2019年1月—2022年7月）

《青海名山志》编纂委员会

主　任：杨松义

副主任：李泰年

委　员：陈克龙　刘淑青　董得华　马　渊　杨树寿　师玉洁
　　　　雷延金　李宝鑫　仁欠扎西　陈宗颜　侯光良
　　　　常华进　薛华菊

主　编：陈克龙

执行主编：雷延金

副主编：李宝鑫　仁欠扎西

编　辑：师玉洁　陈宗颜　常华进　侯光良　吴朝雄　张胜邦
　　　　韩艳丽　薛华菊　鄂崇毅　吴成永　方成江　袁　杰
　　　　毛亚辉　白云霞　崔永孝　刘　国　陈海莉　王永生
　　　　张　航　戚一应

《青海名山志》评审验收小组

杨松义　李泰年　胡德旺　孟苏菊　魏柏树　云公保太
蒲生华　鄂崇毅

编纂说明

一、本志以马克思列宁主义、毛泽东思想、邓小平理论、"三个代表"重要思想、科学发展观、习近平新时代中国特色社会主义思想为指导，全面真实地描述青海境内较为知名的山脉（峰）的位置境域、地质地貌、历史沿革、神话传说、民俗旅游等方面的情况。

二、本志语言文字、标点符号、称谓、数字数据、时间表述、计量单位、图（照片）、表和引文注释等的使用，均按国家相关规定、标准执行。

三、本志所涉及诸山位置境域示意图由国内知名手绘图专家崔永孝老师依据卫星地形图，对绘图要素进行了取舍，概要展示系列山地的相互位置关系及其位置特征，部分示意图采用了三维空间表示法，突出了山地的起伏组合，有助于读者便捷地阅读体验。

四、本志所使用的照片由张胜邦、何启金等拍摄。本志所使用的专题地图由青海省地理空间和自然资源大数据中心董凤翎、杨臻康、杨柳设计，刘国、黄彦丽、陈海莉、谭生玲、吴宜桐、张燕绘制，张晓红、马静检查。

五、本志中有些山，如互助县五峰山、龙王山在省内并不出名，但据资料发现，其有一定的文化历史渊源，单列为名山。

六、在处理山脉分级时，本志一方面以柴达木盆地、阿尔金山脉、祁连山脉、昆仑山脉、唐古拉山脉为大地形单元做分类；另一方面，以2008年颁布的《中国山脉山峰名称代码》国家标准，将青海省的山脉、山脉、山峰

（含界山）的从属关系做一梳理。

七、本志对各州、县行政区划内诸山亦做简要记录。受资料所限，个别行政区划内诸山未能尽数收悉。

八、本志所涉及自然资源数据源自青海省第三次全国国土调查主要数据公报，人口数据使用第七次全国人口普查主要数据结果。

青海省地图
1:5 000 000

冷湖

阿尔金山脉

南翌山

茫崖

茫崖市 柴

达

大柴旦行委

大柴旦湖 ⊙

鱼卡河

锡铁山

海 西 蒙 古 族 藏

乌图美仁

西达布逊湖

东达布逊湖

柏乃亥河

昆

布喀达坂峰

郭勒木德

格尔木市

木

可可西里湖

可 可 西 里 山 玉

山

脉

玉珠峰

卓乃湖

树

曲麻河

雅拉

叶格

秋涌

扎河

沿溪

乌兰乌拉湖

藏

族

自

莫云

波涛湖

巴音河

(格尔木市代管)

日居错

雀莫错

治多

治

多彩

赤布张错

通

天

扎阿曲

尼日阿错改

索加

查日

扎青

杂多

昂赛

阿多

各拉丹冬

唐古拉山

结多

苏鲁

东坝

尔羊

唐

拉

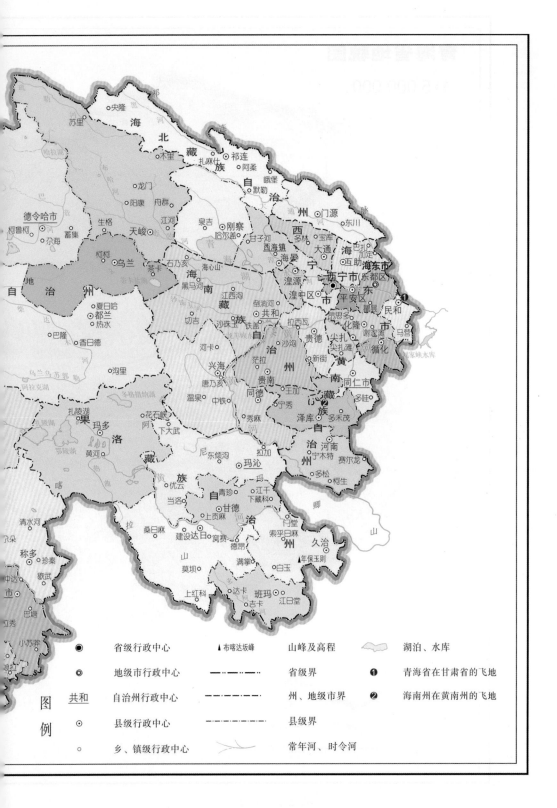

青海省地图集
1:5 000 000

图
例

◉	省级行政中心
◎	地级市行政中心
共和	自治州行政中心
⊙	县级行政中心
○	乡、镇级行政中心

▲布喀达坂峰　山峰及高程

—·—·—　省级界

— — —　州、地级市界

————　县级界

〰〰　常年河、时令河

〰〰〰　湖泊、水库

❶　青海省在甘肃省的飞地

❷　海南州在黄南州的飞地

3

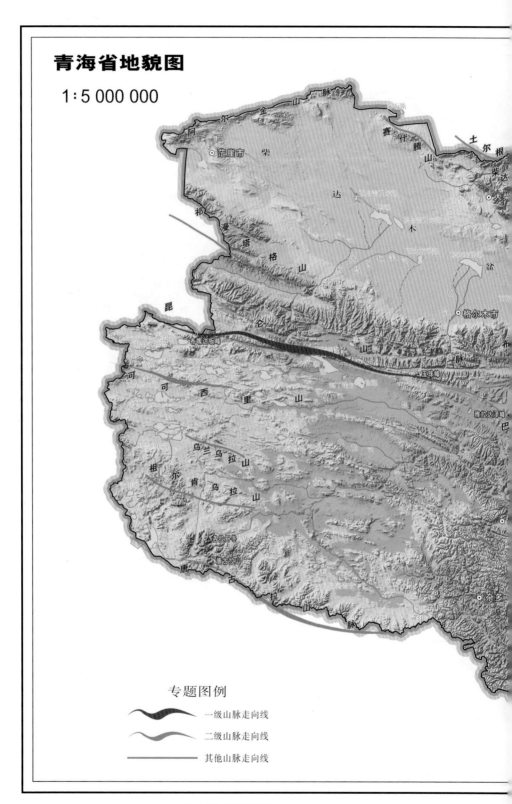

青海省地貌图

1:5 000 000

专题图例

～～ 一级山脉走向线

～～ 二级山脉走向线

——— 其他山脉走向线

⌐ 青海省地貌图

图 例

◉	省级行政中心	布喀达坂峰	山峰及高程
◎	地级市行政中心	——————	省级界
共和	自治州行政中心		常年河、时令河
◉	县级行政中心		湖泊、水库
○	乡、镇级行政中心	❶	青海省在甘肃省的飞地

⼂ 大通明长城（张胜邦，2009年8月摄）

▏ 岗则吾结（张胜邦，2016年8月摄）

8

祁漫塔格山（张胜邦，2014年6月摄）

阿尼玛卿山（张胜邦，2009年8月摄）

目 录

概 述

青海，位于青藏高原东北部，是内陆省份。因境内有全国最大的内陆咸水湖——青海湖而得名，简称"青"。省会西宁市，总面积69.66万平方千米，约占全国总面积的7.5%。东部同秦岭山地相连，东北部与黄土高原相接，东南部与横断山脉相贯，西南部与青藏高原腹地藏北高原相连，西北和北部则与阿尔金山和祁连山相望。地理位置介于北纬31°39′—39°19′、东经89°35′—103°04′之间。北、东与甘肃省相邻，东南接四川省，南和西南与西藏自治区相连，西北同新疆维吾尔自治区紧邻，成为连接西藏、新疆与内地的纽带，地理位置十分重要。

　　全省下辖2个地级市、6个少数民族自治州。据第七次全国人口普查结果，全省常住人口592.39万人。青海是一个地广人稀、资源丰富、少数民族人口众多、经济发展前景广阔的省份，以其广袤、博大、丰厚和神奇著称于世。

一、山岳环境

青海东部和北部与甘肃相依，西北部与新疆接壤，西南部与西藏毗连，东南部与四川为邻。全省东西长约 1200 千米，南北宽约 800 千米，平均海拔在 3000 米以上。最高点布喀达坂峰，海拔 6860 米；最低点民和回族土族自治县（以下简称民和县）下川口，海拔 1650 米。

（一）地貌

青海史称千山始祖，万水之源。境内名山逶迤，雪峰耸立，江河众多，绿野绵延。全省地形地貌总体上包括祁连山地、柴达木盆地和青南高原三种基本类型。壮丽雄伟的唐古拉山雄踞于南，巍巍祁连山挺拔于北，莽莽昆仑山脉自西向东横亘中部，柴达木盆地八百里瀚海展拓西北部，构成了青海高原别具一格的地貌基本轮廓。东北部的祁连山地由阿尔金山、祁连山等数列平行山脉和谷地组成，平均海拔 4000 米以上；位于达坂山和拉脊山之间的河湟谷地，海拔在 2300 米左右，是省内主要的农业区；西北部的柴达木盆地，四周被阿尔金山、祁连山和昆仑山环绕，海拔 2600 ~ 3200 米，东西长 800 千米，南北宽 200 ~ 300 千米，面积 25.7768 万平方千米，盆地南部多湖泊、沼泽，以盐湖为主；南部是以昆仑山为主体并占全省面积一半以上的青南高原，平均海拔 4500 米以上。巴颜喀拉山、青海南山、日月山等诸多山脉又把青海高原分割成许多不同特色的地形地貌类型：既有终年积雪的冰峰雪山，又有一望无际的辽阔草原；既有坦荡无垠的茫茫戈壁，又有桃红柳绿的黄河、湟水谷地；既有星罗棋布的内陆湖泊，又有纵横交错的江河溪流。青海山川灵秀，有闻名于世的黄河、长江、澜沧江的发祥地江河源，碧波接天的高原明珠青海湖，戈壁大漠中亦真亦幻的海市蜃楼，山色水声交相辉映的唐蕃古道，奇异神秘的雅丹地貌，

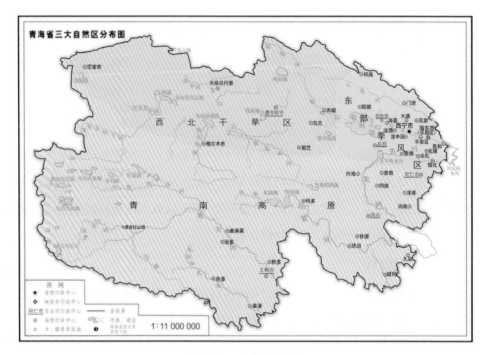

青海省三大自然区分布图

以及独具异彩的万丈盐桥等诸多名胜，展现出一幅原始、纯净、雄浑、壮观、神奇的大自然画卷。

（二）气候

独特的自然地貌和巨大的海拔高差，使青海省气候区域差异明显。独特的高原大陆性季风气候，为这块神圣的土地增添了几分神秘色彩。冬季漫长，几近半年；春夏秋三季时序很短，其间没有较明显的分界。海拔2500米以下的河湟谷地，温暖多雨，年均气温3～9℃，为全省的暖区；海拔2675～3200米的柴达木盆地，年均气温2～5℃，为全省的次暖区；海拔4000米以上的木里地区与五道梁地区，年均气温接近-6℃，为全省的冷区；海拔4000～5500米的祁连山地和青南高原的广大地区，平均气温在-2℃左右，为全省的次冷区。

此外，青海省气候还有如下总体特征：①太阳辐射强、光照充足。年日照时数在2500小时以上，是中国日照时数多、总辐射量大的省份。②平均气温低。境内年平均气温在 −5.7 ～ 8.5℃之间，最热月份平均气温在 5.3 ～ 20℃之间，最冷月份平均气温在 −17 ～ 5℃之间。③降水量少，地域差异大。境内绝大部分地区年降水量在 400 毫米以下。④雨热同期。青海属季风气候区，大部分地区 5 月中旬以后进入雨季，至 9 月中旬前后雨季结束，这期间正是月平均气温 ≥ 5℃的持续时期。⑤气象灾害多，危害较大。主要气象灾害有干旱、冰雹、霜冻、雪灾和大风。由于海拔普遍比较高，7 月份平均气温为 6 ～ 20℃，风和日丽，气候宜人，是理想的避暑胜地。每当夏秋来临，日月山以东的河湟谷地，麦浪滚滚，杨柳蔽日，流水潺潺，瓜果飘香；日月山以西、以南的辽阔草原，草绿花红，牛羊遍野：壮美的景观使无数游客为之倾倒。

（三）水文

青海既有外流区，又有内流区，是长江、黄河、澜沧江三大河流的发源地，湖泊众多，地表径流从东南到西北递减，西部高山冰川广布。

1. 河流

青海河流分为外流水系和内流水系。省内外流水系由长江、黄河、澜沧江三大河流组成。它们都发源于青海省西南部，其中澜沧江是一条国际河流。长江和澜沧江从青南的囊谦县流入四川省和西藏自治区，黄河横贯青南和青海东部，经民和县流入甘肃省。它们都有众多的支流：长江河网密集，水系发育丰富，有大小支流 80 余条，以扎曲和玛可河支流最大；黄河主要支流有达日河、西柯河、泽西河、拉曲、曲什安河、大河坝河、隆务河、大通河、湟水等；澜沧江主要支流有子曲和解曲等。

省内内流水系众多，但流程较短，总流域面积占全省河流总流域面积的51.8%。全省共有六大内流水系，即柴达木水系、青海湖水系、哈拉湖水系、茶卡—沙珠玉水系、祁连山水系、可可西里水系。全省内流河流总长度为 7986 千米，其中以柴达木水系最长，其次是青海湖水系、祁连山水系、可可西里水系、茶卡—沙珠玉水系、哈拉湖水系。全省河川径流可分为四个径流带：多水带，包括祁连山东部、省东南部；中水带，包括青南高原的中南部以及祁连山中部、湟水流域、青海湖水系；少水带，包括柴达木盆地四周山地、茶卡盆地、沙珠玉地区和青南高原的西北部地区；干涸带，包括柴达木盆地的山麓和底部，为不产生径流区。

2. 湖泊

青海湖泊众多，且较集中和密集，多为构造湖，既有咸水湖和盐湖，也有淡水湖；湖泊水源补给为地表水、地下水、降水和冰川消融多种形式综合补给；湖泊水位年内变化呈冬春低、夏秋高的特点。

据青海省水利厅统计，全省湖水面积在 0.5 平方千米以上的湖泊有 458 个，总湖水面积 12855.8 平方千米。其中，淡、微咸水湖泊 300 个，湖水面积 2722.9 平方千米；咸水湖 135 个，湖水面积 8823.0 平方千米；盐水湖 23 个，面积 1309.9 平方千米。湖泊比较集中分布于四个湖群，即祁连山湖群、柴达木盆地湖群、长江源和可可西里湖群、黄河源湖群。

3. 地下水

青海地下水有 3 种类型：碎屑岩孔隙水、基岩裂隙水和冻土区冻结层水。山丘地区的地下水主要是基岩裂隙水，其次是碎屑岩孔隙水和冻土区冻结层水，主要接受降水的垂直补给和冰雪融水补给；平原地区的地下水以碎屑岩孔隙水为主，主要补给来源是地表水和降水的入渗。

青海省地下水较为丰富，但分布很不平衡。从流域看，地下水以外流水系地区较多，内流水系地区较少。外流水系地区中，地下水以黄河流域最多，其次是长江流域，再次是澜沧江流域。内流水系地区中，地下水以柴达木水系地区最多，其次是祁连山水系、青海湖水系、可可西里水系，而哈拉湖和茶卡—沙珠玉水系地区很少。从地区看，东部地区的地下水以脑山地区较多，主要是以泉水形式出现；浅山地区贫乏；河谷地区由于河流的补给，浅层地下水（潜水）较为丰富；柴达木盆地边缘山前多为砂砾石戈壁，且坡度较大，河流出山后产生垂直渗漏，因而地下水丰富；青南高原地区和祁连山由于海拔高，连续分布的多年冻土和断续分布的岛状冻土多，地下水多以结冻形式出现。

青海地下水的水质绝大部分较好。柴达木盆地山前戈壁带至细土带水质较好；细土带至盆地中心，由于地下水埋藏愈来愈浅，盐化作用也随之加强，矿化度逐渐增高，水质愈来愈差，到盆地底部形成盐水或卤水；湟水流域由于受到地表水污染，下游地下水水质较差。

4. 冰川

青海海拔高，高山多，冰川广布。主要分布于昆仑山、祁连山和唐古拉山。冰川及常年积雪面积为 42.33 万公顷。其中，昆仑山冰川面积占全省冰川面积的 43.4%，祁连山冰川面积占 28.4%，唐古拉山冰川面积占 28.2%。

冰川类型属大陆型山岳冰川，其特点是：积累量和消融量小，活动性弱；雪线海拔高，为固体降水；冰层全剖面呈负温；夏季消融属辐射消融型；冰舌不能下伸到森林带。

冰川的消融期一般在 5—9 月，全省冰川年平均融水量为 35.84 亿立方米，占全省河川径流量的 5.76%。

（四）土壤

高原条件对土壤有很大的影响，高寒条件致使化学风化作用微弱，物理风化作用强烈。高海拔地区形成的风化壳，保持着母岩的原始性质；土层薄，质地粗，石砾含量多；由于海拔不断升高，寒冷作用加剧，土壤发育具有年轻性或幼年性特征；青海有大面积的高寒植被，其次是荒漠植被和草原植被，因而相应形成了大面积的高山土壤、荒漠土壤和草原土壤，即高寒草甸植被下形成高山草甸土，高寒草原植被下形成高山草原土，荒漠植被下形成灰棕漠土，草原植被下形成栗钙土、灰钙土和黑钙土等。

按土壤分类学划分，青海省土壤分 22 个土类、56 个亚类，主要耕作土壤有黑钙土、栗钙土、灰钙土、灌淤土、棕钙土、潮土等。黑钙土主要分布在 2500～3300 米的环青海湖海北藏族自治州、海南藏族自治州（以下分别简称海北州、海南州）的山前冲积平原、洪积平原、台地、缓坡、滩地以及东部农业区的脑山、半脑山地区。栗钙土分布东起民和县，西至天峻县布哈河中游地带，南至海南州最南端的黄河谷地，北至海北州的祁连地区，是在青海省分布面积比较广泛的土类之一。灰钙土主要分布在西宁市、海东市、黄南藏族自治州（以下简称黄南州）、海南州贵德县黄河主干流的山前阶地、谷地及低山丘陵区，是青海省东部农业区地带性土壤。

二、自然资源

青海省幅员辽阔，土地资源、光热资源得天独厚，盐湖、有色金属、石油天然气、非金属等矿产资源储量丰富，生物资源、气候资源等独具特色，水能、风能等可再生资源优势突出，开发潜力巨大且前景广阔。

（一）土地资源

青海省土地总面积仅次于新疆、西藏、内蒙古，居全国第四位。由于地形复杂，不同的地形导致水热分配的差异，形成了有利于农、林、牧综合发展且丰富多样的土地类型。境内山地、丘陵地占总面积的 2/3，山地多、平地少是青海省土地资源的基本特征。平地是青海工农业得以发展的基础；山地、丘陵地是青海主要的牧、林生产基地，也是水源集水区，在生态环境建设和保护中占有重要地位。省内大部分地区海拔在 3000 米以上，热量不足，在高寒、干旱的影响下，大多数土地类型生产能力低，决定了牧业用地是主要的利用方式。耕地主要分布在河湟谷地和柴达木盆地的细土地带，占比虽不足总面积的 1%，但所生产的粮食却保证了实际消费量的 70% 左右。

（二）矿产资源

青海地处欧亚板块与印度板块的衔接部位，区内地质构造复杂，成矿地质作用多样，矿产资源丰富。其中许多矿产属于国内外急需的资源。全省主要成矿区（带）由北而南划分为祁连成矿带、柴达木盆地北缘成矿带、柴达木盆地成矿区、东昆仑成矿带、"三江"（金沙江、澜沧江、怒江）北段成矿带等。其中，祁连成矿带以有色金属、石棉、煤为主，柴达木盆地北缘成矿带以贵金属、有色金属、煤炭为主，柴达木盆地成矿区以石油、天然气、盐类矿产为主，东昆仑成矿带以有色金属、贵金属矿产为主，"三江"北段成矿带以铜、铅、锌、钼等有色金属矿产为主。按矿产种类的区域分布，大致有"北部煤，南部有色金属，西部盐类和油气，中部有色金属、贵金属，东部非金属"的特点。2010年在青海冻土带又发现了可燃冰资源，使中国成为世界上第三个在陆地上发现可燃冰的国家。可燃冰有望成为未来的新型能源。

柴达木盆地的盐湖资源在全国有非常明显的比较优势，具有储量大、品位高、类型全、分布集中、组合好等特点。在青海的盐湖资源当中，铷、钾、镁、锂、锶、芒硝6种矿产储量居全国首位。青海非金属矿产资源也很丰富，石棉、电石用石灰石、蛇纹岩、玻璃用石英岩、冶金用石英岩的储量在全国也名列前茅。石棉储量居全国第一位。茫崖的石棉以纤维长、可纺性强闻名于世，祁连石棉以其独特的湿纺性能可与加拿大魁北克石棉相媲美。

（三）能源资源

石油、天然气　青海省柴达木盆地石油、天然气资源有较好的成矿条件。据全国第二次盆地油气资源评价结果，盆地总的石油资源有12.44亿吨，已探明2亿吨；天然气资源已探明472亿立方米。

煤炭　全省有煤矿产地200余处，可分为五大含煤区，即祁连山、柴达木盆地北缘、东昆仑、巴颜喀拉山北和唐古拉山含煤区。已探明煤储量40多亿吨，远景储量约有150亿吨。

水能资源　青海的黄河、长江、澜沧江、内陆河四大流域各水系的干支流中，水能资源理论蕴藏量在1万千瓦以上的河流共108条，有水电站坝址178处。总理论蕴藏量为2337.46万千瓦。

太阳能　青海是太阳辐射能丰富的省份之一，仅次于西藏自治区。据全省28个气象台站测定的辐射量计，年接受的太阳能折合标准煤1623亿吨，相当于龙羊峡电站年发电量的6.4万倍。

风能　风能资源丰富，青南高原中、西部，柴达木盆地以及青海湖周围和海南台地南部地区，全年风能可用时间在5000小时以上。

（四）水资源

青海水资源可分为淡水、湖泊、冰川和水力四大部分。

淡水资源 全省淡水资源总量为636.74亿立方米，最大可利用水量为434.32亿立方米，人均水资源量居全国第二位，素有"中华水塔"之称。青海境内河流纵横，分为黄河、长江、澜沧江、内陆河四大水系，集水面积在500平方千米以上的河流有276条。

湖泊资源 青海湖泊众多，面积在0.5平方千米以上的湖泊有458个，总湖水面积12855.8平方千米。其中盐湖储藏有丰富的非金属矿藏，主要有氯化钾、氯化镁、氯化钠、硼、芒硝、氯化锂溴、碘等。湖泊资源是青海省的一大优势，为发展盐化工业、农业灌溉和渔业生产提供了良好的条件。

冰川资源 青海境内的祁连山、昆仑山、唐古拉山等山脉顶部海拔多在6000米以上，广泛分布着古代和现代冰川，冰川及常年积雪面积42.33万公顷。冰川作为高山固体水库，具有调节径流的良好作用。

（五）草场资源

青海是中国五大牧业区之一。全省草地面积3947.08万公顷，主要分布在玉树藏族自治州和海西蒙古族藏族自治州（以下分别简称玉树州和海西州）。在辽阔肥美的草原上，饲养的草食性牲畜主要有藏系绵羊、牦牛、马、骆驼、山羊等，普遍耐高寒、耐粗饲。尤其牦牛是青藏高原优势畜种，数量居全国第一位。青海主要畜产品有牛羊肉、羊毛、羊皮、牛皮、肠衣、"三绒"（驼毛绒、牛毛绒、山羊绒）等。

（六）森林资源

全省林地面积为460.36万公顷。其中，乔木林地67.45万公顷，占14.65%；灌木林地369.40万公顷，占80.24%；其他林地23.51万公顷，占5.11%。果洛藏族自治州（以下简称果洛州）、玉树州、海西州等3个州林地面积较大，占全省林地的52.44%。

全省森林按流域和山脉分为九大林区：祁连山林区，大通河林区，湟水林区，柴达木林区，黄河下段林区，隆务河林区，黄河上段林区，大渡河上游林区，通天河及澜沧江上游林区。

（七）生物资源

青海生物资源异常丰富，不少是全国稀有品种和名贵药材。

野生动物资源　省内野生动物资源极为丰富，有不少珍禽异兽。其中，一级保护动物主要有野牦牛、野驴、白唇鹿、雪豹、黑颈鹤、黑鹳等，著名药用动物有马鹿、水鹿、麝，珍贵的毛皮动物有水獭、喜马拉雅旱獭、赤狐、香鼬、猞猁，观赏动物有藏原羚、鹅喉羚、天鹅、灰雁、大鸨、斑头雁、藏马鸡、红腹锦鸡，还有被誉为草原卫士、清洁工的金雕、胡兀鹫、秃鹫、玉带雕等。全省水域中经济价值较高的鱼类主要有青海湖裸鲤、花斑裸鲤、极边扁咽齿鱼、黄河裸裂尻鱼等。

野生植物资源　青海是野生植物资源的宝库。著名药用植物中驰名中外的名贵药材有冬虫夏草、西宁大黄、枸杞、黄芪、秦艽、罗布麻、唐古特莨菪等。纤维植物中紫斑罗布麻可代替毛、丝、棉，织成各种布料，系高级纤维，其花为蜜源，秆可制炸药，叶可代茶，是利用价值很高的经济植物。野生油料植物近70种。淀粉植物约14科、26种，分为茎（皮）类、根类、种子类和果实类。化工原料植物种类多，贮量丰富。香料植物有16科、60余种，可作矫味剂或赋香剂、保香剂、调香剂等。干鲜果植物丰富多样，主要有毛樱桃、山楂、东方草莓、沙棘等。珍贵野菜主要有发菜、地皮菜、各种食用蘑菇和蕨。观赏植物主要有山丹、杜鹃、绿绒蒿、金露梅等。

（八）农作物、畜禽和果品资源

农作物资源　主要粮食品种有小麦、青稞、蚕豆、豌豆。青稞耐寒力强，生长期短，高产早熟，适宜在青藏高原种植。蚕豆、豌豆在国内外市场上享有较高声誉。经济作物主要是油菜，种植面积大，为主要油料作物，还是重要的蜜源植物。马铃薯（又名洋芋）不仅产量高，而且品质优良，以味正、个大、皮薄、淀粉足而闻名全国。蔬菜品种主要有茄子、辣椒、蒜薹、大头菜、萝卜、各种菜瓜等。

畜禽资源 主要畜种有：①藏系羊。是青海分布最广、数量最多的一种家畜，所产"西宁毛"驰名中外，是生产地毯的优质毛。②青海牦牛。是青海的主要畜种。其肉、乳是当地藏族群众生活必需品，其皮毛、骨、绒为轻纺工业原料。③犏牛。牦牛与普通牛种的杂交一代牛的统称，有明显的杂交优势。④马。主要有河曲马、大通马、玉树马等品种。还有黄牛、共和驴、骆驼、骡、尕力巴牛和互助八眉猪等畜种。

果品资源 主要有苹果、酥梅梨、贵德长把梨、乐都沙果、民和核桃、民和接杏等。青海的"三红"苹果（即红星、红元帅、红冠）具有果实香甜、色泽鲜艳、风味独特、耐储运等优点。

三、人文历史

（一）历史沿革

青海历史悠久，是中国古代文明的发祥地之一，拥有丰富的古代文化遗存和灿烂的历史文化。早在距今二三万年前的旧石器时代晚期，青海先民即在今柴达木盆地、昆仑山一带活动生息。众多的古文化遗存考古发掘证明，青海的开发已有五六千年的历史。全省境内新石器时代文化灿烂辉煌，青海彩陶举世闻名。漫长的历史长河中，青海一直是多民族生息、交融发展的地区。最早生息活动在这块土地上的民族，主要是羌人（中国西部古老民族之一），故青海的古文化与羌人及其先民密不可分。古羌人活动地区很广，西起黄河源头，东到陇西地区，南达四川西部，北至新疆鄯善一带。秦汉时，羌人部落有150多个，每一部落有酋长，互不统属，过着逐水草而居的游牧生活，生产力低下，属原始社会形态。

西汉时，骠骑将军霍去病率部击败匈奴，为巩固边防，先后在今西宁筑军事据点西平亭，在今海东市乐都区老鸦城设破羌县。从此，青海被纳入中原封建王朝的郡县体系，中原地区的大批汉民不断迁徙到河湟一带。汉羌杂居，促进了河湟一带农业文明的进一步发展。

4 世纪初，吐谷浑人迁入甘青地区，后向青海境内发展，建立了吐谷浑国。其盛时，势力范围东南至四川松潘，北到青海祁连，东到甘肃洮河，西达新疆南部，东西长约 1500 千米，南北宽约 500 千米。吐谷浑人的统治至唐龙朔三年（663）亡于吐蕃止。东晋十六国时，前凉、前秦、后凉、南凉、西秦、西夏、北凉相继统治过青海河湟地区。

7 世纪，松赞干布统一西藏高原，建立了吐蕃王朝，先后兼并了羊同、苏毗、白兰、党项诸羌，尽得其地。唐安史之乱后，吐蕃进一步东进，控制了青海全境，统治近 200 年。五代十国，青海吐蕃部落分散，不复统一。唐末，嗢末一度控制河湟地区。

宋时，唃厮啰势力渐强，以青唐城（今西宁）为中心，在河湟、洮河地区建立了以吐蕃为主体的宗喀地方政权，臣属于宋。徽宗初，唃厮啰政权势力日衰，宋军遂进占河湟地区。崇宁三年（1104），宋改鄯州为西宁州，是"西宁"见于历史之始。北宋灭亡后，金和西夏占有河湟地区，约一个世纪。

13 世纪，南宋理宗元庆三年（1227），成吉思汗进军洮河、西宁州，青海东部地区纳入蒙古汗国版图。忽必烈即位初，在河州设吐蕃等处宣慰使司都元帅府，管辖青、甘一带吐蕃部落。至元十八年（1281）设甘肃行中书省，辖西宁诸州。

明洪武六年（1373）改西宁州为卫，下辖 6 千户所。以后又设塞外四卫：安定、阿端、曲先、罕东（今海北州刚察西部至柴达木西部，南至格尔木，北达甘肃省祁连山北麓地区）。孝宗弘治元年（1488），设西宁兵备道，直接管理蒙、藏各部和西宁近地，塞外四卫由西宁卫兼辖。明初青海东部实行土汉官参治制度。在青南、川西设有朵甘行都指挥使司，又在今青海黄南州、海南州一带设必里卫、答思麻万户府等。

16 世纪初，厄鲁特蒙古四部之一的和硕特部移牧青海，一度统治青海。

清雍正初年，罗卜藏丹津反清斗争失败后，清朝在青海设置青海办事大臣，统辖蒙古 29 旗和青南玉树地区、果洛地区及环湖地区的藏族部落。青海东北部西宁卫改为西宁府,仍沿袭明朝的土司制度,属甘肃省管辖。

1912 年北洋军阀政府任命马麒为西宁总兵,1915 年又任命其为蒙番宣慰使和甘边宁海镇守使。从此,马家军阀统治青海近 40 年。1928 年 9 月 5 日,南京国民政府决定新建青海省,治设西宁。1929 年 1 月,青海省正式建制。

1949 年 9 月 5 日,西宁解放。1949 年 9 月 26 日,青海省人民军政委员会宣告成立。1950 年 1 月 1 日,青海省人民政府正式组成,以西宁为省会。

(二)人口、民族和宗教

据第七次全国人口普查结果,全省常住人口 592.39 万人。其中,城镇常住人口 355.93 万人,占总人口的比重(常住人口城镇化率)为 60.08%;各少数民族人口为 293.04 万人,占总人口的 49.47%。少数民族人口比例仅低于西藏和新疆,高于广西、内蒙古、宁夏三个自治区。青海的世居少数民族主要有藏族、回族、土族、撒拉族和蒙古族,其中土族和撒拉族为青海所独有。

青海省同时也是一个多宗教的省份。佛教、伊斯兰教、道教、基督教都有传播,其中藏传佛教和伊斯兰教在信教群众中有着广泛深刻的影响,藏族、回族、土族、撒拉族和蒙古族等世居民族,基本上是全民信教。

(三)历史文化

在漫长的历史发展中,劳动、生息、繁衍在这里的各族人民共同开发了青海大地,各民族文化交融发展,形成了具有本地区特色的灿烂文化,成为中华民族文化的重要组成部分。

据考古发掘,早在二三万年前,青海高原就已有了人类活动,并创造了原始的远古文化。20 世纪 50 年代以来,先后在唐古拉山地区的沱沱河沿岸、可可西里和海南州曲海沟、海西州小柴旦湖发现了距今二三万年前的旧石器。从其组合和制作技术上看,与北京猿人遗址的旧石器相近,说明西北与华北在人类文化发展上有着密切的联系。

青海发掘的中石器时代的遗址以贵南拉乙亥遗址为代表,其出土文物除种类繁多、加工精细的细石器外，还有许多磨制精细、尖端锐利的骨器，证明当时的先民狩猎已具相当水平。青海柳湾墓地遗址是黄河上游迄今已发掘的最大的氏族公共墓地，出土的早期马家窑文化遗存以其陶器的精美和图案的绚丽，显示了青海高原远古文明的丰富内涵和青海先民的勤劳与智慧。舞蹈盆等一批图案、造型和纹饰奇特的彩陶，是中国远古彩陶艺术宝库中不可多得的珍品，具有非常高的研究价值和艺术价值。晚期的齐家文化，制陶工艺提高到了一个新的水平。从发掘遗存看，马家窑文化和齐家文化同中原地区的仰韶文化有着密切的联系。青海境内商周时期的青铜文化，以卡约文化、辛店文化和诺木洪文化为代表，其范围几乎遍及省内各地。出土文物不仅有大量的陶器、石器、铜器，还有毛纺织品和皮革制品，说明当时的毛纺织和皮革制作技术已有相当水平。从文化遗存看，卡约文化和诺木洪文化具有明显的地方和民族特点，为青海特有的土著文化。

四、六大山脉

青海省山地分布很广泛，其面积占全省总面积的一半以上。众多山脉有序排布，不仅构成了全省地貌轮廓的基本骨架，而且成为重要的自然地理分界线和行政区划的界山。

（一）昆仑山脉

昆仑山，又称昆仑虚、中国第一神山、万山之祖、昆仑丘或玉山，亚洲中部大山脉，也是中国西部山脉的主干。西起帕米尔高原东部，东至青海东南部与横断山相接，横贯新、藏、青、川四省（区）。全长约2500千米，平均海拔5500～6000米，宽130～200千米，西窄东宽，总面积达50多万平方千米。东经89°20′进入青海省境，长1200千米，呈西北—东南走向，横贯青海中部，藏语称"闷摩黎山"，意为"紫山"。

昆仑山脉西高东低，按地势分西、中、东三段。西段从喀拉喀什河上游的赛图拉与叶尔羌河上游的麻扎通过的新藏公路，构成昆仑山脉西、中段的分水界。西段主要山口有乌孜别里山口、明铁盖山口、红其拉甫达坂及康西瓦等，为通往阿富汗及巴基斯坦的交通要道。位于西昆仑山最高的山峰有公格尔山 7719 米、慕士塔格山 7546 米。海拔在 6000 米以上的山峰有 7 座，平均海拔为 5500～6000 米。中段主脉向南略呈弧形，克里雅山口和喀拉米兰山口分别是该段联系新疆和西藏的通道。中昆仑山海拔高的山峰有木孜塔格 7723 米、慕士山 7282 米、琼木孜塔格 6920 米、乌孜塔格 6250 米，平均海拔 5000～5500 米。东段向东略呈扇形展开，分为三支：北支祁漫塔格山，其南隔以阿牙克库木盆地，东延为唐松乌拉山、布尔汗布达山；中支阿尔格山，东延为博卡雷克塔格、唐格乌拉山与布青山，地形上与阿尼玛卿山相接；南支可可西里山，东延为巴颜喀拉山，构成青海南部高原上的主体山脉。昆仑山口是青藏公路必经之道。

昆仑山脉与塔里木盆地和柴达木盆地间均以深大断裂相隔。昆仑山地区以前震旦系为基底；古生代时为强烈下沉的海域并伴有火山活动，古生代末期经华力西运动褶皱上升，构成昆仑中轴和山脉的中脊；中生代产生拗陷，经燕山运动构成主脊两侧 4000 米以上的山体。

昆仑山脉几乎受不到印度洋和太平洋季风的影响，处于大陆气团的持续影响之下，年气温和日气温波动巨大。北坡濒临最干旱的亚洲大陆中心，属暖温带塔里木荒漠和柴达木荒漠，山前年降水量小于 100 毫米，西部 60 毫米，东部 20 毫米，若羌仅为 15～20 毫米。随着海拔的增高，暖温带荒漠过渡为高山荒漠，年降水量也略有增加。

昆仑山脉是产生诸多中国神话的圣地，在中华民族的文化史上具有"万山之祖"的显赫地位。古人称之为中华"龙脉之祖"。这里留下了无数精美华章和令人心动的传说，如李白的"若非群玉山头见，会向瑶台月下逢"的美诗，毛泽东主席的"横空出世，莽昆仑"的华章，女娲炼石补天、精卫填海、西王母蟠桃盛会、白娘子盗仙草和嫦娥奔月等传说。《山海经》中对此有详细记载，中国古典名著《西游记》《封神演义》，现代经典小说如金庸的《天龙八部》，以及桐华的《曾许诺》、沧月的《七夜雪》、天下霸唱的《鬼吹灯》、笑愚的笑容的《重生的淡然日子》等多部通俗小说都有提到过昆仑山。诗人王心鉴有《昆仑行》一诗曰："白云有意掩仙踪，雪岭未融亘古冰。身在塞外远俗域，多少心霾已澄清。"

（二）祁连山脉

祁连山脉，位于青海省东北部与甘肃省西部边境，是中国境内主要山脉之一，由多条西北—东南走向的平行山脉和宽谷组成。东西长约 850 千米，南北宽 200 ~ 400 千米，海拔 4000 ~ 6000 米，面积约 2062.72 平方千米。西端在当金山口与阿尔金山脉相接。东端至黄河谷地，与秦岭、六盘山相连，属褶皱断块山。包括大雪山、走廊南山、冷龙岭、托勒山、托勒南山、野马南山、疏勒南山、党河南山、土尔根达坂山、柴达木山和宗务隆山、青海南山和拉脊山。最高峰疏勒南山的岗则吾结（团结峰）海拔 5808 米。海拔 4000 米以上的山峰终年积雪，山间谷地也在海拔 3000 ~ 3500 米之间。

因位于河西走廊之南，历史上亦曾叫南山，还有雪山、白山等名称。广义的祁连山脉是甘肃省西部和青海省东北部边境山地的总称。在青海境内位于柴达木盆地北缘、茶卡—沙珠玉盆地、黄河干流一线之北，北至省界，西起当金山口，东至省界。地理坐标 94°10′ E—103°04′ E，35°50′ N—39°19′ N。狭义的祁连山是指祁连山脉最北的一支山岭。

祁连山脉为昆仑秦岭地槽褶皱系的一个典型加里东地槽，褶皱回返于陆相泥盆系磨拉石建造之前。北祁连山及河西走廊见中、下泥盆统不整合于下古生界（如武威杀木寺）及加里东晚期花岗岩（如九条岭南马良沟等）之上，拉脊山见中、下泥盆统不整合于中、上奥陶统之上，南祁连山乌兰大坂见上泥盆统不整合于下志留统之上，代表祁连山主要于加里东晚期褶皱成山，基本由地槽变为地台发展阶段，故晚古生代—中、新生代均为地台盖层沉积。祁连山的北界为塔里木—阿拉善地台，以大断裂分界。南界与东昆仑和西秦岭褶皱系间也为大断裂所切，两者沉积地层不同，如中吾农山—青海南山石炭、二叠系为冒地槽沉积，局部夹火山岩，而欧龙布鲁克隆起带寒武—奥陶纪时为地台型砂页岩碳酸盐建造，厚700米至2000余米，假整合于上元古界全吉群之上。

祁连山脉位于中纬度北温带，深居内陆，远离海洋，它又处于青藏、内蒙古、黄土三大高原地交汇地带。由于青藏高原的隆起对大气环流的特殊影响，使夏季来自东南季风的湿润气流得以北进西伸，惠及本区；冬季受内蒙古干冷空气、西北寒冷气流的影响，致使本区冬季降温幅度大，气温年较差较大。

多种因素的叠加造成了祁连山林区主要的气候特征，即大陆性高寒半湿润山地气候，表现为冬季长而寒冷干燥，夏季短而温凉湿润，全年降水量主要集中在5—9月。本区由浅山地带向深山地带气温递减，雨量递增，高山寒冷而阴湿，浅山地带热而干燥。

（三）巴颜喀拉山脉

巴颜喀拉山脉位于青海省中部偏南，是庞大的昆仑山脉南列支脉，属褶皱山，为西北—东南走向，西接可可西里山，东连岷山和邛崃山。巴颜喀拉山藏语叫"职权玛尼木占木松"，即"祖山"的意思，蒙古语意为"富饶的青色的山"。巴颜喀拉山是青海省境内长江水系与黄河水系的分水岭，主峰位于玛多县西南、巴颜喀拉山口西北，藏语名为勒那冬日，海拔5266米。

黄河发源于巴颜喀拉山西段海拔5202米的雅拉达泽山以东的约古宗列盆地，山地海拔多在5000米以下，约古宗列盆地及黄河源区的海拔在4500米左右。山势和缓，山前遍布大小沼泽和湖泊。

位于山脉中部鄂陵湖以南的巴颜喀拉山口，是唐代唐蕃古道的必经之地。古道沿途尚存有唐蕃交往的遗迹，流传着美妙的传说。年保玉则又称果洛山，主峰海拔5369米，是巴颜喀拉山的最高峰。相传此处是果洛诸部落的发祥地，从而备受尊崇。年保玉则迷人的风光景色是旅行爱好者来到这里的主要原因。因为高原气候，年保玉则终年积雪，冰雪融水形成了诸多湖泊，其中仙女湖尤为著名。

巴颜喀拉山脉属于大陆性寒冷气候，空气稀薄，气候酷寒，一年之中竟有八九个月时间飞雪不断，冬季最低温度可达 -35℃左右，因而许多 5000 米左右的雪山有经年不融的积雪和终年不化的冻土层。温暖季节则比较短暂，一般只有 3 个多月时间，而且气温较低，即使是盛夏季节，最高气温也不过 10℃左右。

（四）阿尔金山脉

阿尔金山脉是构成青藏高原北边屏障的山脉之一，南北界于柴达木盆地和塔里木盆地之间，东西与祁连山和昆仑山两大山脉相连，山脉东西部两端高，中部较低（海拔在 4000 ～ 4200 米之间）。海拔 5000 米以上的区段发育着现代冰川。东端在当金山口附近与祁连山相连，西端尤苏巴勒塔格在 87° E 附近与昆仑山北支尕斯山脉西段库木巴颜山相并列，向西延伸入新疆境，直达 86° E 附近的九个达坂山。山体走向东东北—西西南，全长约 730 千米。宽度东西不等，西宽 50 千米，东宽 18 ～ 20 千米。山坡南缓北陡。它是在中生代初期形成的一条突出于塔里木盆地与柴达木盆地间的地垒式断块山。

阿尔金山主峰海拔 5798 米，属极高山，其余部分大多在 4000 ～ 5000 米之间。按其高度可分为三段：东部的安南坝山是以高起伏高山为主；中部安极尔山以中起伏山为主，索尔库里盆地东面海拔较低，仅 3500 ～ 3800 米，属丘陵；西部的查汗托罗盖山（阿哈提山）为中起伏的高山和中山。

阿尔金山气候干旱，现代雪线海拔高达 5000 米，仅在阿尔金山主峰区发育有 1124 平方千米的冰川，依此向下为冰缘作用带和干燥作用带，总体上属干燥剥蚀山地貌。

自南向北，峰区有三列山地相间两条谷地，山峰高度为 5200 ～ 5828 米，主峰区沿山脊线两侧分布着近 30 座海拔 5000 米以上的山峰，山脊两侧发育着31 条现代冰川。

（五）西秦岭山脉

秦岭山脉是横贯中国中部的一条东西走向的褶皱山脉，是中国自然地理上南北的一条重要分界线。东起河南中部，向西经陕西中部、甘肃西南部延伸到青海东南部，青海境内称为西倾山。

西倾山位于青海东南部黄南州河南蒙古族自治县（以下简称河南县）与黄河干流之间。省境内东西长约 270 千米，宽 30 ～ 50 千米，海拔 4200 ～ 4500 千米，最高峰是位于甘青边界的哲合尔拉布肖，海拔 4510 米。山体主要由三叠系灰岩、砂质类板岩、泥质灰岩组成。山地上部多有古冰川遗迹，冰缘冻土地貌发育，沼泽广布。北坡平缓，南坡濒临黄河谷地而陡峻。山体主脊多处被河流切穿，形成峡谷。

（六）唐古拉山脉

唐古拉山藏语意为"高原上的山"，又叫当拉山或当拉岭。位于青、藏两省（区）的交界地带，是长江水系与怒江水系的分水岭。

唐古拉山脉总体近东西走向，在青海绵延 750 千米，宽 150 ～ 200 千米。该山脉地处青藏高原内部，高原面海拔在 5000 米左右。山峰海拔 5500 ～ 6000 米，比高多在 1000 米左右，是高原内部高度和比高最大的山脉。

唐古拉山脉位于青藏边界，主脉西高东低，查吾曲（当曲支流）以西以极高山为主，以东为高山和极高山。主要山峰有：嘎尔肯日，海拔 6513 米；各拉丹冬，海拔 6621 米；姜根迪如，海拔 6564 米；巴斯康根，海拔 6022 米；龙亚拉，海拔 6104 米；昂普玛，海拔 5921 米；南拉窝玛，海拔 5821 米；瓦尔公，海拔 5664 米。其中大起伏的极高山各拉丹冬是唐古拉山的最高峰，是长江正源沱沱河的发源地。

位于玉树中部的扎纳日根山是长江水系与澜沧江水系的分水岭，可视为唐古拉山主脉之北的次级山岭。扎纳日根山主要由各地果瓦拉、高云拉、科久拉、子当代拉、色吾臣吉拉、扎乌拉、熊拉、果拉、朝午拉等山岭组成。扎纳日根山的山岭多为高山，最高峰色的日海拔 5876 米，为极高山，是澜沧江的发源地。

唐古拉山脉主要是由中生界特别是侏罗系和白垩系组成的构造山脉。海拔5500 米以上的山峰多发育有现代冰川。唐古拉山口海拔 5206 米，是青藏公路通过的交通要道。

第一章 山地起源与形成

青海省地质发展史可追溯到 25 亿年前的早元古代。青海省元古代地层集中分布于青海北部的中祁连山和柴达木盆地周边，在北祁连山和东昆仑山南坡呈微古陆残存于古生代褶皱带中。

第一节 / 基底雏形

一、古元古代

古元古代（2500—1600 百万年）青海北部为陆缘海，缓慢接受着远源细粒碎屑物沉积，间有少量碳酸盐岩和火山岩沉积，形成了下部为砂泥质岩—中基性火山岩—镁质碳酸盐岩，上部为砂泥质岩的层系，经受区域热流动力变质作用，具有以角闪岩相为主的多相变质，构成柴达木地块及祁连山地槽褶皱系的结晶基底，自北而南形成的野马南山群、湟源群、达肯大坂群，实质上并无显著差异和截然界线，生物不发育。

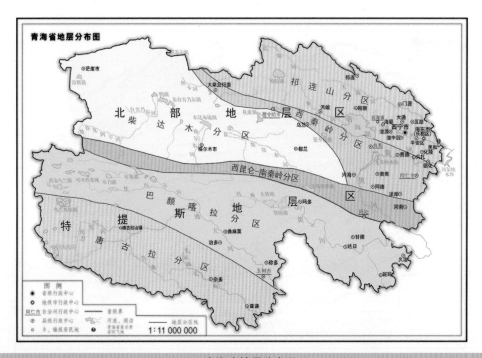

青海省地层分布图

二、早元古代

到早元古代末期，随着中朝准地台的上升，牵动古祁连山地区稳定上升，发生了湟源造陆运动，海水向西南方向退缩，柴达木地区仍继续接受沉积。区域上，特别是祁连山抬升地段发生了中压相系的角闪岩相区域热流动力变质作用和混合岩化作用，使地层变质成混合岩、片麻岩、大理岩和斜长角闪岩。

三、长城纪

长城纪时期，柴达木地块转为向北缓倾，柴达木古海继续接受远源碎屑物沉积，沉积物厚度约3100米，沉积速率平均6.2米/百万年左右。祁连山地区重新下沉，海水向北扩展到疏勒南山，形成陆源海，以近岸碎屑沉积为主，开

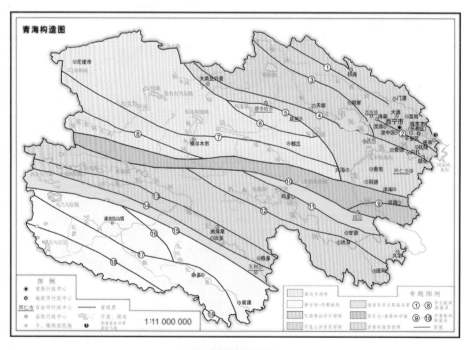

青海省构造图

始出现砾岩沉积间有少量碳酸盐岩，叠层石开始出现；沉积厚度 4096 米，沉积速率平均为 8.2 米/百万年左右。柴达木古海向东北扩展到湟水流域，形成了第一个陆源海湾。早期以石英砂岩沉积为主，经变质作用，具泥裂和交错层理等构造，沉积厚度和沉积速率与疏勒南山相同。本期沉积环境和水动力条件已经出现地区差异，形成的党河群、湟中群和小庙群等已有了较明显的相变之别。

长城纪末期发生了湟中运动，区域热流变质作用的中心迁移到柴达木古海，东段为中压相系的角闪岩相，西段为低压相系的角闪岩相，局部为麻粒岩相；中祁连山仅达到绿片岩相。至此，全区海水暂退，柴达木准地台的结晶基底基本形成。

第二节 / 地台发育

一、中元古代

中元古代中期至早寒武世是青海地区地台发育的时期。本区结晶基底基本形成之后，进入蓟县纪发展时期，地壳重新沉降，海水再度进入，地势北高南低。中祁连山以浅海—滨海相为主，沉积物厚达 3300 ～ 3500 米，平均沉积速率为 6.5 米 / 百万年；柴达木以浅海相为主，沉积物厚度达 6000 米，平均沉积速率为 12 米 / 百万年左右。这一时期海域仍较平静，动力条件不强，镁质和钙质碳酸盐岩普遍发育。疏勒南山以钙质为主，湟源及柴达木以白云质为主。叠层石大量繁盛，并且出现了少量微古植物。

蓟县纪后期，各海域都不同程度地沉积了含铁岩系，特别是在柴达木南缘沉积的含铁岩系经后期变质后具有一定规模，是青海省前震旦纪的主要成铁时期。

蓟县纪末期发生了托勒南山运动，地壳再度上升，东部湟源地区和西端阿尔金山—祁曼塔格地区发生了轻微的造山运动，主要应力可能为近东西向（在青海东北部地区，褶皱构造线以近南北向为主）。同时，沿古陆边缘发生横向张裂，在西端有少量基性岩侵入，侵入期为 1086 百万年左右，是青海省 Cu-Ni 成矿的主要时期之一。伴随这次运动的陆壳重熔和交代作用较强，特别是在东部湟源地块和西端阿尔金山发育了较多的陆壳改造型片麻状闪长岩、石英闪长岩、富斜花岗岩和花岗岩。由于前期混合岩化作用强烈，使陆壳重熔的长英质分散，故未能聚集成大规模的重熔型侵入岩。经过这次运动，本区地壳的均匀性受到了较大破坏，前期陆壳破碎的微观隐患发展为宏观的现实。特别是这次构造运动的主压应力方向与前期微观破裂系统的走向近于平行，大大加剧了古陆破碎的进程。

到地壳再次下沉时，东部湟源地块和柴达木南部已不再接受沉积，海域收缩到祁连山西端和柴达木中西部，并且以哈尔腾河和东昆仑山中央断裂为界，形成了南北三分的格局。柴达木相对稳定，两侧活动性增加，火山活动时有发生。

在本区的残留海湾中，沉积物以碎屑岩、碳酸盐岩和火山岩为主，水动力条件很弱。除叠层石仍较发育外，在疏勒南山海湾已出现了放射虫等原始动物的先驱分子。

二、晚元古代

晚元古代是地壳演化史上一个富钾阶段，在本区海域某些地段也出现了 K_2O、$CaSO_4$ 的相对富集，可能为本区后期钾盐成矿奠定了一个方面的基础。

本区发生过两三次造陆和局部造山运动。之后，本区终于爆发了区域性造山运动——全吉运动。这次运动不仅使全区海退，而且使古柴达木地台最终成型，并可能与中朝准地台连为一体，随之转化为地台盖层发育的新阶段。

震旦纪—早寒武世阶段仍然继承了前震旦纪缓慢演化的特点，但在构造旋回上则与早古生代关系密切，所以是本区地史演化中的一个过渡性阶段，也是全吉造山运动之后一个漫长的夷平阶段，即通常所称的兴凯旋回。

在这种强烈造山后的夷平阶段，地质记录往往极不完整，地史演化特点知之甚少，省内仅知在柴达木北缘有一陆内海湾。震旦纪时沉积了厚约1300米的碎屑岩、石英砂岩和白云岩，夹玄武岩和富钾粗面岩；平均沉积速率约为6.5米/百万年，与柴达木长城系和祁连山蓟县系平均沉积速率相当；岩浆活动不发育；构造形变不强；生物仍不兴盛，以叠层石和古藻类为主。早寒武世为杂色碎屑岩沉积，沉积中夹有冰碛，这可能反映本区外围剥蚀区有高差较大的山体，冰碛可能与山岳冰川有关。

早寒武世晚期本区发生了欧龙布鲁克运动，相当于兴凯运动，古地台期已告终结。这次活动运动虽波及全国，但造山作用极弱，相伴的岩浆活动不强，以酸性岩和少量碱性中性岩为主，偏基性的闪长岩类不发育。通过这次运动，地质和生物演化从此进入了生机盎然的飞跃发展时期。

总体来看，古地台期地史演化的主要特点可以归纳为均匀、缓慢、平静和高热等方面。这一时期陆壳结构比较均匀，推测地幔分异程度低，莫氏面起伏小；有机界和无机界演化进程慢，地质事件持续的事件往往很长，总的沉积物厚度大但平均沉积速率低；构造运动和岩浆活动不强，以造陆运动为主；生物不发育；水动力条件弱，海、陆、空皆较平静；地热梯度高，地幔对地壳的影响主要表现为热传导的形式，陆壳区域动力热流变质作用和混合岩化强烈而普遍。

第三节 / 大陆活动

从中寒武世到中侏罗世是本地区大陆活动阶段，共历时 3.75 亿年。以中志留世和中石炭世为界分为 3 个演化阶段。这一时期是青藏高原北部陆壳结构奠定基础的时期。青海地壳长期夹持于中朝准地台、塔里木地台、扬子准地台和羌塘地块之间。这造成本区构造活动性强、应力状态复杂、地壳结构不均和时空发展不平衡等诸多特点。该阶段，古地台区进一步分化、发展，祁连加里东地槽和松潘—甘孜印支地槽先后形成并封闭，简称槽台并存期。

槽台并存期地史演化的主要特点可以归纳为复杂、快速、活动、多能等方面。即陆壳结构不均匀，地幔分异程度高，莫氏面起伏大，以局部上隆为主；有机界和无机界演化进程快，地质事件持续的时间短；海陆分异明显，水动力条件强，沉积相变显著；生物大发展，先后使海域和陆地充满了生机；构造运动和岩浆活动十分强烈，地裂作用和造山作用此起彼伏，频繁交替；地幔对陆壳的影响具有多种形式，既有热能和动能的传递，又有实体物质的大量渗入，故地幔岩发育，变质作用以区域动力变质、埋深变质和断陷变质为主。

一、中寒武世—中志留世阶段

中寒武世初是青海省地层、生物、岩浆岩和地质构造发生突变的转折期；中志留世恰好又是青海省早古生代地槽封闭完毕，海水全面退出，加里东期岩浆活动终结，随后缺失沉积的转折期。

本阶段地史演化的主要特点是：青海北部地裂作用居于主导地位，古中国地台解体，祁连加里东地槽形成、发展和封闭；柴达木准地台脱离古中国地台独立发展，并且随着边缘分裂、肢解逐步缩小其范围；岩浆活动活跃，地幔侵入地壳作用强；水陆分异明显，但以海域为主；腕足、三叶虫、笔石、床板珊瑚等海生无脊椎动物先后出现，使早期平静单调的海域出现了勃勃生机。

青海省早寒武世末期发生的欧龙布鲁克运动，除在柴达木北缘为造陆运动外，更为重要的是在北祁连山和拉脊山表现为大幅度的地裂，形成了该区的早加里东陆间地槽。柴达木地块与中、南祁连山尚未解体，但它们已从古中国地台上肢解出来且相对向南移动。中、南祁连山构成裂谷肩部，柴达木北缘形成前缘陆表海湾。

早寒武世晚期，在中期准地台重新沉降的同时，海水从东北和东南两个方向进入北祁连山海槽和拉脊山海槽，漫过了中祁连山东段，并向西进入柴达木北缘海湾。中祁连山西端和南祁连山以及柴达木地块南部为古陆剥蚀区。位于裂谷海槽底部的地幔上涌并发生了局部熔融，沿裂谷带发生了强烈的海底火山喷发，以双峰式拉斑玄武岩—流纹岩和富钠的细碧岩、石英角斑岩为主。一些中心式喷发产物为碱钙性火山岩，仅在北祁连山西北部发现有超镁质的科马提岩。在北祁连山裂谷海槽带内沉积的碎屑岩—火山岩—碳酸盐岩层系厚达 3100 米以上，其中局部地段夹有菱铁矿层和放射虫硅质岩。在柴达木北缘海湾以碎屑岩及白云质灰岩沉积为主，下部含石盐假晶，底部含磷。

二、晚寒武世—早奥陶世

晚寒武世到早奥陶世继承了中寒武世的特点。随着这次海进，本区开始进入生物繁盛时期。随后以三叶虫为主的生物群在本区迅速发展起来，主要为华北型底栖三叶虫，在裂谷海槽内混生有华南型浮游三叶虫结接子等。在地块内部的陆表海，如柴达木北缘及中祁连山东段则有腕足类共生。早奥陶世出现了华北型头足类生物群。

早奥陶世特马豆克期末，华北地台开始上升，南祁连山开始扩张下沉，海水自南而北进入，并向疏勒南山南缘超覆。此时柴达木准地台已同中祁连山解体，柴达木北缘海湾继续接受沉积，介壳灰岩相立即转变为笔石页岩相。与此同时，青海南部纳赤台、玉树地区开始局部海侵，形成海湾。

早奥陶世早期，生物群仍以华北型三叶虫和头足为主。但从早奥陶世晚期开始出现以华南型为主的笔石群，而且直达北祁连山西段。由此表明，从这时开始古地中海水域已波及青海，以镁质超基性岩和基性岩为主。加里东早期闪长岩、斜长花岗岩和花岗岩亦随之侵入，局部地区发生了轻微的造陆运动。

中奥陶世，裂谷海槽已开始逐渐封闭，但多数海盆或海槽仍未上升成陆。火山活动已大大减弱，并转化为以安山岩类为主。在北祁连山东北部为碱性火山岩系列，南祁连山火山活动已经停息。

中奥陶世晚期或末期，中朝准地台全面海退，本区发生了古浪运动。古浪运动仍然是一次以地裂作用为主的运动，只是地裂中心向南迁移，北祁连山和拉脊山主海槽开始局部回返。同时形成的中酸性侵入岩与兴凯期可以对比，以酸性岩为主，中性岩类极少。

晚奥陶世，北祁连海槽重新下沉接受沉积，但火山活动的中心已迁移到北祁连山南缘，南祁连山扩张带加速活动，拉脊山海槽则逐渐收缩。柴达木准地台自早奥陶世独立以来，经过短期的平衡调整，晚奥陶世即开始了自身的演化。因时值地裂作用活跃时期，所以首先从周边开始发生裂陷。祁连山是在早期地槽基础上发育的新生裂谷，所以幔源基性—超基性岩虽有但不多见；柴达木周边则在结晶基底上发育脆性张裂带，其势与北祁连山、拉脊山寒武纪—早奥陶世裂谷带相仿，基性—超基性岩发育，以镁质超基性岩为主，并且相应以石棉和铬矿成矿为特征。

晚奥陶世，笔石和头足等浮游生物群退缩到北祁连山中、西端火山活动不强的海域。

其余海槽火山活动强烈，生物群以腕足为主，床板珊瑚开始出现并迅速发展起来，三叶虫主要退居到北祁连山海槽，其余地区已少见。生物群主要为华南型和古地中海型混生。晚奥陶世末期发生了拉脊运动，使北祁连山、拉脊山和柴达木周边诸海槽褶皱封闭，对南祁连山的影响不明。在中、北祁连山有中酸性岩浆侵入，以偏基性岩类为主，酸性岩类次之。

早志留世，本区及其外围各软弱地带可能皆有海侵，但稳定地块多已成陆。省内松潘—甘孜地区情况不明，祁连地槽区各活动带皆重新海侵，集中在南祁连山形成广阔的扩张海。海水向祁连山北退，因短期扩张后即转入强烈造山期，故这一时期仅发育到冒地槽阶段为止。海盆快速堆积了巨厚的陆缘复理石碎屑岩系，而碳酸盐岩不发育；火山活动弱，且不集中；生物群以数量少、门类单调的笔石类为主。

早志留世末期，祁连地槽系已开始全面封闭，中、南祁连山全面海退，同时有规模巨大的中酸性岩浆侵入，并在局部断裂带出现偏碱性的正长岩类。拉脊山至此结束了海侵的历史，成为省内最早成陆的一条山脉。

中志留世，省内海域已退缩到北祁连山局部地段，以碎屑岩沉积为主，生物以珊瑚为主，腕足次之。

至此，本区地史演化进入了以造山作用为主的新阶段。

三、晚志留世—早石炭世阶段

本阶段是从加里东期地裂为主的构造旋回向广义印支期再次以地裂为主的构造旋回的过渡阶段，理论时限为425—300百万年，本区以造山作用为主。

晚志留世到泥盆世主要为造山夷平阶段。晚志留世全域海退，大型山间盆地尚未形成，因而缺失沉积作用的记录。地史演化特征不明，只知海水向西倾山地区退缩。其余地区可能有同造山期中酸性岩浆侵入。

早、中泥盆世，本区海域略有扩大，海水从西倾山海区西进到柴达木周边，并可能沿柴达木周边开始有了陆缘火山喷发。其余多数地区仍为剥蚀区。

晚泥盆世海域进一步扩大，可能通过巴颜喀拉山海槽向唐古拉山东北缘超覆。柴达木地块受到经向挤压，地势起伏逐渐明显起来，沿南北两侧上升带引发了钙碱性和碱钙性陆相火山岩。同时沿柴达木纬向中轴带形成了陆内海湾，海水自西段祁曼塔格进入，向东波及阿木尼克山，有少量腕足和珊瑚随之进入。

从本段开始即已登上陆地的低等植物到此时方进入柴达木海湾两岸。中、南祁连山进一步上升为剥蚀区，北祁连山形成山间盆地，堆积了代表造山时期的山间或山麓相磨拉石层系。末期发生了局部的造山运动，同造山期中酸性侵入岩以少量二长花岗岩、花岗闪长岩和石英闪长岩为主。

早石炭世继承了晚泥盆世的特点，只是在晚泥盆世海相和部分陆相盆地的基础上，海域继续扩大，碳酸盐岩沉积和珊瑚、腕足等海相无脊椎动物得到发展，并且新形成了党河南山海湾，沉积了巨厚的膏盐层。此时已到造山阶段的晚期，造山带的走向不均匀性已有明显的反映，故南祁连山大部和中祁连山东段、柴达木地块的西北缘等地形成了不规则的隆起剥蚀区，海水沿四面八方不规则通道分别进入党河南山、土尔根达坂山、柴达木和唐古拉山，致使剥蚀区形成孤岛或半岛；其范围狭小，陆生植物和陆源碎屑供不应求，海域碎屑沉积比例减少，碳酸盐岩和膏盐层广泛发育，聚煤区极其零散，生物群具有显著的地方色彩。

早石炭世晚期，多数地区上升为陆地，海水沿多向故道退出，省区中部的海湾虽未退尽，但亦有变浅之势。这次运动仍以造陆运动为主，岩浆活动研究不够，但可知在局部地段有少量钾长花岗岩等侵入。

从中志留世到早石炭世这一造山阶段，并未真正在本区及其广阔的外围形成强大的均衡山脉。从随后的海水进程来看，主要的隆起带在阿尔金山中西段—南祁连山—湟源地块，两侧为相对的缓坡地带或滨海平原。除拉脊山外，其余地区皆在以后重新沦为沧海。推测地幔的变化主要是使早期上隆部分复平，地壳的垂向增长幅度不大，与以后的陆内造山阶段不可同日而语，使随后进入的阶段能够重演早古生代的类似地质事件。

四、晚石炭世—中侏罗世阶段

本阶段为广义的印支旋回，其地球动力学状态与加里东旋回相似，理论时限为 300—175 百万年。

从晚石炭世初开始，与本区关联甚大的中朝准地台重新沉降，进入以碳酸盐岩为主的陆表海沉积期。本区亦开始全面海进，唯阿尔金山中东段、南祁连山和中、北祁连山东段仍为隆起剥蚀区。随后柴达木地块开始沉降且向西倾斜，早期柴达木海湾向西扩大，超覆形成陆表海。与此同时，地块南北边缘开始了强烈裂陷，形成了宗务隆山、鄂拉山海槽和阿尼玛卿山海槽，引发了钙碱性火山岩。在裂谷肩部陆壳重熔，形成了柴达木周边的中酸性侵入岩。

该时期有孔虫类的大发展，蜓类进入了极盛时期。本区海域广泛分布着珊瑚、腕足、双壳类、苔藓虫、海百合以及有孔虫类无脊椎动物群，而早古生代极盛的三叶虫、笔石群等已近灭绝。

石炭纪末期仅在柴达木地块和唐古拉地块的北缘和东缘发生了局部的造山运动，地块的西南部和其余地槽区或褶皱带并未受到显著的影响，反映出柴达木地块和唐古拉地块有向西南倾斜之势。在柴达木地块东北端，有较多的基性岩和中基性岩侵入，在唐古拉山海槽也主要向西南部迁移，松潘—甘孜海槽进一步发展。

早二叠世晚期，柴达木地块全面上升海退，最终成陆，地块边缘陆壳重熔形成中酸性侵入岩，同时带动周边发生了区域性造山运动；沿阿尼玛卿山有大量超基性岩和少量中酸性岩侵入，成为本区中部以铜为主的重要成矿时期；北部祁连山区和南部唐古拉地区构造运动弱，岩浆岩不发育。

晚二叠世，北祁连山、拉脊山、柴达木地块和大部已成古陆，陆生植物获得了发展的空间，大羽羊齿等华夏植物区系在省内南部兴起，北祁连山西段混入了安格拉植物群。

二叠纪的海生无脊椎动物群与晚石炭世大同小异。

早、中三叠世继承了二叠纪的海陆分异状态，但陆源碎屑增多，碳酸盐岩沉积减少。水动力条件增强，主海区浊流沉积和滑塌沉积发育。生物群发生了明显的变化，蜓类已经绝灭，菊石类兴起。陆缘海腕足类发育，且与头足类和双壳类共生；深海区则以头足类和双壳类为主，腕足类较少。

中三叠世安尼期末（238 百万年左右），本区发生了早印支运动。这次运动在柴达木和西秦岭这些石炭纪、二叠纪比较活跃的地区表现为造山运动，引发了强大的陆相火山喷发和数量少但分异好的中酸性岩浆的侵入；在祁连山表现为造陆运动，使海盆向中、南祁连山边区收缩；在青海南部表现为向西南倾斜，北部海退，向南超覆，使唐古拉东北部成为陆缘海。与此同时，在巴颜喀拉地区和唐古拉地块相向倾斜的地带形成了本阶段第二期陆间裂谷，引发了本区最终的海底火山喷发。据沉积岩相和火山建造分析，这一裂谷带主要应从属于唐古拉地块的北部边缘。

晚三叠世的海洋生物群以双壳类为主，同时有六射珊瑚的出现，腕足类、头足类等迁移到唐古拉山的陆表海区。

始发于三叠纪末的晚印支运动是奠定青藏高原北部构造格局的全域性造山运动，也是使地史演化从槽台并存阶段转化为陆内阶段的划时代事件。这次造山运动部分延续到中侏罗世早巴通期。这次运动不同于本阶段其他局部运动的表现，它不仅影响到整个印支海槽的回返，而且使北祁连冷龙岭北坡的基底断裂和柴达木地块周边的断裂复活，从而形成了冷龙岭基性—超基性岩带、宗务隆山—青海南山基性岩带、通天河基性—超基性岩带和柴达木周边巨型岩带。末期以钾长花岗岩为主。

省区中、北部的同造山期岩浆活动以及早古生代以来占主导地位的各类变质作用皆延续到了中侏罗世。此外，在东昆仑山南坡和南祁连山北缘，早巴通期以前的侏罗纪煤系地层与上三叠统仍为连续沉积或平行不整合关系，生物群和生物区系也有明显的继承性。从晚巴通期开始，不仅青海中、北部同造山期岩浆活动已全面停息，而且沉积岩系突变为棕、红色碎屑岩，并一直延续至今；生物群及古气候亦发生了显著的改变。在全球生物演化史上，从晚巴通期开始进入了鸟类和爬行类的繁盛阶段。

至此，松潘—甘孜印支地槽已全面回返，本区大地构造格局已经成型。以灰绿色为主的杂色碎屑岩和碳酸盐岩系沉积、海底火山活动和省区中北部岩浆侵入活动以及全省变质作用等重大地质事件已告终结，高等生物的出现近在眼前。本区地幔以隆起为主的状态正在改变，地史演化的新时期即将来临。

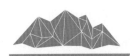

第四节 / 山地形成

一、中侏罗世

从中侏罗世晚巴通期以来是青藏高原构造域逐步形成时期，青藏高原北部以陆内造山作用为主的时期，故可以简称为陆内造山期。本区陆内造山的基本特点是：海水基本退尽，大陆景观和生态占据主导地位；造山形成复杂，均衡山脉拔地而起，沉积盆地与山脉围限有关；地幔以拗陷为主，对地壳的影响以机械能传递为主，地壳水平增长已全面转化为垂直加积；变质作用弱，逐步形成了山高壳厚的"世界屋脊"。

从中侏罗世开始，本区进入陆内造山期。中、晚侏罗世，青海北部仅在稳定地块中心形成相对拗陷，如柴达木盆地西北部和西宁—民和盆地东部，形成了干旱条件下的棕、红色岩系，介形类、叶肢介和轮藻开始大量繁盛。青海南部受西藏北部地体抬升的影响，海水进到唐古拉山西南部三江源区。多数中生代生物门类已退出，以双壳类为主。侏罗纪末期海水退尽，全省成为统一的陆地。本省其他地区皆为造山剥蚀区。

早白垩世，除在同仁—泽库地区有碱性大陆火山岩喷发和在唐古拉山东北部有断陷山间盆地形成外，基本上继承了晚侏罗世的状态。晚白垩世—古新世除西宁—民和盆地、唐古拉地区有沉积记录外，其余广大地区皆无记录。

本区自中晚侏罗世以来，气候以干冷为主，高大林木日渐退尽，在四川盆地等占有霸主地位的恐龙动物群未能发展到本区。

二、白垩纪

白垩纪中、晚期发生了唐古拉山运动，省区北部以造陆运动为主，未引起岩浆活动；省区南部以造山运动为主，形成了唐古拉山中酸性侵入岩带。

三、新生代

新生代以来，本区发生了喜马拉雅运动，普遍认为印度板块与亚洲板块的碰撞始于 55 百万年以前。然而，该构造运动的效果却在 20 百万年之后才得以显现，逐渐造就了青藏高原。值得注意的是，青藏高原的隆升与造山带的垮塌有关，并不是由印度与亚洲碰撞直接产生。本区喜马拉雅运动可划分为四幕。

1. 第一幕

第一幕在青藏高原北部表现很强烈，不仅造成中新统与下伏地层普遍呈角度不整合接触，还使柴达木盆地、西宁—民和盆地在古近纪断陷的基础上，于新近纪起同步进入全面沉降、拗陷，形成沉降幅度很大的大、中型内陆湖盆。此外，共和盆地也是这次运动开始形成的。昆仑南缘拗陷、可可西里拗陷、唐古拉北缘拗陷及囊谦、杂多—吉曲以及疏勒河、大通河等断陷盆地和谷地亦是此运动造就的。在喜马拉雅地区，此运动表现为强烈的褶皱、变质和岩浆活动，运动时限 42 百万年。

古近纪以来，特别是 50 百万年前的始新世以来，由于全球纬向扩张的中心转移到西藏南部和印度洋，青藏高原四台围限的边界和地幔拗陷已经成型。所以本区转化为以陆内推覆造山和强烈的抬升为主，地壳大幅度水平收缩，垂直方向加厚。大型山间盆地不断发展，高原逐步形成。

始新世—渐新世时期，南祁连山、西秦岭、巴颜喀拉山等仍然为隆起剥蚀区。柴达木盆地、西宁盆地等重新成为湖区，且普遍形成了膏盐相沉积。在青藏高原的腹地可可西里和唐古拉山西段，古湖群开始成型，其中沱沱河盆地沉积物厚达 8000 米，为青藏高原北部古近纪沉积幅度最大的地区。

古近纪末期，以唐古拉山为中心发生了造山运动，同期有以酸性为主的岩浆侵入，是青海省及邻省主要的斑岩铜、钼矿成矿期。这次运动表现出明显的陆表造山和地幔拗陷，是真正的造山期。从这个意义上讲，本区喜马拉雅期岩浆活动并非通常所说的造山期后的产物，而是真正的造山期的产物。

古近纪末期的运动对柴达木盆地和西宁—民和盆地虽无显著影响，但引起了西宁盆地的退缩和柴达木盆地的扩展。同时，在长期处于剥蚀状态的南祁连山、西秦岭和巴颜喀拉山完成了明显的地势差和断陷。

2. 第二幕

第二幕发生于中、上新世之间，在青海省表现也很强烈，使青海省大部地区中、上新统普遍呈角度不整合接触。此运动时限为 5.1 百万年左右。

中新世开始，各区山间盆地星罗棋布，特别是中亚内陆水域与东亚外流水域结合部的一系列盆地发展起来，如哈拉湖盆地、青海湖盆地、共和盆地、托素湖盆地、可可西里盆地、祖尔肯乌拉山诸山间盆地，形成了一条横贯青海省东北到西南的蛇形盆地群。同时，在青藏高原腹地引发了大规模的大陆碱性火山岩喷发。

中新世末期普遍发生了一次造山运动。这次运动的显著特点是内陆推覆构造作用极强，各推覆构造带发育起来。同时，在唐古拉山旧阿多地区有碱性岩侵入，从而结束了青海省长期岩浆活动的历史。由于此时下层地幔收缩，中层四台围限，上层构造推覆，使青藏高原进入了强烈抬升并向四周外溢的时期。

上新世沉积作用继承了中新世的特点。在青海北部广泛分布着三趾马动物群。

3. 第三幕

第三幕发生于新近纪与第四纪之间，是整个喜马拉雅运动最强烈、波及范围最大、意义最为重要的一次构造运动，产生一系列重大地质事件。一是造就第三系与更新统之间的角度不整合关系。二是产生了青海湖、花海子、茶卡、托素湖等新断陷盆地，而柴达木、西宁、共和等盆地继续大幅度下降。三是使高原地壳水平方向缩短，竖直方向加厚，青藏高原强烈隆起。古褶皱山脉复活，发生强烈断块隆起，阿尔金山、祁连山、东昆仑山、唐古拉山、巴颜喀拉山开始形成。在山前及山间发生强烈推覆、逆掩，形成拉脊山、阿尔金山、柴达木盆地南北缘、阿尼玛卿山、苦海、昂赛—莫云等十分壮观的推覆体和碾掩构造。运动时限为约 3.6 百万年。

4. 第四幕

第四幕发生于第四纪的中、晚更新世之间。青海省各地表现不一，有的造成地层间的角度不整合，有的则表现为平行不整合。大、中、小盆地相对继续下降，山区相对上升。第四纪以来，省内最后一条山脉——阿尔金山成型，柴达木盆地湖区收缩，盐类成矿作用日益显著，其余高寒区山岳冰川发育，独具一格的青藏高原终于成为全球宏伟山脉汇聚的主要地区。

大量资料确认，青海高原现代地貌和地壳结构是最新地质时期的产物。全新世以来有多级阶地发育，并出现不同高度夷平面，表明全新世以来间隙式的上升运动一直持续到现在。根据构造地质学和年代学分析，关于青藏高原隆起和地貌演化的历史可总结如下：

（1）大陆对撞形成雅鲁藏布江缝合线时间为 40 百万年左右，冈底斯山为碰撞造山带，山麓有冈底斯磨拉石堆积，长期的夷平作用形成夷平面。

（2）喜马拉雅山主中央断层活动形成大规模的推覆构造，花岗岩侵入，板内造山带形成高喜马拉雅山，整个高原经南北挤压地壳缩短加厚，古近纪夷平面解体，开始时间约为 22 百万年。又经长期剥蚀夷平，形成主夷平面，残留的古近纪夷平面在山顶保留成山顶面。主夷平面有深厚的红色风化壳，岩溶洞穴中新生的方解石裂变径迹测年落在 15—7 百万年时间段。相关沉积分析得出主夷平面的结束年代为 3.6 百万年。

（3）3.6 百万年青藏运动开始，平均海拔数百米（不超过 1000 米）的主夷平面大幅度抬升，高原周边逆冲断层活动强烈，山麓扇砾岩强盛堆积。2.6 百万年青藏运动 B 幕发生，临夏东山古湖形成，高原升到海拔约 2000 米的高度，黄土开始堆积。山足剥蚀面发育，喜马拉雅山南麓波特瓦尔高原形成（1.9 百万年）；兰州地区形成烟洞沟山足剥蚀面，上覆碎屑层 FT 测年为 1.79 百万年。

（4）青藏运动 C 幕于 1.7 百万年发动，临夏东山古湖消失，黄河干流形成，当时上源应在祁连山（湟水），形成黄河的高阶地（T7 与 T6）。

（5）昆仑—黄河运动（1.2—0.6 百万年），昆仑山上升，黄河切穿积石峡。黄河中阶地形成，包括兰州的 T5 和 T4（1.2 百万年与 0.6 百万年）以及循化黄河的最高阶地 T5（河拔 850 米，0.8 百万年）。

（6）共和运动 0.15 百万年以来，黄河低阶地 T1、T2、T3 形成。黄河切穿龙羊峡，近 10 万年下切深度达 800 ~ 1000 米，共和组褶皱变形。若尔盖盆地则仅只是在 2 万年之前才被切穿。

青藏高原尽管在 40 百万年（大陆碰撞）和 22 百万年（板内俯冲）均曾有过强烈的造山运动（喜马拉雅运动的第一期和第二期），但均为其后长期的地壳相对宁静期的夷平作用所抵消，即两次被夷平。只有发生在 3.6 百万年的青藏运动才使整个青藏高原不断地和阶段式地上升，最后达到当前世界屋脊的高度。

第五节／山脉分级

　　青海境内山脉和山峰众多，根据 2009 年实施的《中国山脉山峰名称代码》国家标准，将青海省的山脉、山峰的分布及其从属关系列表如下（表 1.1）。

表 1.1　青海山脉分级

一级山脉	二级山脉	三级山脉	四级山脉	五级山脉
昆仑山山系区（D0070001）	可可西里山（D0160002）阿尼玛卿山（D0185002）巴颜喀拉山（D0190002）	祁漫塔格山（D0095003）阿尔格山（D0100003）博卡雷克塔格（D0105003）布尔汗布达山（D0115003）	沙松乌拉山（D0110004）鄂拉山（D0125004）唐格乌拉山（D0130004）布青山（D0135004）乌兰乌拉山（D0175004）冬布里山（D0180004）果洛山（D0195004）	横云山（D0145005）
	独立山峰	错哇尕泽峰（D0000013）、黄凤山（D0000014）、玉珠峰（D0070026）、布喀达板峰（D0070022）、马兰山（D0070027）、大雪峰（D0070028）、五雪峰（D0070029）、湖北冰峰（D0070030）		
阿尔金山—祁连山山系区	阿尔金山（E0040002）祁连山（E0090002）	党河南山（E0105003）托勒南山（E0110003）疏勒南山（E0115003）走廊南山（E0130003）托来山（E0135003）冷龙岭（E0140003）青海南山（E0200003）达坂山（E0210003）拉脊山（E0230003）	安南坝山（E0055004）阿哈提山（E0060004）苏拉木塔格（E0070004）赛什腾山（E0145004）土尔根达坂山（E0160004）柴达木山（E0165004）绿梁山（E0170004）宗务隆山（E180004）日月山（E0220004）	牙马图（E0120005）沙果林那穆吉木岭（E0125005）布依坦乌拉山（E0185005）哈尔科山（E0175005）布果特山（E0195005）大通山（E0205005）青石岭（E0225005）

（续表1.1）

一级山脉	二级山脉	三级山脉	四级山脉	五级山脉
阿尔金山—祁连山山系区	独立山峰	牦牛山（E0000011）、海心山（E0000013）、黑山（E0000014）、团结峰（岗则吾结）（E0115011）、托勒山（E0135011）、冷龙岭（E0140011）、巴音山（E0180011）、俄博山（E0185011）、橡皮山（E0200011）、仙米达坂山（E0210011）、同宝山（E0220011）、马场山（E0230011）、拉脊山（E0230012）		
冈底斯山—唐古拉山山系区	唐古拉山（H0110002）		祖尔肯乌拉山（H0020004）	
	独立山峰	各拉丹冬（H0110011）、嘎尔岗日（H0110012）、唐古拉山（H0110014）		

说明：1. 表中山脉、山峰的名称、代码及从属关系均源自2008年颁布的《中国山脉山峰名称代码》国家标准。2. 表中只反映位于青海省的山脉、山峰（含界山）从属关系。3. 阿尔金山—祁连山山系区中五级以下山脉锡铁山（E0190009）未在表中呈现。

下文以阿尔金山脉、柴达木盆地、祁连山脉、昆仑山脉、唐古拉山脉为大地形单元作简要介绍。

一、阿尔金山脉

主要山脉有2条：

（1）哈木尔达坂山脉，主要山体有哈木尔达坂、哈勒金呼查山。

（2）查汗托罗盖山脉，主要山体有查汗托罗盖山、乌兰乌拉山、阿克土塔格山、索尔库勒山、安极尔山、安南坝山、阿克塞山。

二、柴达木盆地

柴达木盆地内有一列山脉，主要山体有赛什腾山、马海山、绿梁山、锡铁山、阿木尼克山、巴颜乌拉山、牦牛山。

三、祁连山脉

主要山脉有 7 条：

（1）党河南山脉，主要山体有当金山口、夏日哈勒金山（党河南山）、察汗鄂博图岭、古尔班宝日达陇、克普腾蒙克山、傲木荣蒙克山、乌库尔图哈日奴尔根山、奥格图尔乌兰山。

（2）疏勒山脉，即疏勒南山。主要山体有疏勒山、疏勒蒙克峰、达根德力山、牙马图山、宰力蒙克山、沙果林那穆吉木、岗格尔肖格力峰。

（3）木里达坂山脉（即托勒南山），主要山体有英德尔达坂、乌兰达坂、乌兰木里山、木里达坂。

（4）喀克图山脉，主要山体有土尔根达坂山、哈勒腾蒙克、喀克图蒙克、果青果尔班夏哈勒根、盖尔哈达。

（5）哈日科山脉，主要山体有哈日科山、哈日赞希里山、查汗哈达山、宝日格山、草芒东山、日尼黑山。

（6）宗务隆山脉，主要山体有宗务隆山、达肯达坂山、柴达木山、库尔雷克山、科克希里山、布依坦乌拉、巴里根山、乌图高山、吉勒台山、桃斯图山、布勒台山、蓄集山、贡艾里沟山、阿达尔根山、布格图山、塞冷塔斯日海山、额尔德尼山。

（7）青海南山脉，主要山体有阿尔查图山、阿汗达里山、天峻山、关角山、铜普山、巴音山、橡皮山。

四、昆仑山脉

"昆仑"指东昆仑三条支脉：北支阿尔金山—祁连山、中支昆仑山和南支唐古拉山，也就是中原传说中的龙脉之祖——三龙，现今之昆仑山只指其中支。蒙古语中至今仍保留有此词，意义未变。主要山脉有 11 条：

（1）阿喀祁漫塔格山，西段平均海拔5200米，东段海拔4900米左右，最高尕斯蒙克峰（滩北雪峰）海拔5684米。主要山体有尕斯乌珠尔、尕斯蒙克、乌兰乌珠尔。

（2）莫克欣山脉，西段海拔5200米左右，东段海拔4900米左右。主要山体有莫克欣山、古里扎敖包山、尕林格山。

（3）沙松乌拉山脉，西段山脊海拔5200～5500米，最高莫斯图峰5972米，东段海拔5000～5200米，最高为开木其陡里格山峰1562米。主要山体有沙松乌拉、额勒孙蒙克、莫斯图山、巴荣西里山。

（4）布尔汗布达山脉，平均海拔5200米，最高峰桑根乌拉峰海拔5536米。主要山体有布尔汗布达山、秀沟山、果尔班托勒山、水外蒙克。

（5）布喀达坂山脉，即博卡雷克塔格，西段山脊海拔约5300米，中段约5200米，东段5000～5400米，主峰布喀茫乃峰（布喀达坂峰、青新峰）海拔6860米，为海西最高峰亦是青海第一峰。主要山体有阿尔格山、布喀达坂峰、布喀达坂（博卡雷克塔格）、古尔班奈吉山。

（6）马兰山脉，山脊平均海拔5300～5500米。其中，马兰山峰、大雪峰和五雪峰海拔超过5800米，属极高山。主要山体有察克力德格蒙克、塔温蒙克、撒日蒙克、伊克蒙克。

（7）唐格乌拉山脉，"唐格乌拉山"，蒙古语标准读音"当和乌拉"，意为坚实的山，平均海拔5500米左右，最高峰阿格坦齐肯山峰海拔6178米。主要山体有可可赛根蒙克、阿格塔音齐肯、岗欠查鲁玛、乌图克拉、雅木乌兰。

（8）布青山脉，西段平均海拔4800米，东段平均海拔4600米。主要山体有哈日西日格山、布青山、查汗西里、额肯可里根、克次蒙克。

（9）可可西里山脉，位于羌塘高原中部，东起青藏公路附近的楚玛尔河谷地，西延入西藏境内。山体常被错断和弯曲，山地平均海拔5100～5300米，境内最高山为可可西里湖西南的汉台山，海拔5713米。主要山体有可可西里山、巴音多格日旧、那木齐图乌兰乌拉、古尔班博罗集乌拉、察布查山。

（10）巴颜喀拉山脉，巴颜喀拉意为"富饶的黑山"。位于本州最南端，西自昆仑山口以南不冻泉附近，向东南延伸至四川境内，平均海拔 5000 米左右，最高峰雅拉达泽山峰海拔 5214 米，山脊主线不明显，保存有较好的原始夷平面。境内主要山体有拉日日旧山、牙扎卡陬山、雅拉达泽山、稍日哦邹山。

（11）鄂拉山脉。鄂拉，藏语，意为"藏袍"。

东列：西段平均海拔 4300 米左右，中段平均海拔约 4100 米，东段山脊平均海拔约 4800 米，最高为哇洪山峰海拔 5031 米。主要山体有乌兰布拉格、阿依尕山、哈日乌苏山、哈日哈达山。

西列：平均海拔约 5000 米，境内最高为可可阿达尔根峰海拔 5217 米。主要山体有夏日哈山、哈日尕图山（亦称阿尔扎图山）、哈次普山、可可阿达尔根山、夏日乌拉山。

五、唐古拉山脉（达木达坂）

唐古拉，藏语标准读音"当拉"，意为雄鹰才能飞越的山；蒙古语达木达坂，意为"横岭"。主要山脉有 4 条：

（1）唐古拉山脉，主要山体有大唐古拉山、小唐古拉山、各拉丹冬峰、姜根迪如。

（2）乌兰乌拉山脉，主要山体有乌兰乌拉、冬布里山。

（3）祖尔肯乌拉山脉，主要山体有祖尔肯乌拉山。

（4）西恰日升山脉，主要山体有西恰日升山。

第二章 青海东部名山

青海东部包括祁连山东段平行岭谷和河湟谷地。地势西北高，东南低。总体上呈现"四山夹三河"的形势分布，即冷龙岭—大通河—达坂山—湟水—拉脊山—黄河谷地—黄河南诸山脉。

　　祁连山东段平行岭谷自北向南，分别为冷龙岭、门源盆地和大通—达坂山山地；大通—达坂山以南的广大地区是湟水与黄河谷地范围。河湟谷地自北而南可分为平行岭谷地貌：大通丘陵盆地（主要指达坂山以南至元朔山一带）、哈拉古山地带[主要包括大通回族土族自治县（以下简称大通县）以南的元朔山、娘娘山和互助土族自治县（以下简称互助县）西北的却龙寺山]、湟水谷地、拉脊山、黄河谷地。

　　本区山地海拔、规模远不及西部柴达木盆地和青南高原上的山脉，但因这里是青海省人口密度最大的地区，这些山地与人类活动联系紧密，许多海拔不高、规模较小的山地在本地人心目中有较高的地位。

⌐ 青海东部名山示意图

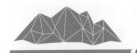

第一节／综　述

一、祁连山系

"祁连"系匈奴语，匈奴呼天为"祁连"，祁连山即"天山"之意。因位于河西走廊之南，历史上曾叫南山，还有雪山、白山等名称。广义的祁连山脉是甘肃省西部和青海省东北部边境山地的总称。在青海境内位于柴达木盆地北缘，茶卡—沙珠玉盆地、黄河干流一线之北，北至省界，西起当金山口，东至省界。地理坐标：35°50′ N—39°19′ N，94°10′ E—103°04′ E。狭义的祁连山是指祁连山脉最北的一支山岭。

祁连山脉是位于青藏高原东北部的一条巨大边缘山脉，位于青海省东北部与甘肃省西部边境，是中国境内主要山脉之一。其西端在当金山口与阿尔金山脉相接，东端至黄河谷地，与秦岭、六盘山相连，北靠河西走廊，南临柴达木

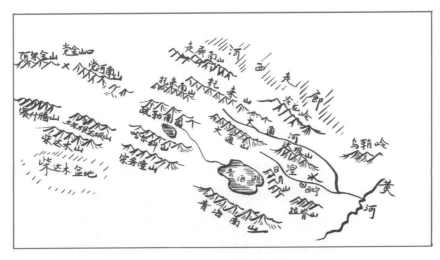

祁连山诸山位置示意图

盆地北缘和湟水谷地北缘，黄河斜贯于南面。由多条西北—东南走向的平行山脉和宽谷组成，属褶皱断块山。包括走廊南山、冷龙岭、托勒山、托勒南山、疏勒南山、党河南山、达坂山、柴达木山、宗务隆山、青海南山和拉脊山等。长约850千米，宽200～400千米，海拔4000～6000米，共有冰川3306条，面积为2062.72平方千米（青海境内为1475平方千米）。最高峰疏勒南山的岗则吾结海拔5808米，海拔4000米以上的山峰终年积雪，山间谷地也在海拔3000～3500米之间。整个祁连山高山区除在谷地少量有水草的地方可供夏季游牧短暂利用外，其余地域目前尚不能为人类所利用。

祁连山原为古生代的大地槽，后经加里东等多次褶皱隆起而形成。白垩纪以来主要处在断块升降运动中，形成一系列大致相平行的岭谷相间的地貌格局。自北向南包括8个岭谷带：①走廊南山—冷龙岭与黑河上游谷地—大通河谷地；②托勒山与托勒河谷地；③野马山—托勒南山与野马河谷地—疏勒河上游谷地；④野马南山—疏勒南山（疏勒山）大通山—达坂山与党河上游谷地—哈拉湖盆地—布哈河谷地—青海湖盆地—湟水谷地；⑤党河南山—哈尔科山与大哈尔腾河谷地—阿让郭勒河谷地；⑥察汗鄂博图岭与小哈尔腾河谷地；⑦土尔根达坂山—喀克吐蒙克山与鱼卡河上游谷地；⑧柴达木山—宗务隆山—青海南山—拉脊山与柴达木盆地—茶卡盆地—共和盆地—黄河谷地。

祁连山主要山脉有7条，其从属关系如下图所示。

祁连山是中国西部重要的生态安全屏障，黄河重要的水源地和生物多样性保护的优先区域。2017年9月，中国政府批准建设祁连山国家公园（中国十大国家公园之一），主要职责为保护祁连山生物多样性和自然生态系统的原真性、完整性。

祁连山国家公园位于中国青藏高原东北部，横跨甘肃和青海两省，总面积5.02万平方千米。其中，青海省境内面积1.58万平方千米，占31.5%，范围包括海北州门源回族自治县（以下简称门源县）、祁连县，海西州天峻县、德令哈市，共有17个乡镇、60个村，4.1万人。公园内生态系统独特，自然景观多样，平均海拔4000～5000米。冰川广布，多达2683条，面积7.17万公

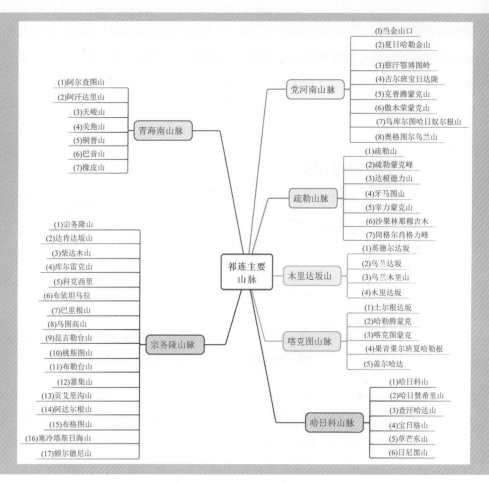

祁连山主要山脉从属关系

顷，储量 875 亿立方米，是青藏高原北部的"固体水库"。河流密布，主要有黑河、八宝河、托勒河、疏勒河、党河、石羊河、大通河 7 条河流，流域地表水资源总量为 60.2 亿立方米。公园内湿地总面积 39.98 万公顷。草地和森林广袤，草原面积达 100.72 万公顷，林地面积达 15.24 万公顷。野生动植物丰富，截至 2020 年底的调查表明，祁连山国家公园青海片区分布野生脊椎动物 25 目 65 科 252 种，其中分布有野生兽类 32 种，两栖类 3 种，爬行类 4 种，鱼类 9 种，鸟类 204 种；国家一级重点保护野生动物有雪豹、白唇鹿、马麝、黑颈鹤、金雕、白肩雕、玉带海雕等 20 种；野生植物有 66 科 235 属 543 种。青海片区包括 1

个省级自然保护区、1 个国家级森林公园、1 个国家级湿地公园。其中，祁连山省级自然保护区核心区面积 36.55 万公顷，缓冲区面积 17.51 万公顷，实验区面积 26.17 万公顷；仙米国家森林公园面积 19.98 万公顷；黑河源国家湿地公园面积 6.43 万公顷。

二、西秦岭山脉

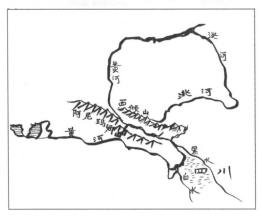

↖ 青海西秦岭西倾山位置示意图

西秦岭也叫西倾山，地处甘肃省东南、青海省东部，位于青藏高原东南部边缘，属于秦岭延伸至青海境内的支脉。《北史县志》叫岩台山，《吐谷浑传》叫西强山。西倾山西段位于青海省境内，主体位于河南县南部与黄河干流之间。

山体西北—东南走向，西起黄河与巴沟交汇处，东至甘、川交界的郎木寺附近。在青海境内长约 270 千米，宽 30～50 千米。除黄河北岸较陡峻外，一般较低缓，山峰海拔多在 4200～4500 米之间，比高一般为 700～1000 米，以中起伏的高山为主，个别地段起伏大于 1000 米，为大起伏的高山。主要山峰达日乔合、早木扎日更、扎玛日、莫尔藏阿尼等海拔都在 4000 米以上。位于甘、青交界处的哲合尔拉布肖是西倾山的最高峰，海拔 4510 米。山中西城洞府又称"太元总真之天"，为道教十大洞天之中的第三洞天。

西倾山在中国文献中早有记载，《山海经》云：桓水（白龙江）、洮水皆出于此山。该山又叫合山，藏语称"碌恰布惹"，意为"出神水山岩"。这里的"倾""恰"同义，系藏语转译而来，西为方位，即中华之西方。

秦岭再向西，大致有两列东西走向的山脉与秦岭相连。一列是祁连山接阿尔金山一路向西；另一列就是西起帕米尔高原，向东绵延 2000 多千米的昆仑山及其余脉。

秦岭被尊为华夏文明的龙脉，主峰太白山高 3771.2 米，在陕西省宝鸡市境内，为陕西省内关中平原与陕南地区的界山。分为狭义上的秦岭和广义上的秦岭。

狭义上的秦岭仅限于陕西省南部、渭河与汉江之间的山地，东以灞河与丹江河谷为界，西止于嘉陵江。广义上的秦岭是横贯中国中部的东西走向山脉，西起甘肃省临潭县北部的白石山，向东经天水南部的麦积山进入陕西。在陕西与河南交界处分为三支：北支为崤山，余脉沿黄河南岸向东延伸，通称邙山；中支为熊耳山；南支为伏牛山。长 1600 多千米，为黄河支流渭河与长江支流嘉陵江、汉水的分水岭。由于秦岭南北的温度、气候、地形均呈现差异性变化，因而秦岭—淮河一线成为中国地理上最重要的南北分界线。

三、河湟谷地诸山

河湟谷地是指青藏高原达坂山与积石山之间，黄河与湟水流域肥沃的三角地带，位于青海省东部农业区。

河湟谷地山体地貌类型大格局从属于祁连山脉东段岭谷相间的总特征，山川大势多为东西走向，但东西两部分表现不同。以小桥西侧大有山麓为界，东部呈两山夹一谷之状（西宁南北两山之间夹有湟水谷地），西部显三山夹两谷之势（自北而南依次为西宁北山、北川河谷地、大有山、湟水西川河谷地、西宁南山）。以湟

河湟谷地诸山分布示意图

水河干流谷地为界，以南表现为三岭夹两谷，以北表现为四岭夹三谷，南北岭谷都与湟水河干流大致呈垂直走向排布。

西宁市的山地，见于《西宁府新志》的仅有三处：土楼山，又叫北禅山；凤凰山，又叫南禅山；峡口山，今指小峡山。为祁连山南缘的一部分。从形态上看多数为原上山，属流水侵蚀低山，从分布考虑可分为南、北、中三列。其中，南北两侧东西横亘于湟水河两岸，俗称南山、北山，分别是拉脊山和达坂山支脉向东的延伸部分。西宁南山东起杨沟湾，西至阴山堂，长约24千米，中间被南川河切穿分割成两大段：东段由塔尔山—纳家山—凤凰山组成，西段由西山—阴山组成。西宁北山东起小峡口，西止土楼山，市境长14千米，中间被沙塘川河切穿分割成两大段：东段为傅家寨东山，西段为泮子山—土楼山。中间一列较短，仅存于盆地西半部，称大有山。这些山地主脉海拔多在2600米以上，山顶普遍为黄土覆盖，局部残留有古老夷平面。下部是以砂、粉砂、泥岩为主的第三纪红层，质地松软易侵，因湟水河及其支流的摆动切割，山体滑坡时有发生。

1. 西宁北山

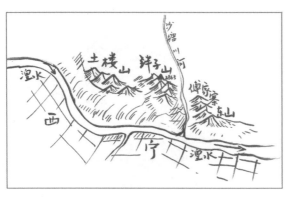

△ 西宁北山位置示意图

西宁北山由大通县境延展进入市区，属达坂山支脉，呈西北—东南走向，同祁连山地一致。西北端起于花园台村以北的哑巴沟，主脉一直抵达小峡口中部入海东市平安区境，东西绵延长达35千米，南北宽约5千米。北坡平缓下降至大通、互助县境丘陵，南坡陡峭倾降于湟水河低阶地，坡度一般大于60°。主要包括土楼山、泮子山、傅家寨东山等山体。

　　土楼山　位于市区北西段，西宁人俗称北山或北禅山。海拔为 2612 米。北靠大墩岭，南临湟水河，西连北川为一断带，主峰海拔 2755 米，巍峨突兀，恰似土楼山的天然屏障，向北延伸至大通境内。

　　泮子山　位于市境北山西段，土楼山以东，距市区约 5 千米，主峰海拔 2863 米，为市区最高点。西与土楼山以黄鼠沟为界，东连石灰沟和沙塘川为一断带，北接互助县下长沟。

　　傅家寨东山　位于西宁北山东段，在朱家庄和傅家寨以东，北从互助县延伸入市境至傅家寨，南北走向，为西宁市东北部的屏障。市境最高海拔 2700 米。地质构造复杂，褶皱断层发育，石膏、芒硝等矿产资源丰富。

2. 西宁南山

　　西宁南山为湟水河南岸一系列山体的总称。主脉近似东西走向，同属于拉脊山的支脉。西由湟中区入境，向东延伸至小峡口南侧出市境入平安区。山体北坡向湟水河逐级倾降，坡度一般小于50°，南坡平缓伸展至湟中区。

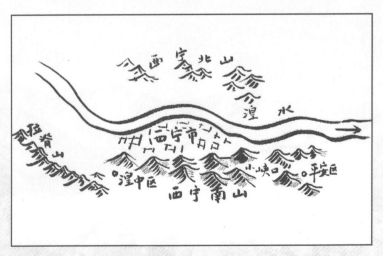

西宁南山位置示意图

第二节 / 冷龙岭

冷龙岭，祁连山脉东段第一山，位于青海东北部。当地人称老龙岭，藏语意为"黄牛岭"，以山形而名。它集现代冰川的壮观和完整的植被带为一体，是科学考察、登山探险和旅游观光的理想之地。

一、位置境域

冷龙岭，位于青海省门源县城东北21千米，位于八宝河、大通河一线之北。

冷龙岭（张胜邦，2016年10月摄）

北至省界，西起黑河，东至甘肃乌鞘岭。长 380 千米（在青海境内长 280 余千米），宽 30～50 千米。山峰海拔多为 4000～5000 米。最高峰岗什卡雪峰位于门源县青石嘴以北，海拔 5254.5 米；次峰位于门源县西滩乡老龙湾村背部，海拔 5007 米。

冷龙岭位置示意图

二、气候与地貌

冷龙岭山体高大、厚重，峰峦叠嶂，呈西北—东南走向。处东南季风迎风

坡，降水较丰沛。受降水和温度的影响，冷龙岭南、北两坡的植被都表现出明显的垂直地带性。南坡海拔 2100 米以下为草原化荒漠，海拔 2200 ～ 2500 米为灌丛草原，海拔 2500 ～ 3000 米为森林草原，海拔 3000 ～ 3500 米为山地灌丛，海拔 3500 ～ 4000 米为高山草甸；北坡海拔 2000 ～ 2350 米为草原化荒漠，海拔 2350 ～ 2800 米为山地草原，海拔 2900 ～ 3500 米为高山灌丛，海拔 3500 ～ 4000 米为高山草甸。

冰水作用强烈。海拔 4500 米以上的山峰多发育有现代冰川，共有冰川 244 条，总面积达 103.02 平方千米，冰储量为 3.299 立方千米。海拔 3200 米以下为流水作用带；海拔 3200 ～ 4200 米为流水作用与冰冻风化作用带；海拔 4200 ～ 5000 米为强烈寒冻风化作用带，新冰碛物广布；海拔 5000 米以上为现代冰川作用带。冷龙岭上流下的冰川融水，涵养有石羊河和大通河两大水系，在山体南坡形成了阶梯状分布的多处海子和高山瀑布。有以云杉、桦树等为主的森林分布和高寒草甸草场。野生动物种类较多。

三、地质特征

冷龙岭地质构造上为早古生代形成的走廊南山—冷龙岭复背斜，因而生成巨型北西走向的铁、铜、锰、磷矿带，属古河西构造体系的中轴部分。山体由奥陶系中基性火山岩组成，地质构造为北祁连加里东槽北斜的一部分。沿主脊南侧有一条东西向活动断裂。

四、主要山峰

1. 岗什卡雪峰

祁连山脉东段的最高峰，也是环西宁旅游圈最近的第一高峰，是青海省登山运动管理中心确定重点开发的三座登山雪峰之一。岗什卡雪峰海拔不高，是旅游爱好者登山探险的理想场所，亦可作为登山、山地纵走的训练基地。随着青海省登山探险旅游知名度的不断提高，它已经吸引了众多的国内外登山探险旅游爱好者。如果天气晴好，在大坂山环山公路上就能清楚地看到桀骜不群的岗什卡雪山独立成峰，气势蔚为壮观。

岗什卡雪峰位于门源县北部，青石嘴镇以北，皇城蒙古族乡东滩村北部，大通河与河西走廊之间，227国道147千米处，地理坐标东经101.46°，北纬37.69°，距西宁约200千米。自宁张公路K147+500米处，至岗什卡七彩瀑布处，共14千米，为四级沙路。

岗什卡，藏语意为"老爷雪山"，在当地藏族人的眼里，它是华热西藏众山之宗、众水之源，又称为阿尼岗什卡，意为"雪山之尊"。顶峰为冰川，积雪终年不消。每当夕阳西下，晚霞轻飞，山顶晶莹白雪，熠熠闪光，时呈殷红淡紫、浅黛深蓝，犹如玉龙遨游花锦丛中，暮霭升腾，故称"龙峰夕照"，是门源古八景之一。

岗什卡七彩瀑布（王存海，2013年7月摄）

山体呈西北—东南走向。雪线高度北坡 4200 米，南坡 4400 米。山体主要由偏酸性石英角闪岩、片麻岩、斜长角岩、基性火山岩等组成，在构造上属北祁连山加里东褶皱带，集冰川的壮观和完整的植被带为一体。

岗什卡雪峰的地貌和水热条件均有利于冰川的形成，其峰顶长年白雪皑皑。在海拔 4500 米以上的地方，发育有现代冰川 104 条，冰川面积 54.2 平方千米，大部分是面积不足 0.5 平方千米的小型冰川，冰川末端下降至 4100～4300 米，沿山脊呈羽状分布，以悬冰和冰斗冰川为主。其中，山体北侧的冰川是西营河和东大河的源头。

岗什卡峰周围重峦叠嶂，垂直植被分布明显。山顶古冰川人迹罕至，冰瀑冰挂气势雄浑，流水潺潺彩瀑缤纷；山脚草木苍郁，鲜花怒放，牛羊成群，野生珍稀动物经常出没。草原、雪山、村庄、古老的宗教文化和绚丽多姿的民族风情，构成了特色旅游的主题，极富地域特色，在旅游市场独树一帜。

七彩瀑布位于岗什卡雪峰的半山间，海拔约 3900 米，高约 10 米，宽 200 多米。夏季，由于泉水中含有多种矿物质，天长日久，水流经过处便形成了各种色彩的附着物，因此人们称之为"七彩瀑布"。冬季，这里的瀑布结冰后形成冰瀑，在阳光照射下，折射出五彩斑斓的颜色，蓝色、黄色、绿色、白色……气势磅礴，极其壮观。这是一个冰雪的世界，这是一个白色的宫殿，从天而降，鬼斧神工，浑然天成，长长短短的冰挂，似大树伸出的玉臂琼枝，玲珑剔透，晶莹奇巧，十分迷人。

明洪武年间，征西将军邓愈、副将军沐英曾追羌至此。另有史册记述，345 年，前凉酒泉太守马岌对张骏说："酒泉南山即昆仑，昔日周穆王西征昆仑，会西王母于此山。西王母虎身豹尾，人面虎齿，全身皆白，居雪山洞中。此山脉古昆仑支脉，宜立西王母祠，以裨朝廷无疆之福。"得到了张骏的同意，就立王母祠于岗什卡山上，命名"昆仑"。唐穆宗长庆年间（807—821），遣使臣刘元鼎至吐蕃和议时登上了此山。其山日光映雪，雾呈紫色，又名"紫山"。

山下灌林密布，色呈青黛，因而古羌语称"闷摩黎山"，在广大的华热区所崇拜的十三大山神中，被尊为第一神，享有"阿弥岗什卡"（意为"老爷雪山"）之盛誉。当地藏族崇尚白色，且将白色视为吉祥的象征。每年农历八月十五日隆重奉祀岗什卡山神，活动规模较大，不但请喇嘛诵经，还举行赛马、摔跤、射击等活动。还有一个奇特的祭祀内容，每年要用纸糊制一只 1.5 米高、3 米长的大鸟（藏语称为"夏杰强琼"，意为"百鸟王"）登高放飞，为的是纪念西王母和其青鸟使者。据《山海经·大荒西经》记载，"西有王母之山，……有三青鸟，赤首黑目"，郭璞解释说："这三只青鸟都是王母的使者"。后人把传信使者也称为青鸟。李商隐"蓬山此去无多路，青鸟殷勤为探看"诗句中的典故便由此而来。

岗什卡雪峰地区属高寒半温气候区，年均温度在 1℃上下，年降雨量 550 ～ 600 毫米，80% 的年降水量集中在 5—9 月。1 月平均气温为 -13.5℃，7 月平均温度为 12℃。3—4 月为大风天气，6—7 月、9—10 月是最佳登山季节，8 月属当地雨季，不利于开展登峰活动。

2. 雪龙红山

雪龙红山属冷龙岭主峰之一，坐落于门源县珠固乡，与仙米大山（海拔 4353 米）南北相对。此山大致呈南北走向，长约 5 千米，海拔 4252 米。山体由紫红色砂岩构成，山顶多裸岩，无植被，积雪经夏不消，好像戴着一顶白帽。山腰下属高寒草甸类草场，优势草种为小蒿草、线叶蒿草、矮蒿草等，植被覆盖度 75%，是珠固牧民的夏季牧地。

这座雪山的名称由来说法有二：一是"雪龙"为藏语译音，意为"旱獭"，因山中多旱獭而得名；二是相传清雍正二年（1724），阿群活佛从甘肃天祝率众僧西迁到此时，遇见一藏族老妪，获赠酸奶（在藏语中叫"雪"）以解饥，故名。

第三节 / 达坂山

达坂山（达坂：蒙古语，意为"山口、山岭"）又叫大坂山或青石岭，是祁连山脉东段支脉。地处青海省大通与门源两县的交界处，是青海通往甘肃的交通要道。

一、位置境域

位于湟水与大通河之间，西部起于卡当山，东南至省界与冷龙岭相交，西北—东南走向。在青海省境长近 200 千米，宽一般 40～50 千米，平均海拔3500～4000 米。山体北部较高，主峰脉络清楚；南部由于湟水支流切割较低缓破碎。最高峰仙米大山海拔 4353 米，《清史稿》列青海环湖十三名山之一。

△ 达坂山位置示意图

在青海高原的众多山峦中，达坂山不算险峻，但其特殊的地理位置使达坂山在高原声名显赫。主要山峰有红沟达坂山、雪水沟达坂山、铁迈达坂山、铁杆达坂山、下达坂山等，是海晏、互助、大通三县的分水岭。

达坂山北侧宽阔的浩门河谷全部种植着小油菜，成为国内闻名的百里花海。南侧的大通县为青海省重要的春小麦生产基地，宝库峡及察汗河国家森林公园、黑泉水库景色迷人。

达坂山（张胜邦，2016年6月摄）

△ 上达坂（张胜邦，2008年11月摄）

二、主要景点

1. 察汗河国家森林公园

察汗河国家森林公园位于青海省大通县西北部，达坂山南麓宝库峡风景区内。这里气候温凉湿润，夏季年平均温度在12℃左右，是理想的避暑胜地以及人们回归自然的绝妙佳境。

察汗河国家森林公园因河而得名，但又不以河而专美，山峰与河水相互作用，形成鬼斧神工、天造地设的独特美景。景区内保存有苍茫的原始森林，树木葱郁，奇峰、瀑布、杜鹃和圆柏是这里的"四绝"奇景。

步入宝库峡，经黑泉水库至察汗河森林公园山门前，眼前豁然开朗。这里地势平坦，宽阔辽远，绿草如茵，各种树木集中成片，浓荫遮日，清洌的泉水四季长流，清澈见底。向北望去，有一座横空出世、位似屏风、状若莲花、色像彩玉的莲花山，山前新修的牌楼式山门高大雄伟，蔚为壮观。石林峥嵘的莲花山将察汗河地区绵延逶迤的山岭分为东西二岔。东岔山高草茂，是天然优质牧场；西岔河流湍急，两岸山峦迭起，苍松翠柏，隐天蔽日。深入十余千米，到达一大二小、水草茂盛、方圆千亩、平坦如垠的土山子掌。登临其上，诚有"会当凌绝顶，一览众山小"之感，大通、门源、祁连三县景观尽收眼底。"登掌红日早，回首白云多"，"一掌撑天起，三县览无余"。这些诗人的抒怀恰是这里真实的写照。

察汗河不仅以如画的美景吸引着八方游客，更以许多珍禽异兽和名贵药材闻名遐迩。雪鸡、石鸡、兰马鸡、野鸡不一而足，马鹿、狍鹿、棕熊、狐狸、岩羊、石貂、豺、狼、獾猪、麝等种类繁多，党参、黄芪、黄芪、野葱、羌活、狼毒、雪莲、秦艽、大黄等药用植物遍布全区。察汗河不仅是省内外游客寻芳探幽的理想去处，更是专家学者考察探险的圣地。古老的"龙洞观云""林海吐雾"景观与青海省最大的现代化水利工程黑泉水库相映成趣，别有一番风味。

2. 黑泉水库

黑泉水库位于青海省大通县宝库乡，位于227国道旁，距离大通县桥头镇37千米，距离西宁市75千米，总库容1.82亿立方米，工程总投资77625万元。它是青海"引大济湟"工程的重要组成部分，对保障西宁及周边地区的工农业及生活生态用水具有重要的作用。水库周边景色宜人，有神秘的落日神光和天然水蚀弥勒佛像，是青海旅游北线的景点之一。

泼水佛　在黑泉水库大坝东下侧的公路旁，有块巨大石崖翼然突出。据说，在平滑的崖壁下，有一尊佛像笑盈盈地盘腿坐在莲花丛中，面容安详和善，栩栩如生。但此佛一般情况下并不显身，只有在善男信女或游客净手焚香后，将洁净的泉水泼于其上，方才显现，衣冠纹理纤毫毕现，莲花宝座清晰可见，因而人们称其为"泼水佛"。

温泉　在宝库河上游雄奇峻拔的月牙山下，有5处温泉，温度常年保持在48℃左右，泉水清澈透明，甘甜可口，直接就可以饮用，据说还可以用来医治多种疾病。

画屏山　画屏山主峰在宝库乡五间房村，它南至城关，北通甘凉，山势迤逦连绵。春夏之交，鸟语花香，天高云淡，形成一幅天然图画。大通古八景之一的"画屏秋净"即指此山。清末民初廖溪苏曾填词赞美它"山势画屏开，六曲平裁，西风无限送秋来。落尽猩红山径晓，霜叶成堆。此境隔尘埃，点绝莓

达坂山风光（张胜邦，2016年7月摄）

苔。天峰倒影入楼台，一片浮光都扫尽，小胜蓬莱"。

佛沟"神仙架"　宝库峡风景区中的佛沟虽不深但山势较陡，各种树木杂生的丛林略显稀疏，真正占领这里的似乎是那些突兀冷峻的岩石。在这些岩石中，最有名的是山顶那块向前扑出一半的悬崖神仙架。据说，古时候有位神仙欲架桥连接西、北二山，以便修炼。不料上苍不允，因为真正的修炼是无捷径可走的，而架天桥正是投机之举。因而石桥没有架成，却留下了这"神仙架"，让后人产生许多联想。

3. 达坂山隧道

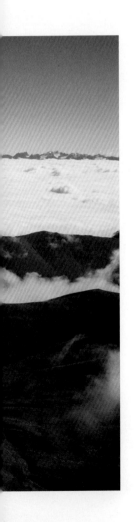

达坂山山势陡峭，高耸入云，垭口海拔 3940 米。西张公路古为丝绸南路之西平张掖道，自西汉以来，几易沧桑，几度兴废。中华人民共和国成立后经数次改建，成为青海通往河西走廊、连接亚欧大陆桥之国道线。达坂山之路依山开凿，路线曲折，盘山越岭。达坂垭口延至阴坡 3000 米，冬春雪拥冰横，常遇雪崩冰坍，凶险难行。当地有"千难万险的鬼门关，难不过雪天里的达坂"的民谣。

为改善宁张公路的交通条件，1998 年底建成达坂山隧道，解决了宁张公路冬季大雪封山时无法通行的问题。隧道位于国道 227 线 K104—K109 的越岭地段，全长 1530 米，两端引线长 2852 米。隧道及两段引线按山岭重丘区三级公路技术标准设计，隧道净宽 8.5 米，净高 4.5 米，两端接线路基宽度 8.5 米，路面宽度 7 米，地震基本烈度按 7.8 度设防。

西张公路达坂山隧道工程项目创五个之最：一是隧道南口路面中心标高 3792.75 米，为当时亚洲已建成道路隧道海拔之最；二是在国内已建成的道路隧道中，最先铺设保温层以防冻胀；三是在国内已建成的道路隧道中，最先在洞口设置自动隔风保温门，在冬季无行车时关闭隧道，以减少冷能侵入；四是青海第一条公路长隧道；五是青海公路基本建设中首次面向国内施工单位招标，实施与国际接轨之菲狄克管理项目。这种集大洞、小洞、防风、保温、排水于一炉的新颖设计，被中国科学院列为高原隧道施工的典范，不仅国内独有，在国际上也是首开先河。

达坂山隧道建设工程科研成果随后推广到青藏铁路建设之中，收到良好效果，成为西部开发的一大壮举。这标志着中国修建高海拔隧道的施工技术达到了国际领先水平。

第四节 / 拉脊山

拉脊山又叫拉鸡山、积石山或唐述山，祁连山脉东段最南支脉。藏语意为"湟水南面的山"。它的隆起就像被拉起的脊梁，所以正确的说法是"拉脊山"。因山上有很多尕拉鸡栖息，民间就把它称作"拉鸡山"了，交通部门在此立下的地标名也是"拉鸡山"。

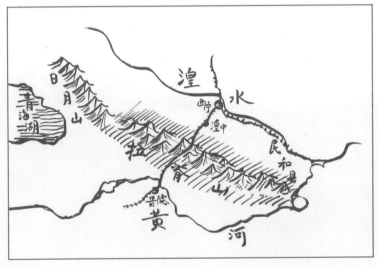

◤ 拉脊山位置示意图

一、位置境域

拉脊山位于青海东部湟水谷地与黄河谷地之间，是黄土高原与青藏高原的分界线。西北—东南走向，西北部与日月山的西南部相连，东南部延伸至民和县南部官亭黄河之畔。长 170 千米，宽 20 ~ 30 千米。平均海拔 3500 ~ 4000 米，最高峰马场山海拔 4484 米。海拔 3820 米的拉脊山山口地理位置重要，西宁至果洛的公路越此而过，山口南侧还有通往湟源的公路。

二、地貌特征

拉脊山山势较平缓，中段发育小型山间盆地，一些由花岗岩等坚硬岩石组成的山脊和山峰较为陡峭，海拔亦高，如青阳山（4217米）、朵长峡山（4209米）、东沟山（4047米）等。山顶是风化碎石岩块，山腰为灌丛草甸植被，土质为黑栗钙土覆盖岩石表层，是放牧的优良草场。

拉脊山地貌垂直分布明显：海拔4000米以上有古冰川地貌冰斗、角峰、刀

↙ 拉脊山（一）（张胜邦，2017年10月摄）

脊等遗迹，一年中大部分时间有积雪覆盖；海拔 3600 ～ 4000 米普遍发育有多年冻土，分布有冰缘柱和多边形土等冰缘地貌；3500 米以下的中下部覆盖黄土，第三系红层广泛出露，黄土地貌发育，泥石流、滑坡等灾害时有发生。在流水作用侵蚀下，黄土分布区水土流失严重，地表显得破碎，并时有滑坡发生，黄土地貌发育较典型。红层分布区发育较为典型的丹霞地貌，有较高的旅游观赏价值。

　　拉脊山年降雨量 400 ～ 500 毫米以上，河网密集，多呈树枝状—梳状水系；

植被条件较好，还有零星分布森林，高山草甸带是优良的牧场。中低山带是重要的旱作农业区。北侧沿拉北断裂带有多处低温碳酸盐矿泉水出露，如民和慈利寺、平安药水泉、湟中华山药水滩等，水质优良，有一定的医疗保健作用。

拉脊山北坡险峻，山岩多有裸露，除夏季外，山坡常常白雪覆盖。南坡平缓，宜牧草生长，是海南地区著名的高山牧场。拉脊山植被垂直分布明显，多种生态类型相间。既有高山草甸，又有高山湿地，还有高山灌木和山腰乔木。山下农田生态。山上出产著名的冬虫夏草。山上气候类型多样，同日内可以多次体会雨、雪、雾、岚、阴、晴、霰等气候景观。这里的红山嘴草场是尕让乡夏季牧场，北从拉脊山口至分水岭，南至大滩村，中心海拔3746米。草场内坡地平缓，水源充沛，牧草生长良好。每当夏季来临，山坡上绿草如茵，繁花似锦，牛羊成群，牧歌声声，还有空阔的蓝天、悠悠的白云，是闹市人向往的佳境。

↖ 拉脊山（二）（张胜邦，2017年10月摄）

三、地质特征

1. 日月山—拉脊山南坡前震旦系

呈北西—南东向分布。北与下古生界为断层接触，南与二叠系、三叠系为不整合关系，大部分为断层接触。其上多为新生代地层覆盖，出露零星。以尕让地区的研究较为详细，曾命名为尕让群，现称化隆群。其岩性下部为黑云斜长片麻岩、黑云二长片麻岩夹角闪片麻岩、二云片麻岩及黑云石英片麻岩等，上部为黑云（或角闪）斜长片麻岩、混合岩、黑云石英片岩夹长石石英岩及含石榴石云母石英片岩，出露厚度 > 2893 米，上下部之间呈断层接触。

往东南延伸至松坝峡一带见到相当上部的层位，岩性为黑云母石英片岩、角闪片岩夹片麻岩。日月山附近一带出露者，下部主要为黑云斜长片麻岩（或钾长）片麻岩、二云斜长片麻岩、花岗片麻岩、二长片麻岩及相应的混合质片麻岩和各种混合岩夹少许二云石英片岩、绿泥角闪片岩；上部主要为黑云（或二云）石英片岩、二云片岩、角闪片岩、角闪石英片岩夹片麻岩，局部见少许混合质片岩、碎裂条痕状混合岩及大理岩等。总厚 > 2500 米。按岩性组合与尕让群对比，可能相当于其上部层位。

本区变质岩类及混合岩类（包括混合质岩石）均有发育。总的来看，该变质岩系在早期中、浅区域变质基础上，受后期多次构造运动及花岗岩类侵入活动等多种因素影响，经受了动力、热力等叠加变

￪　拉脊山（三）（张胜邦，2017年3月摄）

质作用及钾、钠、二氧化硅的多次交代作用而形成。该变质岩系中的混合岩类多围绕岩体呈环带状分布，远离岩体则混合岩化强度显著减弱。它与变质岩类岩石在分布上及岩性变化上有明显的过渡性。

2. 寒武系

拉脊山区中统与上统均有，东段呈近东西向展布，西延至日月山附近转成西北走向。中统仅出露于拉脊山中段之深沟，曾命名为深沟群，现称泥旦山群。岩性主要为灰绿色安山岩、辉石安山岩与灰色结晶灰岩夹薄层泥灰岩。厚度大于 415 米；上统较集中分布于拉脊山，零星见于黄毛村及哈尔盖等地。与震旦系及奥陶系为断层接触，志留系不整合其上。拉脊山中段发育较佳，称为上寒武统六道沟群。岩性主要为灰绿色安山岩、暗紫色蚀变安山岩、辉石安山岩、玻基玄武岩（170 米厚），以及安山质熔岩角砾岩、英安质凝灰岩夹硅质岩、碧玉岩、凝灰质板岩。底部有钙质角砾岩，其上有结晶灰岩透镜体。

拉脊山中段下部主要为片状及块状蚀变安山岩夹凝灰岩、石英角闪片岩、熔岩角砾岩及凝灰质板岩、硅化大理岩，厚度大于 1480 米；上部为凝灰质片岩、石英绿泥片岩夹片状安山岩及灰岩透镜体。拉脊山西段（元石山以西），岩性主要为蚀变安山岩（或变余安山岩，部分具枕状构造）、安山质凝灰熔岩及凝灰岩夹英安岩、角砾熔岩及少量火山砾岩、硅质岩、结晶灰岩透镜体，再往西火山碎屑岩增多。

拉脊山所产三叶虫化石其时代属晚寒武世，加之与含化石的中统呈短期沉积间断关系，该套地层时代为晚寒武世。

3. 奥陶系

拉脊山区仅发育中、上奥陶统，呈北西西向延展。中统以茶铺北山—雄先北沟一带发育较佳，称为茶铺群。与上寒武统为不整合或断层接触，与上奥陶统呈整合接触（其间有沉积间断）。岩性：下部为灰绿—暗绿色蚀变安山岩、安山质凝灰岩夹硅质及泥质板岩、千枚岩或呈互层，上部为安山质凝灰岩、安山岩、英安岩互层夹凝灰质砂岩、砾岩、板岩及大理岩透镜体，总厚度大于 1923 米。

拉脊山北坡东沟—石坡沟一带出露的中统，其岩性下部为灰绿色含砾凝灰质砂岩、凝灰质粉砂岩、石英砂岩及英安岩，厚度大于503米。

上述二地所产化石，其时代多属奥陶—志留纪，结合接触关系及岩性特征，暂将该套地层划归中奥陶统，但至今仍排除不了拉脊山地区有早奥陶世地层存在的可能。上统仅见于茶铺峡沟垴—泉庄北侧一带及东沟附近。该统在药水泉西山发育较佳，称为药水泉群。其岩性主要为灰绿—暗绿色火山砾岩、凝灰质砂岩、硬砂岩与砂岩、板岩、砂质页岩互层，中部夹安山岩、安山质凝灰岩、石英砾岩，厚度大于2070米。其纵向变化特点是：下部以火山碎屑岩为主，中部中性熔岩增多，上部以火山碎屑岩与正常沉积碎屑岩为主。横向变化特点是：由茶铺峡向东，熔岩剧增；至药水泉北侧则以中性熔岩为主夹火山碎屑岩、正常沉积岩及少量中酸性和中基性熔岩。另外，东沟一带出露的上统岩性为基性火山岩、火山碎屑岩夹正常沉积岩，厚度大于1206米。

4. 志留系

拉脊山地区的志留系出露于该山中段北侧志留系与下伏上寒武统为不整合关系，与奥陶系为断层接触。其岩性主要由灰绿色长石石英砂岩、长石砂岩组成的碎屑岩，底部有层同色砾岩（砾石为下伏寒武、奥陶系产物）；上部夹片状砾岩，仅在东沟北山具少量英安岩夹层。厚度大于1100米。未获化石，依据接触关系及底砾岩，新于寒武—奥陶纪；从岩性对比又不同于石炭—二叠纪或泥盆纪。故暂将该套地层时代定为志留纪。

5. 海相二叠系

分布于拉脊山南坡，较广泛地发育在下古生界基底之上。在布哈河—哈拉湖—查汗峨博图岭以北，与泥盆—石炭系沉积有明显继承性。与下伏层石炭系为假整合或不整合，与上覆层三叠系为假整合接触。

6. 侵入岩——加里东期侵入岩

有辉长岩、细粒闪长岩、细粒辉石闪长岩、花岗闪长岩、细粒石英闪长岩、细粒花岗岩等。

7. 构造

拉脊山南缘属祁连褶皱系中的拉脊山优地槽带与南祁连冒地槽带两个二级单元的镶合部，构造线方向由西段的北西向，向东共轭回转为北西西向。

四、历史文化

关于拉脊山的名字在古今历史的演变中，因误读、误记或随意性而造成很多别名。又叫拉鸡山，《新唐书》称鶡鸡山，11 世纪初又叫溪兰宗山等，但绝大多数的年代中其名称变化不大。鶡鸡、拉计、腊鸡，均与马鸡读音相近，今拉脊山下的峡谷仍被称为马鸡沟峡。照此来讲，拉脊山应被称为马鸡山。

早在 5—6 世纪（魏晋南北朝）时，由于河西走廊群雄割据，战争不断，交通阻塞。古丝绸之路青海道开通，当时的僧人、商贾取道西宁，然后沿马石沟峡，翻拉脊山，从今哈拉库图城过赤岭（今日月山）至青海湖，经都兰过柴达木盆地去高昌，使沟通中西的道路继续畅通。特别是吐谷浑时期开辟了丝绸之路南道，成为南入六朝、西通西域的要道。都兰及吐谷浑王国的都城伏俟城的考古发现说明了此古丝绸之路青海道的存在，道宣的《释迦方志》也有明确的记载。

五、宗教文化与民俗旅游

拉脊山上已建成目前国内最大的拉则群，该项目占地 10 余亩，总投资 1600 万元人民币。

在青藏地区，对自然山水的崇拜是藏区民族文化的重要组成部分。藏人认为那些对部族有功勋的先祖之灵寄住在山水树木中并保护子孙后代，为了供奉这些神灵修筑的城堡或宫殿称为"拉则"。该拉则群修建在贵德县拉脊山口宗喀山脉西北处，"宗喀拉则"由此得名。宗喀拉则内供奉着包括主尊玛沁雪山及创世间九尊神、二郎神、文昌爷，以及藏、汉、蒙、土族等地区的山神水神。

宗喀拉则是一个没有民族之分、多民族祭拜的山神庙宇，分赞普拉则、大臣拉则、英雄拉则等多种分类。贵德是典型的多民族聚居地区，多民族传统文化在此交融集萃，形成了该地独特的文化资源。

六、交通发展

据《西宁府新志》载，清乾隆年间，西宁道佥事杨应琚会同府、县官员，捐俸修通一条崎岖盘山便道，人们借此可肩挑、背扛、畜驮来往西宁（湟中）贵德之间，是当时唯一的捷径。这也是一项历史性功绩。

新中国成立以前，1935 年对西宁至贵德段原有断续马车道进行了一次全面修整。1938 年征调兵、民工开凿红山嘴。1939 年对黄河水毁路基进行修复。1941 年再进行拓宽，可通汽车。1934 年在贵德贺尔加建浮桥一座，改渡为桥。

1952 年 7 月，西北军政委员会组成果洛工作团，孙有仁随工作团经现青康公路进入果洛区，再由拉加寺、贵德返回西宁，对公路路线、工程数量、沿线经济、民族风俗进行调查。同年，由张承幅工程师负责带领民工对西宁至贵德段进行修整。1953 年初对徐家寨到贵德段进行测量，随之招募湟中、贵德、大通、互助的民工进行重点整修。1954 年主要修整渡口，增设涵洞，整治拉脊山翻浆路段。1957 年利用民工进行局部改善。

1. 宁果公路

北起西宁市长江路与胜利路交叉口处，沿南川河东岸进入湟中区，经逯家寨、总寨、徐家寨、老幼堡、上新庄翻越拉脊山（海拔 3820 米），过尕让沿黄河北岸至贺尔加过黄河大桥，经贵德县河西乡入温泉沟，翻越驼图山，经过马营、黄沙头、王夹、南北滩、尕群村，翻阿毛垭口（海拔 3963 米）、克穆达垭口（海拔 4035 米）至拉加寺，跨黄河至军功，翻黑土山垭口（海拔 4200 米），到达终点果洛州首府大武镇，全长 435 千米。西宁至徐家寨长 18 千米，与西宁至鲁沙尔公路共线。西宁至贵德段又称宁贵公路。

2. 拉脊山隧道

2007 年 7 月 1 日，青海省第一条高海拔超长隧道——省道西久公路拉脊山隧道开工建设。2013 年 4 月，青海第一条高海拔严寒地区公路特长隧道——拉脊山隧道实现双幅全线贯通试通车。隧道通车后，彻底消除了雨雪对拉脊山路段造成的交通不畅问题，并缩短公路里程 20 千米，有效提高西久公路宁贵段的通行能力。

西久公路是贯穿青海省东部的纵向通道，也是省会西宁连接青南地区和沟通四川成都的重要经济干线。拉脊山隧道位于这条公路西宁至贵德路段的中部，总投资 8.15 亿元。全段按二级公路标准建设，路基宽 11 米，隧道宽 10.25 米，高 5 米，设计行车速度为 40 千米 / 小时。左洞起点从湟中区上新庄镇骟马台道阳沟开始，向南跨越大南川河和涩宁兰天然气管线后，逆大马沟而上，以 5530 米特长隧道穿越拉脊山，于贵德县尕让大滩村北面山坡出洞，两跨尕让沟后接现西久公路，路线全长 10 千米。右洞起点接湟中至贵德公路二期工程骟马台大桥末端，沿大马鸡沟左侧山坡与左洞工程并建，于大滩村北面山坡出洞，路线全长 8 千多米。

　　拉脊山隧道是青海省迄今最长的公路隧道，属于高海拔地区的双洞隧道，隧道通过的山区最高海拔达 4041 米，平均海拔超过 3200 米。隧道建成通车后，从省会西宁至贵德缩短行程 20.3 千米，节约半小时行程时间，从根本上解决了冬季冰雪天气车辆爬山困难、行车缓慢、危险性高的难题；同时，也促进了西宁与贵德及果洛地区的经济联系，加快了当地旅游业发展，推动了民族地区社会经济发展。

第五节 / 五峰山

五峰山因"五峰林立，形如举掌"而得名。这里依山傍水，风景秀丽，林木茂盛，山峦青翠，泉水潺潺。泉水穿池经管首从石雕龙嘴喷出，沿石崖飞下，如万珠凌空，这就是闻名遐迩的"五峰飞瀑"。山上有五峰寺，是远近知名的寺院之一。

一、位置境域

五峰山位于青海省互助县五峰乡，在县城的西北方向，距西宁市40千米，主峰海拔2835米。

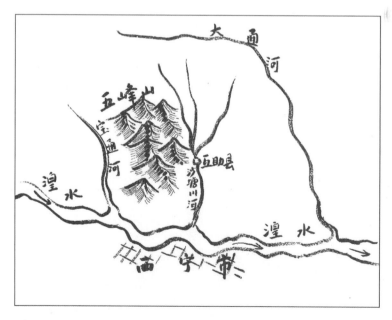

五峰山位置示意图

二、地貌特征

五峰山树林茂密，郁郁葱葱，布满松树、杨树等乔木和大批灌木，奇花异草漫山遍野。春夏之间，满山青翠，秋深以后，色彩斑调，令人赏心悦目。山间有澄花泉、龙凤泉，清泉潺潺，澄澈清亮，碧蓝如玉，甘甜可口。因为这里风景秀丽，环境恬静，古代被列为"湟中八景"之一。山腰有洞穴三处，中有小道相通。洞下有澄花泉，泉水自山腰沿石壁跌落，形成瀑布，为五峰山一大景观。

五峰如掌列云端，瀑布飞流似激湍。六月炎天来避暑，松声飒飒水声寒。"五峰飞瀑"亦为西宁古八景之一，是清代青海最优美的风景区之一。如清乾隆初年杨应琚《湟中五峰寺壁记》描写："五峰森立，形如举掌，萦青缭白，烟云生指甲间。"如此优美的景色，主要有三林、三洞、三泉。

五峰山（龙喜文，2019年7月摄）

三、地质特征

五峰山地层属寒武系中大通老爷山—互助龙王山一带，发育于震旦系之上，下与湟源群为不整合关系，上与奥陶系为断层接触，呈近东西向展布，划分出中统及上统。

中统以毛家沟附近研究稍详，前称毛家沟群。其岩性变化不大，下部为灰—灰白色钙质白云岩、燧石条带白云岩、硅质白云岩及灰黄—灰白色白云岩，底部有层厚5～6米的砾岩；上部为黑灰色灰岩夹斜长玄武岩、青盘岩化安山岩。厚度大于1382米。由毛家沟往东至五峰寺一带，深灰色厚层灰岩之下，见有粉紫色薄层含磷泥质灰岩。

四、历史沿革

五峰山上有明清时修建的殿堂寺院，也叫五峰寺。五峰寺即为五峰山的最早的道教宫观建筑，是青海省有名的风景区。明朝，互助地区的道教信徒，为了开展宗教活动，于明崇祯十五年（1642）在风景秀丽的五峰山修建了宫观，请来了德高望重的道长作主持，香火一直比较兴旺，该山也因宫观的存在而出了名，成为旅游胜地，但宫观一直没有名称。清乾隆时，西宁道按察使司金事杨应琚闻名游山，应道人的请求，根据周围有五座高低不等的山峰这一地理特征，将此山起名五峰山，宫观为五峰寺，还出资在这里修建了游廊亭台。从此五峰山、五峰寺声名大振，观光客络绎不绝，善男信女纷纷入山进香，念经求仙，祈祷平安。民国年间，五峰寺逐渐衰落，到1949年，仅有道士两人。由于道众锐减，香息湮灭，后来该寺便名存实亡。1980年以来，经修缮、扩建，种花植树，旧景换新颜。从春夏之交到暮秋，各地群众纷纷到此游玩消遣。

△ 五峰寺（一）（张胜邦，2008年8月摄）

五、民俗旅游

五峰寺是青海著名的道教圣地之一。该寺虽是道观，但它最出名的却是花儿会，每年农历六月初六，该寺都有隆重的花儿会。

花儿是广泛流传于青海及西北的一种山歌，其内容多为歌唱男女爱情故事，歌词中常把女方比喻为美丽漂亮的"花儿"，将英俊潇洒的小伙子比喻"少年"，因而，这种山歌被命名为"花儿"或"少年"。按照群众习惯，花儿只能在远离村庄的野地和群众性花儿会上演唱。

传统的六月六道教朝山庙会逐步演绎成花儿会，即赛歌会。这一天，不仅各地各族民间歌手云集于此，文化、科普部门也都携带各种宣传品和资料到这里开展农牧科技、环境保护、民规乡约、道德规范等的宣传教育，使消遣游玩的各族群众不仅观赏了大自然的美景，欣赏了美妙悦耳的歌声，也受到了社会主义精神文明的教育和熏陶。

六、五峰山的传说

传说五峰山原来叫龙山。山上没有五座山峰，整个山形活像一条游龙，龙口正好是现在的龙泉。

早先，五峰山一带十分缺水。百姓为了水吃尽了苦头。这情景被一位遨游四海的龙神看见了，为解救百姓之苦，他就卧在山上，从口中吐出甜香的泉水来。百姓为了感谢龙神，每年花开季节，就人人手拿一束花抛到龙泉口里，可那被抛的花并不下沉，也不浮起，而是竖立在泉水中。这就是澄花泉的来历。

有一年，瑶池王母娘娘因忙蟠桃盛会的事儿，一时间对手下的人放松了管教，她的五个孙女就私自外出游玩。出了南天门，她们见人间河里鱼儿对游，花儿里彩蝶双飞，地头男欢女笑，羡慕极了，便生了下凡的念头。于是，她们由大姐带领着来到龙山，见这里山清水秀，景色很美，就按下云头呆呆地观看，忘了一切。

姐妹五人不知呆看了多少时候，忽然发现山上有五个洞，更出奇的是山上不多不少还有五眼泉。姐妹五个按人分摊，每人一个。传说这五位仙女的名字分别是浓郁、黑菊、乳香、芝兰、白莲，她们各自的饮泉分别为龙宫泉、黑龙泉、奶奶泉、子孙泉、白马泉，她们住的洞名分别是飞龙洞、黑虎洞、三教洞、白虎洞、无量洞。

"洞中才数月，世上已千年。"姐妹五人不知不觉在山上度过了整整三个年头。这期间她们采集百草，为附近的贫苦百姓治病。姐妹五人的名声也就在这一方传开了，前来看病求医的人越来越多。

谁知好景不长，有一天王母发觉五个孙女不见了，一经查问，已下凡三日。她勃然大怒，马上令天兵天将下界捉拿。五位仙女谁都不想再回天宫，只好铁下心来摇身一变，化为五凤卧伏山头。天兵天将怎么也找不到五位仙女的影子了，只好回宫禀报。后来人们就将龙山改称五凤山。

当时百姓听到天兵下凡的消息，纷纷前来护卫仙女。但他们找不到仙女的

五峰寺（二）（张胜邦，2008年8月摄）

踪影，只见山顶上突起五座像凤的山峰，才明白这就是五位仙女的化身。当下百姓一齐放声痛哭。这天恰好是六月六日。此后每到六月六日这天，四乡百姓就上山祭拜。这就是民间六月六上山踏青的由来。

据说当年万民哭得太伤情，惊动了凤姨。她想把万民的眼泪吹上天去，让王母看看凡间百姓对五位仙女的爱戴。她便施出法力将眼泪吹上了天，也不知王母看见了没有。不久眼泪又落下来，变成一阵细雨。至今六月六这天五峰山必定下洗山雨，或多或少总是会下一点的。因为五凤演变成五座山峰，就叫五峰山了。

第六节 / 龙王山

龙王山，位于青海省互助县境内，是祁连山脉达坂山支脉，自古以来就是该地区的神山圣地。汉族群众叫它"龙王山"，世代居住在这里的藏族、土族群众则称作"阿咪（藏语，意为"爷爷"或"尊者"）赤列""赤列布（布为土族语，意为"山"）""祁连"。"敕勒""赤列""赤列布""茶列"，就是"祁连""祁连山""天山"。经专家考证，此山就是匈奴人最早真正叫响且一直保留原始称谓"祁连山"的发端地，也是中国称"天山之尊"的最早之发源。宋代前后汉族称龙王山为清江山、青石岭，明清称小昆仑山、老龙王山。自古以来，世居的土族群众对其一直沿称未变。

一、位置境域

龙王山地处互助县东和、东沟、丹麻、巴扎乡境内，东西长7千米，南北宽6千米，方圆40余平方千米。从东沟昝扎水库北望，龙王山银峰钻天，高不可攀，其垂直高度达1000余米。

龙王山位置示意图

二、地理特征

龙王山的最高峰是位于巴扎乡一侧的莲花峰，海拔 4242 米。其他高峰依次有沙日峰（土族语，意为"望月峰"）、阿咪赤列丹日娃梅科峰（也叫红龙峰，驻东海金仁老龙王，居五龙之首）、阿咪赤列朵列索峰（也叫白龙峰，驻三龙王北海龙王）、阿咪赤列金开青梅索峰（也叫青龙峰、天格日峰、贵山，驻五龙王西海龙王）、阿咪赤列克美索南峰（也叫黑龙峰和阿咪格念，驻二龙王南海龙王，奇险无比）、阿咪赤列金开梅开索峰（也叫黄龙峰、驻四龙王中海龙王）等。山顶有"窈窕女子坐山头，身骑白象望瑶池""九峰三池十五龙（王），白象骑（龙）驹驮万吨，福山贵山砣九州"之说。

◤ 从威远镇卓扎滩眺望龙王山（王存海，2015年8月摄）

　　龙王山以其巍峨、高雄、多龙、奇险、灵秘、清凉、爽意，吸引了陕甘青藏无数信众。然而只有十之一二的虔诚善男信女，可攀上峰巅，到达天地龙神会聚的圣台、仙池。

　　龙王山是一座天开神奇、雄丽脱俗的神山。春天，满山吐芳百鸟鸣，九水分流润四方；夏天，天若霞衣迎旭日，峰腾云海作舟浮；秋天，晴日野华铺盘锦，山如渥丹灿若霞；冬天，琼楼玉宇超空灵，月坠峰巅若悬镜。其日出、云海、雾凇、佛光等神奇现象变化莫测，尤在雨雾之间、晨暮之时，远眺近观，如蓬莱仙境，琼楼玉宇时隐时现；或一山湖水，超然空灵；或草木成林，牛羊满山；或数位仙人穿梭，或无数士兵披甲执锐。有时，山下大雨滂沱，山坡云雾绕身，山巅却晴空万里，眼前彩霞万里，白云飞舞……

三、地质矿藏

龙王山地质构造复杂，区内褶皱、断裂发育。沿断裂分布有元甫沟金矿、那春沟钨钼矿、金刚寺铁矿等。区内地层主要为前震旦系马御山群花岗片麻岩、震旦系下统黄源群角闪岩相变质岩、寒武系中统花石山群浅变质火山—沉积岩、奥陶系下统变质火山岩。岩浆活动频繁，围岩蚀变强烈，为钼矿成矿提供了良好的地质环境。岩浆活动主要表现为加里东期侵入的花岗岩及石英闪长岩体，明显受断裂控制，沿断裂带分布，与区域构造线一致，呈岩瘤或岩枝状产出。与龙王山钼矿有关的岩体为龙王山黑云母二长花岗岩，侵入于寒武系中统灰白色灰岩中，受岩浆烘烤作用，在岩体周缘形成几百米至数千米的大理岩化带。龙王山钼矿产在内接触带上。

东沟龙王山（王存海，2016年7月摄）

△　从威远镇远眺龙王山（王存海，2019年10月摄）

四、历史文化

自西汉以来，先后有四批匈奴人从河西走廊以北地区迁徙到大通河及湟水流域。魏晋南北朝时期，甘青宁地区的各少数民族割据政权统辖之下的汉、匈奴、鲜卑、氐、羌、柔然等许多民族，共同走向融合。到十六国时期，曾活跃于这一地区的氐、羌、匈奴等民族，已再难以见到其活动记载了。因为他们融入了后来强大起来的鲜卑、吐谷浑、吐蕃、汉、回鹘、蒙古等民族之中了。但是，匈奴人的基因并没有因此消失，而是一代代传承下来。

据《土族文化传承与变迁》一书作者裴丽丽研究，"土族与东部裕固族（匈奴人的近亲）在语言上有明显的对应关系，在词汇上有大量的同源词，且有大部分共同的语法范畴和造句法"。又据学者郝苏民对土族5000多条词的分析，突厥语词占0.5%，满语词占0.3%。匈奴语"祁连"与土语"赤列""赤连""祁连"相同。匈奴语"颠连"为天，源于印欧语系的吐火罗语。祁连山即"颠连"之变音，是谓"天山"。据民族史研究表明："狄"是阿尔泰语系"天格里"的音译，意为"天"。龙王山下的土族人仍然将天称作"天格日"。相传龙王山上青龙峰有一处很古老的土制的祭天格日大峨博，很早以前专门用作祭天。当地土、藏民众每年农历六月十四祭龙王诞辰、十五在祭天台上祭天地尊神的习惯发生了细微变化：每年祭祀原土制峨博的习惯被祭龙王峨博所取代。因为土、藏民众相信，十四日请活佛恭祝龙王的诞辰，十五日再祭拜通天接地的神灵龙王后，天地尊神都会通过龙王接收到自己的香火朝供，实现自己的祈求。

五、登山线路

龙王山已经成为青海普通户外爱好者徒步登山的最佳选择地之一，登山线路有以下四条。

1. 圆山龙王山

圆山龙王山主峰高 4242 米，山顶有地理标注。

进山路线：互助县东和乡圆山村石窝滩，此为登山起点。从石窝滩至龙王山顶峰往返 13.3 千米，应在 10 小时内完成。正确的登山线路应按照当地村民的线路登顶，先到圆山峨博处，然后沿山脊登顶。登顶后不要原路返回，而是直下到达龙王掌。这条线路比较好走些。人少的情况下，9 个小时可以轻松完成整个线路。当地居民经常沿这个线路上山祈福。

2. 石窝龙王山

石窝龙王山主峰高 4251 米，山顶有峨博，是龙王山最高峰所在地。

进山路线：互助县东和乡石窝村，此为登山起点。从石窝村至龙王山顶峰往返 11 千米，上升 1160 米，应在 9 小时内完成。分两条线路：一条先登峨博，然后沿山脊登顶石窝龙王山，难度较大，完成需要 10 小时；另外一条不上石窝峨博，沿沟底登顶，难度稍低，应在 9 小时完成。正确的登山线路应按照当地村民的线路登顶，先到圆山峨博处，然后沿山脊登顶圆山龙王山。登顶后原路返回。

3. 达坂龙王山

达坂龙王山高 4231 米，山顶也有峨博，是龙王山第三高峰。

进山路线：互助县丹麻乡锦州村花石峡，此为登山起点。从花石峡至龙王山顶峰往返 11 千米，上升 1080 米，应在 8.5 小时内完成。分两条线路：一条沿花石峡耗牛台沟，在山南坡登顶，完成需要 9 小时；另外一条从北坡登顶，海拔 3900 米之前有基本成形的小路，之后为沟底乱石路，较为难行，最后登顶的 200 米为碎石坡，较第一条线路难度较大，应在 10 小时完成。

4. 花石峡龙王山

花石峡龙王山高 4130 米，是龙王山几个山峰中当地老百姓朝拜祈福最多的。对于户外爱好者来讲，最后 20 米登顶线路几乎是直壁上升（称为希拉里台阶），虽有当地老百姓架起的钢丝绳，但也需要具备一定的攀岩技术才能上得去。当地老百姓几乎有一半在这里停下了。

六、土族神话传说

传说很早以前有一位土族女神，在一次欢宴上，兴之所至，随手撕了一绺彩虹装饰在自己的衣袖上，跳起欢快的索罗罗舞。这舞，后来就成了土族的安召舞；这虹，就成了土族阿姑的七彩袖。

也许是受神灵的启示，也许是对美好的追寻，湟水北岸的这个民族与这个神秘的图腾有着千丝万缕的关系。看那七彩袖，红色象征太阳和幸福，黄色象征大地和丰收，蓝色象征天空和安宁，白色象征牛羊和吉祥……于是，像夸父逐日，土族人永远追逐着彩虹，永远痴恋着彩虹，一代代，一辈辈，怀揣彩虹的梦想，建造着自己的家园。不论什么时候，不论什么地方，土族人心中永远升腾着一个希望，那就是彩虹！踏进彩虹之乡，你一定会沐浴到海拔 2400 米以上的最具色彩的阳光，你也一定会拥有一份采自离天最近的彩虹编织的梦想。

看那彩虹的女儿，穿针引线，已经连起了大江南北，连起了昨天、今天和明天，连起了浪漫、友谊和笑脸。置身在这山清水秀、鸟语花香的地方，你的心一定和这里的天空一样明亮，你前行的旅途因此会充满迷人的风光。明末清初，汾酒产地的山西客商，途经互助威远堡，他们发现这里的黑青稞是酿造美酒的上等原料，于是便在威远堡安家落户，烧制白酒，终于酿造出威名远扬的威远烧酒。不久，威远烧酒便成为饮中名品，蜚声西北。天佑德、义和永等酒坊也如雨后春笋，遂成规模。直至 20 世纪 30 年代，"八大作坊"已是家喻户晓，妇孺皆知。难怪有"开坛十里游人醉，驮酒千里一路香"的诗文雅词，也难怪有"互助的麻雀也能喝二两"的说法。庐陵醉翁欧阳修云："酿泉为酒，泉香而酒冽。"青稞酒源远流长，也得益于一口威远古井。相传八仙之一铁拐李赴昆仑瑶台蟠桃盛会，乘醉云游河湟，行至威远，觉口渴难忍，遂向一老妪乞水。老妪取古井水煮茶款待，铁拐李大喜，将宝葫芦琼浆玉液倒入井中，飘然而去。后人汲水酿酒，果然香飘千里。

七、民族文化

土族是中国少数民族之一，主要居住在青海东部农业区，有自己的语言，其原生态文化尤以互助县最为显著。从迁徙到融合，从游牧到农耕，土族人在长期的生产生活中，逐步形成了有别于其他民族的独特文化。土族人深深爱着家乡的热土，默默地创造着幸福的生活。土乡境内，山水资源富足，人文景观称绝，民族风情享誉西北，地质公园独领风骚。土族之乡，实乃彩虹之乡、歌舞之乡、青稞美酒之乡。

土族婚礼极具魅力。歌舞贯穿婚礼始终。有趣的泼水，微嗔的戏骂，别致的改发，真切的哭嫁，既热烈欢快，又颇具情韵。

土族艺术实属瑰宝，题材众多，故事丰富。其叙事诗之恢宏、婚礼歌之婉转、宴席曲之悠长，无不令人心驰神往。

古老的民俗折射着民族智慧之光。土族盘绣、婚礼、服饰、轮子秋、丹麻花儿会、长篇叙事诗《拉仁布与吉门索》已被列入国家非物质文化遗产保护名录。

每逢节日庆典，土族人身着盛装，跳安召舞，转轮子秋，祈求风调雨顺，国泰民安。如果说安召舞是土族人对神灵的膜拜，那么，花儿会可以说是土乡最具浪漫色彩的情人节。每年农历五月至十月间，青年男女相约在清清的河滩、深深的树林，或携手，或拥怀，你唱我和，往来传情，直至夜幕降临，繁星满天……山野里，歌声飞扬。

艳丽的堆绣和华贵的盘绣是土族传统的刺绣手工工艺品。每一件工艺品都包含着土族儿女卓越的想象和深邃的智慧。

互助是青稞酒的发源地，有全国最大的青稞酒生产基地。岁序更新，往来有继。传统工艺历久弥新，现实神话融为一体。

第七节 / 南佛山

　　南佛山亦称南朔山、佛屏山，有道士居于此山，改称西玄山。传说元、明时期山中有道士修炼成仙，即被道教定为全国道教十大洞天之四，命名为"太玄极真洞天"，后改"玄"为"元"，称西元山，道名"太元极真洞天"。

　　明代是西元山道教活动的全盛时期，建筑规模宏大，道士众多，香火旺盛。清顺治初，塔尔寺阿嘉活佛朝山进香，认为这里是静修的好地方，即在广阔平坦的山顶上修建了佛殿，该山又被称为南佛山。远眺该山，如彩绘的屏风，故民国年间文人墨客又称它为朔屏山、南朔山。

一、位置境域

　　南佛山坐落在青海省西宁市湟中区鲁沙尔镇西面 15 千米处的金纳峡中，海拔 3265 米。

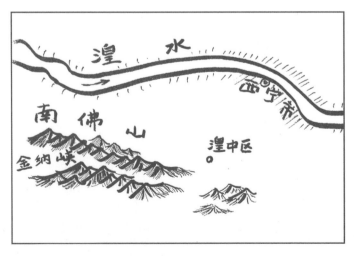

　　　　　　　　△ 南佛山位置示意图

△　南佛山（一）（张胜邦，2017年8月摄）

二、地质特征

　　湟中区为西北黄土高原和青藏高原过渡地带，属青藏高原凉温半干旱地区。境内三面环山，祁连山余脉娘娘山雄踞西北，拉脊山脉绵亘西南。境内沟谷纵横、山川相间，地形地貌比较复杂，地势南、西、北高而东南略低，海拔2225～4488米。

　　湟中区境内主要有丹麻彩玉、石灰岩、白云岩、硅石、矿泉水、砂石、黏土、地热、花岗岩、三岔（金、铜、镍）等10多种矿产土壤资源。

三、地貌特征

　　南佛山自然景色秀丽迷人。山下沿公路边流淌着清澈见底的湟水支流实惠沟水，山峰奇异，高耸入云，五彩缤纷的灌木花卉清香四溢。一条陡峭的羊肠小道直达山巅。半山腰被称作滴水崖的山泉泻玉喷珠，清冽甘甜。穿过山泉飞瀑，即到达道教庙观所在地。庙观依山势修建，原有大小洞府9处，现有5处，分散在山坳处，规模有大有小，中间一排平房为道士、道姑食宿和接待朝山者之所。

四、宗教文化

南佛山自明代开始，经过历代信众的不断建造，到新中国成立时，已形成相当规模的道观建筑群落。这些道观殿宇赋予此山丰富的道教文化内涵，与绝妙的山色美景相得益彰，成为青海地区远近闻名的道教圣地。南朔山所在的湟中地区，在宋元明清至民国时期，一直处在藏传佛教文化的熏染之中。特别是明清以来，塔尔寺成为藏传佛教格鲁派六大寺院之一，塔尔寺周围形成了塔尔寺六族，湟中地区遂有"哀本"之称。"哀本"即塔尔寺藏语名称"哀本贤巴林"的简称，寺名转为地名，足见塔尔寺在湟中地区的文化地位和深远影响。而南朔山正处在历史上塔尔寺六族地区，因此藏传佛教传到南朔山时，深受当地民族文化的影响自是情理中之事。这从当地的民间传说中得到进一步的印证。史载，清顺治年间，黄教圣地——塔尔寺著名的阿嘉活佛带着众僧来到南朔山朝山进香，将南朔山的张、苏二真人的神像改塑成佛像，这里便成为道佛合一的地方。这也就是南朔山又叫南佛山的缘故。

每年的农历四月初八这一天，塔尔寺的僧人会来到南朔山朝山诵经。关于这件事的由来，民间流传着这样一则传说。相传，格鲁派的创始人宗喀巴大师进藏后，有一次回塔尔寺，路经南朔山山口，那些飘荡观外的孤魂野鬼见到大师便一拥而上，拦路乞求大师超度他们。宗喀巴心想：你们生前自造厄障，到如今也实在可怜，但要超度，非设斋醮不行，可我急务在身，如何是好？宗喀巴左右为难，忽然慧眼一亮，想出办法来了。于是，他对孤魂野鬼们说："我急务在身，不能设坛荐拔你们，不过，我回塔尔寺后，告知喇嘛、阿卡，每逢四月初八来南朔山诵经超度你们。"孤魂野鬼们听完宗喀巴大师的话，倏忽间便无

南佛山（二）（张胜邦，2009年8月摄）

影无踪了。原来他们已得到宗喀巴"超度"的口赦，超脱而去了。孤魂野鬼虽然尽得超度，但佛言既出，定无戏言。所以塔尔寺每逢四月初八就派僧人到南朔山诵经祈祷，相沿成习，流传至今。

从南朔山、南佛山这种山名互用中，我们可以看到南佛山佛道相融的文化特点，至今人们仍称张真人为"张佛"、苏真人为"苏佛"。我们从其建筑风格、宗教节日、朝圣人群等多方面都可窥见南佛山一山融二教的独特文化景观。自明清以来，南佛山一直是一座以道教文化为主体的道教圣地。所以说，南朔山虽然叫了南佛山，只能是说增添了南朔山宗教文化中的藏传佛教文化气息，促成南朔山的宗教文化向更加丰富多彩的方向发展。佛道合一现象可谓南朔山宗教文化的一大特点，从中也可看到这两大宗教的包容性。

清朝初期，塔尔寺正处鼎盛时期，其宗教影响如日中天。前述阿嘉活佛到南朔山进香，又把张、苏二位真人的神像改为佛像，即可说明这一点。以塔尔寺当时的政治影响和宗教势力，改造南朔山，使其改宗格鲁派是完全可能的。但历史事实并非如此，南佛山依然保持了道教名山的地位，佛教文化和道教文化融纳于一山，长期共处，共同发展，体现了河湟地区多民族文化交融共处的地域特点和历史特点。

　　从道教的产生来看，对山岳的崇拜与信仰是其基石，从五岳到十大洞天、七十二福地，实际上都是中国著名的山岳。神仙之所以同山岳紧密相连，乃山岳高耸，拔地通天，云霞飘拂，幽深莫测，符合神仙养生修炼的环境和超凡脱俗的身份。道教相信人可以修炼成仙，长生不死，仙人则活动于名山仙境。

⼁ 南佛山（张胜邦，2017年10月摄）

五、民俗旅游

南佛山山顶称朔屏台，广阔平坦，上曾有鳌头阁、奎光阁、玄芳嘴、歇凉亭。右峰为求寿台，东边有三清宫、三宫殿、玉皇洞、药石洞和平楼三间。坪台四周有八座天然石峰，酷似人形，姿态各异，栩栩如生，道佛信众称之为"八大金刚"。眺望南佛山，宛如屏障，峰峦层叠，险峻奇妙。山岩怪异，有的像狮虎，有的如大象，还有许多难以名状，令人称绝。由于该山自然景观秀丽，空气新鲜，山清水秀，鸟语花香，成为各族人民消夏、游览的胜地。每当春夏之交到夏秋之交，西宁和海东地区各族群众云集这里寻芳览胜，尽兴消遣。

无论在历史上，还是在今天，南佛山不仅是青海地区著名的道教名山胜地，而且在中国道教史上也占有重要的地位。据称，南佛山就是道教中的"道藏第四太元极真洞天"。因此，南佛山在民间素有"逍遥神仙村，清闲道士家"之称。道教作为中国土生土长的宗教，凝聚着中国传统的历史与文化。宗教是历史文化的载体；寺院宫观作为宗教的载体，是宗教文化物化的表现形式。南佛山道教宫观据说始建于明朝万历十七年（1589），距今已有400多年的历史了。

六、神话传说

《抱朴子·登涉》谓："山无大小，皆有神灵。山大则神大，山小则神小。"南佛山作为道教中的洞天福地，自然也有仙人的踪迹和奇闻。随着青海道教的发展，南佛山也建起了道观神殿，供奉得道成仙的真人，感召无数善男信女进山焚香，祈盼神仙赐福禳灾；同时也成为吸引骚人墨客寻觅仙踪道情、逍遥休憩的仙游胜地。整个南佛山由前山、后山和佛屏台三大部分组成。前山主要洞府叫绿杨洞，俗称张佛殿，洞深、宽各3米多。洞口顶上有一棵古柏，状如盘龙，苍劲挺拔；两株皂角，盛夏开花，清香四溢。洞内塑有张佛全身像一尊，手执一条鲤鱼，反映传说中的"一鱼点化，二道成仙"的故事。洞内又藏一小洞，民间称为黑虎洞，洞口原画有黑虎饲子图。洞前用石块砌成月台，台上置一铜鼎，重600余斤，由清乾隆五十五年（1790）由西宁石坡街的金火匠李洪印、李洪福铸造。洞左面是菩萨殿三间，右为无量洞。灵官殿屹立在峭壁悬崖之上，可攀石梯而至。由无量洞旁顺着峭壁石径而上，到达山顶，展现在眼前的是一方平坦开阔的高原草地，叫佛屏台。从这里举目眺望，湟中山川历历在目。

1. 佛屏台来历的传说

相传很早以前，南佛山高入云端，陡如刀削，松柏茂密，遮天盖地，栖息山间的虎狼等猛兽以及飞禽一到顶峰，便会脱胎换骨，变成人形，得道升天。这样，年复一年，天界里就混入了很多的兽妖禽怪。有一年，正值三月初三，西王母召集群仙众神举行蟠桃盛会，兽妖禽怪们打扮得漂漂亮亮，来赴盛会。玉皇大帝见他们面生，便询问他们都住在何处洞府，修炼几载，有何道行。兽妖禽怪们就胡诌一通。其实，玉皇大帝一见他们，就明白他们是些兽妖禽怪，因一年一度的蟠桃盛会，没有再追问。盛会开始，兽妖禽怪们各自细品仙桃美酒以及那些人间罕见的美餐，不一会儿，因贪杯馋酒，各自现出原形，乱飞乱窜。这下可气坏了西王母和众神，也惹恼了玉皇大帝。玉皇大帝略施法术，便把他们统统收入装妖袋里，命令二郎神杨戬处治此事。原来，南佛山乃天下第一福地，为终南之尾、西源之巅，经过久远的日晒月照，脉气旺盛，故而只要有生灵登上山顶，便会变得法力高深，脱凡升天。可这些兽妖禽怪因为没有经过修炼，因而本性不变，所以才发生了前边的事。二郎神领命，提着装妖袋，一边腾云驾雾向南佛山奔来，一边口中念念有词，将袋中的兽妖禽怪化为石狮、石虎、石人猴、石象、石骆驼等。不一会儿已到南佛山上空，他踩云站定，打开袋口，将里面的兽妖禽怪石撒向山中。而后，他又登云来到半山腰，举起巨铲向山腰铲去，只听"轰隆"一声，整个山的上半部便被铲到他的巨铲之上。他转身降落在山前的金纳峡，将铲上的山峰移放在峡口。接着他念咒施法，将此山中原有的几块石头变成了老君、金刚等像。因此，南佛山山顶便成了一片平坦开阔的台地。右峰为求寿台。站立在求寿台上，脚下草木葱翠，野花芳香，令人心明眼亮，仿佛置身世外。再往东行，便到了三清宫，廊檐下有一口西宁观门街金火匠袁文鼎等铸的铜钟，重500斤，为光绪年间铸造。再向上一阶为三官殿、玉皇洞，洞口有西宁知县冷文炜（清乾隆时人）题写的"另有天地"横匾一块，笔法苍劲有力。

后山有苏佛洞，洞口上方镌刻着"飞升洞"的横额，传说这里就是苏、张师徒"一鱼点化，二道成仙"之处。民间又传说，苏、张师徒原在山西的五台山修炼，后来，他们外出游访，朝山拜祖，欲寻一处洞天胜境坚持修炼。他们跋山涉水，整整走了三年时间，才来到今天湟中的南佛山，在绿杨洞中定居下来，修炼养性。日复一日，年复一年，送走了一个又一个春夏秋冬。经过长期养炼，苏、张二真人在南佛山修成正果，得道成仙，后被南佛山历代教徒奉为开山祖师。

2. 鲤鱼跃瓢二道成仙

很早以前，在五台仙山修炼的苏、张师徒二位真人，决定外出游访，朝山拜祖，寻一处洞天胜境坚持修炼。他们跋山涉水，整整走了三年，才来到西元山，在绿杨洞中定居下来修身养性。日复一日，年复一年，不知过了多少春秋。

一天早晨，张真人提了水桶和瓢，跟往日一样到滴水崖下去打水。他刚伸出手，瓢还未接触到水面，只见一条红色鲤鱼"叭"一声跳进瓢内。他口喊"无量天尊"，随即将鱼倒入水中，再去舀水时，那鱼又跳进瓢内。无奈，他只好丢下水桶和瓢去请示师父。苏真人听后，笑了笑说："那你就将它舀上来煮了，你我二人也该开开荤了。"张真人一听，吃惊非小，心想："师父一向教我绝食酒荤，禁相杀害，今天是怎么啦!？"正在犹豫中，师父却一连几声催他快去。

张真人奉命将那条红色鲤鱼舀进水桶，提到师父跟前。苏真人一瞧，只见鱼身上隐隐发出金光，十分可爱，激动得声音有些颤抖地说："徒儿，快快去煮，你我美餐一顿。你去煮鱼，我到朔屏台上转转，记住，煮熟后，一定要等为师回来再吃。""是！师父。"张真人答罢，进斋堂煮鱼去了。

苏真人攀上天梯，在佛屏台上口诵经语，向五方五帝朝拜谢恩。原来，这苏真人经过数十年的修炼，内丹功夫已达到高深境界，也就是说，他功果圆满，到了羽化登真的时候了。早晨一听徒儿告知鲤鱼跃瓢之事，他就知道它是上界赐给他俩的一颗金丹，所以，他自然地想起登山答谢上苍点化赐给金丹之恩。

张真人大丹功夫比起师父来望尘莫及，哪里知道其中玄妙，他更不知正因为自己殷勤侍奉师父，刻苦修持，早已感动了上苍。他一边往灶里添柴，一边想今天早上师父的反常及鲤鱼跃瓢的怪事，不知不觉间，水沸鱼熟。他担心数十年斋戒修行就此毁于一旦，忐忑不安。突然，一股异香直沁心脾，他不由得咽了口涎水，记起师父上山前的叮嘱，他又咽了口涎水。等了一会儿，不见师父回来，涎水越来越多，使他难以忍受。忽然，一个念头闪过脑海："不妨少掐点鱼尾尝尝，也好压压这该死的涎水。"于是，他就掐了一点鱼尾，塞进嘴里，还未来得及细品，就听"咕隆"一声，已将鱼尾吞进肚里。霎时，他神清气爽，舒适无比，身不由己地走上师父经常练功的墀上。刚刚坐稳，忽见师父疾步而至。这下可把张道人吓坏了，慌忙起身谢罪，但躯如千斤，任他如何使劲，休想挪动分毫。苏真人见状，只说声："好，好，别动，你成在我前面了。"说罢，刚一转身，却见一穿红衣女子朝他嬉笑。苏真人大怒，抽出宝剑朝那女子刺去，女子拔腿便跑，苏真人紧追其后。那女子边跑还边回头引逗。这愈发惹恼了苏真人，奋力追杀，一直追到后山悬崖上。那女子看看无路可逃，便纵身跳下万丈深渊。苏真人恍然醒悟，叹道："唉！我一生苦修，指望修成一洞神仙，到如今正果未得反欠一条人命，罢罢罢，我也一死了之。"叹罢，也纵身跳下崖去。至半崖中，突然从涧壁上伸出一巨大的石手，将他接住。苏真人站稳身子，瞧见石手中躺着一具道士打扮的男尸，好像在什么地方见过。再一瞧，旁边站着观音菩萨。这时，菩萨笑盈盈地对他说："我们走吧，你徒弟恐怕等急了，我也该回去交差了……"

原来，那红色鲤鱼、红衣少女、石手俱是观音菩萨显化。后来，后山悬崖被人们称为舍身崖，那只石手依然伸展着。

苏、张二真人在南佛山首先修成正果，得道成仙。自然，南佛山的道教史就此开始，苏、张二仙也就理所当然地被南佛山历代的教徒奉为开山祖师。

3. 好心得报、碧泉长清

相传，苏、张二仙在南佛山修道时，有一天，师徒二人化缘至黄树湾地界，口干舌燥。正好有几个村民挑着水进了村，苏真人上前向其中一人施礼道："施主，我们师徒二人化缘至此，口渴得很，施口水给我们喝吧！"那人见他二人道袍褴褛，满身灰尘，便口吐唾沫朝前走去。苏真人又向另一个挑水的道："施主，请你慈悲慈悲给我俩化口水吧！"那人依然不愿施一口水给他俩。一连化了几个都是如此。后来，过来一个年轻女子，苏真人近前道："女施主，化口水给我们喝吧！"这女子赶紧提起勺子，在桶里舀了一勺水，递给苏真人说："师父，你二人尽管喝，就是喝完这两桶水也不要紧，我再去挑一担就是了。"

苏、张二人喝足了水，苏真人故意将喝剩的半勺水倒进桶里，向那女子道："女施主，嫌不嫌我弄脏了你的水？"那女子道："师父说哪里话，人的口哪有脏的，况且你们出家人不吃五荤，怎能说弄脏了我的水呢！"苏、张二人听后非常感动。苏真人说："也罢，从今以后，上十里没水，下十里没水，唯独你家有神水。女施主，你把水挑回去后，倒进缸里，这缸里就会永远有水，只是注意，不要一下子把水舀干净。"

说也真巧，自那以后，黄树湾以下一段河水、以上一段河水慢慢枯竭，泉水都干涸了，这样周围村子里的人都要到更远的地方去担水。而给苏、张二人喝水的那个女子家，缸中的水犹如山泉，常年不干。

有一天，这家的老太婆见缸底有不少泥垢，就想清洁一下。她将缸中的水全部舀出，倒在西墙根。霎时，倒水之处生出一眼碧泉，清澈见底，汩汩直冒。可是，那口缸里再也没有渗出过水来。

4. 祖师点化三峰皈依

袁三峰俗名守道，号三峰，道名明发，西宁傅家寨人。生于1850年，25

岁出家，是道教龙门派传人，1953 年羽化，仙寿 103 岁。他对道教丹法、法术有高深研究，在书画、武术等方面均造诣颇深，是西元山道教史上又一位著名尊师。

袁三峰幼年时父母双亡，八岁时被卖到一财主家当童工。青年时期，财主派他跟随伙计赶骡马押运货物，往返于湟源、湟中、贵德、平安和兰州等地。一次，他和三个伙计到湟中塔尔寺地界办完事，购买了转卖货物，准备返回时已近半夜。刚走出十余里，突然被一伙拦路打劫者将货物抢劫一空。他对伙计们说："你们回去免不了要遭毒打，甚至会丢了性命，现在就各自逃命去吧！"伙计们问他怎么办？他说："我最多挨顿毒打，可能还会让我干活的。"说罢便朝西宁走去。

当时，在南佛山修炼的有一位姓蔡的高道，人们只知其姓不知其名，也不知他何时出家，修道几载，仙寿几何，却知他是龙门派传人。他很少接触俗人，就是慕道者有缘之辈也只能见得一次半次，问他修道的秘诀及他本人的一些事时，他只是微微摇头而已。看他鬓、髯、眉、发皆白而脸色如童的样子，就知他道行高深。原来，他在山中不记春秋，苦修大丹，已得道祖真传，修成活神仙，只是尚未找到下一代传人，故而没有脱壳升天。

有天晚上，蔡道士正静坐修炼，忽见一仙人踩云徐徐而来。他急忙上前叩头顶礼，只听那仙人开口道："你弟子有难，快去度他上山。"蔡道士闻听，问那仙人："敢问祖师是哪位？""吾乃西元山苏真人也。"蔡道士这才抬头，还想问些什么，但苏真人早已驾祥云离去了。蔡道士朝空中叩了三个头之后，掐指一算，果然如此。他不敢怠慢，借土遁向塔尔寺方向奔去。

袁三峰步履蹒跚地走着，心里想着如何向财主交差。突然听到前面有痛苦的呻吟声，他三步并作两步，近前一看，是个老头，直挺挺地躺在大路中间，不住地呻吟。他蹲下身子问："你老人家怎么了，是不是害病了？"老头摇摇头，吃力地抬起了一只手，指指嘴又指指肚子。袁三峰明白了老人的意思，赶紧取下腰袋，倒出所有的干粮，打开随身带的水壶，递给了老头。老头示意他行动不便，袁三峰便小心地用一只胳膊托起他的身子，另一只手给他喂干粮、灌水。老头吃饱喝足，又示意他冷得很，袁三峰毫不迟疑地脱下自己的衣服向老头身上披去。正当他的手接触到老人的身体时，猛地觉得这老头像一团火，刚要发问，只听老头哈哈一笑说："真乃吾徒也。"接着老头站起身来，摇身一变，现出本相，却是一位老道，就是在深夜也能依稀看见他那高高挽起的发髻、银色的长眉和胡须、飘洒宽敞的道袍和白色的金刚袜子。袁三峰诧异非常，慌忙跪地边叩头边问老道："俗子不知，何时冲撞了大仙，如此奚落于我？"蔡道士又是哈哈一笑说："我是来度你上山的，是考验，不是奚落，你肯跟我一起上山修道吗？"袁三峰一听恍然大悟，情不自禁地说："俗子早想脱离尘寰，修清静无为之道，苦于无门可投，无师指点。若仙师不嫌我粗俗，真是我天大的洪福。"说完叩了三个响头。"好，起来，闭上你的双目，我这就带你上山去修炼。"袁三峰闭上双眼，蔡道士施法带他上了西元山。

上山后，蔡道士邀请几位道友，在张真人殿中做道场，举行了三皈五戒仪式，正式收袁三峰为徒，取法名为明发，为道教龙门派传人。自此，袁明发在蔡道士的传授下，不计寒暑，勤修苦练，终于修成真道。至今，民间还流传着许多关于他的故事。

5. 袁道士苦修喜收坐骑

蔡道士把毕生所学传给弟子袁明发后，就羽化登真了。袁道士悲恸地办完了师父的后事，继续苦修苦练。有天晚上，袁道士梦见一只梅花鹿自空中徐徐而降，来到他跟前，俯首帖耳，好似久别重逢的故友，亲近非常。袁道士觉得好奇之外，又有些愠怒，厉声斥道："你是何方厄畜，敢来扰我寸心？"说来也怪，这鹿竟开口道："仙师息怒，吾原系上界一童子，只因贪睡误犯了天律，玉帝一怒之下将我贬为毛畜，打下凡尘，要我修功补过，好重返天界。我看仙师福德瀚海，况已得道，故想为仙师作一脚力，还望仙师慈悲收容。"说罢，双眼嘀泪。袁道士见状，不免怜悯，连声说："好、好，既然如此，我就收容你吧。"

第二天早晨，袁道士穿过茂密的松林去滴水崖下提水，在泉水旁果然站着一只梅花鹿，和梦中所见一模一样。袁道士提了水，心中默道："你果是夜梦神鹿就跟我走。"只这一念，那鹿就像小孩向大人撒娇似的跟着袁道士回到观内。平时，那鹿在山中觅食，唤之即来，常傍左右。袁道士出山化缘时，那鹿便成为坐骑。那鹿陪伴着袁道士直至他羽化。

袁道士手扶龙头拐杖，上挂葫芦松枝等物，行动疯疯癫癫，说话不伦不类，人多不解其意。他常说："莫学道，先学癫，道是疯道。"他身材高大，童颜鹤发，常到西宁，住朱仙塔院及南山寺西岩洞，收有信徒50多人，颇受人尊敬。民间传说，袁道士有"缩地法"（斩路法），能晨在山中，午在西宁，行踪不定。西宁解放前夕，人们受国民党政府宣传影响，纷纷将家迁往附近农村以避战乱。当时袁道士手拿一个桃子，口中喊道"桃烂手不烂"，人们不解其意。后来中国人民解放军进城后，纪律严明，秋毫未犯，没到农村去的人都安然无恙。逃到外面去的人，因遭到马步芳散兵游勇的抢劫，部分人的生命财产受到了严重的损失。后来，人们才悟出袁道士所说的"逃烂守不烂"的道教偈语。这个故事在西宁解放时，传为佳话。

第八节 / 土楼山

土楼山即今西宁北山，又称北禅山，位于青海省西宁市城北区，海拔2347米。土楼山脉水平状红色板岩构成，因长期自然风化，山腰突兀高耸，视之若楼，故称土楼山。

土楼山为要冲之地，北靠群山，突兀高耸，南有西宁郡城，尽在眼底；与西宁南山遥相对峙。东望有雄关，古称为隙峡，今称为小峡，它是由南北两山相合而成，双峰紧扣，是西宁地区的天然屏障；西有湟水，滔滔而来，绕山东去。加之土楼山形状奇异，通体犹如凤翼，显得灵秀，被人们认为是神仙入住的地方。

一、地貌特征

土楼山为特殊的丹霞地貌。千万年的风雕雨琢，终使崩崖壁立，巉岩百仞，

土楼山位置示意图

︶ 远眺土楼山（张胜邦，2010年8月摄）

积层凹凸，青红相间，远望如楼阁重重，故名"土楼"。身临其下仰视，展示在眼前的是一幅雍容大观、气象万千的绚丽画卷：崖壁锦屏，云护岚障，巍巍之巅，殿宇高悬入云，朱栋悬饰，殿宇楼阁融为一体，雄宏壮观。登临其上，崖下有殿，殿上耸楼，楼旁建阁，阁内嵌洞，洞中藏佛，天梯石栈，曲径洞天，妙象环生。眺望山下，湟水融融，云山万千，锦绣如画，无限风光尽收眼底……土楼观因此得以与山西恒山悬空寺齐名。

二、历史文化

长期以来，土楼山佛、道、儒三者共存，山上藏族、汉族的神话传说都有

遗存。若论开发土楼山之功，以佛教为最。南北朝时期，西宁成为丝绸之路南线重镇，土楼山开始盛行佛教，直至明万历年间仍有印度僧人在此修行。历朝西宁一带的各族信徒登山朝拜，作佛龛于土楼山断岩之间，藻井绘画、雕墙故壁，修建寺阁栈道，不断扩建增修。土楼山寺由此建成，又因其倚靠于西宁北山，便称北山寺，后明成祖赐名为永兴寺。

后由于清代罗卜藏丹津之乱，佛教在此开始衰落，道教全真龙门派全面传入，各殿宇所供的神灵逐渐以道教为主，形成玉皇阁、无量洞、七真洞、三师洞、三清洞、关帝洞等主要殿宇群落，渐渐成为青海规模最为宏大、最有影响的道教宫观，名称也由永兴寺改名为土楼观。

三、北山寺

北山寺和土楼山在北魏时期就扬名于世了。北魏时期郦道元著《水经注》中有记载："湟水又东，经土楼南。楼北依山原，峰高三百尺，有若削成。楼下有神祠，雕墙故壁存焉。"

北山寺建于山腰古洞中，古洞形状各异，殿中有洞，洞中套洞，洞与洞之间由栈道回廊相连。北山寺上载崖岩，下临深渊，甚至悬空架设，可称得上一座名副其实的悬空寺，蔚为奇观。洞中藏佛，俗称"九窟十八洞"，洞内塑有玉皇、观世音、文殊、普贤、关云长等神佛像。据专家考证，其中有一部分为北魏以前的佛教壁画。北山寺洞内的壁画基本属于水粉画，由于风化、风蚀、雨蚀、地震、岩体坍塌和长期人为破坏，大部分壁画已是斑驳不堪了。目前洞窟群已经在封闭保护和修复中。

土楼观（张胜邦，2011年4月摄）

△ 土楼观闪佛（张胜邦，2011年4月摄）

四、宗教文化

《水经注》所说神祠最早是为东汉平寿敬侯、护羌校尉邓训大将军而立。邓训是东汉开国元勋邓禹之子。东汉初，因前几任护羌校尉多采取歧视少数民族的政策，致使河湟一带的胡、羌暴动不断，干戈不息，朝野震动。章和二年（88），时任张掖太守邓训临危受命，被公卿推为护羌校尉。上任伊始，邓训对各民族"以德怀之"，采取了很多有效的爱民措施，很快缓和了羌汉之间的民族矛盾，稳定了局面。河湟各族始得安居乐业，朝廷"威信大行"。永元四年（92）冬，邓训因操劳过度，卒于任中。胡、羌各族闻讯前来拜祭者，每天有数千人。胡、羌风俗，父母亡，不哭泣，只是"骑马呼歌"而已。但当听说邓训去世，闻者都号啕不止，并用刀自割，悲痛地说："我们愿意与您一起死啊！"此后"家家为训立祠，每有疾病，辄此请祷求福"。不久，朝廷顺应民意，在土楼山下修建了邓使君祠。

后来佛教、道教相继传入河湟地区，土楼山神祠逐渐成为佛教、道教的宗教活动场所。依山势，佛教修了寺庙，道教修了洞观。明清以来，以静修为主的道教在土楼山的活动占据优势，土楼山便成为道教活动场所。

土楼观的历史与丝绸之路南线和西宁地区佛教的兴衰有着密不可分的联系。南北朝时期、五胡十六国称雄割据时期，河西走廊一带的丝绸之路因战火而受阻，内地赴西域的商旅、使臣和虔诚拜佛、取经心切的高僧们便绕道青海，沿湟水流域到西宁，在西宁休整充粮后，涉大通河谷到甘肃张掖，然后归到丝绸之路的原道。后在西宁北山层叠的自然岩洞上，建造了"九窟十八洞"。由于土崖、窟洞、阁楼、殿宇融为一体，土楼观蜚声古今，名扬遐迩。尤其是新建的斗母殿、引鹤桥、三清殿依山势而建，雕梁画栋，油绘精致，烁烁泛彩，和那些千年古窟相比，各具风采，可谓人间仙境。

1983年11月16日，根据道教界的要求，西宁市人民政府将土楼神祠改名为土楼观，正式划归道教界使用。

⌐ 北山寺（一）（张胜邦，2008年4月摄）

自古以来，土楼山作为宗教活动的场所，经佛教、道教僧人、道人等和民间信众的修建，使之不仅成为后来道教宗教活动的重要场所，而且也是西宁地区各族群众登高游览的胜地。近十几年来，由于植树造林搞得好，松柏杨柳郁郁葱葱，土楼山已成为西宁"重秃"北山中的一块绿洲。每逢节假日，各族群众纷纷登山游玩；每年重阳节（农历九月初九）夜晚，总有数万群众登上此山，通宵达旦环绕篝火跳舞唱歌，论古说今，观赏高原古城的万家灯火。

五、民俗旅游

高原的气候乍雨时晴。到土楼山游玩，最佳胜景则是雨中观游土楼山。其著名景点是土楼观，常设旅游活动：三月十五西王母蟠桃会，四月八佛诞日，五月十八日庙会，六月六无量天尊诞辰日，九月九登高节。1500多年前，伟大的旅行家郦道元千里跋涉到西平（今西宁市），在其巨著《水经注》中留下了有关西宁土楼观的最早记载。此后的千余年里，漫漫的湟水带走了这座高原古城无数的记忆，却留下了土楼山麓神祠的烛火灼灼不熄，香烟缕缕不绝。这里正是青海省境内留存最早的宗教场所、著名的道教宫观——土楼观。

清朝诗人张思宪曾描绘道："北山隐约树模糊，烟雨朝朝入画图。"在烟雨中才能真正感受到土楼山隐约模糊、水墨入画的意境。站在斗母殿，殿檐滴水如珠，雨幕中的群楼像笼罩了一幅轻纱，道路纵横像是几笔粗墨，片片树林犹如淡墨渲染。遥望南山，似见似不见，形隐而神存矣。唯有北山顶上那座具有唐代建筑风格的宁寿塔，在烟雨朦胧中依然矗立，像是一位久经风霜的老僧，在思谋着苍茫的人世。古人有"在崖立如浮屠（宝塔）状"的描述，这就是西宁古八景中遗留最完善的一景——北山烟雨。

六、旅游开发

土楼观至今已有近2000年的历史。现土楼观内建有西王母殿、灵官殿、玄女宫、城隍殿、三清殿、魁星阁、玉皇阁、斋堂以及九窟十八洞等建筑，整个

道观占地面积 101 亩，其中各种殿堂、洞窟建筑面积为 6806 平方米，栽种各类常青树木和多年生花卉植物 6 万余株，使土楼观古老建筑掩映在苍松翠柏和花团锦簇之中，更显道家之灵气，山川之美丽，令游人香客流连忘返。这些现存建筑物主要是清代以后修建的，形成两个初具规模的建筑群。

⬉ 北山寺（二）（张胜邦，2011年4月摄）

　　一个是洞窟附近的建筑群，有山腰牌坊、山门、魁星阁、吕祖殿、三教堂、无量殿、福宁楼、三宝殿等，加之众多洞室，显得十分古雅奇巧，巍峨壮观。特别是其中的福宁楼，由西宁名僧徐仁溥创建于清宣统二年（1910）。该建筑设计精心，飞檐斗拱，油漆彩绘，精美别致，巧夺天工。窟檐之下悬有"花雨丹崖"的匾额，字迹遒劲有力，浑厚庄重。另一个建筑群在土楼山麓。这个建筑群以灵官殿居首，坐北朝南，依山势而建。南面是高大宏伟的山门。两侧是山神、土地之庙。紧挨着是东西大厅。进山门有牌坊一座。绕过牌坊，正中的高台上有灵宫殿，殿侧有东西厢房陪衬，东厢房为仓颉祠。此外，该观利用山间自然岩洞而建成的九窟十八洞形状奇异，上有闪佛，下临悬崖，花草茂盛，景观拥翠，是西宁市著名的古迹游览区。有诗赞曰："北山隐约树模糊，烟雨朝朝入画图。却忆草堂留我住，爱他水墨米颠呼。"

　　西宁土楼观最引人注目的是其既古老又神秘的石窟区。天然形成的洞窟与人工开凿的洞窟共有 57 个，在距地近百米的峭壁断崖间连环相套，时隐时现，延绵数里，如一只只神秘莫测的天眼，灼然傲视着天地人寰。其中人工开凿的关帝洞最少可以追溯到5世纪前。洞窟大小不一，深浅有别，形状各异，层次错落。洞窟自上而下有四层之多，由栈道、幽径、天梯相连。洞内各路神仙，千奇百态，各呈异彩。大多数洞中藻井、壁画尚隐约可见，壁画多以佛教题材为主要内容，但风格迥异。西部和中部群洞中的壁画，大多为汉传佛教题材，所绘佛像、图案、花卉等，具有汉民族绘画艺术的风格。从内容上看，除了佛教题材之外，还有部分汉族民间传说，如关帝洞的荆州诸将图等。东部群洞中的壁画则为藏传佛教题材，所绘佛像、图案、花卉等，具有藏传佛教绘画艺术的风格，还绘有圆形宝盖图案和形态各异的飞天、比丘、弟子等。整个壁画人物形象生动，图案设计精巧，着色细致匀称，以一色为主，多色配合，富丽堂皇，洋洋大观，很有鉴赏价值。在东部洞群中，有9个洞窟残存着一些魏晋至隋唐时期的壁画与藻井，颜色以上红为底，上敷青、绿、赭、白诸彩，色调热烈而厚重。壁画上的佛、比丘等形象丰圆，肢体肥壮，神态文静，服饰还保留着西域印度的特点。眉眼、鼻梁及人体轮廓画白粉，以突出立体感。壁画的人物形象、色彩运用以及服饰处理，与敦煌莫高窟北凉时期及炳灵寺石窟西秦、北凉时期的壁画风格相似，素有"西平莫高窟"之美誉。在洞窟中部，有两处崖体陡然突出，拔地而起，高40余米，山崖长期被山水冲刷、风雨剥蚀，后经人工稍加雕琢，成为独一无二的人文、自然景观——露天金刚，西宁人尊称其为"闪佛"。经过1000多年的风雨沧桑，其莲台、躯体甚至五官仍依稀可辨。露天金刚横空出世，造型粗犷，极具唐代艺术风格，似佛又似塔，游人在十数里之外就能看到其伟岸雄浑的庄严宝相，为西北景观中所独有。

近20年内，土楼观修葺殿堂，广种花木，漫山奇花争艳、披翠流彩。如今的土楼观是青海的道教活动中心，也是著名的旅游景点。每逢重阳及农历六月六，万人登高土楼山已成为西宁最具规模的节令风俗之一。越来越多的海内外华人特别是台胞把土楼观作为前往昆仑寻祖的第一站，除了游览观光，还参与隆重的宗教活动。

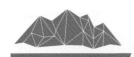

第九节 / 元朔山

元朔山因山顶原有太元宫（即关帝庙），民间称其为关老爷，因此俗称老爷山、北武当，是西宁附近一座山势最为雄伟、风景最优美的山峰。山上有火烧台、老虎洞和古寺庙遗址。因其保护完好的自然风貌和独特的人文景观，成为旅游和避暑的佳境，被列为青海省九大旅游区之一。

一、位置境域

元朔山位于西宁市北约 40 千米，青海省大通县桥头镇东侧的北川河与东峡河交汇处，呈西北—东南走向，面积约 2.5 平方千米。山顶主峰海拔 2928.3 米，相对高度 486.5 米。

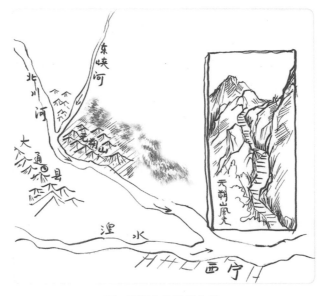

⼓ 元朔山位置示意图

大通县城与元朔山（张胜邦，2017年9月摄）

二、地质地貌

元朔山原是古西宁盆地的一部分。中生代受印支运动影响，这里的拗陷地带接受了碎屑沉积。在燕山运动晚期，老爷山所在地出现抬升，隆起成山，将古西宁盆地分化为大通盆地、西宁盆地和民和盆地。老爷山山体母岩为中震旦世石灰岩，岩层由下而上分为块状白色或灰色矽质灰岩、条带状燧石灰岩及黑灰色角砾状灰岩等。层厚1000余米，与震旦纪地层呈断层接触。石灰岩由于长期受流水侵蚀、风化等外力作用，形成了奇特怪诞、险峻挺秀的山峰、岩洞、峡谷地貌。

三、气候与生物

大通县地处青藏高原和黄土高原过渡地带，海拔2280～4622米，地势西北高东南低。属于大通山脉南支的元朔山气候多变，时而浓云密布，时而天朗气清。这里降水量较大，特别是在7—9月，正是当地气候温和、阳光充沛的时段，有利于植物生长。自然植被上体为草原化草甸类型，还分布有占地近2平方千米的自然林区，动植物种类繁多。其中，木本植物57种、草本植物170多

⟍ 元朔山（张胜邦，2009年8月摄）

种，形成植物物种丰富的垂直梯度格局——桦树、云杉、山杨等为上层乔木，枸杞、沙棘、小檗、黄刺、托叶樱桃为中层灌木，山菊、兰花等为下层草本植物。山中灌木丛中活跃着沙鸡、野雉、雪鸡、蓝马鸡、岩鸽等鸟类，以及野猫、赤狐、狼、松鼠、旱獭、黄鼠狼等多种野生兽类。

四、景观特征

元朔山主峰西南皆为悬崖绝壁，北面与牦牛山相对，登高眺望，云海苍茫，漫步林中，别有野趣。自古元朔山即以"苍松蓊翳，石磴盘梯，川流萦带，风景佳丽"而闻名遐迩。古籍上曾有这样的记载："雾山岚光浮绕，四时若雾，山表嘉木扶浓荫蔽日，巉岩崛岉，怪石嶙峋，谷应风鸣，如闻虎豹。"古人以"雾

山虎豹"把它列入大通八景之一。

　　元朔山之美，还在于山清水秀，林荫花香。尤其是春夏之际，漫山遍野高大的云杉、茁壮的桦树、青翠的白杨、娇柔的红柳，以及繁茂的灌木，郁郁葱葱，遮天蔽日，一派浓绿。山林之中，玫瑰、牡丹、芍药、金露梅、银露梅及各种野花，点缀其间，芬芳扑鼻，令人心醉。

五、民俗旅游

　　自古以来，大通地区多民族和睦相处，文化交流十分频繁。大通老爷山花儿会、朝山会已成为民间传统节庆活动。老爷山花儿会是青海省第一批非物质文化遗产。1978—1995 年，每逢农历六月六，老爷山花儿会更是盛况空前，西宁地区和邻近各县各族群众、商贾以及文化、科普机构纷纷云集这里，成为集商贸、文化科普宣传和游山观景为一体的盛会。海东地区以及邻省的各民族民歌手也都结伴而来，竞放歌喉，自早至晚，优美动听的花儿此起彼伏，令人心旷神怡。各族人民在此享受了艺术，陶冶了情操。

六月六花儿会和朝山会同时举行，届时还举行物资交流大会、歌舞演唱会，吸引成千上万的城乡游客前来游览观光。随着旅游事业的兴起和发展，游览老爷山的中外游人日益增多。每到春暖花开时，各地的游人接踵而来，络绎不绝。

六、历史沿革

据地方史志记载，隋朝皇帝信奉道教，炀帝于大业五年（609）亲自统兵入青征讨吐谷浑，除带着大批文武官员和嫔妃宫女外，还有道士相伴，在今大通地区驻营的时间较长，并在金山大宴群臣，陈兵讲武，论经讲道。今大通地区的许多地名，如圣姥山、元朔山等都与炀帝和道教有关。

明朝，元朔山的寺庙宫观已形成规模，既有道教的宫观关帝太元宫、紫峰观，又有佛教的寺庙宝塔。从该山又有北武当的称谓和把关帝庙称为太元宫、六月六为道教的朝山会等道教文化遗存来看，这里主要是道教的静修地。大通解放初期，驻该山静修的 13 位出家人都是道士、道姑。

1958 年宗教制度民主改革时，宫观皆无供奉，道士、道姑失去生活来源，均还俗返乡，宫观庙宇遂残破。1980 年，随着各宗教活动的恢复，又有道士入老爷山修炼，在人民政府和道众的资助下，于半山险要处重新修建了道观，香火渐旺，香烟缭绕，晨钟暮鼓，为元朔山平添了不少景色风光。

七、旅游景点

元朔山过去古迹甚多，山上庙宇不可胜计。原建有药王庙、玉皇宫、百子宫、菩萨殿、柴家殿、无量殿、七真祠、斗母宫、太元宫、三佛殿、雷祖殿、

⬊　元朔山长廊（张胜邦，2009年8月摄）

文昌庙、三宫庙等古建筑，还有老虎洞、石柱、火烧台等。这些古迹层层叠叠，坐落山间。因此，以前每年夏秋时节，来此朝山拜佛、旅游观光的人很多。可惜，这些古迹多年前被人破坏，但遗址仍存。随着旅游业的发展，当地政府和群众重新修建亭台楼阁、庙宇，一部分古建筑正在恢复，将昔日的辉煌逐步展示给游人。

信步漫游老爷山公园，五步一景，十步一奇，奇峰怪石、奇草异木纷呈眼前。在所有人文景观中，最令人惊奇和赏心悦目的便是那精心点缀、各具形态的亭台楼阁和镌刻其上的楹联佳句。迎霞亭、爱晚亭、红叶亭等各具特色，布局巧妙；半壁亭、望峰亭等更是造型优美，洒脱飘逸。半壁亭有诗句曰："三川碧流朔山景，一幅画卷半壁亭。漫步云间七彩路，四时风光四时新。"观赏亭台楼阁和品味楹联佳句，已成为游人登山途中莫大的乐趣。

将军岩　在元朔山后山门内的七彩路入口附近，耸立着一块巨大的山石，从侧面望去，恰似一位昂首挺胸站立着的将军。苍劲嶙峋的岩石栩栩如生地勾勒出了将军的轮廓，他披甲戴盔，凝视着前方，正在做着征战前缜密的战术谋划，果断的眼神透射出一种令人不可抗拒的威严。

庙宇 元朔山现保存元、明、清三个朝代的古建庙宇楼阁15座，建筑风格独特，尤其是砖雕、壁画，算得上重量级文物。古建庙宇楼阁一部分为砖木结构，一部分为砖石砌成。脊首都饰有仿木垂莲柱和像首枋头，叠涩出檐，檐角饰蹲猴捧桃（意为稳坐封侯），有龙凤脊、龙虎脊等。浮雕画砖题材更为丰富。现存15座庙宇楼阁壁画保存完整，无量祖师、大佛、观音菩萨、关帝、王灵官、城隍、土地等庙内的"真武出行""遇仙修道""降魔除害""轮回降周""挂印亲征""唐僧取经""三顾茅庐""出五关斩六将""阎王升殿""生死轮回""十八层游地狱""苏武牧羊"等近百幅壁画，造型逼真，艺术高超。据专家考证，这些壁画具有敦煌壁画般的文物价值，尤其是观音菩萨殿内的"葡萄人""葡萄龙"壁画，价值连城。

雷公殿 在玉皇大殿左下侧一块平坦之处，有一座朱栏玉户、画梁雕栋的殿阁，这便是雷公殿。大殿虽是新近落成，但"楼台突兀门迎嶂，青松带雨遮高阁。四围花发琪园秀，三面门开舍卫光"，正是"红尘不到真仙境，静士招提好道场"。大殿面南背北，分为三间，殿中供奉雷公，绛纱衣、芙蓉冠，紫绶金章，一副嫉恶如仇的神态。神位前摆放供桌、香炉、烛台。雷公殿经不断修缮，渐显巍峨宏大的气势，成为游人登山览胜的新景点。

其他 玉皇宫，内塑玉皇大帝像，院落甚为宽敞，庙门走廊旁各塑黑虎一只，张牙舞爪，神气活现。百子宫，中塑子孙娘娘，壁崖间遍置泥人，前燃巨蜡，粗若茶杯。往游妇女争先焚香，或讨神签，或拴泥人，煞是虔诚。菩萨殿，殿址虽小，处地却高，游人在此小憩者甚多。柴家大殿，为元朔山西北第一胜地，殿宇巍峨，门内厅壁间绘塑半立体形佛图，腾云驾雾，栩栩如生。无量殿，内庭有身着黑袍的无量塑像，高达丈许。昔日无量殿香火甚盛，屋宇宽敞，民国初年焚毁。古塔，高达三丈，塔南山湾中有石洞一处，下临绝底深渊，上为太元宫。太元宫也称老爷庙，内塑关公像，左有周仓持刀而立，两厢墙壁间绘制关公生平伟绩，如"过五关斩六将""单刀赴会"等。三官庙，北倚大山，南临峭壁，地形险峻，建筑亦甚壮丽，为元朔山西南第一胜地。老虎洞，上面是嶙峋的峭壁怪石，下面是层列的茂林岗岩。论山势要数这里最险峻，论风景要数这里最幽静。

八、神话传说

1. 元朔山山神的传说

曾经有一个书生到元朔山的庙中拜神，但他对着弥勒佛佛像出言不逊。弥勒佛座下有个神叫韦陀，他很生气，就把那个书生杀了。弥勒佛知道后，勃然大怒。他对韦陀说："佛家以慈悲为怀，怎能杀人哪？"最后罚韦陀永世镇守老爷山。韦陀也就成为老爷山的山神。

2. 元朔山（老爷山）朝山会的传说

明朝永乐皇帝封太子为"北八天教主"，叫他在朝中助一把力，将来继承皇位。可是永乐太子不愿在朝享受帝王富贵，一心要上山吃斋念佛，修仙成道。皇帝和朝中的文武百官再三相劝，他只是不肯听从。这样，皇帝只得让他走了。

临行前，朝廷准备了盛大的宫廷宴会，并举行了隆重的送别仪式。现场有无数美女弹唱歌舞，献上许多金银珠宝、华贵的衣服穿戴。永乐太子一件也没看在眼里，因为这样反倒给他添了许多烦恼。皇帝看见了，问他怎样才能满意。永乐太子说："别无他求，只要'半副銮驾'相送就可以。"

当皇帝答应了这个要求时，永乐太子才点了点头。他上山后，下铺百草，上盖青天，渴了喝清泉水，饿了吃松柏籽。数年后，有一天皇帝来到仙山看望他说，"我儿呀，父王封你北八天教主你不做，如今苦度日月，能到何时？"永乐太子说："父王不必担心，儿必有成功之日。"皇帝说："既然如此，你将来若修道成功，不知我怎样祭奠你才是？"永乐太子说："父王一定要祭奠我的话，以送我上山时的半副銮驾祭奠就是了。"

又过了几年，有一天永乐太子出了洞门，正要去采野果。只见一个老道手拿一根铁梁，坐在大石上磨。太子见了便道："道师，这样粗的铁梁，你磨它做什么呢?"老道说:"我要磨它做绣花针。"太子感叹说:"哎,你这何时才能将铁梁磨成绣花针呢?"老道说:"功到自然成,忙人修不成好道场啊!"太子听了后,觉得有理,后悔自己修道有些性急,便继续苦修道行。

又经数年,这年九月九日凌晨,永乐太子正在打坐修行,洞中进来了一位美貌女子。那女子嬉皮笑脸,卖弄风姿。太子只是低头不理,苦修念佛。不料这女子越来越放肆,伸手去拥抱太子。太子怒气冲天,喝令:"滚出去!"但那女子又伸过双臂要拥抱太子,太子气极,便拔剑追杀。追到一条山涧悬崖上,见那女子跃身而过。当太子迈步跨涧时,一足踩空,身体悬空落下。这时,五条神龙腾上山谷,捧住永乐太子灵魂,冉冉飞升上天。从此,永乐太子脱却了肉体,修成了道行,被封为"北八天教主无量佛"。那个磨铁梁的老道和诱惑太子的美女都是观世音菩萨显化的。

从此,当地信众每年便以半副銮驾来仙山祭奠永乐太子,叫作"朝山"。传说这就是大通老爷山朝山会的来由。

第十节 / 娘娘山

与元朔山对峙的娘娘山，是祁连山脉的支脉。因山腰有圣姥庙，故又名金娥山。

一、位置境域

娘娘山位于大通县桥头镇西侧，距县城 5 千米。起于黑林，止于景阳川，环绕县境西南部。首尾 50 余千米，总面积约 100 平方千米。主峰天心掌海拔4093 米。

登顶极目远眺，南面西宁市耸立的南北两山和幢幢高楼隐约可望。北边的大坂山壁立万仞，山顶白雪皑皑，山腰云雾缥缈。环顾四周，但见娘娘山麓自

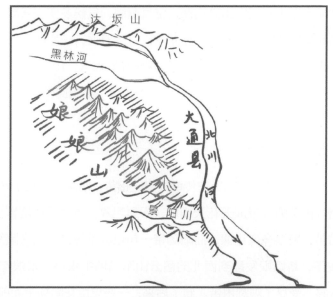

娘娘山位置示意图

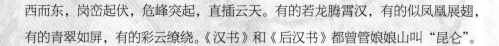
西而东，岗峦起伏，危峰突起，直插云天。有的若龙腾霄汉，有的似凤凰展翅，有的青翠如屏，有的彩云缭绕。《汉书》和《后汉书》都曾管娘娘山叫"昆仑"。

二、地质地貌

娘娘山表面覆盖黄土，下部则由厚达 3000 米以上的千枚岩、板岩、变砾岩等岩层构成。局部地区有总厚在 1000 米以上的石英岩、砂岩。岩石质地坚硬，表面均有风化现象。

此山的天然林区有 12000 亩，苍松翠柏，赤桦白杨，郁郁葱葱。其山势峰峦叠嶂，间或峭壁林立，山间溪水潺潺之声不息，林间百鸟鸣唱不绝。

娘娘山不仅风景秀丽，而且还是一座宝山。山下蕴藏着丰富的煤层，已开采了五六百年之久。

三、气候特点

娘娘山年平均气温为 2.8℃，一般 7 月气温较高，平均为 13.9℃；年平均降雨量达 800 毫米以上。景区山高沟深，空气湿润，气候多变。云飘之间忽落蒙雨，云移之间又显晴空。山顶由于高而寒，白雪覆顶，一片洁白。山腰雾缭云绕间见鲜花盛开，美丽娇艳，赏心悦目。深秋桦叶如火，山高雾淡，夕阳晚霞，妆如流金，秀绝金娥。大通古八景之一"夕照流金"即指此山。

四、历史传说

关于娘娘山有种种传奇的历史传说故事。相传，隋炀帝有三千六百个老婆，娘娘为正宫。由于隋炀帝成天花天酒地，不理朝政，贪官污吏坑害百姓，人民生活十分贫苦，娘娘多次进谏，而隋炀帝一句也听不进去。后来隋炀帝在一些小人的挑唆下，将娘娘发配到西北的落云山军马场中牧马。娘娘吃的是野菜，穿的是破衣裳，受尽了艰难困苦。到了后来，一些忠臣在隋炀帝面前经常劝说，皇帝回心转意，打算接回娘娘。隋炀帝带着随从，来到西北。娘娘听到皇上来接的消息，心中又气又悲，对来人说："他还有脸来见我？我再也不想见到害苦百姓的昏君。"说罢，纵身跳下了悬崖，等隋炀帝赶到时，娘娘已死于悬崖下，隋炀帝非常后悔自己当初的做法，想起娘娘生前对自己的关心和良言，为了永远怀念娘娘，用很高规格埋藏了娘娘，并封她为总管这一带地方的总神。人们为了纪念娘娘，就在长宁堡村修建了庙宇，起名总神庙，把西北部的落云山改为娘娘山了。

关于娘娘山的另一传说是：隋大业五年（609）四月，隋炀帝亲自统兵十几万出征吐谷浑，带着大批的文武官员和嫔妃宫女，到西平（今西宁）陈兵讲武。五月进入长宁谷，在娘娘山下大宴群臣，为进攻吐谷浑进行军事部署。隋炀帝命元寿南屯金山。当时，隋炀帝胞姊乐平公主（即前北周天元皇后）也一同随驾西行，殁于金山，据说就埋葬在这座山，后人建了圣姥庙以纪念她。圣姥俗称娘娘，所以这座山又称娘娘山。

关于娘娘山的第三个传说是：据史料记载，609 年，隋炀帝率军及文武百官、嫔妃和各种服役人员约 10 万之众巡于河谷（河西的别称），亲征吐谷浑。五月进入西平（今西宁市）以北的长宁谷，在金山（又名金娥山）大宴群臣。其间，隋炀帝一爱妃因受不住青藏高原的寒气，殂于金娥山。隋炀帝万分悲伤。恰在此时，不知从什么地方飞来了无数的白蛾落满了葬地，隋炀帝认为是"天地吊唁之兆"，因之把金山改名为"金娥山"。

还有一种传说是跟随隋炀帝西征的众多妃子当中，有个叫金娥的，由于厌弃禁宫生活，来到娘娘山出家。后来金娥病逝在山中，人们将她埋葬在山腰，并建庙祭祀她。她后被封为圣母。因此，人们把这座山称为金娥山，俗称娘娘山。

五、主要景点

天然的造型地貌带给娘娘山的是无尽的美丽。1919 年，大通县知事合肥人刘运新在《大通县志》中对娘娘山曾有绝妙的描绘："九面芙蓉，巍峨万仞。夕阳西照，辉接层霄。射目光芒，流丹映碧。"通俗地说，娘娘山有高、美、神三大特色。

高——登上山顶，极目远眺，遥见南面耸立在西宁市凤凰山上的南禅寺和土楼山上的北禅寺，还有那幢幢高楼，以及插入云霄的高大烟囱。北边的大坂山壁立万仞，山顶白雪皑皑，山腰云雾缥缈。站在山顶，真有"一峰拔地起，四望众山小"之感。就连对面耸立在北川河畔、巍峨壮观、久负盛名、被人们称为"仰半肚儿摸着天"的老爷山，霎时也显得低矮了许多。

美——山上的桦树林、苍松、白杨，负势竞上，郁郁葱葱。13.7万亩草地，是嫩草丰茂的夏季牧场。每到夏季，这里山清水秀，百花吐艳，彩蝶飞舞，鸟语花香，苍松白桦，绿草如茵。加之山上的湫池、庙宇等，更加色彩缤纷，光耀夺目。

神——娘娘山的由来和它的很多景点都有神话传说，如塌庙台、神仙洞、炮台、二郎石等景点，都得名于神话传说。

塌庙台 位于娘娘山半山腰，距山门约 3 千米。传说跟随隋炀帝西征的众多娘娘中，有一爱妃病逝，被安葬于娘娘山中。后来隋炀帝西征胜利，起兵东还时，留兵吏驻扎在长宁为地方官，并让兵吏在金娥山雄伟秀丽的地方修建金山圣母庙，以示纪念。后因年久失修，遂致倒塌，人们便把这里称为塌庙台。

瑶池 娘娘山巅有一口瑶池。按理说，在海拔 4000 多米的顶峰有水池就令人称奇了，而这水池洋洋大观，竟有百余亩面积，加之常年积水，久旱不涸，可以说得上是奇绝了。民间传说这水直通青海湖，并且把它与王母瑶池联系起来，更使它充满了神奇的色彩。每到夏季雨水旺盛之时，瑶池里水波荡漾，池畔蝴蝶飞舞，五色斑斓。这便是西宁古八景中的"金娥晓日"。

六、青海八达岭——苍凉悲壮的大通明长城

站在大通老爷山向西南眺望，视线中明晰地出现一段苍茫雄浑、蜿蜒盘旋

的古边墙。这段高大厚实、斑驳陆离的古边墙，宛如长蛇巨龙一般，蜿蜒横亘在桥头镇阍门滩小石山和娘娘山岭的叠峦之上。这就是青海省大通县境内保存最完好的一段明代长城。它是目前海拔最高的明代长城遗址，总长约50千米。

明代中期，大批东蒙古人（鞑靼部落）来到以青海湖为中心的青海东部游牧，给当时西宁卫的社会治安、经济发展带来了威胁和不安，而明朝边将无力防御。为抵御蒙古人入侵，明嘉靖二十五年（1546），由西宁兵备副使王继芳、周京等主持，在西宁卫周边地修筑长城，隆庆年间基本完成，当地人称古边墙，具有很高的历史价值和考古价值。它因处于海拔最高的青藏高原，被誉为青海八达岭。

大通县的明长城东起大通与互助交界处，西至大通与湟中交界处。史料对此记录很少。据清乾隆年间杨应琚纂修的《西宁府新志》记载：青海明长城是围绕着西宁卫城修建的。在苏铣纂修的《西宁志》里也有关于大通明长城的具体记载：西宁境内的长城"四万四千五百零七丈，计二百四十七里零九十四步"。大通县的明长城自娘娘山沙尔岭起，至札板山下止，边墙、水关、山崖共四千四百三十三丈。内墙底阔一丈五尺，顶阔七尺；实台高一丈五尺，朵墙四尺，共高一丈九尺。斩山崖高二丈，随墙墩五座。随墙壕一道，口阔一丈，底阔七尺，深一丈八尺。

在明代官方文书、史籍中称长城为边墙、墙堑、边垣等。大通县境内的明边墙，即为明代修筑在青海的长城的一段。青海省大通县文物管理所陈荣女士在2002年第3期《青海民族研究》上发表文章《大通境内的明长城考释》，考述了大通境内的明边墙就是修筑在青海的明长城，并对其修筑和维修时间等进行了考辨。

青海明长城主要分布在西宁市的周边，有一道呈半月形环绕的拱形边墙。边墙大多为夯土筑成，少数为石块垒砌。据考古调查和文献资料记载，西宁东部的边墙大致从今互助县东和乡的柏木峡起，经边滩、林川、南门峡至大通县桥头镇以西的娘娘山麓；从湟中区云谷川的沟垴起，经四营、上五庄、拦隆口、

↖ 大通娘娘山（张胜邦，2009年8月摄）

　　拉沙至西古峡口，再从湟水南岸的西石峡起，经共和、维新、大才、大源、鲁沙尔至上新庄。西宁的东部也筑有较短的边墙或边壕，多具关隘性质。

　　盘亘于大通县桥头镇闇门滩小石山至娘娘山岭一段的明长城不仅集中了众多的城墙、敌楼、关城、营城、卫所、烽火台等建筑群，还有利用险要地势辅以人为加工而成的山险墙以及墙体和壕堑共同组成的防御体。更为巧妙的是，它与巍峨险峻的自然山体相结合，形成易守难攻的气势，虽残破，但风骨犹存，绝大部分是明代的原貌。一眼望去，在群山峻岭之巅矗立的一座座烽火台，像碉堡一样，颇具气势，蔚为壮观，具有很高的审美价值。

　　大通明长城已成为考古学家、史学家、摄影家探古察今、观光旅游的名胜古迹。其对开展军事战略研究和文物历史考证，具有很高的研究价值。

第十一节 / 西倾山

西倾山为中国西部历史名山，属于秦岭延伸至青海境内的支脉，蒙藏混合语意为"西面的大鹏山"。《汉书·地理志》作"西顷"，《北史·吐谷浑传》称作"西彊"，《水经注》引《沙州记》作"彊臺"，《大清一统志》作"西倾"，一作"托礼岭"，《蒙古游牧记》称作"达尔济岭"，今河南县称"阿米莫尔藏"。金履祥《尚书注》谓："西倾，则其西地势反而下，水皆西流入黑水关。"《大清一统志》称："西倾山番名罗插布拉山，近黄河自东折而西北之东岸，亘千余里，黄河以南诸山无大于此者，洮河发源于此。"《蒙古游牧记》称："达尔济岭即《一统志》之托礼岭也，在洮州卫边外洮河发源处，即西倾山之脊，岭最高大，其上平坦，草木茂盛。"

西倾山位置示意图

史载西倾山一作托礼岭，一作鲁察布拉山，似属同一山体，实际系同一山脉的两个隔洮河南北相望的并行山体。托礼岭今名莫尔藏阿米山，鲁察布拉山今名李恰如山。

一、位置境域

西倾山地处青藏高原东南部边缘，青海东南部，西北—东南走向，西起黄河与巴沟交汇处，东至甘、川交界的郎木寺附近。主体部分在河南县东南部柯生乡境内托礼岭，今作莫尔藏阿米山。而后由李恰如山、大李加山、瓜什则山等继向西北蜿蜒，构成包括河南、泽库、同德、贵南、同仁、循化、尖扎、贵德等地区在内的黄南山地区。山岭重叠，沟壑纵横，北麓陡峻，南麓稍缓。河南县黄河沿岸多绝壁，人畜通行都很困难。

西倾山在青海境内长约 270 千米，宽 30 ～ 50 千米。平均海拔 4200 ～ 4500 米，主要山峰达日乔合、早木扎日更、扎玛日、莫尔藏阿尼等海拔都在 4000 米以上。最高峰是位于甘、青交界处的哲合拉布肖，海拔 4510 米。

《甘南地理志》对西倾山的记载：西倾山从青海省河南县（俗称河南蒙旗）境内的赛日登（海拔 4308 米）、支隆（4338 米）两峰起，向东延伸，到甘南境内的碌曲县为碌恰布惹山，与赛曲合（4339 米）、准格直哈拉（4246 米）、准柯（3908 米）等构成山弦，绵延起伏横亘于西南面。现代地图上标为"西倾山"的主峰，位于洮河源头之南，在碌曲与玛曲两县交界之处（为碌、玛两县的界山），在此又分为北、中、南三支，囊括全州两河一江之地和甘南七县的全境广阔地域。

二、地质概况

在地质构造上，西倾山为东昆仑山与西秦岭两地槽褶皱系的连接地段；在地理上，它又是黄土高原与青藏高原的过渡地带。因其地势从东南向西北略有倾斜，故称西倾山。其西部和西南部以黄河为界与阿尼玛卿山平行，北部以散布的低山丘陵及黄河谷地与脊山隔河相望，东部和东南部延伸至甘肃省的碌曲县和玛曲县境内。山体主要由三叠系灰岩、砂岩类板岩、泥质灰岩组成。古冰斗和古冰川沉积在山地上部遗留甚多。冰缘环境广，有冻土地貌发育，沼泽广泛分布。北坡平缓；南坡濒临黄河谷地，高度大而陡峻。山脉主脊多处被河流切穿，形成峡谷。

三、文化宗教

西倾山西城洞天又称"太元总真之天"。洞天，是指道家信仰的神仙居住的名山胜境。十大洞天处大地名山之间，是上天群仙统治之所。据《云笈七签》卷廿七所载：第一王屋山洞，第二委羽山洞，第三西城山洞，第四西玄山洞，第五青城山洞，第六赤城山洞，第七罗浮山洞，第八句曲山洞，第九林屋山洞，第十括苍山洞。

西倾山虽属甘青界山，但实为甘南藏族自治州名山之一。其所以能够名播遐迩，不仅因两河一江（即洮河、夏河、白龙江）发源于此，流向各异，辐射面又广，东南西北，纳诸流而汇江河，水源充足，大有开发前途。此地虽处边陲，但古代已有羌人在这里活动生息，形成千百年来各族人民仰赖生存的富庶之地。它哺育一方英杰成长，以天赋智慧推动历史的进程，为利国利民、惠及桑梓做出贡献，谱写了中华文明历史的光辉篇章。

四、主要山峰

1. 李恰如山

李恰如山是与西倾山的主脉莫尔藏阿米山并行的重要支脉，位于青海省河南县县城东南部赛尔龙乡境内。主峰额什宰海拔 4483 米，东经 102°0.05′，北纬 34°22.4′，距县城 55.80 千米。中国西部著名大河——洮河即发源于该山以

↖ 李恰如山（张胜邦，2013年7月摄）

南的代富桑滩。

　　"李恰如"为藏蒙混合语。李为藏语，意为"龙、龙主"，传说山中住有12名龙女，山中天池即为12龙女嬉戏处，因此，李可引申为"龙女、龙宫"。恰如为蒙古语，意为"酥油桶"，借指各种桶状物。该山有许多乳白色石柱，据此，恰如可引申为"石柱、白玉柱"。因而，该山可意译为"龙宫玉柱山"或"龙女玉宇峰"。

　　李恰如山旧称鲁察布喇山，亦作罗插普拉山。山势东西走向，山体东西长20千米，南北宽15千米，面积300平方千米，相对高度1163米，属深切割

高山，山势雄伟，陡峻嵯峨，西望黄河，下瞰洮源。南北朝时吐谷浑首领曾登李恰如峰观洮河源以励志。峰之巅积雪如砌，终年不化，耀日生辉，气象万千。山麓灌木丛生，苍翠葱茏，云蒸霞蔚，天蓝如染，山青如涂。

　　山之阳有一天池，群众称为"哦达哇"，池面约 1500 平方米。天池周围群峰环绕，只有一壑可通。池水清澈晶莹，池边野花丛生，池中山影倒悬。每年都有大量的白鹤、鹭鸶等珍禽来这里栖息，池边石崖上雪莲、党参等药用植物比比皆是。如游峰顶，禽鸣雀跃，绿野映红，情趣盎然，不啻人间仙境。每年春夏，附近牧民常来这里露营野餐，给这仙境增添人间烟火，使之更增添几分勃勃生机。山体切割深，沟壑陡，南北两麓各有四条大沟：北麓有次汉赛沟、跃登沟、甲日洞沟、拉陇沟，南麓有哈秀沟、土利沟、赛尔龙休玛沟和赛尔龙洼玛沟。坡度都在 40°～60° 之间，坡陡沟深，仅有数条崎岖而狭窄的牧羊小道可供勉强通行。山中岩洞密布，能够容纳 10 人以上的岩洞有 13 处。有的岩洞为溶洞，钟乳倒悬，石笋蓬生，肖形象影，叩之有声。著名道教十大洞天的第三洞天西城洞天或即隐于此山之中，然因潮湿寒冷、路途险阻以及其他宗教因素，很少有人前往探胜。

2. 莫尔藏阿米山

莫尔藏阿米山即西倾山主脉托礼岭，《蒙古游牧记》称之为达尔济岭，位于青海省河南县东南部柯生乡境内，为河南县东部山地的主要山脉，是驰名青、甘、川藏族地区的著名大山。主脉山体长约 20 千米，宽约 8 千米，面积约 160 平方千米。东经 101°50′，北纬 34°15′，距县城 57 千米。由东南向西北延伸，继而进入同德、贵南县境，是黄河及其支流洮河与长江的二级支流白龙江的分水岭。西段山顶平夷如削，可供放马驰骋，可作夏季草场，《一统志》所称"草木茂盛"景象已不复存在。东段主峰塞木曲乎是县境内最高峰，海拔 4539 米，相对高度 1219 米，属深切割高山，洮河即发源于该山北侧脚下的代富桑滩。

莫尔藏阿米为藏蒙混合语，莫尔藏为蒙古语，意为"秃顶山"，阿米为藏语，意为"老爷"。该山山体为红砂岩质，山顶植被极少，像个秃顶老人，故而得名。塞木曲乎为藏语，塞木意为"少爷"，曲乎意为"英俊"。民间传说莫尔藏阿米山为神山，塞木曲乎峰为该山山神之爱孙。塞木曲乎高高在上，英俊挺拔，犹如爱孙坐于祖父肩顶，故而得名。综上所述，山名可意译为"秃顶老爷山"，峰名可意译为"英俊少爷峰"。

3. 吉岗山

吉岗山位于西倾山中段北侧，与兰姆措尼康近在咫尺。吉岗，蒙古语"石膏"的意思，因为此山属于石灰岩喀斯特地貌，故名。吉岗山呈圆锥形，四周与其他山体以浅谷相连，成为独立的山体。山顶海拔 4408 米。山顶四周为风化

　　吉岗山（张胜邦，2013年7月摄）

裸露的石灰岩石林，中心是平坦的草滩。吉冈山是自然生态名山，又是雪域圣
地之一，自古就有"千佛魂山"的称谓，意思是说吉冈山如同千尊佛陀居住的
佛国圣域。

　　著名学者康·拉卡则旺说吉冈山"外为吉冈千佛山，内为欲世主母寨，密
为胜乐轮尊界"，意思是说吉冈山具有内、外、密三种功德善果，是佛界、凡间
的大善之山。

　　在吉冈山的四周，到处可以看到形似宫廷、庙宇的天然石雕，一世夏日仓
活佛在内的几十位大德高僧修行的修法岩洞、禅室等胜迹至今犹存。每逢猴年，
来自甘、青、川、藏的无以计数的信教群众都要到吉冈山转山朝拜。

　　吉冈山山顶及山体四周野生植物品种繁多，生长着 400 余种珍贵植物，其
中不少为名贵的蒙藏药用植物。在山林灌木中，还栖息着几十种野生动物，堪
称野生动植物王国。野生动植物与整个山岭环境形成共生共荣的自然、和谐的
生态世界。

第十二节 / 八宝山

八宝山，藏语称为"阿米吉利"，意为"吉利老人"，属于河湟地区最有名的山。主峰宗喀吉利斯，高达4404米，危崖巉岩，横空而立。民谣有"八宝山，八宝山，半身还在天里边"之说。八宝山也被人们尊称为黄教圣地塔尔寺的照壁山，可见八宝山的地理位置以及风水地脉何其尊贵。

一、位置境域

八宝山地处化隆回族自治县（以下简称化隆县）西部雄先藏族自治乡境内，东与查甫乡接壤，南与黄南州尖扎县直岗拉卡隔河相望，西与海南州贵德县尕让乡相接，北与西宁市湟中区毗邻，是化隆县、平安区、湟中区三县（区）界山，山体长5千米。

八宝山位置示意图

二、地理特产

八宝山山势陡峻，崖壁峭立。顶部岩石裸露，植被稀疏。海拔 3600 米以下牧草丰美，适宜放牧。沟谷发育，切割不甚大。主要由岩石与黑土组成，山峰是岩石构造，没有植被覆盖。山顶有拉则，山峰右侧有个小湖。因储有金、银、铜、铁、铅、锌等多种金属矿藏，1956 年定名为八宝山。山顶云遮雾绕，积雪终年不化，真可谓有山有水，有雪有景。周边有很多植物，如虫草、藏药；山上有动物，如山羊、狼、狐狸、野猪等。

三、地貌特征

八宝山顶上有一湫池，水清如鉴，深不可测，旱涝不变，人称龙王泉。4404 米的山顶上为何会有泉水，人们不得而知，只能通过神话故事来描述。相传八宝山与西海（青海湖）地下水相通，由于这里风景优美，龙王便通过地下水道到达这里游览风光，龙王留足的那一汪水池被称作龙王泉。

八宝之秀，当数其四周奇峰幽谷，缸山、赛岗岭、赛岗峡最富魅力。进入卡夏德峡峡口处，赛岗峡、卡夏德峡、红峡三峡之水合聚一河，奔流向南，直入黄河。沿着卡夏德峡向山内走 4000 米后，在路的尽头有山林小道，峡谷中泉水潺潺、鸟鸣声声，让人感觉恍如隔世。继续前行 3000 米后，缸山映入眼帘。远看，上端小而平，犹如酒缸底部，下部则像是缸口稳稳地扎在山顶，形如倒扣之缸，当地人称之为酒缸山或缸山。山下有一细泉水流出，颜色呈黄色。缸山西侧有一块凹进峭壁，似打开的窗户，远望竟像在这缸山内有人家一般。缸山之西为贼山，形如照碑，碑面褶皱百叠，风化成诡怪奇异之形。缸山之底有一块高如一幢六层楼房、形似展开的扇子一般的巨石，矗立于山下，当地人称"扇子石"。扇子石呈锥形，顶部大而下部尖，扇子石下的空间足有十间房大。

站在缸山腰西眺八宝山主峰宗喀吉利斯，山顶积雪覆盖，云雾缭绕似直通天际。民间有"阿米吉利山，半截子天里蹿，风不吹还罢了，风一吹天动弹"
的歌谣来形容主峰之高。主峰右侧有一外形酷似人手的山峰，虎口处有一道红
沙流石，似流淌不止的鲜血。缸山和主峰之间有一座当地人叫"人楞楞"的山，
顶部石峰林立，犹如剑林刀丛，又似许多站立的人，故而得名。

四、文化宗教

阿米吉利山被汉族群众视为土神山，在藏族文化中为神山，属于阿尼玛卿
的九个孩子之一。周围藏族群众每年藏历四月十八日去祭祀拉则煨桑，民间群

∠ 八宝山（一）（张胜邦，2013年12月摄）

众祭祀时有藏汉两套赞颂词。

五、神话传说

阿米吉利各个山峰奇特的造型给了人们想象的空间，当地居民以此演绎出诸多的神话，世代相传的神话也让八宝山变得更加神奇。

相传远古时候，阿米吉利和今尖扎县的阿米神宝（山峰名）南北对峙，分别为两地的山王。当时还没有两地之间的界限——黄河，两山王为争夺地盘、扩大领地而发生斗争。阿米吉利射出一箭，正中阿米神宝的胸部，露出了胸部

◥ 八宝山（二）（张胜邦，2008年3月摄）

的油脂，至今山上有块地方冰雪四季封冻，常年不化。阿米神宝中箭后反射一箭，阿米吉利试图用右手挡住，但不料箭正中虎口，血流不止。阿米神宝射中一箭之后仍不解心头之恨，又派一条蛇带上一盘毒药去阿米吉利的领地放毒施害。西部有座名叫"买箭更日"的雪山山王，眼看蛇要走到阿米吉利的地方，喷洒毒药，毁坏这片土地和森林，便立即放出神龙——黄河，把两地隔开。蛇无法游过黄河，只好停在黄河南岸边。今尖扎县坎布拉镇黄河边有座小山，形似一条蛇拖着一个盘子。阿米神宝气恨难消地咒骂道："叫你头上一年四季不长草。"阿米吉利回骂："叫你头上一年四季雪不消。"至今阿米神宝山顶常年白雪皑皑，终年不化；阿米吉利山顶岩石裸露，植被稀疏。

正如传奇的阿米吉利一样，酒缸山也有着一段千古流传的神话故事。八宝山山神白脸白胡，身穿白衣，头戴白帽，骑白马，身材高大，性情和善。缸山山神黑脸黑胡，黑衣黑帽，骑黑马，个子不高，性情暴躁。八宝山山神的女儿许配给了缸山山神的儿子。娶亲的路上，不料新媳妇在半路上生下个小孩，送亲的人又羞又气，觉得无脸再见父老乡亲，便一个个转过身去，变成了一座座面向朝北的山峰，这就是赛岗峡那一绺儿像人一样的山峰。缸山山神听到这个消息，一怒之下踢倒了盛喜酒的缸，这就是形似倒扣缸的缸山。缸里的酒顺流而下，变成现在缸山下的这一眼药水泉。八宝山山神女儿扔下的扇子也成了如今我们所看到的"扇子石"。

没有这些美丽的神话故事，也许八宝山也就变得平常无奇；没有八宝山奇特的造型，也许这些神话故事也会索然无味。正是这样的搭配，这样的故事，才让这里变得更加神奇。

这座神山还有许多传说。例如，山区夏天几乎不下雨，这是因为山神在夏天都会去青海湖，而忘记了下雨；秋天时雨水丰富，这是因为山神回来了。又如，在阿米吉利山的斜对面有一个阿弥神布山，他俩之间为争夺一个女子而产生了矛盾。后来阿弥神布打了一下阿米吉利的头部，阿米吉利受伤而包了纱布，所以他头上总有云雾。阿米吉利将盘子扔到阿弥神布头上，所以阿弥神布山峰是平的。

第十三节 / 野牛山

一、位置境域

　　野牛山亦称热水山、哈拉库图南山、梭力苟，位于西宁市湟源县正南，在日月山乡南部。西北接日月山，东南地接海南州共和县、贵德县。绵延13千米，主峰海拔4898米，为西宁境内最高的一座山，也是环青海湖最高山峰之一。

　　野牛山山顶岩崖峭壁，终年积雪，山间泉水众多，阳光之下犹如碧天里的星星，又汇聚成一条条小河。东与青阳山相接的地方称为分水岭，岭北为药水河东源，向西北注入湟水；岭南为重龙河源头，经贵德注入黄河；其北有乌兰河、峨博河、阿妈梭力苟水，又向北注入药水河，其西有倒淌河注入青海湖。

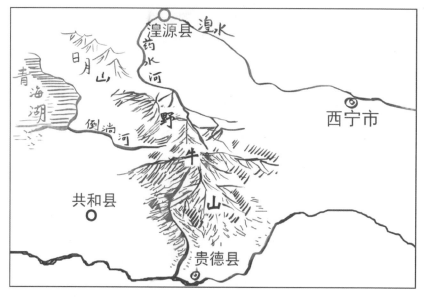

△ 野牛山位置示意图

二、藏族传说

汉代以前，湟源为羌人聚居地。汉民族进入湟源后，发现此山野牦牛很多，便称它为野牛山。但海南、黄南、青海湖周围的蒙古族、藏族群众叫此山为"阿妈梭力苟"，即"大家的妈妈"。这个奇怪的称谓却具有十分深厚的文化渊源。蒙古族、藏族崇拜大山。先民们以丰富的想象和思维感悟自然，给大山赋予智慧、灵气和权威，将大山视为神，既求消灾又望赐福。于是，野牛山便成了安多藏区众多神山之一。这座巍峨的神山有着独特的禀赋。青海著名的神山，如阿尼玛卿雪山的主神，基本都是男神。唯独阿妈梭力苟的山神是一位美艳威猛的女神。住在山下的华热老人讲：阿妈梭力苟的肌肤像雪山一样洁白，脸如才开的莲花一样鲜活。五彩之云托着那飘动的长发，秋风一样明澈的眼波中流动着吉祥的威严。右手执一面由青海湖幻化而成的蓝色宝镜，镜心有一巨眼即为海心山的法象，能看透天地万物、善恶美丑；左手执利剑，刃含风雷闪电，骑一头蹄踏万顷波涛的白色野牦牛。这位女神庇荫着青海湖方圆数千里的人民，所以就成了环湖群众的山神——"大家的妈妈"。

每年的农历七月二十二日，是环湖传统的祭山神日。各族群众盛装结伴，前来祭山和转山。在山顶古老的大敖包前，献上哈达、果酒及各种祭品，并在四边木栅上挂起镜子、首饰等女性用品，煨起桑烟、放风马，绕敖包诵经，祈祷"大家的妈妈"更加美艳，光照天地。当无数风马在桑烟中飘飘而飞时，祭山者共同高呼："阿妈梭力苟阿加洛洛！"其意是大家的妈妈必将战胜一切妖魔鬼怪。

也有学者认为，《汉书》中所记昆仑即为野牛山。《汉书·地理志》记载："舍城郡临羌县有昆仑山"，"临羌西北至塞外，有西王母石室、仙海、盐池"。细读此条不难发现，汉代学者所指的西王母石室在今湟源境内，即今日的宗家沟石窟群，而王母石室与野牛山遥遥相望。西汉在湟源地区设临羌县，汉王朝的势力已达到河湟中心地域。古籍《沙州记》载："沙州（今贵德、贵南东北，青海湖）一带有大山。羌胡父老传云为西王母樗蒲山。"按方位求之，樗蒲山正是野牛山，也就是汉时的昆仑山。

樗蒲为古代的一种游戏，玩法如今日的藏棋密芒棋。《旧唐书·吐蕃传》中有记载藏族人弈棋的文字："围棋陆博，吹蠡鸣鼓为戏"。藏学家角巴东主先生考证，这围棋即为密芒棋。密芒棋兴于吐蕃时期。最早为王室宫廷的游戏，也是王室决定军国大事时占卜的用具，常以对弈之输赢定事之取舍。后来逐渐流入民间，成为藏族群众十分喜爱的一种游戏。西王母樗蒲山，即西王母下棋之山。据说在野牛山中部的一道高岗上，散落着一些方形巨石，纵横成阵。当地藏族老人们说，这些巨石是阿妈梭力苟与阿尼玛卿山神下密芒棋时留下的棋子。

野牛山上相传是棋子的那些巨石，参差错落，大的足有半栋楼房，小的也有牛羊大。以此为棋子者，必有移山填海的神力。传说阿妈梭力苟约阿尼玛卿山神下密芒棋。山神应约而来，胯下一匹白色骏马，蹄踏四朵白色祥云，从蓝天中降落。山神穿白色胸甲，披银色斗篷，斗篷上缀八宝之珍；右手执一丈八长矛，左手托着一个装满各种宝贝的法器；左肩搭一个用秃鹰皮羽做成的口袋，内装八部密宗之法器。山神将长矛插在野牛山顶，以矛之投影定时。两位山神下棋三盘，青海湖三盈三枯，最终下成了平手。据说野牛山顶敖包之下，有一百丈石坑，就是当年插矛的遗迹。

清代藏族大学者松巴·益希活佛在其著述中提出，古代青海湖神是一女神，名叫"赤雪洁姆"，意为"万帐王母"，法力无边，名贯雪域净土。这赤雪洁姆即为西王母，也就是阿妈梭日格，也只有赤雪洁姆才能担得起"大家的妈妈"这样一个神圣的称呼。

三、自然资源

山的四周为苍茫的原野，缓坡向上延伸，无穷茅草铺满天涯。到山之腰，骤然陡峭，奇峰突起，似城堡连环，如古塔静立，自然老人的大手笔叫人目不暇接。大片的金露梅、银露梅把山体装点得色彩斑斓，如诗如画。灌木林和草丛中，有无数山鸡、山鸟在尽情地鸣唱，此起彼伏，其声如阵阵天乐，令人心醉神迷。山之阴，冰雪百丈，盛夏不消，似琼楼玉宇。时见山泉，有的点点滴滴，如珠如泪，有的喷涌而出，如白练闪烁，顺沟而下，相互汇合，由细而巨，终于形成大小十多条河流。北流者为古羌水，今名药水，注入湟水；山南诸水汇成重龙河流入黄河；其西之水即为著名的倒淌河流入青海湖。一座山成为三大地域源头活水的发源地，实属罕见。

　　滩黄羊就是青海独有的珍奇动物普氏原羚，只有在青海湖北布哈河口一带生息着 300 多只，是全世界仅存的珍稀物种。

第十四节 / 其余诸山

青海省东部地区的祁连山东段平行岭谷、河湟谷地平行岭谷及黄河谷地以南广大地区，在行政区划上为门源县、西宁市（主城区）、湟中区、湟源县、大通县、互助县、平安区、乐都区、民和县、循化撒拉族自治县（以下简称循化县）、化隆县、贵德县。该区域除前文所述山脉，还分布着大大小小诸多山峰。

一、门源县境内诸山

门源县北境为冷龙岭（详见本书第二章第二节），县境南部为达坂山（详见本书第二章第三节），从西而东主要山峰有景阳岭（4353 米）、覆袁山（4953米）、岗什卡东山（5253.5 米）、冷龙岭（5007 米）、讨拉东山（4580 米）、塔里华东山（4252 米）、雪隆红山（4270 米）、黑依沟牙合（4167 米）、玉柔布牙合（4010 米）、古古拉掌（4448 米）。平均海拔 4540 米，雪线高度北坡 4200米，南坡 4400 米。近百年来由于人口增多、植被破坏、气候变暖等原因，雪线比原来的 3700 米升高了 500 ～ 700 米。

二、西宁市（主城区）境内诸山

西宁市地貌类型大格局从属于祁连山脉东段峡谷相间的总特征。山川大多为东西走向，见于《西宁府新志》的仅有三处：土楼山，又叫北禅山；凤凰山，又叫南禅山；峡口山，今指小峡山。

西宁市的山地为祁连山南缘的一部分。从形态上看多数为"原上山"，属流水侵蚀低山。从分布考虑可分为南、北、中三列。其中南北两侧东西横亘于湟水河两岸，俗称南山、北山，分别是拉脊山和达坂山支脉向东的延伸部分。西宁南山东起杨沟湾，西至阴山堂，长约 24 千米。中间被南川河切穿分割成两大段：东段由塔尔山—纳家山—凤凰山组成，西段由西山—阴山组成。西宁北山东起小峡口，西止土楼山，市境内长 14 千米。中间被沙塘川河切穿分割成两大段：东段为傅家寨东山，西段为泮子山—土楼山。中间一列较短，仅存于盆地西半部，称大有山。这些山地主脉海拔多在 2600 米以上，山顶普遍为黄土覆盖，局部残留有古老夷平面；下部是砂、粉砂以及泥岩为主的第三纪红层，质地松软易侵，因湟水河及其支流的摆动切割，山体滑坡时有发生。

1. 西宁北山

西宁北山由大通县境延展进入西宁市区，属达坂山支脉，同祁连山地一致，呈西北—东南走向。西北端起于花园台村以北的哑巴沟，主脉一直抵达小峡口中部入海东市平安区境，东西绵延长达 35 千米，南北宽 5 千米左右。北坡平缓下降至大通、互助县境丘陵，南坡陡峭倾降于湟水河低阶地，坡度一般大于60°。主要包括土楼山、泮子山、傅家寨东山等山体。

土楼山　详见本书第二章第八节。

泮子山　位于市境北山西段土楼山以东，距市区约 5 千米，主峰海拔 2863 米，为市区最高点。西与土楼山以黄鼠沟为界，东连石灰沟和沙塘川为一断带，北接互助县下长沟，南临西宁火车站。东西绵延 10 余千米，边缘陡峭，山势雄伟，地质构造同属西宁北山体系，为第三纪红色岩系组成，山体上部有第四纪黄土覆盖。泮子山沟壑纵横，盘折交错，宛若游龙，先古有盘龙山之称。环山之中，村落如子，又得名盘子山，1963 年更名为泮子山。1985 年在山巅建成电视调频发射台，塔架总高 131 米，是目前全国海拔最高的筒体构筑物之一。

傅家寨东山　位于西宁北山东段，在朱家庄和傅家寨以东，北从互助县延伸入市境至傅家寨，南北走向，为西宁市东北部的屏障。该山体自傅家寨向东折伸至小峡口，复入互助县至哈拉直沟口断脉。市境最高海拔 2700 米。地质构造复杂，褶皱断层发育，石膏、芒硝等矿产资源丰富。

2. 西宁南山

西宁南山为湟水河南岸一系列山体的总称。主脉近似东西走向，同属于拉脊山的支脉。西由湟中区入境，向东延伸至小峡口南侧出市境，入平安区。山体北坡向湟水河逐级倾降，坡度一般小于50°，南坡平缓伸展至湟中区境。在市境内主要包括西山、凤凰山、南酉山、纳家山和塔尔山等山体。

西山 西山是西宁市居民习惯称呼，属于西宁南山的西段，又叫彭家寨西山。西起湟中区，蜿蜒入市境后略呈西北—东南走向，东临南川河，成为西宁市西南屏障，海拔2600米。位于毛鸡湾村以南与湟中区交界处的西山峰，海拔达2753.8米。

凤凰山 位于市区正南，属西宁南山东段的西部，海拔2466米。相传南凉时因有凤凰飞落山巅而得名。向东隔瓦窑沟与纳家山相对峙，北麓接城区隔湟水河同土楼山相望。始建于明代的南禅寺古建筑群散布在山腰，因此又名南禅山，寺又叫南山寺。凤凰山南依南酉山，西临南川河成一断带。地质构造为第三纪红色岩系，主要是红色黏土、页岩并夹有泥层和石膏层。"凤台留云"为古湟中八景之一。凤凰台元代始建，1985年在凤凰台旧址新建凤凰亭一座，亭高23米，居高临下可观西宁全景风光。为市境重要旅游点之一。《西宁府新志》记载："凤凰山，去县治西南二里许，上有寺阁，可以眺远，西有岩洞，下临大川，又名南禅寺。"

南酉山 又称熊家山，位于西宁古城正南方，距市区约4千米，海拔2416米，主峰高2600米。按堪舆学定位法，酉居南方，故得名南酉山。南酉山呈南北走向，东望纳家山，西临南川河，北以凤凰山为依，南向湟中区境内伸展，山势凹凸不平，缓缓起伏。南酉山文峰碑矗立山顶，为一方形土碑楼，因碑楼内供奉有魁星神，故又名魁星阁。南酉山峰尖宛若一支玉笔的笔颖凌空高插于茫茫天际，所以又得名文笔峰。"文峰耸翠"为古湟中八景之一。南酉山沿山梁坐落着南酉山村，山村农家喂养奶牛甚多，故又被誉为奶牛山。

纳家山 属于西宁南山东段的中部，东为塔尔山，西为凤凰山。从瓦窑沟东侧的大园山向东呈东西走向，一直延伸到席芨沟，长约 5 千米。最高峰在杨家岭，海拔 2563 米。

塔尔山　位于城区东部，湟水河南岸距市区约 10 千米。主峰海拔 2870 米。属于西宁南山的东段，同纳家山、凤凰山组成西宁市的南部屏障，习惯上统称南山。山体略呈弧形，东西走向，山顶为圆顶状。山巅有小塔矗立，因而得名塔尔山。塔尔山向南直抵同湟中区交界处的鞍架山，向东过杨沟湾至小峡口南侧山地出市境。

3. 大有山

大有山位于西宁市西北部，湟水河以北，北川河以西，是这两条河的分水岭。同东部的小有山连为一体，呈西北—东南走向，西北端可断续延伸至湟中、大通县交界处的水峡山地。大有山面积不大，约 3 平方千米，主峰海拔 2655.2 米。山体地质为第三纪沉积红层，地表普遍被黄土覆盖，山体平缓，山顶宽坦。西宁解放前因土地干旱曾取名旱坪山。

大有山向东南继续展伸，在小桥毛胜寺以西，因山势明显变得矮小，又名小有山。小有山位居市区西北方向，距市区约 5 千米，海拔 2402 米。西依大有山，东邻毛胜寺，南起小桥变电站，北连西宁北川西山。山势平缓，山岭呈圆柱状，地表覆盖黄土。小有山和大有山实为同一山体，连同西宁北山，皆属于祁连山脉达坂山脉的延伸支脉。

4. 小峡山

小峡山俗称小峡山地，古称碌口山。分布在西宁市东部边缘与平安、互助、湟中等县（区）交界一带，实际也是西宁南、北两山的交汇处。主山体是一古老花岗闪长岩体侵入到第三纪红层之中而成，东西长约 3 千米，东段在平安区境。山体被湟水河干流长期强烈切割，形成峡谷，宽不过百米，南北石山如削对峙，高于水面近百米，确有山倾河塞之势，古来自成兵家必争之地，实为西宁"东大门户"。夏日人行其间，阳坡烈日暴，阴脚冷风寒。"石峡清风"为古湟中八景之一。《西宁府新志》记载："（今小峡）在县东二十里，石山对峙，河水中穿，为湟鄯往来咽喉，汉时名湟陿。……《水经注》称湟水径东亭北东出漆峡即此。"

三、湟中区境内诸山

湟中区境内山脉纵横，形成较复杂的地形。以湟水为界，南属拉脊山脉，北属娘娘山脉。

拉脊山（详见本书第二章第四节）。

娘娘山（详见本书第二章第十节）。

四、湟源县境内诸山

湟源县境内群山罗列，诸峰雄峙，计大小山岭 200 余座，其中海拔 3000 米以上的有 142 座；海拔 4000 米以上的有 20 座；最高峰为野牛山，海拔 4898 米。

1. 乌图场山（乌图长山、乌图掌山）

位于县城西北，在巴燕、申中两乡北部。长约 11 千米，海拔 4178 米，为湟源、海晏两县之分界山。岭北为海晏，岭南为湟源。北坡平缓潮湿，植被较好，为密灌丛林区；南坡陡峭险峻，植被较为稀疏。胡丹度河、申中河发源于南麓，南流注入湟水。中、高山区为畜牧地带，有少量农田，种植青稞、油菜。低山丘陵区土层深厚，光热较好，有湟海渠浇灌，农业生产发展较快。

2. 河拉大山

位于县城正北，在申中乡东北部与城郊乡西北部。西北接乌图场山，东连北华石山，长约 8 千米，海拔 3740 米。其北过钟岭梁为湟中区水峡河谷，其南为湟水谷地。拉沙河发源于东坡，东流入西纳川河。山势雄伟，"为丹城之屏蔽"（《丹噶尔厅志·地理》）。山顶平缓，向北倾斜，植被较好，为全县主要农业区之一。

3. 北华石山（八宝山）—北极山—鳌头山

位于县城东北，在城郊乡与东峡乡境内，东西走向。西接河拉大山，东走湟中区，岗峦起伏，绵延约 12 千米，主峰海拔 3682 米。北华石山北坡开阔平缓，高寒潮湿，植被较好，多为密灌丛林，栖有麋鹿、香獐、野狐、野鸽等野生动物，风景宜人，水草茂盛，为畜牧地。南坡则陡峻险绝，峰峦重叠，与湟水对岸陡峭的照壁山相对，形成著名的险隘东峡（西石峡）。峡中湟水湍流，铁路公路盘亘而过，为东西交通要隘。

北华石山西南支脉直伸县城北部，诸峰罗列，状如北斗，名北极山，海拔2722 米。山间林木葱茏，风景如画。原建有庙群，金碧辉煌，今已拆废。新建有亭台殿阁，每年增植树木，为县城著名游览区。

北华石山东延，过大黑沟，奇峰兀起，形似鳌头，名鳌头山，海拔 3020米。山东即为湟中区，山北为拉沙尔峡谷，有拉沙河水东流注入湟中西纳川河。其南湟水贯流。兰占巴水、小黑沟水、大黑沟水、菜子沟水均源于此，南流注入湟水。其南麓山下有一石崖，崖上刻有佛像数尊，称佛儿崖。过去曾建有佛殿，早已不存，现用铁栏杆围护，为县文物保护点。鳌头山西有大黑沟，沟深山陡，林木茂密，流水潺湲，风景秀丽，春夏之际，游人不息。

4. 将军山

位于县城西北，在寺寨乡北侧，走向东南，为湟源县与海晏县分水岭。西北高而东南低，绵延约 10 千米。其西北峰最高，海拔 3952 米；中峰将军山，海拔 3743 米；东南峰柏林嘴最低，海拔 3192 米。整个山体土层植被较好，为良好的牧畜地带；唯柏林嘴以下岩石裸露，植被稀疏。

山南为寺寨河谷地，水草茂盛，为湟源县主要牧区。沿河两岸为农耕地，生产青稞、油菜。这里古时曾柏林葱郁，建有寺院，今则柏树无存，寺址仅存残砖碎瓦。山北为湟水谷地，青藏铁路、湟嘉公路横穿，为东西交通要道。其东南有扎藏寺。

5. 拉拉达坂山（黄茂达坂山、雪山）

位于县城正西。西北直伸海晏县，东南经寺寨、塔湾、大华三乡西境，至下达坂垭壑，绵延约20千米，为湟源县与共和县之分水岭。主峰拉拉达坂山（也称黄茂达坂山，史籍称雪山）位于县城正西，海拔4389米，高耸入云，峭壁如墙，常年积雪，如银屏西障。《西宁府新志·地理》谓："雪山：西去县治百余里，上有积雪，四候不消，望之若银屏。"登拉拉达坂山，青海湖即在脚下，碧波万顷，横无际涯，观湖上落日，极为壮丽。高峰之下，山势平缓，水草丰美，为天然牧场。低山区均为农田，种植青稞、油菜。其北峰为桌子山，山顶平坦如桌面，海拔4262米。其东南峰为下达坂山，海拔4269米。下达坂垭壑，即到日月山。其山北有三道、上沟、阿岔、哈拉、喇嘛图海诸水，东北流入寺寨河。其山东有牙麻岔水入塔湾河。

6. 日月山（古称赤岭）（详见本书第三章第八节）

7. 野牛山（热水山、哈拉库图南山、梭力苟）（详见本书第二章第十三节）

8. 黑山（黑山峨博、隔板山）

位于县城西南。西北接拉拉达坂山，绵亘于塔湾、大华、波航、和平、日月诸乡境内。东南至东科寺北，长约16千米。西南靠日月山，东北临湟水，东面靠药水。主峰黑山峨博，海拔3986.9米。西北峰本炕梁，海拔3912米。正北峰峨博山，海拔3538米。东北峰浪湾大山，海拔3524米。东峰群岔大山，海拔3396米。再东为凤凰山，海拔2904米。东南宋家沟（宗家沟），西北有纳隆沟、塔湾河、拉拉河、波航河东北流入湟水。东有大高陵河、宋家沟水（宗家沟水）、兔尔干河东注入药水。高、中山区为黑钙土，呈黑色，故名黑山。土肥草盛，多为牧地。有农田，种植青稞、油菜。低山丘陵为浅山农业地区，南有日月乡牧场。

9. 大峨博（戎峡山、松蛾山）

位于县城东南郊。孤峰耸起，史称"戎峡山"，海拔3210米，与北华石山相峙，史称"戎峡口"。山顶稍平，可容百人，过去曾长一古松，松下青草如茵，彩蝶翔集，俗称"松蛾"。建有一座小庙，每遇晴日或九九重阳，人们登临远眺，百里山川房舍，万里蓝天白云，尽收眼底。今则庙已拆除，松已不存，新建有电视差转台一座，高入云霄，并建有简易公路，直通山顶。山坳一泉，泉水清澈味甜，名泉尔湾。

10. 南华石山（翠山）

位于县城正南。在日月乡与和平乡境内，长约 12 千米，峰峦迭起，高峻挺拔。主峰海拔 4289 米，为湟源县与湟中区分界山，气势雄伟，景色秀美。"湟中诸山皆童阜，此山连延至日月山，苍翠可爱，秋时，上有红叶。"（《西宁府新志·地理》）。从县城远眺，"一字横锁，连峰插天，清奇秀丽，有纤月笔架之形，共十二峰，皆耸峭挺立，春、秋、冬三季，积雪不消……《山海经》称为翠山"（《丹噶尔厅志·地理》）。药水河支流下峡水、大茶什浪水、小茶什浪水、白水河、曹家沟水、磨沟水均发源于此山。

此山地形复杂，生态各异。低山区土壤肥沃，宜植青稞、油菜，间种小麦、豌豆。中部为灌丛林，水草较好，适于放牧。山巅崖石裸露，峭壁耸立，高寒阴湿，不利农牧。此山有大理石矿，栖有麋鹿、香獐、黄羊、雪豹等。"翠山……其阳多黄玉，其阴多牦牛、羚、麝。"（《西宁府新志·地理》）白水河一带建有水渠，浇灌农田。其下净房湾，过去曾建有佛寺，早就废弃。林木茂盛，风景优美，为人们游乐之地。其西南一峰，濒临药水，形势险要，名叫方台，传为唐石堡城，为军事要塞，今为县级文物保护单位。

11. 青阳山

在县境东南，日月乡东部。西北连南华石山（翠山），东南接拉脊山。主峰海拔 4302 米，为湟源、湟中、贵德三县之分界山。西为湟源，东为湟中，南为贵德。山势西南走向，接野牛山，两山相接处称分水岭，海拔 3581 米。岭北为药水河源头，西北流至哈城，再东北折而注入湟水。南侧为重龙河源头，东南流入黄河。青阳山为湟源、湟中、贵德三县之通道，也是军事要地，前清时曾设窝卜兔卡，驻兵防守。

五、大通县境内诸山

大通为多山地区，全县共有山脉、高山 30 余座。山区占全县总面积的 96.5%。大坂山屏立县北，兰雀山雄峙于东，娘娘山绕县西南境。老爷山、牦牛山耸立中部，县北有画屏山、峡门山、古娄山等，西北有俄博山、西大山、巴哈俄博、龙头山等，东有鹞子山，东北有下大坂山、虎头山、双嘴山、马鞍山等。现将主要山脉概述如表 2.1。

表 2.1 大通县境内诸山简介

名 称	概 况
达坂山	旧名大寒山，详见本书第二章第三节
金娥山	详见本书第二章第十节
元朔山	详见本书第二章第九节
牦牛山	为元朔山的旁支，形似牦牛，故而得名。和元朔山对峙，形成险峻的峡谷，中流东峡河
兰雀山	又名燕麦山，是大坂山支脉。在县东北，海拔4034米。形如围屏，山峰特高，上面积雪，终年不消
画屏山	在县城北30多千米处。山势迤逦，轩敞如屏，野花啼鸟，犹如天然图画，故名。因系南北通道，初建5间房屋以为行旅栖止之所，后发展为村落，即今宝库乡五间房村
峡门山	在县城北20多千米处。两山对峙，望之如门。树木扶疏，水声急沸，景色秀丽
古娄山	即土娄山。在县城北20千米处，属哈曼大坂山麓，山势平坦，旧时有古庙
红山	亦称红土山。在县城北20千米处。位于青山乡佐士图村，其山土性润滑，红若朱砂。旧时修寺庙，皆往取土

（续表2.1）

名　称	概　　况
永寿山	又名龙山，居城关镇南侧。山顶建有雷祖庙，山腰有文峰楼，山尾有山神庙。清光绪间毁于兵乱，后人建有文峰塔
西大山	在县城西北30多千米处。巨石成垒，上有黄龙泉，旧有龙王宫
尕漏大坂山	在县城西32千米处。两峰耸峙，山高峡深，中有一道，经六盘过石梯子至山顶。山坡灌林丛生
巴哈俄博	在县城西北20多千米处。山下泉穴宽约丈许。甘澜沸腾，清朗如镜
窑洞庄山	在县城西20千米处。山势平缓开阔，林木丛生，花草繁茂，景色宜人。近年已成为夏季旅游区之一
鹞子沟山	位于县城东15千米处。山势迤逦，山土肥沃，是一个以云杉为主，伴生有桦木、山杨针阔混交次生林区。林区面积达40多平方千米
东西平顶山	在县城北30余千米处。中为瓜拉峡，原为去门源县通道，俗称中大坂。东西两峰对峙，西平顶山巅形如鼻梁；东平顶山巅平坦，泉水清冽。登上山顶，全县山水一览无余
双嘴山	原名石山。在县城东15千米处。山上有古墙一道，旧称古边墙。山石为制造水泥的主要原料，省第一、第二水泥厂均在此采掘，俗称矿山
马鞍山	在县城东15千米，山势前高后低，中腰闪落，形似马鞍，故名。山上磨尔沟牙壑是通往互助县的要道

六、互助县境内诸山

互助县境内山脉纵横，山峰众多，山体构成复杂。县境北部有龙王山和达坂山，海拔均在4000米以上；东部有阿米多藏山、麻钱山；东南部有葱花顶俄博，山势陡峻；西北部有平顶山和扎坂山；南部有众多的土石山和土岭。全县海拔在3000米以上的山峰有68座，海拔4000米以上的山峰有26座。现将14座主要山峰简介如表2.2。

表 2.2 互助县境内诸山简介

名　称	概　况
北沟垴岭	位于巴扎藏族乡境内。主峰海拔4484米，面积约26平方千米。为县境群山之冠，山势由西北向东南倾斜，为起伏连绵狭长山岭，巍峨高峻，岭脊尖峭，石骨嶙峋。植被稀少，终年有雪。山体约为变质石灰岩、花岗岩等，局部有古老片麻岩露出
仙米大山	又称东尖山，位于林川乡境内。主峰海拔为4355.3米，面积约18平方千米。山势由西北向东南蜿蜒倾斜，高峻挺拔，山顶较尖。多奇峰异石，山体多为变质石灰岩、片麻岩、千枚岩等。此山上半部为裸露石山，下半部为灌木丛林，有大片草场，可发展畜牧业
狼牙山	位于巴扎藏族乡境内。山峰林立，形似狼牙。山势由北向南延伸，山脉纵横。主峰海拔4020米，面积约14平方千米。山体多为花岗岩、青砂岩等。土质为高山草甸土，山峰顶部植被稀少，下部林木繁茂，时有野生动物出没，景色秀丽
龙王山	详见本书第二章第六节
黑山	位于加定藏族乡和松多藏族乡交界处。山势由西向东延伸，因山体石质为黑色，故名黑山。主峰海拔4050米，面积约16平方千米。山顶为裸露石山，山腰有少量灌木，山体多为青砂岩、片岩、石灰岩等。山周围水草丰茂，宜于放牧
康烈尖山	位于松多藏族乡境内。主峰海拔4196米，面积约8平方千米。山体多为黄砂岩、花岗岩等。山腰为草坡，宜于放牧
克麻岭	藏语，意为"红土"。位于加定藏族乡境内。主峰海拔4102米，面积约11平方千米。山势由西北向东南延伸，东北山坡有松、柏、桦等天然林木，西南山坡有大片草场，可供放牧。山顶为红砂岩，土质为红砂土。山中动植物丰富，产有麻黄、柴胡、秦艽等药材
兰却山	位于南门峡乡境内，西北与大通县相连，属达坂山支脉。主峰海拔4034米，面积约9平方千米。山势由东西向南蜿蜒，东北高陡，西南低缓，沟谷密布。山体多为千枚岩、板岩、花岗岩、灰岩等，山峰顶部多为裸露山石，冬春常有积雪。下部水草茂盛，可供放牧
过色山	藏语，意为"鹰窝"。位于加定藏族乡境内，西邻门岗峡，东邻天池（小湖勒措卡）。主峰海拔4135米，面积约9平方千米。山势由西北向南倾斜，山体多为花岗岩、灰岩等。山顶部地形复杂，石峰林立。山脚灌木葱茏，牧草丰茂，是北山林区一大宝库

（续表2.2）

名　称	概　况
俄座岭	藏语，意为"陡山"，位于加定藏族乡境内。海拔4308米，面积13平方千米。山势由西北向东南延伸，周围山峰突起，气势巍峨。山体多为青砂岩、石灰岩，间有晶体片矿物质岩。表层为草甸土，植被为灌木丛。产有秦艽、麻黄、柴胡、党参等中药材
大俄博山	位于南门峡乡境内。主峰海拔4145米，面积约2平方千米。山势由东北向南延伸。山体岩性复杂，多为变质石灰岩。产有秦艽、大黄、羌活等药材
加浪亚豁	为加定藏族乡和松多藏族乡分水岭。主峰海拔4085米，面积约4平方千米。山势东西走向，山体为片麻岩、千枚岩、角砾岩、震旦系灰岩等，土壤为高山顶土。山中有一弯曲小道，可以从浪士当沟通往松多藏族乡科胜掌。山中有多种灌木和大片草坡，宜于放牧
尕俄博山	位于南门峡乡境内。主峰海拔4025米，面积约7平方千米。南北走向，山中有通往山顶的盘山小道，并筑有祭山神土石堆。山腰有大片草坡，可供放牧
扎务峰	位于巴扎藏族乡境内。主峰海拔4095米，面积约7平方千米。山体多为青砂石、震旦系石灰石等。土壤为高山草甸土，内有灌木和杂草，夏季可供放牧

七、平安区境内诸山

平安区（原平安县，2015年撤县设区）山峰主要分为西部山岭和南部山岭（表2.3）。

表 2.3 平安区境内诸山简介

名　称		概　况
西部山岭	军家山	距县城西约10千米，位于小峡乡境内，海拔2322米
	王家大山	距县城西约15千米，位于小峡乡境内，海拔2546米
	百草湾山	距县城西约20千米，位于小峡乡境内，海拔2302米
	黑虎旗山	距县城西约23千米，位于小峡乡与西宁市交界处，海拔2532米

（续表2.3）

名 称		概 况
南部山岭	阿伊山	距县城东南约28千米，位于巴藏沟乡与乐都县交界处，海拔4166.7米
	花石岩	距县城南约30千米，位于巴藏沟乡与化隆县交界处，海拔4073米
	泥旦山	距县城南约32千米，位于古城乡与化隆县交界处，海拔3609米
	顶帽山	距县城南约32千米，位于古城乡与化隆县交界处，海拔3778米
	青沙山	距县城西南31千米，位于古城乡与化隆县交界处，海拔3602米
	元石山	又名牛心山，距县城西南约28千米，位于古城、寺台两乡交界处，海拔3260米
	照壁山	距县城西南30千米，位于寺台乡南部，海拔3475米

八、乐都区境内诸山

乐都区（原乐都县，2013年撤县设区）境内诸山情况如表2.4所示。

表 2.4 乐都区境内诸山简介

名 称		概 况
北部山岭	克生岭	位于县城北约50千米，引胜乡与互助县交界处，海拔4190米
	扎科岭	位于县城西北约75千米，引胜乡与互助县交界处，海拔4082米
	香雷尖参山	位于县城西北约70千米，海拔4108米
	康烈尖山	位于县城西北约70千米，引胜乡与互助县交界处，海拔4196米
	蛇雾山	位于县城西北约60千米，引胜乡与互助县交界处，海拔3934米
	娘娘山	位于县城北约45千米，海拔3976米
	松花顶	位于县城西北约35千米，达拉乡北部，海拔4056米

（续表2.4）

名　称		概　况
北部山岭	桌子山	位于县城西北约25千米，海拔3811米，因形似桌子而得名
	松亡顶	位于县城北约45千米，寿乐乡北部与天祝藏族自治县交界处，海拔3709米
	奇峰山	又名旧寺掌，位于县城东北约45千米，芦花乡北
	冰沟山	位于县城东北约45千米，在马场乡境，是历史上入青海的要道
	阿拉古山	位于马场乡境，距县城东北30千米，与冰沟山相接，山顶平夷，耕地密布
	桌子山	位于县城北偏东约35千米，李家乡北部，与天祝藏族自治县交界处，海拔3717米。
	武当山	又称老爷山，位于县城北10千米引胜沟
	裙子山	又称红崖洞，位于县城西北，大古城北，因山形而得名
	四望山	位于县城西15千米处的大峡口
	朝阳山	又名蚂蚁山，位于县城北0.5千米处。近年修建兴乐公园
南部山岭	尕长峡山	位于县城东南约50千米，中坝乡与化隆县交界处，海拔4223米
	花抱山	位于县城南40千米，亲仁乡与化隆县交界处，海拔4484米，终年积雪，"南山积雪"是"乐都八景"之一
	马阴山	位于县城西南35千米，瞿昙乡与化隆县交界处，海拔4303米
	三道山	位于县城西南35千米，瞿昙乡与化隆县交界处，与马阴山相邻，山以形名
	毡帽山	位于县城西南15千米，雨润乡与城台乡交界处，山以形名
	马圈沟山	又名官隆山，位于县城西南26千米，瞿昙乡境。山势陡峭，西面峭崖上有三罗喇嘛修行之洞，"瞿昙三洞"是"乐都八景"之一
	回龙山	又称东坡、东顶，位于县城南3.5千米

九、民和县境内诸山

民和县境内有八大山梁。

1. 青沙山—多龙山—草山一线

东北走向，由峡门乡青沙山起，经峡门、芦草、新民乡至松树乡湟水畔，全长 28 千米，海拔 2200 米以上。在草山分成东西两条山梁，西梁称飞禽山，东梁称东岭，缓坡地带有耕地分布。主要山头有：翻岭山，海拔 2325 米；塘木池岭，海拔 2641 米。

2. 后山—毛拉山—排子山一线

东北走向，由峡门乡后山起，经塘尔垣、李二堡乡至松树、核桃庄乡湟水畔，全长 27.5 千米，海拔 2100 ~ 2700 米之间。主要山头有：窑洞门嘴，海拔 2675 米；敖包山，海拔 2407 米；刘家岭，海拔 2517 米；毛拉山，海拔 2473 米；拉子山，海拔 2413 米。

3. 野狐山—庄保岭—汗山岭一线

东北走向，由西沟乡野狐山起，经西沟、巴州乡至核桃庄乡、川口镇湟水畔，全长 27 千米，海拔 2300 米~ 2700 米之间。主要山头有：腰岘牙豁，海拔 2623 米；庄保岭，海拔 2604 米；康各岱，海拔 2524 米；上庞家岭，海拔 2442 米。

4. 黄草山—张家脑岭—顶顶山一线

东北走向，由古鄯镇黄草山起，经古鄯镇、柴沟乡张家岭村、联合乡、总堡乡、隆治乡至马场垣乡下川口村，全长 32 千米，海拔 2200 米以上。在张家脑分出并列山梁，均偏北走向，西梁经联合、巴州乡至川口镇上川口，长 17 千米，海拔 2200 ~ 2600 米之间。主要山头有：张家脑岭，海拔 2567 米；迴龙山，海拔 2330 米。东梁经联合、总堡、隆治乡至马场垣乡下川口村，长度、海拔与西梁大致一样。主要山头有：杨家岭，海拔 2450 米；顶顶山，海拔 2270 米。

5. 毛洞山—塘古岭—大庄山一线

东北走向，由满坪乡毛洞山起，经满坪乡、马营镇、大庄乡、隆治乡至马场垣乡下川口村下东川，全长 38.5 千米，海拔 2300～2600 米。此一线为黄河和湟水两流域的分水岭，在毛洞山北分出一条山梁，向东经古鄯镇至总堡乡哈家村，长约 14 千米。在满坪乡塘古岭南分出一条山梁，东偏南走向，经马营镇至转导下坪，进入甘肃省永靖县。县境内绵延部分长 25 千米。这一线共分出 5 条小山梁。主要山头有：塘古岭，海拔 2595 米；孟家堡岭，海拔 2510 米；大庄山，海拔 2444 米；秦家岭，海拔 2395 米；骆驼山，海拔 2232 米。

6. 笨康山—东湾岭—冯断山一线

东南走向，由笨康山起，经满坪乡、马营镇、转导乡进入甘肃省永靖县，又从东折转向南，进入峡口、中川乡抵黄河北岸。县境内绵延部分长 40 多千米，海拔 2200 米。境内主要山头有：东湾岭，海拔 2519.6 米；桂苦岭，海拔 2513 米；红合岘岭，海拔 2462 米；冯断山，海拔 2452 米；关万山，海拔 2349 米；八达山，海拔 2417.7 米。

7. 陈家山—关地岭—敖包山一线

东南走向，由笨康山南满坪乡、甘沟乡的陈家山西部交界处起，经甘沟、满坪、前河乡至中川乡团结村，长 22 千米，海拔 2200～2600 米之间。在关地岭南分出一条山梁，偏南走向，经甘沟乡至中川乡甘家村，长 16 千米，海拔 2200 米。主要山头有：黄土山，海拔 2459 米；喇家寺山，海拔 2530 米；洼地沟岭，海拔 2504.9 米；庙庄山，海拔 2419 米；邵儿岱山，海拔 2457 米；敖包山，海拔 2407 米。

8. 香忠山—日芒口像山—杏儿山一线

向南偏东走向，由杏儿乡和甘沟乡西部交界处的锁口山南起，经杏儿乡至官亭镇黄河边杏儿山，长 15 千米。在锁口山东分出两条小山梁，均为南偏东走向，长 12 千米，海拔 2000 米以上，坡度大，沟谷下切深。主要山头有：日芒口像山，海拔2850米；杏儿山，海拔2095米；朱家岭，海拔2420米；大红山，海拔2307米。

民和县境内的十座高山如表2.5所示。

表2.5 民和县境内的十座高山

名　称	概　　况
拉脊山	详见本书第二章第四节
青沙山	位于峡门乡西南与化隆县交界处，海拔3400米。山间有一长达15千米的石峡，两山对峙，望之如门，故有"峡门"之称。为民和县至化隆县之通道。峡内多泉水溪流，汇而成河，称为峡门河
后山	位于峡门乡偏西7千米处，海拔3424米，绵延于峡门乡与塘尔垣乡交界地带
野狐山	位于西沟乡白家藏一带，海拔3400米，因山上花草、森林繁茂，又名野花山。原有原始森林，现有8500亩次生林，风景优美
雪疙瘩山	位于西沟、东沟、塘尔垣乡之间，海拔3766米。山巅积雪，常年不融
黄草山	位于柴沟乡西南一带，海拔3183米。阳坡多荆棘蒿草，遍生石葱；阴坡有刺柏、桦林；山麓牧草丰茂
毛洞山	位于古鄯镇西南一带，东南绵延至满坪乡，统称毛洞山，海拔3100米。山上荆棘丛生，亦有桦林、白杨林分布。清晨如云雾缭绕山巅，人谓之"毛洞山戴帽"，断定天必降雨。山脚有一泉名药水泉，即七里寺矿泉
笨康山	亦名康各岱山，位于满坪乡西北一带，海拔3100米，有小路可达山巅。山巅有一天然石缸，天欲雨，则缸内水涌外流。山麓分布有黑土，俗称石墨，新中国成立前曾挖掘、加工成墨锭外运。山南扁麻滩蕴藏有煤，新中国成立前曾采掘
香忠山	位于杏儿乡北部一带，海拔3345米，由闪长斑岩、花岗岩等构成。山坡长有灌木丛，牧草丰茂。藏有煤、铜等矿。山东侧依崖建有一座闻名土乡的古刹——崖寺
锁口山	位于杏儿乡与官亭镇交界处，香忠山南1000米处，海拔3266米，为县南部高峰之一。山东侧有一条长14千米的银洞沟，藏有煤、铜等矿

十、循化县境内诸山

循化地处青藏高原东部边缘地带，祁连山支脉拉脊山东端，四面环山，山谷相间，南高北低，海拔 1780 米（孟达乡关门黄河岸边）至 4635 米（达里加山），相对高差 2855 米，县境地形系中海拔山地。北部为黄河川道，中部与东北部为低山丘陵，南部为中高山区。循化县境内诸山如表 2.6 所示。

表 2.6 循化县境内诸山

名 称	概 况
积石山	古称唐述山，今名小积石山。位于黄河北岸，距县城北 1 千米，北纬 35°46′，东经 102°28′，主峰海拔 2910 米。《禹贡》："导河自积石至龙门。"山势东西延伸，长约 30 千米。全山皆石，嶙峋峭拔，重峦叠嶂，绝壁千尺，黄河流其下，为境内第一座名山
撒曼喀	藏语，意为"红岩石岗"。距县城东北约 20 千米，北纬 35°53′，东经 102°39′，顶峰海拔 3210 米
黑大山	位于孟达乡东南，距县城东约 23 千米，主峰海拔 3356 米
当蕊山	藏语，意为"海螺"（一说"千山"）。位于道帏乡北，距县城东南约 25 千米，北纬 35°42′，东经 102°43′，顶峰海拔 4095 米
五台山	汉语，意为"5 个台阶"。位于道帏乡东，距县城东南约 30 千米，北纬 35°41′，东经 102°44′，主峰海拔 4123 米
雷积山	位于道帏乡东，距县城东南约 35 千米，北纬 35°41′，东经 102°44′，顶峰海拔 4217 米
达里加山	位于道帏乡东南，距县城东南约 45 千米，北纬 35°32′，东经 102°43′，长 25 千米，一般海拔 4000 米。山体由石灰岩、花岗岩组成。《循化志》记载："打儿架山，在老鸦关西二十里，厅治东南九十里，河州至厅大路所经也。自盘坡根上坡，十里始涉其顶。每逢下雨，则山上常作雪。其巅有罡风伤人，行者必疾趋数步过之。山中多野花，四、五月开时，五色斑然，烂如云锦。"

（续表2.6）

名　称	概　况
渥宝琪	藏语，意为"阳光强烈"。距县城南40千米，北纬35°34′，东经102°40′，顶峰海拔4621米
古伟山	藏语，意为"山神"。位于道帏乡西，距县城南约26千米，北纬35°38′，东经102°34′，顶峰海拔4438米
通布	藏语，意为"高山"。位于白庄乡西南，距县城南约23千米，北纬35°41′，东经102°29′，顶峰海拔4019米
果尔宗喀	藏语，意为"山岗上黄羊成群"。位于岗察乡东南，距县城南约34千米，北纬35°33′，东经102°28′，顶峰海拔3780米
德通波	藏语，意为"小石堆"。位于岗察乡东，距县城南约26千米，北纬35°38′，东经102°25′，顶峰海拔4134米
恰金	藏语，意为"古代战争中穿的盔甲"。位于岗察乡东，距县城南约28千米，北纬35°38′，东经102°22′，顶峰海拔4156米
日干	藏语，意为"大山"。位于岗察乡东，距县城南约23千米，海拔3634米
麦都乎夕喀	又名"卡素喀"，意为"聚集的群峰中最高的山峰"。位于岗察乡西，距县城西南约32千米，北纬35°38′，东经102°13′，海拔3778米
郭毛喀	又名环克喀，意为"大鹰飞落的高山"。位于岗察乡西，距县城西南约37千米，北纬35°35′，东经102°13′，海拔3618米
宗吾山	藏语，意为"保险"。位于黄河南岸，宗吾村北，距县城西约35千米，北纬35°49′，东经102°09′，海拔2860米。《循化志》记载："宗务山，在下龙布寨，厅治西八十里，下临黄河，所谓宗务峡也。山广博，林木茂盛。自建循化城，凡有兴作，木植皆资于此。城内外人日用材薪，亦取给焉。浮河作筏，顺流而下。高一二丈，围皆三四寸许，坚实不浮，斧以斫之，悉供爨火。移至内地，皆屋材也。"

十一、化隆县境内诸山

化隆县境内计有大小山峰 300 余座，其中海拔 3000 米以上的 210 余座，4000 米以上的 16 座，主要山峰如表 2.7 所示。

表 2.7 化隆县境内诸山

名　称	概　　况
八宝山	详见本书第一章第十二节
青沙山	藏语称为"拉玛尔"，位于县城西北 40 千米处，顶峰海拔 3490 米。临（夏）平（安）公路经过此山，是重要的交通关隘。山坡开阔平缓，高寒潮湿，土壤肥沃，植被较好，适宜放牧
马阴山	又名拔延山、巴燕山，古人称雪岭、雪山，位于县城北 5 千米处，蜿蜒起伏，绵亘数十里。顶峰海拔 4295.4 米，有南北二高峰相对峙。山顶有旱池一座、水池两座，池水以降水多少而增减。山势陡峭，顶部积雪期长达半年以上，裸岩碎砾遍布。山阴灌木茂密，山阳草肥水美，是良好的牧场。沟谷切割不大。西侧有石门峡，可通平安区、乐都区。此山为化隆县与乐都区的界山。中部的克欠牙壑是旧时巴燕戎通往碾伯之要隘。古称马阴山为"巴燕戎格之镇山"
花枪山	又称楼子山，藏语称为"阿米欠托"，位于石大仓乡北部，县城东北 18 千米处，与乐都区交界。顶峰海拔 4484.7 米。山势突兀，拔地而起。顶部岩石裸露，布满砂砾。山麓土壤肥沃，气候潮湿，植被较好，适宜放牧
尕长峡山	又称青留沙山，位于县城东北 20 千米处，北界乐都区。顶峰海拔 4202.3 米。山势陡峭险峻，绵延数十里。山体风化片状岩砾密布，山腰以下植被稀疏，牧畜价值不大
毛洞山	位于县城东北部，是化隆与民和的界山。顶峰海拔 4202.3 米。自金源乡北起至塔加乡东南，绵亘百余里。山巅巨岩裸露，积雪长达半年以上。山坡灌木葱茏，乔木繁茂。云杉、松、桦、山杨混交成林。山势平缓广阔，土壤肥沃，植被茂密，是良好的牧场。塔加乡境内沟谷发育，切割度较大，沟断面多呈"V"形。北侧有柏木峡，可通民和
拉扎山	位于县城东南 8 千米处，顶峰海拔 2984.5 米。山顶红砂岩石矗立，丹霞地貌发育。砂岩重叠，峭壁峥嵘。西南侧为合群、拉水二峡，临平公路通过，是境内交通要隘。巴燕河水经合群水库，穿合群、拉水二峡而过。该山矿产资源丰富。植被稀疏，宜牧山羊
卡力岗山	位于县城南部。由尕加山、忍吾山、路曼山、尕什加昂山、安措山等诸山组成，东西走向。顶峰海拔 3579 米。地势较平缓，既可农耕放牧，又宜植树造林。沟谷较发育，切割较大。地表覆积物多为风积累土、植物腐殖层等。尕吾山的渣堡（泥炭）堆积层较厚

十二、贵德县境内诸山

贵德县境内山脉纵横。以黄河为界，南属西倾山脉支脉，北属日月山脉支脉。据《贵德县志稿》"山川"篇载，境内有山 20 座。1985 年经过地名普查，全县有山 96 座，主要高山如表 2.8 所示。

表 2.8 贵德县境内主要高山

名　称	概　　况
拉脊山	详见本书第二章第四节
果什则（摘）山	系拉脊山余脉，位于县城东北部，由尕让乡千户村南伸约10千米，主峰海拔4489米。山体狭小，主峰耸立，险峻异常
青阳山	藏语称"姜拉"，在县境北部，东接拉脊山，西接野牛山（索格山），为湟源、湟中、贵德的天然界山，主峰海拔4302米。山势西北走向，两山相接处称为分水岭，海拔3581米。岭南为龙春河源头，由西北向南流入黄河。分水岭为贵德向西部地区的主要通道
野牛山	详见本书第二章第十三节
西山	位于县城西部，由南向北倾斜，全长约30千米，主峰海拔4007米。主要支脉有巴吉山、铁巴拉山、拉欠山、歪拉山等。山体起伏不大。境内水源充沛，牧草丰茂，为天然牧场
扎木日坂山	西倾山支脉，藏语意为"红色的大山"。位于县境南部，是贵德与同仁、泽库、贵南的界山。主峰海拔5011米，为境内第一高峰。是南部黄河支流莫曲沟河、高红崖河、清水河的发源地
东山	西倾山脉支脉，因在县境之东而名。藏语称"胜保杂"，是贵德与尖扎的界山。该山南北倾斜，全长30多千米，主峰海拔4614米。其主要山峰有若色拉、果多拉、尼龙角次、扎马干、扎马拉等。山坡多松、柏、桦等树种，石灰岩资源丰富

第三章 环湖名山

环湖区位于青海省中部地带，有国内最大的咸水湖——青海湖。地表结构山盆相间，自然景观南北各异：北部的中祁连山地，以高原亚寒带草甸、草原景观为主；南部的共和盆地，以高原温带半干旱草原和干旱荒漠草原景观为主。总面积 9.33×10^4 平方千米，占青海省面积的 13.10%；人口约 42.97 万，占青海省人口的 7.85%。青藏铁路、109 国道、315 国道贯穿本区。

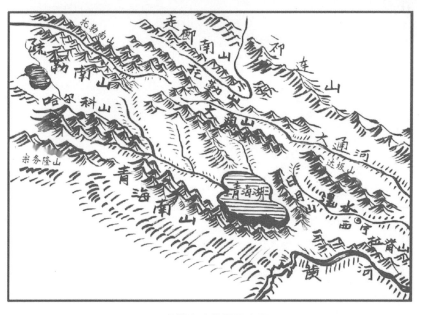

◁ 环湖名山位置示意图

第一节／综　述

　　环湖区大部分位于中祁连山地带，南部为共和盆地和鄂拉山。山盆相间的地表结构特征明显。从北往南，主要山脉有走廊南山、托勒山、托勒南山、疏勒南山、哈尔科山、大通山—日月山、青海南山。

　　走廊南山　祁连山最北的一列山脉，位于甘、青交界处。全长 360 千米，宽 10 ～ 20 千米，海拔 4500 ～ 5000 米。地质构造属于北祁连加里东褶皱带。山势西高东低，北坡陡峻，南坡平缓。海拔 3500 米以上有大量的冰川遗迹；4300 米以上有现代冰川发育，共有冰川 771 条；北坡雪线高度约 4000 米，冰水侵蚀切割强烈，形成"U"形谷和阶梯状陡坡。走廊南山以南的黑河谷地，地貌上表现为地堑式箱状谷地。

　　托勒山　山体呈西北—东南走向，长 280 千米，宽 20 千米，平均海拔4500 米，地势自西向东倾斜，东段没入大通河谷地内。地质构造是北祁连加里东褶皱带的南翼，北西西向断层控制着主体山脉的走向。山体东段北坡地貌垂直变化明显：海拔 4000 米左右为山前冰水扇；4000 ～ 4500 米为寒冻剥蚀高山，发育着典型的基岩坡和岩屑坡；4500 米以上为冰川作用高山，山坡上有古冰斗和古冰碛物分布；4800 米以上有现代冰川发育。南坡冰川较少，山前主要为冲积扇或冲积平原。

　　托勒南山　位于托勒山之南，长 250 千米，宽 20 ～ 25 千米，海拔 4000 ～5000 米。4500 米以上山峰多积雪，现代冰川发育，共有 257 条冰川，冰雪融水成为托勒河、疏勒河等地主要水源。现代冰川大都发育于北坡和北东坡，现代雪线 4500 米。地质构造属中祁连山地轴隆起带。

　　疏勒南山　祁连山脉中最高的一条山脉，西北—东南走向，平均海拔 4000 ～5000 米，主峰岗则吾结，海拔 5805 米，是祁连山脉的最高峰，藏语意为"八峰雪山", 是由数个相对高差不大的山峰聚集组成的块状山体。南坡陡峻, 北坡平缓。这里是祁连山山脉中现代冰川最为发育的地带, 共分布着 494 条冰川, 南坡冰川规模较北坡大。冰蚀地貌发育, 角峰、"U" 形谷、刃脊等广泛分布。疏勒南山成为疏勒河与党河、哈拉湖水系的分水岭。

哈尔科山 位于哈拉湖之南, 大致呈东西走向, 长约 80 千米, 海拔 5000 ～ 5100 米。是一个略向西部倾斜的夷平面, 山地顶部发育有现代冰川, 冰雪融水北坡补给哈拉湖, 南坡流入阿浪郭勒河。从山麓到山顶, 寒冻剥蚀作用占优势, 发育基岩坡和岩屑坡。

大通山 位于青海湖以北, 是青海湖水系与大通河水系西部的分水岭。长 300 千米, 宽 20 ～ 60 千米。自北而南依次发育两级夷平面及山麓剥蚀面。北部夷平面海拔 4200 ～ 4500 米, 急剧隆升和侵蚀切割形成陡坡高山地形, 具角峰、鱼脊峰、冰碛物等古冰川遗迹。中部的夷平面海拔 3800 ～ 4000 米。南部为山麓剥蚀面, 海拔 3500 ～ 3600 米, 属多层台山。台地已被河流切割, 河谷形态多为 "U" 形, 均有 "谷中谷" 上升过程中。

日月山 藏语称 "尼玛达娃"。位于青海湖东, 是青海湖与湟水的分水岭。西北部与大通山相连, 东南部与拉脊山相接, 是一条北北西向的断块山。长约 90 千米, 宽 10 ～ 20 千米, 平均海拔 4000 米。因山体红层出露, 古时称 "赤岭"。日月山是中国自然区划上一条典型的分界线。东西两侧无论气候、土壤、植物、生产活动都有强烈的分异。东坡高差大, 地形雨多, 流水多, 侵蚀剧烈, 峡谷深峻, 山谷相差四五百米; 西坡则缓缓倾斜, 是较为平坦的高原, 河流稀少, 分割不强烈。日月山是青海省农业区与牧业区的分界线, 也是中国季风区与非季风区的分界线。

青海南山 因位于青海湖南面而得名。是祁连山脉中最南的一条山脉, 呈西北—东南走向, 长 350 千米, 西端宽而高, 东端窄而低, 是青海湖盆地与共和盆地的天然界山, 平均海拔 3500 ～ 4000 米。南坡分割剧烈, 沟壑密布; 北坡分割较和缓, 沟壑少而浅。

第二节 / 走廊南山

祁连山区有很多以"南山"命名的山，这与它们所处的位置在古人集中活动的区域——河西走廊以南有关。走廊南山因居于河西走廊之南而得名，为祁连山脉中段最北的支脉，也是青藏高原北部最边缘的山脉。

一、位置境域

走廊南山西起甘肃省玉门市的昌马盆地，东至甘肃省肃南裕固族自治县（以下简称肃南县）皇城镇的金瑶岭与冷龙岭相接，北邻河西走廊，南临黑河谷地，呈西北—东南走向，东西长 360 千米、南北宽 15 ～ 20 千米。山势自西向东递降，海拔一般在 4000 ～ 4500 米之间，主峰为肃南县境内的素珠链峰（祁连峰），海拔 5647 米。在青海省境内雄踞黑河之北，北至省界；西起丰洛川源头，东至祁连县城附近，在青海省境内延伸 160 千米。最高峰是柴达诺山，海拔 4764 米。

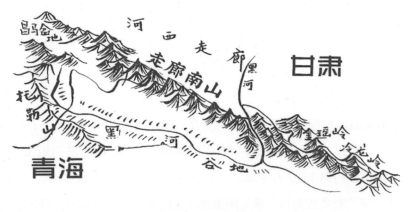

走廊南山位置示意图

二、地质地貌

　　走廊南山是北祁连加里东褶皱带的主要部分，是一条北西西向断块山，北缘深大断裂将山地与走廊分开。这条断裂带西起玉门以西，东与冷龙岭山前大断裂相接。地势西高东低，北陡南缓，阶梯状陡坡发育。北坡陡峻，与河西走廊的相对高差为 3000～3500 米；南坡较平缓，相对高差为 500～1000 米。北坡地貌垂直分带十分明显：海拔 2500 米以下，为山前冲积洪积扇；海拔 2500～3000 米，以流水侵蚀地貌为主；海拔 3500～4500 米，为冰缘作用带，形成巨大岩屑坡；海拔 4500 米以上，普遍发育为现代冰川。在海拔 3500 米以上的山坡，还保留有冰斗、悬谷、刃脊和角峰等古冰川的遗迹，这说明古冰川的规模比现在要大得多。

　　走廊南山是祁连山区发育冰川最多的山脉。在海拔 3500 米以上有大量古冰川遗迹，海拔 4300 米以上分布有现代冰川 771 条，冰川总面积 324.6 平方千米，冰储量约有 11 立方千米之多。冰川末端最低海拔 3860 米，最高海拔 4970 米，平均粒雪线海拔（多年所测冰川表面可见粒雪分布的下限高度的平均值）4300～4850米。最大冰川面积7.02平方千米，长度达5.5千米，是黑河及其支流托勒河、洪水坝河、丰乐河、梨园河等的重要补给水源。北坡雪线高度4500～4700米，以冰水侵蚀切割为主，形成"V"形谷和阶梯状陡坡，与南部的托勒山之间为黑河、八宝河断陷盆地。黑河上源与八宝河在祁连县城西北的黄藏寺会合，使黑河水量大增，切穿走廊南山流入河西走廊。

山体多由火山岩、千枚岩、绿色硬砂岩、紫砂砾岩组成。有煤、铁、铬、锰、石棉、重晶石、沙金等矿藏。

这里属高寒半干旱气候区，植被和土壤的垂直带谱特征明显。海拔4000米以下是以高山柳、金露梅、紫花针茅为主的灌丛和以苔草、蒿草为主的高山草原，还有以青海云杉、圆柏为主的森林。海拔3000米以下是天然牧场。山上主要栖息着雪豹、盘羊、岩羊、雪鸡等高山裸岩动物和甘肃马鹿、蓝马鸡等森林草原动物。

三、"八一"冰川

"八一"冰川位于走廊南山南坡的小沙龙沟垴，祁连野牛沟乡境的洪水坝，是我国第二大内陆河黑河干流河源区的山岳冰川。1958年，中国科学院高山冰雪利用研究队在此地考察，于8月1日发现了这条冰川，因此给它命名为"八一"冰川。该冰川面积2.8平方千米，长2.2千米、平均宽1.4千米，冰储量0.15立方千米，冰面最高海拔4828米，冰舌（冰川前端呈舌状的部分）末端海拔4520米，粒雪线出现在海拔4490米。冰川顶部与末端边缘厚度较小，中间厚度较大，最大厚度120.2米，平均厚度54.2米。

"八一"冰川深居祁连山区腹地，保持着原有的自然状貌。冰川西侧陡立，形成约20米高的冰墙。冰床地貌崎岖不平，冰面西北的冰舌上存在4条明显的小沟，其中南、北两条向下游流出冰川，中间两条在冰川末端附近汇合。冰舌不发育，前端没有冰碛垄堆积物。在海拔4700～4760米的冰川中部，冰面坡度略大于5°，冰面相对平缓，属典型的冰帽形冰川。

第三节 / 托勒山

托勒山位于青海北部，属祁连山脉中段支脉。蒙古语意"有柴禾的山"。又叫木垒山，还有陶莱山、托来山、讨赖山等名称。

一、位置境域

托勒山西起甘肃玉门市的昌马盆地东缘，经肃北东部进入肃南祁青的北部，经二只哈拉达坂进入青海祁连，向东南延伸进入青海门源，最后湮没于青石嘴附近的大通河谷地。山体大致呈西北—东南走向，长达 280 千米、宽 20 千米。该山山势西北段较高，是托勒山的主体部分，海拔 4000～4500 米，为黑河与托勒河的分水岭，最高峰海拔达 5500 米；东南段较低，叫默勒山（也叫俄博山），海拔在 4000 米左右，为黑河与大通河的分水岭，最高峰是阴凹槽黑山，海拔 4849 米。

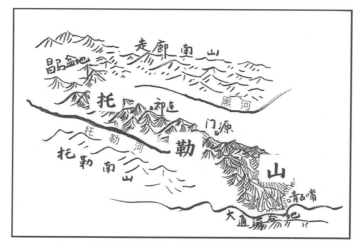

托勒山位置示意图

二、地质地貌

与走廊南山大致相同，托勒山也是由断块升降运动形成的断块山，山体多由火山岩、千枚岩、绿色硬砂岩、砾砂岩组成。构造上属北祁连加里东褶皱带的南翼，褶皱轴线为北西或北西西向，北西西向的大断裂控制着主体山脉的走向。山的东段北坡海拔4000米左右，为山前冲积扇带。海拔

△ 托勒河源头（张胜邦，2017年7月摄）

4800米以上有现代冰川发育；海拔4500米以上为冰侵高山，有古冰斗和古冰碛物；海拔4000～4500米为寒冻剥蚀高山。在海拔4800米以上有现代冰川发育，分布有冰川179条，面积达46.25平方千米，冰储量1.13立方千米，北坡平均粒雪线海拔4510米，冰川末端最高海拔4900米，最低海拔4160米。中国著名的"七一"冰川就位于托勒山西部北坡的镜铁山附近，它是一条完好的冰斗山谷冰川。山体南面的大通河谷地宽10余千米，若干地段形成盆地或覆有黄土的冲积平原，是祁连山地重要的河谷农业区；北大河谷地宽10～20千米，是优良的畜牧业区。该山为黑河与大通河、托勒河（北大河）的分水岭。

三、主要山峰

牛心山 位于祁连县八宝镇，因峰巅形似牛心而得名。是托勒山东段北坡的一座大山，山体主要由花岗岩和花斑岩组成，占地面积约76平方千米。巍峨高耸，傲视群峰，主峰海拔为4667米，与祁连县城的相对高差达1887米。

受大陆性高原气候和海拔高差影响，牛心山形成明显的山地垂直自然带：山顶白雪覆盖，在蓝天的衬托下耀眼夺目；往下从稀疏植被逐渐过渡到灌木丛生，山腰是绿草如茵的优良牧场；下部山坡上麦浪翻滚，油菜花飘香，一派高原农家景象；山脚下是滚滚的八宝河，恰似一条洁白的哈达，环抱着牛心山。

牛心山四周地貌形如裕固族中的"八宝"——吉祥结、妙莲、宝伞、宝瓶、河螺、金轮、胜利幡和金鱼，因而此山在裕固语中又有"乃曼额尔德尼"之名，意为"八宝山"。加上藏传佛教（喇嘛教）美丽传说的渲染，这座山成了众多信仰藏传佛教的人们敬奉的神山，有"众山之神""镇山之山"之称，藏语称之为"阿咪东索"。

第四节 / 托勒南山

托勒南山是祁连山区中段支脉之一，因居于托勒河之南而得名，又有巴索拉岭、陶莱南山、托来南山、讨赖南山等名称。

一、位置境域

山体呈西北—东南走向展布于甘肃与青海之间，西北起于甘肃肃北与青海德令哈北部、天峻东北部、祁连西南部，以疏勒河与大雪山分界，东南以萨拉河上游与默勒山分界，止于五河之源的岗格尔肖合力雪山。山体长 250 千米，西段是青甘两省的界山，东段全部在青海省境内。在青海境内长 200 千米，宽 20～25 千米，山峰海拔一般在 4500～5000 米之间。最高峰吾德额钦，海拔 5294 米。

托勒南山位置示意图

↖ 托勒南山—夏格尔雪山（张胜邦，2016年10月摄）

二、地质地貌

托勒南山大地构造属中祁连隆起带，有许多呈北西西向及北西向的深大断裂。为疏勒河、大通河和托勒河的主要水源补给区，也是疏勒河与托勒河的分水岭。这里海拔超过4500米的山峰多积雪，发育有现代冰川257条，面积达100.86平方千米，冰储量3.09立方千米。北坡平均粒雪线海拔4648米，冰川末端最高海拔5000米，最低海拔4120米。山脉南坡的冰川融水注入疏勒河和大通河，北坡的则注入托勒河。在冰川、流水、冻融等自然营力的作用下，形成了裸岩、陡崖和沟谷等景观，为白唇鹿、野牦牛、藏野驴、岩羊、雪豹、雪鸡等野生动物提供了良好的隐蔽场所。

第五节 / 疏勒南山

　　疏勒南山是祁连山脉中最高的一条支脉，因居于疏勒河上游谷地之南，故名。又名苏日泰。藏语意为"雄鹰展翅"，传说格萨尔王北征至此，一只神鹰翅膀被击落，化为冰峰；蒙古语意为"地势险峻、多瘴气之高山"。

一、位置境域

　　疏勒南山呈西北—东南走向，平均海拔 4000 ～ 5000 米。跨越甘肃、青海两省，东起青海省天峻县境内的苏里漫滩，向西延伸，经德令哈至党河支流尧勒特沟附近出青海，进入甘肃肃北境内，止于野马河与党河的汇合口，总长约530 千米，宽 30 ～ 50 千米。自西向东可分为野马南山、疏勒南山（狭义）和沙果林那穆吉木岭三段。

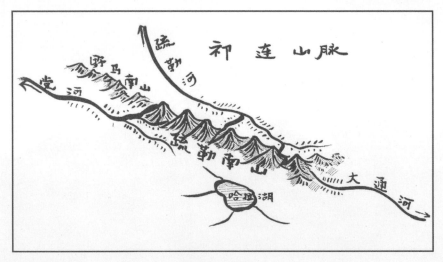

△　疏勒南山位置示意图

西段的野马南山分布在甘肃省境内，长约180千米，平均海拔4200米，雪线高度4260～5200米。中段疏勒南山（狭义）是祁连山区隆起的最高地段，山脊长约285千米，一般海拔4500～5500米，雪线高度4600～5520米，主峰岗则吾结是祁连山区的最高峰，海拔达5808米。东段的沙果林那穆吉木岭长65千米、宽15～30千米，平均海拔4000～4500米，最高峰是位于东端的岗格尔肖合力雪山，海拔5291米。其他高峰有崩坤达坂山（4996米）、嘎巴莫乍当日更（4886米）、曼滩日更（5020米）等，为疏勒河、党河、布哈河和哈拉湖北岸水系分水岭。与疏勒河谷地高差1800米，与哈拉湖岸高差1600米。

二、地质特征

该区在大地构造上处于南祁连地槽褶皱带，区内主要出露三叠纪海相地层，由一套干热氧化环境下形成的滨海相碎屑岩沉积组成。岩性为浅灰、紫红色砾

疏勒南山（张胜邦，2016年10月摄）

岩、含砂砾岩、粉砂岩和少量灰岩透镜体。区域地层走向为北西西—南东东向。

三、自然资源

该区域自然风光独特，旅游资源丰富，拥有一座座各有奇姿、各具妙色的山峰，嶙峋叠嶂。有的插入云端，有的逶迤绵延。岗格尔肖合力皑白、尕巴玛尔当日岗丹红、硫磺山淡黄、曼塘日根靛青、岗则吾结山碧绿，它们各显异色，五彩缤纷。由于风雨和阳光的作用，有的像少女藏装，腰束红黄绿紫彩带，分外窈窕；有的像盘山公路，同一色砾石铺成，神奇莫测。

疏勒南山是祁连山区中现代冰川广泛发育并分布最集中的一条支脉，尤其是中、东段海拔4800米以上冰蚀地貌广布，主要有冰斗、角峰、刀脊和冰川槽谷等。这里分布有冰川494条（数量仅次于走廊南山），冰川面积557.5平方千米，冰储量32.9立方千米，冰川最高海拔5240米，最低海拔4280米。其中仅北坡就有冰川359条，面积417.79平方千米。中段面积超过10平方千米的冰川有8条，平均冰川面积1.13平方千米。北麓融水主要汇入疏勒河上源，南麓融水则汇入党河、大通河和布哈河上源。因此，这里又成为大通河等外河流，党河、疏勒河等内流河的重要分水岭。

四、主要山峰

1. 岗则吾结

岗则吾结在青海省海西州天峻县哈拉湖北侧，位于西宁市西北500千米，格尔木市东北300余千米。该山峰地处疏勒南山东南段38°30′N与97°43′E处，又称宰吾结勒、疏勒蒙克、团结峰，藏语意为"八峰雪山"。岗则吾结是由数个相对高差不大的山峰聚合组成的一块状山体，故而得名"团结峰"。它属疏勒南山的主峰之一，是祁连山区的最高峰，又是疏勒河上游谷地与哈拉湖盆地两内流水系分水岭的最高点，海拔为5827米（或5808米）。

︻ 岗则吾结（张胜邦，2016年8月摄）

　　雪线高达 4400 米以上。南、北两坡冰川末端的高度差异较小，其中南坡 11 条山谷冰川末端的平均海拔为 4604 米，北坡 15 条山谷冰川末端的平均海拔为 4495 米。南坡冰川规模较北坡大，冰蚀地貌发育，角峰、"U"形谷、刃脊等广泛分布，发育有中国最长的溢出山谷冰川——岗纳楼冰川，最大长度 8.4 千米，面积 14.81 平方千米，冰储量 1.48 立方千米；北坡发育有疏勒南山最大的冰川——无名河 8 号冰川，面积 19.05 平方千米，冰储量 2.1 立方千米。冰雪融水成为托勒河、大通河、疏勒河等河的主要补给水源。

2. 岗格尔肖合力雪山

岗格尔肖合力雪山也称纳嘎尔当，位于天峻县木里与苏里两地接壤处，托勒山、托勒南山、疏勒南山、大通山在此附近交会。它是疏勒南山东段的最高山峰，主峰海拔为 5291 米，一般海拔在 4050 米以上。山上常年冰雪覆盖，雪线下的基岩以震旦纪的结晶灰岩、砂岩夹石英岩为主。这里发育有亚大陆型冰川 34 条，冰川面积 53.89 平方千米。丰富的冰川融水为河流发育提供了基础。

岗格尔肖合力雪山是著名的"五河之源"，即布哈河、大通河、疏勒河、黑河和托勒河的发源地。发源于这座雪山南侧的希格尔曲和盐坎曲汇合后汇入布哈河，向南流至快尔玛山下，折向东注入青海湖；发源于东侧的冰雪融水汇入木里河，向东流经木里注入大通河；发源于西侧的苏里河，向西流经苏里汇入疏勒河；发源于北侧的拉萨尔河，向西北流经野牛沟乡境注入黑河。该雪山西中段的宰力木克雪山南侧是托勒河的源头。每当进入暖季，冰雪消融，众多河流自雪山中涌流奔腾而下，在山麓处形成大片的高山沼泽湿地。雪山下还分布着许多宽大的乱石河床，也有许多形态奇异的屑岩、砂岩地貌。

岗格尔肖合力雪山是环青海湖 13 座名山之一，历史上保留着许多关于该山的记述。汉代它是羌人的神山，叫"羌日母枯"；唐代吐蕃时期，它是藏地北方六岭中的乘达岭；在《甘肃通志稿》《佛图西域志》中也有阿木你厄枯山（意为"紫山"）、辰达山等称谓。

第六节 / 哈尔科山

哈尔科山为祁连山脉中段支脉。蒙古语意为"黑山脊"，因山体呈黑色而得名。位于柴达木盆地北部，位于阿让郭勒河与哈拉湖之间，西北—东南走向，长80千米。主峰海拔5139米，由石灰岩、砂岩组成断块山。山体南北两侧不对称：北坡陡，冰雪融水注入哈拉湖；南坡多泉眼，为巴音郭勒河主要水源地，牧草繁茂，有优良的天然草场。东部和南部由于水系切割，脉络不甚清楚。山峰海拔在5000米左右，最高峰位于西部，海拔5139米。

巴音是蒙古语，意为"富饶之河"。巴音郭勒河发源于哈尔科山南坡，流经泽令沟、尕海、戈壁等地，最终注入可鲁克湖，全程300余千米，流域总面积为17608平方千米，占德令哈市总面积的54%，被称为德令哈市的母亲河。

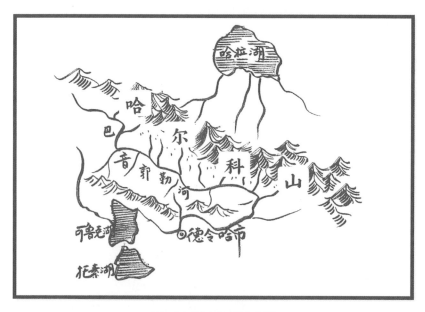

哈尔科山位置示意图

第七节 / 大通山

大通山是祁连山脉东段支脉。山岭奇特，景色旖旎，这里有青海最优质的天然牧场，有世界唯一的国有牦牛育种基地。

一、位置境域

大通山位于海北州海晏县东北部，布哈河和大通河之间，地跨祁连、门源和大通。西在布哈河和大通河源头地带与疏勒南山相接，东以北川河、大通河支流萨拉沟一线与达坂山相接，全长约 300 千米，宽 20 ~ 60 千米，平均海拔3000 ~ 3500 米，最高峰桑斯扎峰海拔 4755 米。峻河、吉尔孟河、沙柳河、哈尔盖河等发源于该山南麓，注入青海湖。大通山是青海湖内陆水系与大通河的分水岭。

⊾ 大通山位置示意图

二、地质地貌

大通山平面呈西北—东南走向的枣核形。山岭西北高、东南低，主峰在北部，靠近大通河，脉络尚存，山峰一般在海拔 4000 ～ 4500 米。南部由于青海湖水系和湟水切割（湟水从大通山南麓的牛心寨东流而过），山岭低缓破碎，脉络不清，峰顶海拔一般在 4000 米左右。

大通山是北西西到北西向背斜褶皱带，由古老的震旦亚界海相砂质碎屑岩和碳酸岩组成。西北部为中高山，海拔 4000 米以上以冰缘地貌为主，坡陡谷深，岩石裸露，有冰川分布；海拔 3600 ～ 4000 米地段地势较平缓，沟谷开阔，"V"形谷发育，牧草生长良好；海拔 3000 ～ 3600 米地段以湖积、洪积、冲积平原为主，间有丘陵分布，均为优质天然牧场。煤储量丰富。

第八节／日月山

日月山，藏语称"尼玛达娃"，蒙古语称"纳喇萨喇"，都是太阳和月亮的意思。山顶部由第三纪紫色砂岩组成而呈红色，故古时被称为"赤岭"。日月山历来是去青海西部和西藏的咽喉要道，也是民族团结的象征。

一、位置境域

日月山位于青海湖东侧，湟源县西南40千米，为祁连山支脉（祁连山脉的一个分支），西北一东南走向，长90千米，宽10～20千米，平均海拔4000米左右，最高峰阿勒大湾山，海拔4877米。青藏公路通过的日月山口海拔为3520米，是青海湖东部的天然水坝。《清史稿》中将其列为青海环湖十三名山之一。

▷ 日月山位置示意图

日月山不仅有恢宏的历史意义，还有非常重大的地理意义。它是中国自然地理上的一条非常重要的分界线，是中国外流区域与内流区域、季风区与非季风区、黄土高原与青藏高原的分界线，也是青海省内农业区与牧业区的分界线。日月山历来被称为"草原门户""西海屏风"。登山举目远眺，山

日月亭（张胜邦，2010年7月摄）

的东西两侧有着截然不同的地理景观：山东是"麦浪滚滚菜花香""烟雨飘摇柳枝新"，山清水秀，柳暗花明，人烟稠密，田园似锦；山西则是"风吹草低见牛羊""玉鳞纷飞草叶落"的大草原。故有"过了日月山，又是一重天"之说。随着西部地区的开发和牧区的建设，工农业的地区分布逐渐向西推进，这条地理分界线的实际意义也在改变着。

二、气候特征

日月山虽然地处大西北，气候却相对比较平稳，尤其盛夏气候凉爽，是天然的避暑胜地，5—9月是最佳旅游时间。年总辐射在600千焦/平方厘米以上，年日照时数大于2600小时；年平均温度为-0.4～0.8℃，最热月（7月）平均气温11.6℃，最冷月（1月）平均气温低至-12.3℃；夏季暖凉，冬季寒冷，日温差较大，可达25℃以上；年降水量300～350毫米，全年降雨量的75%以上集中在植物生长期内，多雷雨、暴雨及冰雹，年蒸发量在1500毫米以上；四季多风，年大风日数在50～55天，每年春季有沙尘暴天气。

三、神话传说

传说一：唐贞观十五年（641）正月，一支庞大的送亲队伍护送着一位美丽的公主走过日月山口，日月山便从此守望着无尽的苍凉和沉甸甸的传说。唐代以前的日月山叫作赤岭，远看如喷火，近看如染血，因远望高山"土石皆赤，赤地无毛"而得名。这座海拔仅 3200 米的小山，在群山巍峨的青藏高原上，因其太小而不值一提。它在群山环绕中透出一个隘口，让骑马行走的民族便利地穿越青藏高原，成为中原通向西南地区和西域等地的重要隘口，成为历史上有名的"交马赤岭"，中原和吐蕃封建王国的使者必须在此换乘对方的马方可踏入异域土地。穿越青海远嫁西藏，从古都长安出发的文成公主必然要沿着这条祖先拓展的古道，走向遥远的西部，让守望高原的日月山，迎来这铭心刻骨的历史感动。"过了日月山，两眼泪不干"。就像"劝君更尽一杯酒，西出阳关无故人"的阳关，就像"一去一万里，千知千不还"的天涯海角，漫漫的远嫁之路，

⊾ 日月山（一）（张胜邦，2006年6月摄）

⟍ 日月山（二）（张胜邦，2006年6月摄）

必然要有这么一处分手告别的苍凉之地。

　　传说二：唐朝时，藏王向唐王攀亲戚。藏王听说唐王有个女儿又俊秀又贤良，便派了个能干的使臣前来求亲。使臣来到长安见了唐王，献上礼物，说明来意。唐王不好当面推辞，想出一计要为难一下藏王的使者。他拿出一件宝贝，这宝贝是金子做成的，里面有千百个孔眼，每个孔眼都能穿通。唐王限使臣在三天内用线穿过每个孔眼，方许公主入藏，否则就不答应亲事。使臣把宝贝拿到住处，却无计可施。转眼到了第三日，他在花园中闷闷不乐。在散步时，他忽然看见一窝蚂蚁在树眼孔里出出进进，猛然心生一计，捉了几只蚂蚁，在蚂蚁腰上拴上线，放在宝贝孔眼里，不一会每个孔眼里都穿上了线。使臣拿上宝贝去见唐王。唐王无话可说，只得答应了亲事。择定吉日将要起身，使臣见了文成公主说："公主进藏时，不要带金银，我们藏里的金银多得像中原的石头一样。从河里捞上两个石头，做成太阳和月亮留个纪念。公主到藏以后，想起故乡、亲人的时候，看见中原的石头，好像亲人在身边，故乡就在眼前。"公主听了觉得有理，就点头答应。唐王在送行前赐给公主金银财宝，公主不要。唐王问公主想要啥宝贝？公主道："我要用黄河里的青石头做成的太阳和月亮。"唐王为了满足公主的意愿，派了水手从黄河里捞出了两块青石头，做成太阳和月亮。公主进藏时将其驮在骆驼上。一日来到青海地界，走到一座山上，使臣忽然对公主说："唐王对公主没有疼爱的心，当初我试了一下唐王的心，放着国库里那么多的金银不舍，用了两块石头打发公主，这太小气了。石头既不能吃，又不能穿。我藏里石头多得是。"

公主听了后暗暗伤心：你堂堂唐王给我两块石头，要是藏王见了岂不笑话？想到这里，公主使仆人把石头抛到路旁。再说唐王把公主嫁出去后又后悔了，认为驾前文不缺，武不少，不能便宜把公主送给藏王。唐王就派了几千精兵去追回公主。追兵到了公主经过的这座山，正是日出月落的时候，看见抛在路边的两块石头在闪闪发光，如同日月。而公主一行已不见踪迹。追兵只好空手而回。从此就将这山叫作日月山。

隋唐时，日月山是唐蕃的分界岭、边防重地，并设立茶马互市，赤岭（日月山）遂成为唐蕃道上的重要边防关隘和贸易集市，也成为中央政府与兄弟民族友好联系的桥梁。今日的青藏公路即沿唐蕃古道通过日月山。山口公路旁竖立着一块石碑，上书"日月山"三字。近年由于慕名前往观赏日月山胜景的中外游人日益增多，同时为了纪念文成公主为汉藏人民世代友好做出的贡献，青海省有关部门在这里增设了旅游点，为观光者提供方便，并拨专款建造了日月亭。日月亭设计采用唐代建筑风格，亭呈八角形，高10.5米，总建筑面积为181平方米。砖木结构，花岗岩亭座，琉璃瓦屋面，五彩木制飞檐、斗拱，亭顶为代表太阳、月亮的铜球。亭的内壁，由热贡艺术家彩绘壁画，再现文成公主和亲进藏的故事。还陈列唐代有关文物——唐蕃赤岭分界碑基座，以展示日月山在历史上的政治地位。青海省政府在日亭内竖起了一块"文成公主进藏纪念碑"，记述了这一段汉藏和亲的历史佳话，高度评价了汉藏人民团结友好、亲如一家、开创和谐局面的重大历史意义。2001年在日月山口竖起了汉白玉文成公主雕像。现在，日月山被开发为西部旅游景区，成为西部"大美青海"旅游线路上一个闪光的亮点。

第九节 / 青海南山

青海南山因位于青海湖之南而得名，是祁连山脉中段最南的支脉，呈西北—东南走向。藏语称"赛尔钦日吉"，意为"金色的大山"；蒙古语称"库库诺尔岭"，意为"蓝色湖的岭"。《清史稿》中将其列为青海环湖十三名山之一。

一、位置境域

青海南山主体在共和县内。西北起于天峻县布哈河南岸，东南至倒淌河与拉脊山分界。山体呈西北—东南走向，长 350 千米，东西窄，中间宽，最宽处的乌兰北山达 45 千米左右，最高峰海拔 4700 米。西段包括橡皮山及其以西的茶卡北山，天峻山海拔为 4300 ~ 4500 米，最高为 4700 米（茶卡北山）。橡皮山以东山脊高度在 4000 米左右（仅有一段为 3600 ~ 3800 米）。青海南山是青

◣ 青海南山位置示意图

海湖与茶卡盆地的分水岭，也是青海湖盆地与共和盆地的界山。

二、地貌特征

　　青海南山山体由砂岩、灰岩、变质岩和花岗岩组成，山势陡峭，剥蚀强烈。山体南北两翼明显不对称，南坡长，高差大，自山麓至黄河滨有十多级阶地，并发育宽度 3～5 千米的山麓洪积倾斜平原，属中起伏山地。山坡南陡北缓：南坡山体破碎，沟谷深切，广遭剥蚀；北坡有宽谷和"V"形谷，坡面与谷底有以草类为主的植被覆盖，且有较多的山地柳等灌木林。西段为菜济西山、橡皮山，是青海湖区与柴达木盆地的分水岭。中段为塔温山、哈图山、伦保塞日钦山，将青海湖区和共和盆地分开。西段及中段山势陡峭，多裸岩、峭壁、孤石、冰斗、角峰，冰蚀槽谷也较发育，最高点千卜录山海拔 4660 米，呈高山草甸草原、高山灌丛、高山草原地貌。东段为加拉山、瓦里关山，与野牛山共同组成青海湖区与贵德盆地的分水岭，山体较平缓。瓦里关山最高点海拔 3816 米，多冲沟，呈山地半干旱草原地貌。生长有高山柳、箭叶锦鸡儿、金露梅等涵养水源灌丛林。黑马河、沙珠玉河、恰卜恰河等河流发源于此。有猞猁、麝、鹿等野生动物和大黄、雪莲等药用植物，并有大理石、铁等矿藏。

三、地质特征

1. 地层

　　（1）石炭系分布于乌水河上游，青海南山主脊及什多龙附近，为一套浅变质的浅海相碎屑岩沉积建造，局部变质较深。

　　（2）海相二叠系较广泛地发育在下古生界基底之上。

　　（3）海相三叠系北邻陆相三叠系，南界在青海南山北麓，洛门河—青海湖边附近。

　　（4）未分三叠系主要分布在青海南山南麓—中吾农山，呈北西西方向展布。

（5）白垩系以暗红色粗碎屑岩为主，夹少量杂色粉砂岩、泥岩及石膏，厚度在 200～1000 米。以山麓相沉积为主，局部为湖相沉积。

2. 侵入岩

青海南山的侵入岩属于印支期侵入岩。华力西期侵入岩分布在橡皮山西，以中细粒花岗岩为主，其次为石英闪长岩、细粒闪长岩、中粗粒花岗闪长岩及中细粒黑云母花岗岩。

青海南山属于松潘—甘孜褶皱系的二级构造单元——青海南山冒地槽带，因受到先成的南祁连冒地槽带与柴达木准地台带的双重制约，构造方面表现为北西西向—北西向；南部的东西向构造则明显反映其对柴达木南缘构造线方向的继承，即受到基底的控制，是热液沿断裂活动的结果。

◹ 青海南山（张胜邦，2019年7月摄）

四、土壤

高山寒漠土　分布在青海南山现代冰川前缘的极高分水岭、山脊、山峰或古冰碛平台上，阳坡海拔在 4300 ～ 4700 米以上，阴坡海拔在 3900 ～ 4400 米以上。

高山草甸土　分布于海拔 3600 ～ 5000 米之间，是分布最广、牧业经济价值最高的草场土壤之一。

原始高山草甸土　分布在砾石带下部，与高山寒漠土相接，海拔在 4300 ～ 5000 米之间，阴坡稍低于阳坡，是高山草甸土类中分布部位最高、热量条件最差的一种土壤。

碳酸盐高山草甸土　主要分布在原始高山草甸土以下的高山阳坡和开阔地带，海拔在 3600 ～ 4700 米之间，多与高山草甸土、高山灌丛草甸土成为复合区。植被以蒿草、薹草为主，覆盖度 50% ～ 80%。

高山草甸土（土属）　分布在青海南山中部，上接原始高山草甸土，海拔在 3600 ～ 4300 米之间，最高处可达 4900 米。

高山草原土（亚类）　主要分布在青海南山的南麓坡地和滩地处，海拔 3500 ～ 4300 米。

五、动物资源

白唇鹿　是青藏高原特有种，主要分布在祁连县以西，在青海南山海拔 4100 米的山谷也有发现。哺乳纲，鹿科。体长约 2 米，肩高约 1.3 米。耳长而尖，体暗褐色，带有淡色的小斑点。夏毛近黄褐色，吻端两侧和下唇纯白色，故名。臀部有明显的淡黄色斑块。雄的有扁平的角，分四五杈。一般栖息于高山的树林和灌木带，喜群居，常作远距离迁移。主食草类，亦食树芽等。白唇鹿是中国特产的珍贵动物，茸、角、皮和肉均可利用。

马鹿　主要分布在青海南山的橡皮山和扎卡山谷地灌丛草甸地带，其种群数量较白唇鹿多。亦称赤鹿，哺乳纲，鹿科。体长可达 1.8 米，肩高约 1.5 米，一般体重 230～250 千克。雌鹿较小，雄鹿有角，最多的有 8 杈，第一、二杈很接近。夏毛赤褐色，冬毛灰褐色。有迁徙现象，夏季上山，冬季下山至平原密林中，常群居。5—6 月生殖，每胎一仔。

马鹿肉食后益气力、强五脏，补虚弱干瘦、美容养颜。其茸、角、骨、肾、血、髓等均可入药。鹿茸为马鹿尚未骨化的幼角，性温、味甘咸，功能补精髓、助肾阳、强筋骨，主治阳痿、遗精、腰膝痿弱等症。鹿茸含激素样物质及骨质、胶质、蛋白质、钙、磷、镁等成分。鹿髓可填骨髓、壮筋骨、补阴强阳、生津益髓、润燥、养肌。鹿血主治虚损、益精血、止腰痛。

岩羊　分布在青海南山的裸岩地区，其分布面积、种群等为有蹄类动物之首。亦称崖羊，哺乳纲，牛科。体长约 1.2 米。头长而狭，耳短小。角粗大，先向上，再向两侧分开，最后指向后方，角内侧有一纵嵴。冬体毛背呈土黄褐色，两颊和腹面白色。行动敏捷，善跳跃，早、晚下山。岩羊肉可食，皮毛可做褥或制革。1988 年 8 月和 1989 年 5 月调查见到 6 群，约 100 只，以 10～14 只集群居多，最大群有 30 只。岩羊栖息的海拔高，活动范围大，其行动敏捷，难以受到人为的危害，种群有所恢复。

旱獭　属于啮齿目松鼠科，别称土拨鼠。平均体重为 4.5 千克，最大可长至 6.5 千克，身长约为 56 厘米。分布于青海南山的沟谷山地草原带，数量较少。旱獭是草原上的经济动物，对草原有一定的危害，但其皮毛有一定的经济价值，因而常遭到人们的猎捕。旱獭最迷人的地方，莫过于那条可爱的尾巴和短短胖胖的手脚了。它的嘴巴前排有一对长长的门牙，呆呆傻傻的模样相当地讨人喜欢。旱獭生性机警，嘴部前方上下各有两只牙齿（门齿），主要用来切断食物。前齿生长速度很快，因此旱獭必须经常咀嚼纤维质高的食物，否则会发生因为前齿生长过长而无法进食的情况。

雪鸡　分布在青海南山西南部山地的一种雉鸡类，在局部地区数量较多。

雪鸡共有5种，是世界上分布最高的雉类，一般分布在3000～6000米，直至雪线以上。中国的两种雪鸡在夏季可到达海拔8000米的山地，能终年留居山顶，冬季向林带上限或山谷游荡，利用有蹄类的脚印寻觅食物。食性以植物性为主，兼食少量昆虫。巢很隐蔽，置于裸岩裂缝的草丛中，很简陋，呈盘状，内铺干草、苔藓、兽毛和自身腹羽。6月中旬开始产卵，4～7只，每1～2天产一卵，10～15天产齐，产齐后才开始孵卵。孵卵过程全由雌鸟承担，孵化期27天。刚孵出的雏鸟体重45～47克，全身被以沙黄褐色绒。据称藏雪鸡肉味鲜美，肉、羽毛入药，在分布区被猎杀的现象比较严重。此属分布于亚洲中部和南部的高山地带，从高加索、土耳其向东至俄蒙边界，以及中国的新疆、西藏、青海、甘肃和四川西部。

六、植物资源

青海南山的高寒灌丛以耐寒中生或旱中生落叶阔叶灌木组成。优势种有毛枝山居柳、鬼箭锦鸡儿、金露梅等，分布于山地阴坡及沟谷地带，呈块状分布，海拔3350～3800米，呈现地段、地形和海拔变化特征。群落比例不同，覆盖度为75%～95%。阳坡还生长有祁连圆柏，这是中更新世晚期温湿针叶林的残遗物种。草本植物有嵩草、高山蒿草、黑褐薹草、珠芽蓼、高山唐嵩草等。

七、水资源

黑马河，位于共和县黑马河乡境内，发源于青海南山的主要支脉橡皮山亚勒岗，流长16.9千米，流域面积113平方千米，比降4.55%，年平均流量0.45立方米/秒。

八、宗教文化

青海南山所处地区以藏族为主体民族，主要居住在高海拔的草原和山地。

大部分藏族群众以牧业为主，少量的藏族以农为主或以商为主。

藏族有自己的语言文字。藏语属汉藏语系藏缅语族藏语支，按地区分为卫藏、康、安多三种方言。青海南山所处地区的藏族群众使用的是安多方言。卫藏方言和康方言都有声调，安多方言没有声调。藏文属拼音文字，7世纪前期参照梵文字体创制而成。藏文共有30个辅音字母和4个元音字母，从左向右横行书写，字体分为楷体和草体两种，通行于整个藏族地区。青海南山所处地区的藏族群众和其他藏族一样，早期信仰苯教，现在大都信仰藏传佛教。

藏族经济以高原畜牧业和高原农业为主，牲畜与农作物主要有绵羊、山羊、牦牛和青稞、小麦等。藏族的传统主食与饮料是糌粑、酥油茶和青稞酒，牧区还包括肉食和奶制品。藏族服饰以右开襟长袍为主，宽松肥大，袍、帽、靴等均多用皮毛或用毛织的氆氇制成；藏族女子的头饰更为讲究。过去，牧民居住在用牦牛毛织成的大帐篷里，农民则居住在用夯土筑墙盖成的平顶房内。藏区过去的陆路交通主要依靠牦牛和马匹，水上交通工具是牛皮船、羊皮船和木船。桥梁有铁索桥、溜索桥和简易的木桥。

各地藏族的婚俗不尽相同，一般都要请活佛打卦求签，选定结婚吉日。而藏族的丧葬习俗则比较特别，以天葬为主，还有塔葬和水葬等。

藏族节日丰富多彩，既有生产性、纪念性节日，也有社交、游乐性节日。另外，还有很多宗教性节日。其中，藏历年和春节最为著名。

藏族人民能歌善舞，藏戏、唐卡画、雕塑和建造艺术也十分发达。历代优秀的民间画师和工匠创造了无数精湛的艺术作品。壁画上的人物形象丰满，色彩鲜明，栩栩如生；寺院里雕塑惟妙惟肖，神态各异；喇嘛僧人用酥油制成的酥油花，色彩绚丽，造型精巧。

藏族文学丰富多彩，包括作家文学和民间文学，在数量上居中国少数民族前列。《格萨尔王传》是民间说唱体英雄史诗，它是已知世界上最长的说唱史诗；藏族文学经典《仓央嘉措情歌》也已享誉世界。另外，藏族传统医学和天文学也很发达。

九、民俗旅游与旅游开发现状

　　青海南山是中国著名山脉之一，位于青海湖南岸偏西，是青海湖景区的组成部分，如同一面巨大的绿色屏障，守护着青海湖，但往往很容易被游客忽略。其实，在青海湖南岸和西岸大部分区域都可以见到它逶迤的身影。站在青海南山顶，可以俯瞰青海湖全景，并可以领略夏季牧场地风光。可能由于封山育林的原因，青海南山没有开发任何旅游景点，但在其周围有很多著名的旅游观光项目，如青海湖、日月山、倒淌河和龙羊峡水电站等。

第十节 / 其余诸山

　　环湖区主要包括海北州祁连县、刚察县、海晏县，海南州共和县、兴海县、同德县、贵南县，海西州天峻县。该区域主要山脉除前文所述，其余诸山以县级行政区域为单位简述如下。

一、宗务隆山

　　宗务隆山是绵亘在柴达木盆地北缘的一条近东西向的高山，属祁连山脉中

段支脉。蒙古语意为"左面的山"，因地处德令哈盆地左侧而得名。近东西走向，西起巴力沟，东至科克布拉克东尼合垭豁与青海南山相接。长220千米，宽20～30千米。自西向东由科克希里山（海拔4470米）、哈尔科山

∟　宗务隆山位置示意图

∠　宗务隆山（张胜邦，2009年10月摄）

（海拔 4549 米）、乌托果依山（海拔 4747 米）、巴音山（海拔 5030 米）、宗务隆山（海拔 4691 米）、拜勒奇尔山（海拔 5102 米）组成。主峰为巴音山。山体由中侏罗系砂岩、砾岩、灰岩等组成，平均海拔 4000 米。海拔 4500 米以上常年积雪覆盖，海拔 4000 米以下生长有圆柏和灌木林。冰雪融水、泉水为巴音河、巴勒郭勒河主要水源。有野牦牛、白唇鹿、岩羊等野生动物和煤、石灰岩等矿藏。

二、卓尔山

祁连山支脉走廊南山耸立于县境西北，托勒山横贯县境中部，托勒南山、大通山横亘于县南，四条山脉构成祁连县多山地貌。

卓尔山坐落于祁连县八宝镇八宝河北岸，依连绵起伏的冷龙岭，南望牛心山，东部为拉洞峡，西部为白杨沟。山体由大致呈水平状态的红色砂岩、砾岩

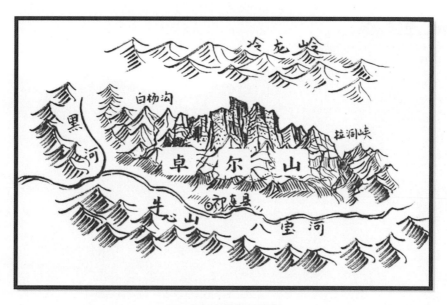

卓尔山位置示意图

与泥岩交替组成，平均海拔 2930 米。山顶平缓，崖面陡峭，属于典型的丹霞地貌。由于山体中不同岩石抗风化能力的差异，崖面在长期的侵蚀、剥蚀作用下，形成水平层状和程度不同的凹陷，塑造出窗棂状丹霞地貌。同时，泥岩在水的淋溶作用下逐渐下垂，形成泥柱、泥挂、泥幕和泥钟乳，又塑造出泥乳状丹霞地貌。

卓尔山在藏语中称为"宗穆玛釉玛"，意为"美丽的红润皇后"。相传宗龙界公主穆玛釉玛冲破天规，嫁给心爱的山神阿咪东索（牛心山）为妃，变成一座石山伫立在八宝河边，与对岸的阿咪东索终身相伴，共同护佑着祁连的秀美山川。

三、刚察县境内诸山

刚察县境内山脉多为北西走向。县境内高山、丘陵、平原大致呈北、中、南排列：北部为大通山地段，中部丘陵，南部为平原地带。大通山横贯县境北部，以桑斯扎山与赞宝化秀山脊将全县东西向分成两大区域：北部是黄河流域的湟水水系外流区，南部是青海湖环湖内陆水系的内流区。县境内地貌可分为两个大的地貌类型，即山岳地貌和丘陵地貌。

山岳地貌主要由角峰状高山、苔原状中高山、浑圆状中低山地貌单元组成，约占全县总面积的55.4%。角峰状高山以古冰川作用的剥蚀构造地形为主，分布着冰斗、幽谷、角峰、鳍脊等冰川遗迹，海拔 4000 米以上，最高峰 4775 米，相对高差大于 1000 米。坡谷陡峻，石海遍布，角峰鼎立，刃脊相连，冰斗罗列，冰川岩宽大平直，构成群峰叠嶂、巍峨起伏、耸立挺拔、雄伟壮观的齿脊状高山。高山区岩石裸露，植被稀疏，呈冻漠边缘地貌景观。由于气候高寒，部分山岭经常终年积雪。苔原状中高山以古准平原剥蚀构造的平坦中山地形为主，海拔3800～4000米，相对高差800米左右，冰斗、冰槽谷等冰蚀地形尚存，只在边坡有沟岩切割，山脊平坦，波状起伏，沟壑开阔，地形平缓，水流瘀滞，坡度5°～15°，广泛地发育着高山冻土沼泽类植被，呈现出一派荒漠苔原景观。浑圆状中低山以侵蚀构造的分割参差的低山丘陵地形为主，海拔3500～3800米，相对高差300～600米，流水侵蚀和物理风化作用较强，山顶浑圆，坡度较缓，一般小于20°，植被发育，牧草丛生。县境有侵蚀网5～8条，总长度4～5千米，沟谷多为"V"形。

丘陵地貌主要由梁状丘陵、破碎丘陵、倾斜台地等地貌单元组成，多分布在县境中部地区，海拔3250～3600米，约占全县总面积的12.6%。梁状丘陵以剥蚀作用为主，形成梁沟相间且平行展布的低山丘陵，冲沟多为"V"形谷，单位面积上沟谷可达18条，长度4～5千米，侵蚀、剥蚀严重，岩石裸露。海拔3300～3600米，相对高差100～300米，山脊平坦，山顶浑圆，植被发育良好。破碎丘陵以侵蚀、剥蚀阶地为主，海拔3300～3500米，相对高差100～250米，侵蚀剥蚀严重，单位面积上沟谷5～8条，长度2.5～3.5千米。倾斜台地以湖蚀高阶地构成山麓面或台地，海拔3250～3300米，相对高差50～100米，坡度1°～3°，向青海湖倾斜。县境湖盆西缘的黑山斜坡阶地有3～5级，拔湖高度分别为50、75、100、150、175米。台地陡坡上发育有大小不等的潮蚀洞穴，海心山顶面以下有三级侵蚀地，沙陀寺等处也有着不同时代基岩组成的湖成侵蚀阶地。台地台面宽1～2.5千米，单位面积上侵蚀网1～2条，长1.2千米，植被发育良好。

四、海晏县境内诸山

海晏县位于青海湖盆地的东北部，祁连山脉大通山脉的西南侧。总的地势由东北向西南倾斜。东北部高山连绵，西南低缓。海拔3500米以上山地约占全境的45%，最高的扎勒根山海拔4583米。境内主要山峰概况如表3.1所示。

表 3.1 海晏县境内诸山

名 称	概 况
将军山	位于银滩乡政府所在地西南8千米，南为湟源县张家垴，北为银滩乡所辖。山体东西走向，主峰海拔3953米
叶克敖包	蒙古语，意为"大堆子"。位于克图火车站东南9千米，南为共和县敖包沟，北为大水塘，属银滩乡。山体东西走向，主峰海拔3766米
扎勒根	藏语，意为"雄伟高大的山"。位于海晏县城西北60千米，北为祁连县，南为青海湖乡所辖。山体东南—西北走向，主峰海拔4583米，是县境内最高的山峰
红垭豁山	位于海晏县城北60千米，东北为大通县，西北为祁连县，南为青海湖乡、托勒乡所辖。山体西北—东南走向，主峰4475米
徐海图掌	位于海晏县城东北35千米，东为大通县，西为海晏县所辖。山体南北走向，主峰海拔4101米
西大山	位于海晏县城东北30千米，东北为大通县，西南为海晏县所辖。山体西北—东南走向，主峰海拔4316米
全吉梁	位于海晏县城东北30千米，东为湟中区，西为海晏县所辖。山体西北—东南走向，主峰海拔3703米
乌兔掌	位于海晏县城东南16千米，南为湟源县，北为海晏县所辖。山体东西走向，主峰海拔4178米
同宝山	藏语，意为"高大"。位于青海湖东北侧。著名的白佛寺坐落在东段山脚下。山体西北—东南走向，长16千米，主峰海拔4024米
三楞俄堡	蒙古语，位于小岔哈河入水峡河处南对面。山体东西走向，面积约6平方千米，主峰海拔3492米

五、共和县境内诸山

共和县山脉与盆地大致为北西西—南东东走向，相间排列，呈带状展布。北部是日月山隆起带及青海湖盆地，中部是青海南山和共和盆地，南部是鄂拉山区。有祁连山脉的日月山区、青海南山区，昆仑山脉的鄂拉山区。

日月山（详见本书第三章第八节）。

青海南山（详见本书第三章第九节）。

鄂拉山（详见本书第五章第八节）。

六、兴海县境内诸山

兴海县境内山脉均属昆仑山脉，为三、四级山脉。西北部为鄂拉山，西南角为布尔汗布达山的余脉，南部为积石山（阿尼玛卿山）北缘，多属构造剥蚀地貌类型。山地的总面积约占本县总面积的 80%。

积石山（阿尼玛卿山）（详见本书第五章第五节）。

七、同德县境内诸山

同德县地处昆仑地槽与秦岭地槽的接壤地带。昆仑山脉的阿尼玛卿山脉穿越黄河，从南部和北部起伏绵亘，环抱全境，成为县境的主体地形。北部为居布日群山，东起贵南鲁仓，向西北蜿蜒于黄河，整个山体狭长。在南北山地之间，形成了一片山间凹陷盆地，均系山前倾斜状冲积滩地。滩地地势平坦开阔，均为边高中低，由东向西倾斜。在县境的南端和西端，黄河流经县界近半周。

1. 南部山地

县境南部的山区自东北向西南有赛欠山、大坂山、小坂山及穆黑群山横贯全境，高山连绵，峰峦叠嶂，沟壑纵横，河谷深邃，气势雄伟壮丽。峰峦主要有则迪日贡玛山、赛日隆、莫洛、开错、哦特、佐毛乃什则、山欠、茨哈和、宁金木、贡布等，平均海拔 4200 米。主峰为佐毛乃什则山，海拔 4671 米，是全县的最高峰。整个山体陡峻挺拔，相对高差为 700～1000 米，地质多属三叠系的砂岩、板岩和千枚岩组成；海拔 4000 米以上的山脊，多见冰斗、角峰、冰蚀槽谷。县境东南与河南县接壤处的昂坡、多尔琼克和多尔根克等山脉山体浑圆，巍峨绵亘，山势别致，属秦岭山脉西倾山之余支；山体的相对高度一般为 400～600 米，主峰咱日假海拔 4423 米。在两大山脉过渡交错处的果寿沟口、古仑哇伙、阿诗咱、拉莱然、加古、赛欠沟口、赛尔琼沟口、阿日吾勒黑曲布让、龙穆日、哈德黑、德阳和拉加寺一带宽 8～10 千米的带状地段，断层遍布，红崖陡峭，沟壑深邃，怪石嶙峋；地质大部为第三系的红色泥岩和红色砂砾岩层；地表植被稀疏，水土流失严重。整个南部山区寒冻风化作用强烈，泥石流发育，从而更加剧了高耸山地的陡峭程度。由于气候干燥，古雪线较高，古冰川地形并不发育，仅在 4500 米左右的高峰上保存有冰缘地貌。

构造的复杂性在地貌上有明显的反映，在大坂山区可见到多级夷平面，并有拱曲变形，在小坂山北麓形成了 1～2 千米宽的破碎带，使连续的山体突然下陷而呈负地形，垭口通连，断崖和断层三角面普遍，水亦不对称，断层南侧水流长而落差小，北侧水流短而落差大。

2. 北部山地

县境北部为居布日群山，全长约 70 千米，主要由三叠系砂板岩及第三系泥岩组成，峰峦主要有克日历山、托头、西娘、扎日干等，主峰位于拉什金母沟与居布日隆曲发源地的会合部，海拔 4548.3 米。巴滩北山及县城北山亦是东西向构造带，居布日地区（居布隆曲及两侧）是北北西向构造带，在居布隆曲上游，托头山一带东西向构造与北北西向构造相互重叠、转折。主要山峰概况如表 3.2 所示。

表 3.2　同德县境内主要山峰简介

名　称	概　况
佐毛乃什则山	藏语，意为"犏乳牛奶头山"。位于同德县城以南约45千米处，在秀麻乡境内，海拔4671米，是同德县境内最高山峰。全长30千米，整个山势自东向西蜿蜒，尽于黄河沿。山峰状似犏乳牛奶头，故取此名
则迪日贡玛山	藏语，意为"众谷汇聚之峰"，以山形命名。位于河北乡政府东北约29千米处，系阿尼玛卿山脉向东延伸，在同德、泽库、河南三县交界处，主峰海拔4425米。山顶有一峨博，相传为元末蒙古族先民祭神所建，直至现在。每逢农历七月，河南县蒙古族牧民仍然扶老携幼，从四面八方汇聚此地，诵经煨桑，朝拜祭祀

（续表3.2）

名　称	概　　况
杂日团保山	藏语，意为"高山"，因山高而得名。位于河北乡赛琼沟以南，南北走向，长约1.5千米，主峰海拔4614米
哦特山	蒙古语，意为"经卷"。位于秀麻乡德合索沟中部东南侧，哈拉达哇山（大坂山）的西侧，偏南北走向，主峰海拔4603米
日雪尔吉山	藏语，意为"美丽的山峰"，因山形美丽而得名。位于河北乡东北部，茨哈阿玛沟的东南部，南北走向，长约1.5千米，主峰海拔4354米
杂尕查关山	藏语，意为"白山披甲者"，山呈白色，似披甲而得名。位于河北乡赛琼沟东北部，南北走向，长约2.1千米，主峰海拔4601米
哈拉达哇山	蒙古语，意为"黑山坡"，山坡呈黑色而得名。位于河北乡赛琼沟垴以西，哈拉达哇沟的南部，南北走向，长约1.7千米，主峰海拔4565米
扎干山	藏语，意为"大山"，由于山大而得此名。位于巴沟乡卡力岗村北部17千米处，属居布山脉，南北走向，主峰海拔4469.3米
扎西切山	藏语，意为"吉祥"，以人名而得名。位于巴沟乡居布林场东南部，切欠沟上部，东西走向，长约2千米，主峰海拔3885米
贡目日山	藏语，意为"上红土山"，因山呈红色而得名。位于巴沟乡居布林场北部，贡目日沟上部南侧，南北走向，主峰海拔3322米
日杰山	藏语，意为"山中之王"，因山大而得名。位于唐干乡政府东南约8千米，唐干、谷芒两乡交界处，东为谷芒乡东吾村，南接赛力亥寺，西为日杰喀古，南北走向，主峰海拔3870米
尕干托斯结山	蒙藏混合语，因地处唐干乡的尕日干沟和托斯贡玛沟之间而得名。东西走向，主峰海拔4010米
郭洲山	藏语，意为"黄羊羔山"，因沟内多有黄羊而得名。位于谷芒乡郭洲沟中部北侧，主峰海拔4014米。山周围牧草丰美，是东吾村的冬季草场
日乃亥玛山	藏语，意为"黑山"，因山呈黑色而得名。位于谷芒乡求日干沟上部南侧，哦勒卧沟与开措秀麻中间，主峰海拔4073米。山顶有玛尼旗杆及煨桑台
佐毛山	（小坂山）藏语，意为"犏乳牛"。位于同德县城以南约45千米处，是阿尼玛卿山支脉。自东向西延伸，长约30千米，尽于黄河谷地。主峰海拔4632.5米
哈拉日雪山	蒙藏混合语，意为"美丽的黑山"，以山形取名。位于谷芒乡佐毛那沟垴以西，哈拉沟上部东北侧，主峰海拔4072米。

（续表3.2）

名 称	概 况
那布佐西山	蒙藏混合语，意为"石堆、死犏牛山"，位于河北乡鄂布沟南部，东西走向，长约3千米，主峰海拔4308米。北面有灌木丛，山南属河南县
伟什吉果拉山	蒙藏混合语，意为"山坡和黄羊角"，以山形取名。位于河北乡伟吉林麻沟东南部，南北走向，长约15千米，主峰海拔4387米。山北面长有灌木丛，山东南部属河南县
知托宁桑杂吉山	藏语，意为"阳坡石山"，以山形取名。位于河北乡莫给沟贡麻东北侧，南北走向，长约1.3千米，主峰海拔4044.9米。山体呈沙土质，牧草良好，山北为泽库县草山
浪麻茶欠山	藏语，意为"高山柳盔甲山"。位于巴水乡恰若休麻以南约3千米处，南北走向，主峰海拔4430米
桑赤恰当山	藏语，意为"花花的煨桑山"，因山头有煨桑台而得名。位于巴水乡桑赤乃当山的东面，南北走向，主峰海拔4080米。
拉恰山	藏语，意为"神山"，以神话传说得名。位于巴水乡北巴滩西部，巴水北面，西邻克日布沟，东西走向，长约10千米，山峰多，主峰海拔3791米
通吉山	藏语，意为"铧尖山"，以山形取名。位于巴水乡克日布山西侧，是同德县与贵南县之界山，东西走向，主峰海拔4322米。四周均为高山，气候寒冷
克日布山	位于巴水乡克日布沟东南面，主峰海拔4337.7米，山梁为同德县与贵南县的分界线
拉什金母山	藏语，意为"贵夫人山"，以传说得名。位于巴水乡拉什金母沟上部西侧，赛乎日山东北面，山形呈不规则的圆形，山势高而陡，主峰海拔4448米
居布日西娘山	藏语，意为"小鹿心山"，以山形取名。位于巴水乡欧后扎村西北部，南北走向，主峰海拔4213米
赛龙尼哈山	藏语，意为"金沟垭豁"。位于唐干乡托斯贡麻沟北部约1千米处，主峰海拔4056米，是同德县与泽库县的交界山
佐毛尼哈山	藏语，意为"犏母牛垭豁"。位于谷芒乡尕日龙塔西部山岗上。主峰海拔4152米，是由尕日龙通往尕日干沟、佐毛沟的必经之路
日索尔山	藏语，意为"美丽的山"，以山形取名。位于巴沟乡居布村南面，加吾沟上部东侧，主峰海拔3160米
下尔宗山	藏语，意为"鹿隐蔽的山"，以山形取名。位于巴水乡欧后扎村西约20千米处，目杨沟中部的南面，东西走向，主峰海拔4327米

八、贵南县境内诸山

贵南县地势高峻，为西倾山褶曲高原的一部分，东南环山，皆系西倾山支脉，中为高原滩地，北部由于黄河及其支流切割较深，形成许多台地和谷地。境内大部分地区海拔为3000～3500米，相对高差为2700米，地形自东南向西北倾斜，坡度为13%。依海拔高低，全县地形可分为高山、平滩、河谷3个地貌区。

山脉按走向有直苟恰洛、日群、加羊、克日布、扎日干等山峰，由东南走向西北，其分水岭是贵南与泽库、同德的自然分界线，海拔为4000～4600米。山谷沟道纵横，多南北向，起伏较大。直苟恰洛的山顶和山腰为沼泽地带，地面多积水，植物为禾本科和莎草科为主。扎日干山的南麓则是居布林林区，生长有高大的云杉、圆柏、山杨等乔木。哈拉河等山山腰阴坡地带，生长着稀疏的山生柳、杜鹃、金露梅等灌木丛。

给格拉毛、威拉、王恰叶、琼门、拉钦、浪钦等山峰，自东面走向西北，至木格滩边沿，是过马营与森多两乡的分界线。给格拉毛山与直苟恰洛山遥遥相望，两山南北相距约5千米，中间形成茫什多滩。王恰叶等山峰的东北麓为莫曲沟林区，主峰多为风化岩石碎屑，无植物生长。其余山区牧草生长茂盛，并有灌木丛分布、山沟多有溪流。

直亥山峰由西南走向东北，主峰海拔5011米，是贵南与泽库、同仁的分界线。直亥山麓的莫曲沟、完秀沟、热水沟等地组成莫曲沟林区，长有云杉、圆柏、白桦、山杨等高大乔木。

另有黄河沿岸的果拉、多拉、巴哉等山地，则处于黄河龙羊峡南岸，起伏不大，水源短缺。

九、天峻县境内诸山

天峻县地处祁连山中段，境内西北部有托勒南山，西南部有疏勒南山，东南部有青海南山，山脉均呈西北—东南走向，形成以高山纵谷与山间盆地相间分布的地貌特征，总的地势是中部高，向两端倾斜，最高点与最低点相对高差近 3000 米，县内平均海拔 3600 米以上。

地表多砾石，土层较薄，只长短草，不宜耕种。全县可分为低山丘陵、中高山地带、高山和极高山区三个部分。

从布哈河中下游的冲积河成阶地到快尔玛乡以北的野马牙合，以布哈河为主体，属低山丘陵区，平均海拔 3500 ～ 3700 米；从野马牙合到阳康乡的措隆喀山间盆地，为中高山地带，处于县境中南部，平均海拔 3700 ～ 4100 米；自木里乡肖合力山南部至疏勒南山一线以北，为高山和极高山区，是境内冰川集中地，平均海拔 4000 ～ 4500 米。

托勒南山（详见本书第三章第四节）。

疏勒南山（详见本书第三章第五节）。

第四章 柴达木盆地名山

柴达木盆地位于青海省西北部（东经90°16′—99°27′，北纬35°13′—39°18′），四面环山，中间低落，西北开阔，东部狭窄，呈一不等边三角形盆地。盆地北依阿尔金山—祁连山，南靠昆仑山。周围山地海拔3500～4500米，最高峰为昆仑山脉的布哈达坂山，海拔6458米。盆地内部平均海拔为2600～3200米，为青藏高原上地势最低的断陷盆地。盆地东西长约800千米，南北最宽处约350千米，面积25.77万平方千米。

　　盆地北部有一条北西西—南东东走向的山脉，由赛什腾山、马海达坂（青山）、达肯达坂、诺干哈木尔（绿梁山）、浩日格勒金乌拉（锡铁山）、阿木尼克山、巴颜乌拉山、撒尔鲁克山（牦牛山或称赛什克山）组成，海拔一般在4000米左右。盆地南部为东昆仑山内部次一级山岭，阿尔格山、博卡雷克塔格山、祁漫塔格山和布尔汗布达山，山脊走向近东西，是相对高度和绝对高度都很大的高峻山岭，是青南高原、藏北高原与柴达木盆地等大地貌单元的分界线。主要是由前中生代地层所组成，由海西运动而形成的古老褶皱山脉。

柴达木盆地名山位置示意图

第一节／综述

一、阿尔金山脉

"阿尔金"系蒙古语"阿尔曾"的谐音，意为"柏树"，因山内曾生长柏树而得名。南北界于塔里木盆地和柴达木盆地之间，东西与祁连山和昆仑山两大山脉相连。阿尔金山脉近似东西走向，东西长约730千米，南北宽60～100千米。山坡南缓北陡。山脉东西两端高，中部较低（海拔在4000～4200米之间）。海拔5000米以上的区段发育着现代冰川。

阿尔金山脉西段、中段最高峰苏拉木塔格峰（6295米）、玉苏普阿勒克峰（6062米）仍是处女峰；东段最高峰也称为阿尔金山，海拔5828米。东距甘青公路约100千米处是党金山口，此处是阿尔金山脉与祁连山脉的分界处。

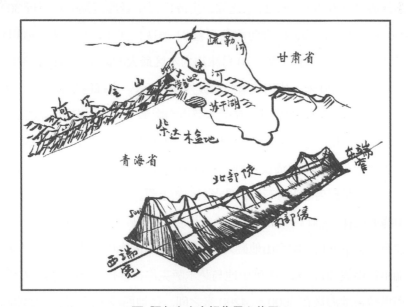

阿尔金山空间位置立体图

阿尔金山脉东段北坡山麓处于疏勒河下游南岸，南坡在苏干湖附近，南北相对高差分别为 3000 米和 4800 米左右。主峰拔地而起，直插云天，它处于阿尔金山深断裂线上，这与峰区高耸峻拔有直接联系。

1. 地理特征

阿尔金山区地貌类型是从东到西成雁形排列的山岭与谷地。主峰海拔 5798 米，属极高山，其余部分大多在 4000 ～ 5000 米之间。按其高度可分为三段：东部的安南坝山以高起伏高山为主；中部安极尔山以中起伏山为主，索尔库里盆地东面海拔较低，仅 3500 ～ 3800 米，属丘陵；西部的查汗托罗盖山（阿哈提山）为中起伏的高山和中山。

阿尔金山气候干旱，现代雪线海拔高达 5000 米，仅在阿尔金山主峰区发育有 11.24 平方千米的冰川，依此向下为冰缘作用带和干燥作用带，总体上属干燥剥蚀山地貌。

2. 地质地貌

阿尔金山脉自南向北，峰区有三列山地相间的两条谷地，其地貌概况如下：

山峰高度在 5200 ～ 5828 米之间，主峰区沿山脊线两侧分布着近 30 座海拔 5000 米以上的山峰，山脊两侧发育着 31 条现代冰川，其中北坡冰川有 20 条，萨木萨克沟冰川有 17 条。10 号冰川为本区最大的冰川，其长度 3.8 千米，冰川末端海拔 4520 米，冰川粒雪线海拔为 4840 米。主峰阿尔金山位于南坡 5 号冰川两粒雪盆结合处的后壁。在萨木萨克沟南侧 10 号冰川粒雪盆的后壁上，另有一座 5782 米的高峰与东侧主峰相对，二者相距 6000 米，相对高差 46 米。萨木萨克谷地东高西低，海拔 4200 ～ 4400 米，为河流形成区，该沟向北穿越中列山地中部断裂后汇入青石沟，是青石沟的上源。

山峰海拔在 4700 ～ 5550 米之间。山地切割破碎，北坡发育了 12 条冰川，南坡仅有一条小冰川。中列山地最大的冰川是七里沟冰川，其长度 2.1 千米。冰川末端平均海拔 4660 米。中列山地与萨木萨克沟谷地相对高度约 1000 米。萨木哈布塔拉谷地海拔在 3500 ～ 4200 米之间。谷地西段（青石沟）较宽阔，海拔也较低，向东部延伸，有 5 个海拔在 4000 ～ 4200 米之间的分水岭处于该谷地中。（青石沟东西一带）地势明显降低，地形散漫。

山峰高度在 3500 ～ 4849 米之间，没有现代冰川分布。该山地为阿尔金山的外围山地，再向此逐渐进入山麓地带，最后没于疏勒河下游。

3. 山脉从属

阿尔金山主要山脉有两条，其从属关系如下图。

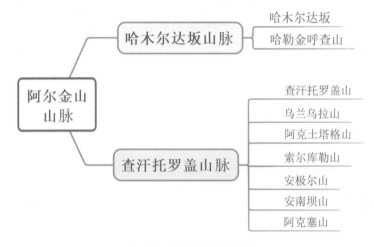

阿尔金山脉从属关系图

二、昆仑山脉

昆仑山脉西起于帕米尔高原东北部，由东延伸至四川西北部，东西长 2500 千米，平均海拔 5500 ～ 6000 米，以东经 81° 分界，分为东西两段：西段为喀喇昆仑山，是塔里木盆地与藏北高原的天然界山；东昆仑山是柴达木盆地与青海南部高原的分界线。

1. 山脉从属

青海境内昆仑山脉分为北、中、南和东四条支脉，各山脉之间从属关系如下图。

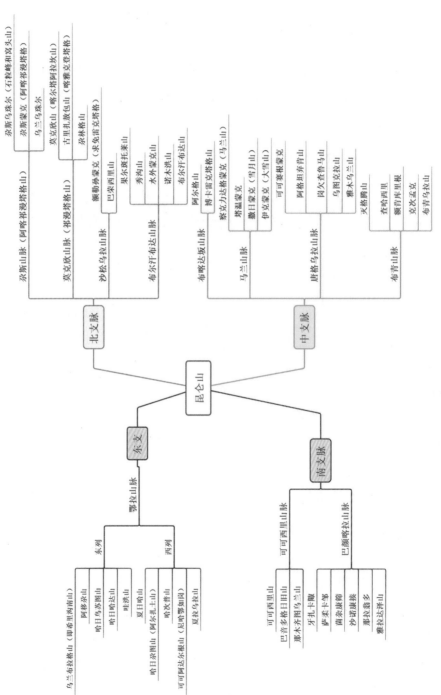

昆仑山脉从属关系图

2. 其他高山

在昆仑山和唐古拉山之间的高原面上分布着一些零星的高山。

祖尔肯乌拉山　近东西走向，山体被北偏东走向盆地相隔，山脊除个别为大起伏极高山外，一般海拔高 5400 米左右，以中小起伏高山为主，也零星发育高海拔丘陵地貌。山地地貌过程以冰缘作用为主。

江源高原上的高山　位于祖尔肯乌拉山以北，可可西里山之南楚玛尔源头和羌塘内陆区高原面上。平均海拔 5000 米左右，山体走向北西或北西西。以高海拔丘陵为主，次为小起伏高山，中起伏高山零星分布。无现代冰川，但古冰川遗迹发育，为永久冻土区，冰缘作用发育。

冬布里山—色的日—保梭色山　位于唐古拉山和巴颜喀拉山之间，呈北西和北西西延伸，被通天河和扎曲河切割横穿，平均海拔 5300 ～ 5400 米，除个别山峰为极高山外，主体以高山为主。冬布里山以中起伏高山为主，局部分布大起伏高山、小起伏高山和高海拔丘陵。色的日东以大起伏高山为主，中起伏高山分布在通天河支流上游的谷地两侧，小起伏高山和高海拔丘陵仅个别地方零星分布。它们除冰缘作用和古冰川遗迹普遍外，色的日还发育现代冰川，保梭色山有零星现代冰川和较发育的流水作用。

第二节 / 阿尔金山脉

阿尔金山脉位于青海省西北部，是构成青藏高原北边屏障的山脉之一，为塔里木盆地和柴达木盆地的界山。山脉之名来自蒙古语，意为"柏树山"，因昔日生长有柏树而得名。

一、位置境域

山脉地处藏北高原北缘，南北界于柴达木盆地和塔里木盆地之间，东西与祁连山和昆仑山两大山脉相连，近似东西走向，东西长约730千米，南北宽60～100千米，面积6.2万平方千米。山脉东西两端高，中部较低（海拔在4000～4200米之间），海拔5000米以上的区段发育着现代冰川。

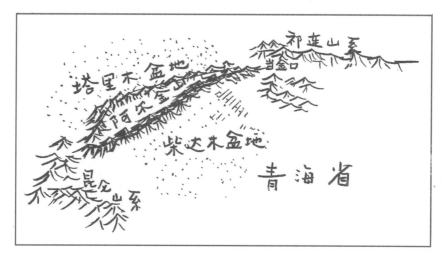

✓ 阿尔金山脉位置示意图

阿尔金山脉在青海境内平均高度 4000 米，最高峰为阿尔金山峰，海拔5798 米。阿尔金山东接祁连山，两山之间的当金山口为柴达木盆地与河西走廊之间的交通要道，有公路通过。

二、地质概况

阿尔金山脉呈狭长的三角形耸立于青藏高原西北边缘，是由一组雁形状山岭和谷地组成的呈北西西—南东东走向的巨大山脉，山脉走向却呈北东东走向，其西北缘、东南缘和北缘以深大断裂为界，构成了截然不同的地理地貌和地质边界。

柴达木盆地是一个构造盆地，阿尔金山、祁连山、昆仑山的褶皱或断块上升与盆地本身的相对下陷，是造成盆地地形的决定性因素。阿尔金山是连接祁连山和昆仑山的中间环节，从西北方向构成了柴达木的第三边。在阿尔金山形成之前，柴达木还不足以成为盆地，它只是塞进祁连—昆仑两个山地之间的一个楔子，阿尔金山的崛起才使柴达木最终成为盆地。

山体主要由片麻岩、花岗片麻岩、绿色片岩等前震旦纪变质岩构成。变质岩的内部褶皱和片理走向为北西西—南东东。主要构造线和山脉走向大不一致。北西西—南东东走向的褶皱受北东东—南西西走向大断裂的腰斩而急剧下陷，使山脉整体呈北东东走向与柴达木的中新生代沉积接触，因而形成了山脉走向截断主要构造线的罕见特征。

阿尔金山为巨大隆起带，主体地质基础属塔里木和柴达木地块，地质构造发展明显地受断裂构造控制，由阿尔金山断裂带、且末隐伏断裂带和疏勒河隐伏断裂带围限，主要出露的是前寒武纪地层，局部地区因海侵而堆积了不完整的古生代地层，主要出露于阿尔金山断裂带南侧。中、新生代，沿北北东方向的断陷中堆积有侏罗纪至第三纪的含煤建造和红色岩系，主要发育于山间断陷盆地和山前坳陷之中。具有元古代岩系构成的基地和盖层，在后期地质发展过程中，基本保持稳定的隆起状态，使其不断上升成高山峻岭，北西西向断裂在

⤣ 阿尔金山（张胜邦，2015年10月摄）

后期地质发展过程中起到了决定性作用。阿尔金地块在新太古代—古元古代应属于南塔里木地块组成的部分，长城纪以后逐渐转化为具有相对独立演化特点的构造活动带。区域地层由老至新如下：

（1）太古界拉配泉麻粒岩是该区出露的最老地层，仅分布于阿尔金山北侧索尔库里以北拉配泉一带，呈断裂状，作北西西分布。岩性以辉石、紫苏辉石麻粒岩为主，夹条带状角闪斜长麻粒岩、黑云母斜长麻粒岩及混合岩，向东麻粒岩逐渐变成片麻岩。新疆地矿局将其定为上太古界，认为这是新疆地区最古老的地层。

（2）元古界组成阿尔金山的主体，主要分布在阿尔金断裂带北侧阿羌至索

尔库里一带，在敦煌三危山及于田以南也有出露。本区元古界可分为巴什库尔干群、塔什达坂群和库尔库里群。

　　巴什库尔干群以绿色片岩为主，如角闪石片岩、黑云母片岩、夹片麻岩、石英岩、大理岩及火山岩。火山岩多为基性，变质后与绿色片岩难以区分。新疆地矿局在大理岩中发现叠层石，将其与华北的长城系对比，定为中元古界。在红柳沟一带巴什库尔干群厚约 4245 米。

　　塔什达坂群以结晶片岩为主，主要成分为火山岩，从基性到酸性都有，大理岩和片麻岩夹于其中，在中上部大理岩中发现多种叠层岩。在黑石峡一带塔什达坂群厚约 3592 米。

索尔库里群主要为碎屑岩建造，下部为暗色砂岩、粉砂岩、石英岩，底部有砾岩，上部为石英岩、大理岩、夹板岩和石英片岩。本层亦富叠层石。新疆地矿局将其与华北青白口系对比，定为上元古界。在小泉达坂一带索尔库里群厚约2811米。

阿尔金山的元古界以断块状出露，上下都为断层接触。上述各层组的厚度只是一个参考数字，总的厚度尚不清楚。

（3）古生界主要分布于阿尔金山南侧和柴达木盆地北部边缘，出露的主要是石炭系，奥陶系和志留系为零星分布。

中奥陶统仅见于柴达木盆地北缘茫崖镇一带，多以断层出露。青海省第六地质队在石灰岩中找到多种化石，鉴定为腕足类、腹足类、三叶虫、笔石等。层状或似层状基性和超基性岩常与石灰岩共生，石棉矿就产于其中。从石棉矿的开挖来看，基性和超基性与中奥陶统亦为断层接触。

上石炭统主要分布于柴达木盆地北缘峨博梁、大门口和化石沟一带。阿尔金山中段南缘索尔库里以东有较完整的上石炭统剖面，称为因格布拉克组。该组岩性下部为灰黑色粉砂岩夹薄层灰岩，上部为厚层灰岩及生物碎屑灰岩，富含化石。在索尔库里一带厚257米，向东逐渐变薄，以角度不整合与中元古界的塔什达坂群接触。

（4）中生界主要分布于山间断陷盆地，多沿阿尔金山断裂带从西向东定向分布，如吐拉盆地、米兰河上游盆地、索尔库里盆地、玉门盆地等。本区中生界主要出露侏罗系。

下、中侏罗统（大山口群）岩性主要为砂岩、砾岩、碳质页岩及煤层，含植物化石；下部夹玄武岩。煤层分布于中上部，有两三层可采。本群为陆相河流—沼泽相含煤建造，深色，故称黑侏罗。在索尔库里一带厚200米。

上侏罗统（赤金桥组）岩性以砂岩和砾岩为主，中部夹泥岩、粉砂岩及石膏岩。砂岩多为长石砂岩及硬砂岩。富含昆虫、叶肢介及植物化石。本组为陆相河流—湖泊相建造，以淡黄红、紫色为特征，故称红侏罗。在玉门一带厚约470米。

（5）新生界主要出露为新第三系和第四系。新第三系多呈条带状分布于阿尔金山断裂带的谷地中，为陆相红色岩系，以砂岩、砾岩为主。第四系下更新统称玉门砾岩，为厚层砾岩，已胶结；中更新统称酒泉砾岩，亦为厚层砾岩，未胶结；上更新统及全新统大片分布于阿尔金山前戈壁上，由洪积、冲积、风积层组成，下部含冰积层。

三、地貌概况

阿尔金山地势西高东低，平均海拔 3500 ~ 4000 米，最高峰为苏拉木塔格峰，海拔 6295 米。阿尔金山山体两翼极不对称：北坡相对高度可达 2500 米以上；南坡地势缓和，高差较小。主要支脉有：

安南坝山　东北起于当金山口，西南至于冷湖西北，长 100 千米，平均海拔 4000 米，最高峰为阿尔金山峰，是阿尔金山脉主峰，海拔 5798 米，呈金字塔形，主峰及其山脊线南北两侧分别为青海和甘肃两省辖区。常年积雪，亦有冰川发育。该山脉东段北坡山麓处于疏勒河下游南岸，南坡在苏干湖附近，南北相对高差分别为 3000 米和 4800 米左右。主峰拔地而起，直插云天，它处于阿尔金山深断裂线上，这与峰区高耸峻拔有直接的联系。山体主要由云母片岩、石英岩等变质岩、花岗岩组成，大都为中等切割的中低山。山坡普遍覆盖岩屑与黄土混杂物。南麓宽浅谷地和低矮山岭相间分布，在强烈的干燥剥蚀作用下形成众多岛山。

安极尔山　位于安南坝山西南部，平均海拔 4000 米以下，西部有 5000 米以上的高峰。两麓均有岛山发育。因断层使得纵向谷地发育，宽约 1 千米，成为柴达木盆地与塔里木盆地和河西走廊的重要通道。

阿哈堤山　位于安极尔山西南部，海拔 3500 ~ 4000 米，最高峰 4758 米，是阿尔金山脉中最低矮的部分。北部隔索尔库里谷地为金雁山。索尔库里谷地海拔 3000 米，主要由山洪积基倾斜平原粉砂质的洪积冲积平原组成，广泛分布干燥剥蚀残丘，并有若干小湖分布。

四、主要地貌类型

1. 岩溶地貌

在阿尔金山的阿尔格山中，有一片古老的岩溶地貌（又称喀斯特，karst），东起布喀达坂山峰，西至阿其克库勒湖，长 350 千米，宽 20 ~ 30 千米，面积约 1 万平方千米，深藏在海拔 4400 ~ 5000 米的崇山峻岭之中。这片古老的石灰岩山经过长期的风化侵蚀，呈现出千奇百怪的形状。林立的石峰，有的拔地而起，直插蓝天；有的像骆驼、大象、苍龙、卧虎、笔架、天桥、庙宇、点将台、仙人掌、石旗杆、拴马桩，惟妙惟肖。还有千姿百态的溶沟、石芽、甬道、走廊。

阿尔金山的岩溶地貌，由于局部地区受到第四纪冰川的影响，形成了"静扫群山出，突兀撑青空"的角峰。高原盆地周缘的高山发育着现代冰川，北缘达祁漫塔格山脊线，南缘达木孜塔格峰至新疆一侧。根据 2007 年统计，共有冰川 388 条，面积达 878.3 平方千米。木孜塔格峰和新青峰是现代冰川集中发育地域，冰川面积占保护区冰川总面积的 77.5%，厚度在 100 米以上。这里冰川类型多样，有悬冰川、冰斗冰川、山谷冰川、坡面冰川、平顶冰川等。

2. 风蚀地貌

风蚀地貌集中分布于柴达木盆地西北部，是因褶皱而隆起和因断裂而破碎的裸露第三系地层，在长期风力作用下被吹蚀，形成了以风蚀残丘、风蚀洼地形态为主的风蚀地貌。集中分布在老茫崖—三湖沉陷区以北，与裸露的第三系地层分布近似一致。

风蚀洼地是盛行风不断地吹过第三系地层形成的构造垄岗和穹丘时，形成风蚀浅洼地。洼地在风的不断吹蚀下沿风的方向伸长，最后形成与风的方向一致的风蚀槽，槽形低地长度从数百米至数千米，宽数米至数百米，深数米至数十米不等。大型的风蚀槽内有坚硬岩层出露，往往形成槽中槽的形态。

大型风蚀槽内有坚硬岩层出露成为相对隆起部分，称为风蚀垄岗。风蚀垄岗经过复杂的演化过程，形成各种风蚀残丘，根据外部形态有垄岗状、鼻状、覆舟状、峁状、桌状、麦垛状、锥状、柱状、城堡状、鳍脊状等几十种残丘。风蚀垄岗、土墩、风蚀沟槽及洼地的地貌组合称为雅丹，这种地貌以新疆罗布泊附近雅丹地发育最为典型而得名。柴达木盆地西北部南八仙、开特米里克等地这种地貌发育典型，范围很广，成为国内雅丹地貌分布最为典型地之一。

3. 风沙地貌

风沙地貌亦称风积地貌，是在风的搬运作用下塑造的另一种地貌特征。风在一些地方吹扬地表细粒物质，把它携带到大气当中，在风力减弱或受到阻拦的地方，这些细粒物质沉降下来，形成沙漠。风积地貌主要指沙漠地区的沙丘而言。风沙堆积遵循一定的规律，风积物质也表现为各种不同的形态，即各种风积地貌。盆地西北部风蚀区有若干沙丘发育于风蚀槽形地间，并在近十个地方掩埋公路地面，以致不得不经常用推土机予以清理。

4. 冰缘地貌

冰缘地貌是在气候严寒地区常见的一种地貌形态，是冻土地区以冻融合寒冻密切相关的一种地貌类型。阿尔金山年均温 0℃以下的山地多年冻土发育，成为冰缘作用及冰缘地貌广泛分布区。目前世界上冰缘类型有 50 余种，在青海就有 40 多种。

冰缘作用下的地貌类型主要有：冰缘作用台地、冰缘作用丘陵、冰缘作用低山、冰缘作用中山、冰川—冰缘作用高山、冰缘河谷沼泽平原。海拔 4000 ～ 4800 米为冰缘作用中山，上带为寒冻风化和冻融剥蚀带，中带为融冻蠕流和冻胀作用带，下带为冻胀和热融作用带；4800 ～ 5000 米以上为冰川—冰缘作用高山，以寒冻风化、融冻分选、重力作用及冰水作用为主；冰缘河谷沼泽平原，水分排泄不畅，地表沼泽化严重，冰缘现象如冰丘、冻胀草丘等广泛发育。

五、气候特点

阿尔金山北对库木塔格沙漠，南靠柴达木盆地，属高原寒带气候区域。虽在暖温带的纬度之内，但因地处高原山地，海拔平均 3000 米以上，海拔对气温的影响已超过纬度位置的作用。其特点是干旱少雨，四季温差大。冬季漫长酷寒；夏季短暂，多风、干燥。一般 9 月中旬开始飞雪结冰，冰雪期长达 9 个月。山下戈壁年平均气温 3.5℃，1 月平均最高气温 –9.2℃，7 月平均最高气温 16.7℃。平均年降水量为 110.0 毫米，但分布很不均衡：海拔 4000 米左右的山地年降水 200 ~ 250 毫米，海拔 2900 米左右的苏干湖年降水不足 50 毫米。年平均蒸发量为 2495.2 毫米，是年平均降水的 20 倍以上。年平均风速在 3 米 / 秒左右，月平均最大风速 5 米 / 秒。以冬春最多，强风多为西北风。自然灾害频繁，山洪、干旱、冰雹、大风、强降温等对登山安全威胁较大。

阿尔金山山区 1 月最为寒冷，月平均气温为 –30 ~ –20℃ ；7 月份气温最高，月平均最高气温 8 ~ 10℃。年降水量分布不均，大量降水集中于夏季的 7 月。9 月中旬至次年 5 月底为积雪期，不宜进山。

六、土壤与植被

阿尔金山脉深居内陆荒漠腹地，越向西受荒漠影响程度愈深，降水极少。在低温、极干旱的气候条件下，干燥剥蚀作用极其强烈，岩石裸露。山坡多为岩屑坡，形成了典型的高山荒漠自然景观，使得垂直自然景观带显得十分单调。

在阿尔金山的北坡，仅出现山地石膏棕漠土带、山地棕钙土带、亚高山草原土带、高山荒漠土带，土壤垂直带中缺少山地淡栗钙土带；山地棕色荒漠土上升至 2800 米，山地棕钙土上限可达 3800 米，其上分布着亚高山草原土和高山荒漠土，主峰附近出现永久冰雪带。谷地中发育有盐化高山荒漠土，沟谷底部则出现沼泽和大小盐湖，其周围分布有沼泽土与山原盐土，局部洼地可见龟裂土。

阿尔金山亚区降水量少，河网稀疏，地表径流和地下水贫乏，植被单调。山地北坡呈极端干旱荒漠山地的植被垂直带谱。从山麓、中山、亚高山至高山带，均以荒漠植被占统治地位，主要代表植物有合头草、昆仑蒿、驼绒蒿和玉柽琵琶柴等。2300 ～ 3000 米河谷中生长有少量植物，如沙棘、短穗柽柳、盐穗木、花花柴、疏叶骆驼刺、胀果麻黄、喀什霸王等。

七、自然保护区

阿尔金山自然保护区成立于 1985 年 3 月，位于新疆东南部与西藏、青海交界处，坐落在阿尔金山的中段，面积 4.5 万平方千米，东西长为 360 千米，南北宽约 190 千米，海拔 4000 米以上，是中国建设的世界上第一个内陆自然保护区，也是中国目前面积最大的自然保护区。全年无绝对无霜期，无明显四季之分。冬季平均气温 -14.0℃左右，夏季平均气温 9.0℃左右；日温差大，冬季气温日较差平均值为 16.0℃，夏季为 12.0℃。夏季多风，日平均瞬时风速 3.6 米／秒，高于冬季日平均瞬时风速 2.4 米／秒。年降水量可达 300 毫米，主要集中在夏季，表现为雨暖同期、干旱多风。整个区域内气压低，日照辐射强，日温差大，蒸发强烈。

由于保护区位于被高山环绕而封闭性较强的高海拔山间盆地，边远偏僻、高寒缺氧，保留了中国独特的地理环境、丰富的自然资源以及珍稀的野生动植物。这里的自然景观也很优美，有世界上海拔最高的积沙滩沙漠、高原内陆不冻湖——阿其克湖、"高原桂林山水"新青峰、冰川密布的木孜塔格冰峰。此外还有千泪眼、阴阳湖、魔鬼谷等景点；在山中还发现了不少用藏文刻在石头上的密宗咒语。

本区地处东昆仑中段北坡大型凹陷盆地中，东邻柴达木盆地，南倚昆仑山与藏北高原相接，北部受贫瘠的阿尔山所屏，区内地形复杂多样，构成了保护区的奇特景观。植被类型从高寒草原向高寒荒漠类型过渡，植物种类达到 300 多种，并分布有较大面积的高寒草原，加之人迹罕至，使这里成为许多高原野生动物生息繁衍的地方，区内分布着各种各样的珍禽异兽。该保护区内已经发现的野生动物 359 种，高原植物 267 种。其中珍稀动物达 63 种，国家一级保护动物黑颈鹤、雪豹、藏野驴、野骆驼、野牦牛和藏羚羊等 9 种，二级保护动物草原斑猫、猞猁、兔狲和盘羊等 19 种。还有大量鸟类群集在各个高山湖泊中，数量不亚于青海湖。种群数量较大，密度较高，被誉为"天然动物园"和"有蹄类动物世界"。最逗人的是藏野驴，很久前就听说野驴会跟汽车赛跑。据说，与汽车赛跑的野驴实际上是将汽车当作敌人，它要通过自己的挑衅行为引敌离开，达到保护同伴或幼驴的目的。此说使野驴显得更为可敬可爱。

保护区的建立，对保护典型高原生态系统和开展生物地理、地质、气象等

╲╱ 阿尔金山保护区（何启金，2016年10月摄）

方面的研究均有极为重要的意义。

　　阿尔金山自然保护区是封闭性高山盆地，内陆河水向盆地中间汇集，形成了十多个高原湖泊。其中最大的是阿雅克库大湖，面积为510平方千米。湖东南百里以外是高原最大的库木库勒沙漠，海拔约4000米，是世界上海拔最高的沙漠。从巨大的沙山下，涌出清泉，呈现出沙湖相连、沙泉共存、沙漠与沼泽相间的奇观胜景。沙山中的沙子泉，很像敦煌的月牙泉，泉水涌出形成沙子河。

第三节 / 东昆仑山脉

昆仑山脉雄浑博大，被称为"亚洲的脊柱"，为中华民族的象征，被称为"万山之祖"。藏族同胞称之为"闷摩黎山"，意为"紫山"，视之为神山而崇拜。

一、位置境域

东昆仑山是中国西部的高大山脉，位于柴达木盆地的南缘，在东经89°20′处进入青海境内，故称之为东昆仑山。长约1200千米，呈西北—东南走向，是柴达木盆地和青南高原的界山。区内地势高耸，自西向东倾斜。位于格尔木南

昆仑山国家地质公园（何启金，2018年9月摄）

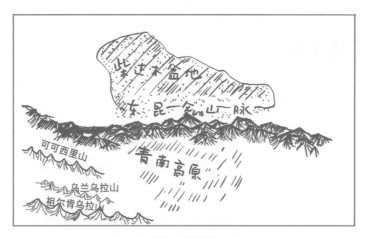

东昆仑山脉位置示意图

约 160 千米的玉珠峰，海拔 6178 米，是东昆仑山的最高峰。5000 米以上的山峰有 8 座，海拔 6000 米以上的山峰有 4 座，多为雪峰和冰川。北坡粒雪线海拔在 5100～5150 米，南坡粒雪线可达到 5300～5360 米。

二、地质构造

东昆仑山位于柴达木南缘、大陆中央构造带西段，在地质构造上属于昆仑地槽褶皱系，东西向复杂构造带的挤压褶皱极为强烈，特别是和轴向一致的大型压性断裂十分发育，组成一系列的叠瓦状构造，与其配套的有垂直轴向的张性断裂，断裂大体平行成束出现，构成断裂带。在断裂带上普遍见有挤压破碎带、糜棱岩、断裂角砾岩等。

东昆仑地槽褶皱系由于后期构造运动的不断作用，构造现象趋于复杂，褶皱强烈、断裂发育，形成块体的连续推覆，使新老地层交替重叠。山脉处于纬向构造带与青藏滇"歹"字形构造体系头部的复合地带，由三叠系和局部的晚新生界构成。老第三纪后期的喜马拉雅运动和第四纪以来的新构造运动，使得东昆仑山剧烈隆起，与柴达木盆地之间以深大断裂相隔。本书以昆南、昆中和昆南三大断裂为界分别加以介绍。

昆南断裂带　位于东昆仑南坡，沿库赛湖—昆仑山口—玛沁一带展布，呈北西西向延伸 1000 千米以上，可见奥陶统纳赤台群逆冲于下二叠纪布青山群之上，或逆冲于三叠系巴颜克拉山群之上。该断裂带为地貌分界线，断裂带以

⌐ 晨光映昆仑（张胜邦，2013年8月摄）

↖ 昆仑山风光（何启金，2018年9月摄）

北为强烈隆升剥蚀区，以南为第四系低山丘陵区。沿断裂带有开阔的线状谷地（38 千米宽）和泉水分布，是一条第四纪以来仍在活动的断层。沿断裂带分布有蛇绿混杂岩带，形成时间可能在晚古生代—三叠纪早期。野外观察昆仑山口—惊仙谷剖面，可见三叠系巴颜喀拉山群复理石建造成背冲型断块产出，断裂带内强烈变形。昆南断裂带是东昆仑地块与羌塘地块拼接带，晚古生代—三叠纪表现为一个伸展裂解—俯冲闭合的完整旋回。

昆中断裂带 呈近东西向延伸 1000 千米以上，野外观察清水泉剖面和格尔木—纳赤台剖面，断裂带以北为古元古代金水口群，以南为中元古代万宝沟群或上奥陶统纳赤台群。昆中断裂带发育蛇绿混杂岩带，岩石组合以清水泉地区为代表，发育层状辉长岩、块状辉橄岩和橄榄石等，堆晶结构和层状结构十分清晰。昆中断裂带经历了多旋回演化过程：古元古代断裂带两侧基底性质及岩浆活动有显著差异，北侧与柴达木一致，南侧与扬子基底相似。中、新元古代发育蛇绿混杂岩，显示洋底式洋岛的一些特征。早古生代以祁曼塔格裂断槽的扩张和闭合作用为特征。早石炭世扩张运动沿昆中断裂带附近形成洋盆，晚石炭世末闭合。中三叠世晚期印支运动使昆中断裂带强烈挤压，形成大规模重熔花岗岩和陆相火山岩带，使整个昆仑构造带进入陆内演化阶段。地震活动、

◥ 东昆仑雅丹地貌（何启金，2013年1月摄）

◥ 东昆仑丹霞地貌（何启金，2013年11月摄）

地貌特征、磁异常带和重力梯度带表明，昆中断裂带现今仍在继续活动，其切割深度可能超过 70 千米。

昆北断裂带 属于昆仑山山前断裂带，西为阿尔金大型走滑断裂所截，分布于阿尔格山南、祁漫塔格—布尔汗布达山南麓，呈北西西—近东西向延伸750 千米以上。西段北侧主断裂控制着茫崖凹陷的发育，地区主体为一套早古生代沉积的碎屑岩、火山岩和碳酸盐岩组成的地层，且以晚奥陶世沉积地层最发育，在祁漫塔格地区西北部零星产出有与火山岩关系密切的超基性岩和基性岩侵入体，带内还包含有新太古代—古元古代古陆块体，它们共同组成了裂陷带的构造基底层。东段北侧主断裂控制着第四系的发育。昆北断裂带构成柴达木南缘盆—山界限，具有多期活动的特点，控制着柴达木中、新生代盆地的发育。该断裂带以逆冲活动为主，发育一系列断块构造，尤以柴西地区表现明显。

三、地貌概况

东昆仑山脉地势异常高峻，山地不连续，起伏平缓，相对高差多在 1000 米以下，平均海拔在 4500 ～ 5000 米，是昆仑山脉中海拔最低的一个地段。南北

⤵ 东昆仑山玉珠峰全景（何启金，2016年6月摄）

坡明显不对称：北坡陡峭，地势较低，分布着海拔3500米以下的中山，地表相对平缓，与柴达木盆地之间形成高达1500～2500米的高差，源自北坡的诸多河流注入柴达木盆地；南坡平缓，主要表现为高位低山丘陵，由于干燥剥蚀作用异常强盛，山丘低缓，与青南高原高差500～1000米，源自南坡的河流汇入羌塘高原内陆盆地和长江、黄河等外流水系。冰川发育规模小，由于冰川作用强度不同，冰川地貌发育也有差别。极高山冰蚀作用强盛，冰川侵蚀地貌如冰斗、角峰、刃脊比较发育。东昆仑山脉横亘于青海省中部和中南部，南北部自然地理环境差异明显，成为省内重要的一条自然地理分界线。主要地貌类型有如下几种。

1. 洪流冲积地貌

洪流的地貌作用包括多个方面，但是在东昆仑山多以堆积作用占绝对优势，其塑造的地貌类型也以堆积地貌为主。东昆仑山各河流年径流量的季节分配不均匀，夏季流量至少占全年的60%～70%。流水的侵蚀、搬运和堆积作用等外营力因素，都主要发生在洪水季节，且主要是由洪水径流来实现的。非洪水季节，山地物质的侵蚀量、河流含沙量和山前物质的堆积量都微不足道。东昆仑

山的地表径流较多且河流比较密集，洪积地貌分布广泛。东昆仑山北部的那棱格勒河和格尔木河年径流量较大，这两条河流的洪积扇也较大，从出山口的扇顶至下游扇缘，长达40～50千米，约止于海拔2800米等高线。一些较小的河流，洪积扇顶至扇缘仅长1～5千米。洪积扇的组成物质有明显的纵向分选作用，即粒径由扇顶向扇缘方向逐渐变小，地下水位亦向同一方向变浅。由于洪积过程长期持续进行，因此实现了与邻近洪积扇的连接，形成了平均宽度25千米，最宽达50千米，沿山麓长达数百千米的洪积倾斜平原。在格尔木以西的地区，洪积倾斜平原的宽度之大，几乎与祁漫塔格山的高度不相称，祁漫塔格山北麓的洪积倾斜平原上广泛分布着局部被碎屑掩盖的岛状残余高地，洪积扇表面亦已被削平；洪积倾斜平原边缘部分一度被侵蚀形成的丘岗，已被现在的湖相沉积物覆盖。格尔木以东的情况则迥然不同，河流出山口阶地多达五六级，相对高度也大得多，洪积倾斜平原很窄，很可能其形成时代也较西部晚。

2. 风蚀地貌

盆地内干燥荒漠环境，加上风力强劲，风蚀地貌发育典型且分布广泛。风蚀地貌主要是因褶皱而隆起和因断裂而破碎的裸露第三系地层，长期在风力作用下被吹蚀，形成多种残丘和槽型低地，成为雅丹地貌。它是柴达木盆地的主要地貌类型之一，在柴达木盆地称为"开特米里克"，主要分布在东昆仑山的昆南和昆中断裂带。风沙地貌亦称风积地貌，是指风力吹蚀一部分地表物质后，残存物质所表现的形态。因此，地表物质组成和起伏状况，及其山体岩性、地质构造和气候条件，对风沙地貌的形成和发育都有影响。盛行风吹过第三系地层所形成的构造垄岗和山丘时，首先侵蚀迎风坡上部，形成风蚀浅洼地；洼地形态随着细粒物质继续被吹蚀而逐渐变长变宽，最后形成与风向平行的风蚀槽。大的风蚀槽内，坚硬岩石出露的地方可形成小棱脊，而松散岩石出露的地方可形成槽中槽。风蚀槽间相对高起的地方，可形成风蚀垄岗，它经过复杂的演化过程，可形成各种风蚀残丘，主要分布在东昆仑山的北部。流动沙丘的高度一般在5～10米，少数也有超过30米的，特别是位于祁漫塔格山北坡山前洪积扇上的大片沙漠，有高达50～100米的新月形沙丘。流动沙丘对农牧业生产和交通造成很大危害。

3. 湖积地貌

东昆仑山的第三纪湖相沉积物经过构造运动和风蚀作用，形成了垄岗、沙丘和风蚀残丘等地貌类型，已不属于湖相沉积地貌范畴。第四纪湖相沉积物，尤其是近代湖相沉积物质，多表现为湖积平原。湖积平原通常分布在盆地的低洼部分，不是围绕某个现代湖泊，而是环绕一个湖群发育。湖积平原都是平坦少起伏的，只有极小的坡度从四周向湖岸微缓倾斜。主要组成物质较细小，以黏土、粉砂和细砂为主，夹杂少量小砾石。

东昆仑冰川（何启金，2016年6月摄）

如昆仑山口羌塘组湖积层，山坡上的地层由黏土和砂砾石组成。湖积平原的地下水位较高，盐化、沼泽化现象比较普遍，有的湖积表面还发育着盐壳，所以植被稀疏。地表盐化程度高的湖积平原往往是不毛之地，只有某些沼泽化地段生长少量耐盐植物。

4. 冰川地貌

昆仑山全长 2500 千米，分布现代冰川 7924 条，冰川面积 12538 平方千米。山地面积广阔，地形复杂，地势自西向东倾斜，因此冰川数量也是自西向东减少。东昆仑山是省内冰川的主要分布区，冰川面积 2007.38 平方千米，分布在海拔 6000 米以上的山峰区。东昆仑山的冰川主要靠降水量，由于降水量的局限性，东部的冰川较中西部冰川的数量规模小。其中，青新两省（区）边境的布喀达坂峰最为集中，这里发育有大片完整的山顶夷平面上冰帽和宽尾山谷冰川，冰帽周围有 65 条现代冰川，雪线高度 5500 米，从冰帽伸出的最大冰舌长 11.5 千米，尾部宽 3 千米，末端海拔 4910 米。从冰舌上溯到海拔 6860 米的

⼂ 玉珠峰冰川（何启金，2017年5月摄）

峰区，冰川总长度达 24.2 千米，高差 1950 米。冰川的宽尾舌部有大量冰川快速运动而形成的冰面断裂，宽 200 米，有高达 10～20 米的冰塔、冰柱、冰馒头、冰缘土柱、冰碛柱、冰碛堤和冰碛垄，冰川融水绕行其间，形成冰洞和冰岛。马兰山、大雪峰、五雪峰等，海拔在 5800 米以上，均有现代冰川发育。昆仑山口两侧又成为东昆仑山地现代冰川活动中心。

发源于东昆仑山地流入柴达木盆地的河流，大都水量丰富，如柴达木河、格尔木河、那棱格勒台吉乃尔河等，上源区有较大规模的冰川分布，冰川融水成为这些河流稳定而可靠的水源补给。据《中国冰川编目》统计，东昆仑山北坡冰川数量分布如表 4.1 所示。

表 4.1　东昆仑山北坡冰川分布

河流名称	冰川（条）	冰储量（千立方米）	冰川面积（平方千米）	雪线高（米）
柴达木河	39	0.39	0.36	5070～5200
格尔木河	269	15.66	1.02	4930～5340
那棱格勒台吉乃尔河	478	70.17	1.64	5100～5760

资料来源：《中国冰川编目》，中国科学院兰州冰川冻土研究所，1983 年。

四、气候特征

东昆仑山属于典型的大陆性荒漠气候，是青藏高原上气温较高、热量较丰富的地区。除格尔木等地区年均温可达 5℃左右外，其他区域均在 0～4℃之间。在山地区域，随着海拔的升高，温度下降。该地区降水稀少。印度季风从海拔 5000 米高空越过青藏高原山地到达昆仑山地区已经很微弱，仅可在昆仑山北坡形成少量降水；唯有强大的太平洋季风 6—8 月间可到达昆仑山东缘，带来一定的降水。该地区的降水 80% 集中于夏季，年降水量按夏季风方向由东向西递减，东部地区年降水量为 160 ～ 180 毫米，中间地区如诺木洪、格尔木等地为 40 毫米左右，西部的乌图美仁等地仅为 15 ～ 20 毫米，而高山地区如伍道梁与托托河为 250 ～ 300 毫米。东昆仑山全年平均风速很大，超过 3 米 / 秒，尤其是冬、春盛行的西风速度更大，超过 10 ～ 20 米 / 秒以上的大风很频繁。年蒸发量为 2000 ～ 3000 毫米，为年降水量的 20 ～ 30 倍以上。湿度系数（降水量与年蒸发量的比值）仅为 0.02 左右。在山区，随着海拔的升高，湿度有所增加。

五、水系特征

东昆仑山位于柴达木盆地南部。柴达木是中国海拔较高、气候寒冷干燥的高原性内陆山间盆地，其封闭的地形和流域面积的局限性决定了盆地的水系内流性的特点，均是短小的河流，并呈向盆底中心流去的模式。由于大气干燥，山前绿洲降水稀少，所有补给绿洲的河流都源于东昆仑山北坡山地冰雪融水和山区降水。同时，还可以看到季风型降水和暖季冰川消融的同步性，造成夏季河水猛增，冬季水量枯竭，动态变化幅度大。

发源于东昆仑山北坡的主要河流包括常年性河流和时令性河流。常年性河流主要有那棱格勒河和格尔木河。那棱格勒河是柴达木内陆流域中最大的一条河，源于东昆仑山最高峰——布喀达板峰南坡，长 440 千米，仅山内河段集水面积达 29790 平方千米；冰川融水补给丰富，平均年径流总量达 10 亿立方米，多时达 15 亿立方米，少则仅 7 亿立方米；平均流量为 32.92 立方米 / 秒，最大洪水流量超过 400 立方米 / 秒；夏季径流量占全年的 83% 以上，充分地表现出季节分配的不均匀性。那棱格勒河主要补给乌图美仁河和甘森绿洲。格尔木河源于东昆仑山脉博卡雷克塔格、阿克坦奇钦和雅拉达泽山北麓，长 284 千米；年径流总量变化于 5.5 亿～ 10 亿立方米之间，平均为 7.47 亿立方米；平均流量只有 23.7 立方米 / 秒，但最大洪水流量可达 450 立方米 / 秒以上。格尔木河主要补给格尔木绿洲。除此以外，常年性河流还包括乌图美仁河、清水河、夏日果勒河等，时令性河流主要有巴音高勒河、诺木洪河等。

六、土壤特征

东昆仑山土壤主要包括棕钙土、灰棕荒漠土、山地灰褐土和山地碳酸盐灰褐土，在高山地带主要有草甸土、高寒草原土和高寒荒漠土。其中，灰棕荒漠土（包括砾质石膏灰棕荒漠土）分布在格尔木以东的砾石戈壁，灌溉灰棕荒漠土主要分布在诺木洪等已开垦的绿洲，盐化沼泽土主要分布在乌图美仁等绿洲，山地灰褐土主要分布在山地海拔 3400 ～ 3900 米的阴坡，山地碳酸盐灰褐土主要分布在山地海拔 3400 ～ 4100 米的阳坡，高寒草原土主要发育在海拔 4200 米以上的干燥山坡和河流阶地，高寒荒漠土主要分布在东昆仑山中西部的高山谷地与湖盆地区（海拔为 4200 ～ 4800 米）。该研究区的土壤坡面缺乏淋溶过程，盐分上升现象明显，而盐分与黏粒下移现象微弱。各类土壤中的盐分含量普遍很高，并且有大面积的盐土出现。

七、植被特征

东昆仑山植被类型多种多样，并表现出独特的地理分布规律性、经度地带性分布规律。由于山前绿洲年降水量自东向西具有明显递减的特点，因而其植被自东而西，亦即在经度方向上具有明显的变化。在巴固勒特、香日德的洪积平原上，广泛发育着芨芨草草原或芨芨草荒漠化草原；到格尔木一带，洪积平原上的植被为驼绒黎、篙叶猪毛菜、红砂和膜果麻黄为主的半矮灌木和灌木砾漠。在格尔木以西的洪积平原上出现了大面积的裸露戈壁，仅在洪积平原后缘的雨沟附近发育着半矮灌木和灌木砾漠。垂直带谱分布规律，基带植被分布在海拔 2900 ～ 3000 米的洪积平原上，主要为半矮灌木、灌木砾漠，建群植物有膜果、合头草、麻黄、篙叶猪毛菜、驼绒黎、红砂等。昆仑山东缘的基带植被为针茅、合头草荒漠化草原，西部则出现大面积的裸露戈壁，低山带植被分布在海拔 3000～3500 米低山带，主要植被类型为半矮灌木、半灌木低山岩漠，建群植物有篙叶猪毛菜、合头草、驼绒黎、中麻黄、红砂、中亚紫菀木等。在昆仑山中部山地和广大的西部山地，由于极度干旱的影响，未发育中山带植被，低山岩漠占据了大部分中山地带，而直接与高寒植被相接。高山植被主要发育在 3500～5000 米的高山带和山间谷地。昆仑山中部山地主要分布着高山荒漠草原，建群植物主要为紫花针茅。西部山地的高山带以高寒荒漠草甸以及高寒荒漠为主，建群植物主要为硬叶苔草、紫花针茅、垫状驼绒黎和垫状篙；高山寒漠带位于海拔 5000 米以上，这里不发育植被，为高山碎石、裸岩、冰川和永久积雪。

八、神话传说

《山海经》提到过几十座山，昆仑山雄踞为冠。它作为天帝的都城，自然被天帝所统治。据说，天帝便是黄帝。黄帝派去管理昆仑山的神叫陆吾，半人半兽形，人的面孔，虎身虎爪，长了九条尾巴。民间神话中昆仑山上的主角是穆王，他乘坐八匹马拉的车子与西王母为爱而相会。

古人尊昆仑山为"万山之宗""龙脉之祖""龙山""祖龙"，因而编织出了许多美丽动人的神话传说，妇孺皆知的《嫦娥奔月》《西游记》《白蛇传》等都与昆仑山有关。神秘的昆仑山孕育出奇幻的昆仑神话，昆仑神话起源于《山海经·海内西经》，书中记载："西海之南，流沙之滨，赤水之后，黑水之前，有大山，名曰昆仑之丘。"昆仑神话可以说是贯穿了整个中华神话体系，记载众多，光怪陆离，众说纷纭。

在昆仑神话体系中，比较为人熟知的有盘古开天辟地、女娲补天、燧人钻木取火、伏羲始作八卦、共工触怒不周山、黄帝创世、西王母与东王公、后羿射日、嫦娥奔月、穆天子神游等。

神话昆仑是现实地理的折射表述，现实昆仑则是神话昆仑的神圣延续。昆仑神话作为中华古典神话的重要内容，在中国文化史上具有重要的地位。昆仑文化是中华文化的根母和渊源，不仅传输到中华文化的血脉中，也自然地渗透到炎黄子孙的思想行为中；它是中华传统文化的重要组成部分，以神话故事为载体，为中华民族形成天人合一、崇道尚德、明理尊礼的共同文化心理起到了至关重要的作用。

九、昆仑山世界地质公园

昆仑山世界地质公园位于青海省海西州格尔木市西南约 30 千米，北起纳赤台，南到昆仑山口，沿青藏铁路、公路两侧分布，海拔 3540～6178 米，面积 1403 平方千米，是世界上海拔最高、中国面积最大的世界地质公园。2005 年，昆仑山地质公园被自然资源部批准为国家地质公园；时隔 9 年之后，2014 年 9 月 23 日，昆仑山被联合国教科文组织世界地质公园网络批准成为昆仑山世界地质公园。此次"申世"成功，也开启了昆仑山保护、利用的新篇章。

⬈ 见证昆仑大地震（钱江，2006年11月摄）

　　昆仑山世界地质公园是青藏高原唯一一个世界级的地质公园，由纳赤台、瑶池、西大滩三个风格各异的景区组成。这里有独特的地质构造、8.1级大地震遗迹、冰川冰缘地貌、历史悠久神秘莫测的道教文化景观和昆仑神话，兼有秀丽的高原风光和珍贵独特的高原生态系统，形成了集科学研究、科学普及、登山探险、观光旅游和休闲度假于一体，科学内涵丰富、地方特色浓郁、文化气息浓厚、极具观赏价值的综合性自然公园。

（一）景点景观

1. 纳赤台景区

　　景区面积97.64平方千米，以无极龙凤宫、昆仑神泉、古人类遗迹等人文景观为特色。昆仑神泉位于昆仑河北岸的纳赤台，距格尔木94千米，海拔3700米，属下古生界结晶灰岩构造岩溶水，此泉处在高寒地区，却是一年四季不冻的冷泉。泉水冷冽甘甜，水质透明，含有人体需要的多种微量元素。昆仑神泉水相传为天宫玉酿琼浆洒落人间幻化而来，有"人间圣水""冰山甘露"之称。

↙ 西王母瑶池（何启金，2017年3月摄）

⼁△　西大滩（何启金，2019年10月摄）

2. 瑶池景区

景区面积 721.77 平方千米，以西王母瑶池、昆仑河、野牛沟沼泽等水体景观为主，辅以野牛沟岩画、昆仑神鹿、香炉峰等地质及人文景观。瑶池是传说中西王母居住的地方，位于昆仑山之上。野牛沟岩画位于园区南部的玉虚峰下，岩画共有 5 组 45 幅，约 200 个个体形象，内容主要体现了先民们狩猎、舞蹈、畜牧的场景；各类动物奔跑嬉戏的形象，有牦牛、骆驼、狗、马、鹿、鹰、熊、羊等，以牛和骆驼最多。这些岩画手法简洁，生动地描绘了曾经生活在昆仑山的先民们丰富多彩的社会生活和自然环境，同时也反映了他们的社会生活、价值观念、宗教信仰，有着很高的史学价值和艺术价值。

3. 西大滩景区

景区面积 528.96 平方千米，以玉珠峰冰川地貌、昆仑山地震遗迹等地质景观为特色，辅以青藏铁路等人类工程景观，是重要的科普景区。昆仑山地震遗迹位于"世界屋脊"的青藏高原腹地，海拔在 4600 米以上，不仅是全球大陆上海拔最高的地震形变带，而且所有的地面构造形变都发生在冻土层中，明显具有青藏高原现今构造变形的特色。昆仑山口西 8.1 级地震遗迹具有典型性和稀有性，已经被国际地质学界公认为研究喜马拉雅造山运动和强地震机理的天然课堂。

（二）地质公园

1. 科学研究

昆仑山地质公园内保留了中国最完整的特提斯、欧亚板块与冈瓦纳板块开合地质历史的物质记录，板块缝合带及其间的残留岩片忠实记载了特提斯洋多次洋—陆转变、岩浆活动、地壳拉张、板块俯冲碰撞等复杂地史，其在中国乃至亚洲东部地球科学上的重大意义独一无二，无可替代。这是该地质公园的核心地学价值之一。

昆仑山是亚洲内陆的重要山脉，也是研究欧亚大陆地质演化的重要窗口。昆仑山地质公园是中元古代万宝沟群、奥陶系纳赤台群、第四系羌塘组等中国西北重要地层单位的创建命名地，公园内丰富的前第四系的地质建造内容和地质剖面给昆仑山的地质研究提供了重要场所，对于研究昆仑山造山带的形成、演化，以及古板块的地质特征及古板块之间的相互作用，都有重要的科学价值和全球对比意义。

公园内的冰川地貌、冰缘地貌系统，以及它们所蕴含的新构造运动、气候变化、冰川作用、地貌演化等信息，为地貌学、冰川学、湖泊学、构造地质学等学科的研究提供了一处极好的天然实验室，对于新构造运动的地貌、气候响应，第四纪冰期的划分对比，特殊构造、气候条件下的山地地貌演化等方面的研究，都有十分重要的价值。

昆仑山地质公园也是开展冻土和强烈地震带研究，防治地质灾害、工程地质、环境地质等研究的实践场所。昆仑山口西发生的 8.1 级强烈地震，发生在青藏高原内部的大型构造带——昆仑山构造带上，该地震遗迹是迄今为止中国乃至世界罕见且保存最完整、最壮观、最新的地震遗迹之一。

2. 生态

经过长期的生态演替过程，公园内特殊的地形、气候和土壤背景使公园内生长发育着多元的高寒物种，类型丰富，特点鲜明，是世界上重要的高寒地区物种基因库，在生态学上具有十分重要的保护意义和研究价值。

3. 文化

昆仑山横卧于中国西部高原，历来被尊称为"万山之宗，龙脉之祖"，它的神秘化作人神之梯，成为华夏民族的精神乐土。围绕昆仑山产生了中华文化史上最为壮丽的诗篇和神话，脍炙人口，传遍天下。中华昆仑神话早已成为中华文化的瑰宝，被列入世界非物质文化遗产。而昆仑山也被赋予了更加神秘的色彩，成了中华民族共同崇拜的对象，是中华民族最伟大的山岳图腾。

4. 美学

"横空出世，莽昆仑，阅尽人间春色。"昆仑山雄浑伟岸，堪称群山之祖；又兼峡谷纵横深阔，实为千壑之宗；山中众多河流滥觞交汇，可称万水之源。复杂的地质构造、独特的地理环境和自然景观，加上神秘的昆仑神话，昆仑山如一部永恒的史诗，记录着近300百万年的地质变迁历程，它以独特的演化史形成了全球最丰富、最广博、最珍贵的地质遗产。在其崇山峻岭中不但保留着远古的沧桑，同时还散发出年轻的活力，将粗犷与俊秀、运动与静止、毁灭与新生完美地结合在一起，是人类宝贵的自然遗产。

昆仑山的美集中体现在历史、纯真的自然美。这里至今受人类活动干预较少，较完整地保留着自然界固有的美。最引人注目的是奇、险、美、豪的山脉，峰顶云雾缭绕，时隐时现。即使在盛夏六月依然是银装素裹，分外妖娆，形成了闻名遐迩的昆仑六月雪，成为一种粗犷、神秘的美学资源。

昆仑山地质公园内不仅有丰富、系统、完整、奇特、美丽的地质景观，而且还有如诗如画、如梦如幻的其他自然景观和地方民族特色浓郁的人文景观等旅游资源。这些旅游资源组合在一起，形成一幅独特奇丽的风光画卷。

5. 教育与研究

地质公园内保留的大规模地质遗迹是展示地质历史变迁、冰川发育的极好场所。同时，园内的博物馆中有大量的地质、生物标本展示和知识介绍，是重要的地质与生态教学、科研和科普基地。由于公园突出的教学和研究价值，吸引了大量科研机构来此开展研究工作，更成为国内外开展教学和科研的热点地区之一。诸如中国科学院、中国地质科学院、中国地质调查局、中国地震局、成都理工大学、青海大学、西安建筑科技大学等多所教育和研究机构，以及法国、英国、德国、美国等国的地质、地震专家来此进行考察研究，各类大专院校不同学科的学生到此进行基础地质、旅游、生态等方面的研究、学习，发表了大量研究文献。这些都有利于扩大学术界与地方政府之间的联系和交流，促进旅游学术的研究与推广，具有重要的教学研究意义。

第四节 / 赛什腾山

"赛什腾山"是蒙古语音译词，意为"黑色的山"，山上基岩裸露，整座山呈黑灰色，山名由此而来。

一、位置境域

赛什腾山是祁连山区西段延伸至青海海西州的一条支脉，横亘在柴达木盆地北缘大柴旦行政区和冷湖行政区内。近似西北—东南走向，长 100 千米，山幅宽约 17 千米，主峰海拔 4576 米，另有三角顶（海拔 4571 米）、独尖山（海拔 4135 米）等高峰。山北为苏干湖盆地，山南为马海盆地。山脉最西端伸至冷湖镇以东约 15 千米处丁字口附近倾没，东部在嗷唠河与马海达坂山分界，东南端以嗷唠河谷地与土尔根达坂山分界。

赛什腾山位置示意图

二、地质地貌

山坡上部陡峻而尖峭，下部较为缓斜。其间有多处被断层所切割，因而山体连续性较差，地表起伏相对高度大，有很大的孤立山峰，山峰间有较宽阔的山间鞍形谷地。山体北坡陡而短，南坡缓而长。山体由灰岩、石灰岩、砂岩等组成。整个山脉分为大赛什腾山和小赛什腾山，以两山之间的岩脊口为界，靠马海一方的为大赛什腾山，靠苏干湖一方的为小赛什腾山。

赛什腾山植被稀少，多为干旱裸露地面，栖息有野驴、岩羊、狼等野生动物。没有常年性河流，山坡干燥，因而剥蚀作用大。南麓多咸水泉，藏有一定数量的煤层，高泉煤矿就位于此山东南坡。

赛什腾山一带是青海金矿主要赋存地之一。这里属于秦—祁—昆成矿域之赛什腾山—阿尔茨托山加里东期、印支期成矿带，地层中富含金矿、铜矿、铁矿、石油、煤矿、（钾）盐矿等矿产资源，其中在赛什腾山北坡就有一个野骆驼泉岩金矿，东南坡有高泉煤矿。

◣ 赛什腾山（张胜邦，2015年10月摄）

第五节 / 锡铁山

一、位置境域

锡铁山位于柴达木盆地北部，地理上属于祁连山脉的延续，是阿木尼克山脉的成员。它背靠祁连山，面对昆仑山，北接柴达木山，南临察尔汗盐湖，东依泉吉草原，西连绿梁山。长宽均在 15 千米左右。锡铁山东西长而南北窄，总面积约 140 多平方千米，海拔在 3300 米以上，最高峰海拔 4037 米，峰顶直刺蓝天。

二、地质特征

锡铁山是典型的块状山，在地质上属于壮年期。山坡陡峻，山高沟深，崖

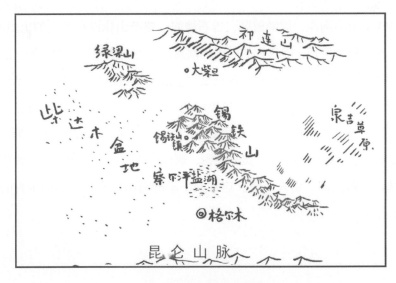

△ 锡铁山位置示意图

峭壁陡，岩石裸露，没有土壤覆盖，没有植被生长，主要分布着干旱的戈壁和荒漠。山岭主要由古老变质岩构成，有多种金属矿藏。山麓发育洪积扇和洪积倾斜平原。北坡洪积层的倾斜产状表明，这个山地的抬升趋势一直没有终止。

三、矿产资源

经过勘探表明，锡铁山中蕴藏着极为丰富的铅、锌、锡、铜、金、银、锑、钼、锗、镓等十多种有色金属，其中铅、锌的储量最大，有几百万吨，而且品位很高。

锡铁山早在清咸丰年间就已被发现，并加以开采，迄今山中的石壁上还残留着"咸丰十一年钻局"的字样。正式开发是 1958 年以后。随着柴达木的开发建设，锡铁山被列入国家"六五"计划的重点建设项目，现在已基本建成年产矿石百万吨的大型选矿厂，每年可向国家提供铅、锌近 10 万吨和相当数量的黄金、白银及稀有金属。

四、旅游资源

锡铁山山高沟深，崖峭壁陡，岩石裸露，整个山脉没有肥沃的土质覆盖，也没有花草树木生长，就连它的四周也都是茫茫的戈壁和干旱的荒原，因此给人一种荒凉寂寞的感觉。其实，这正是它不同凡响之处。锡铁山的山峦，有的呈褐红色，有的呈赭紫色，有的呈墨绿色。盛夏季节，锡铁山地表温度高达40 ~ 50℃。炽热的阳光晒得岩石发烫，大地如蒸。这时，遥望山峦，但见那红色的、紫色的、绿色的岩石，岚光波影，熠熠闪闪，山中闪出一片片葱郁茂密的树林，苍翠欲滴，引人入胜。这种大山里的海市蜃楼，是世间少有的自然景观。

第六节 / 阿木尼克山

一、位置境域

　　阿木尼克山位于锡铁山东南，走向北西西—南东东，北与布依坦乌拉山之间有宽约 20 千米的平坦宽谷分开；西起全集河谷，东到托素湖盆地西缘。山体长 100 千米，宽 10～20 千米。山峰海拔一般为 3000～3500 米。

二、地理特征

　　该山山坡和缓，山顶浑圆，山脊不连续。最高峰位于山岭中部偏西，海拔 4166 米。愈向东南山势愈低，最后没入东灶火河下游谷地。南坡长而缓，濒

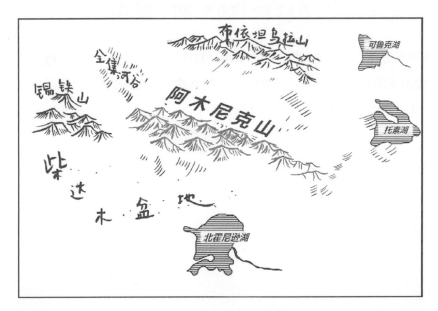

△　阿木尼克山位置示意图

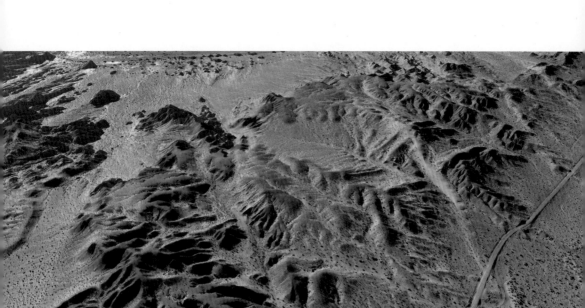

△ 阿木尼克山（张胜邦，2017年10月摄）

临北霍布逊湖；北坡短而缓，与布依坦乌拉山间夹一宽 15 ～ 20 千米，海拔超过 3250 米的平坦宽谷；东北部临近德令哈盆地。山地外貌浑圆，只西端略显陡峻；托吐克以西和以东，均似有横向断裂活动，山脊高度都有显著降低。南坡和东北端，有个别泉流出露，形成间歇河。

第七节 / 牦牛山

一、位置境域

　　牦牛山因昔日野牦牛成群出没，故名。位于青海柴达木盆地东北角，柴达木盆地东北部德令哈—希里沟盆地以南。属祁连山脉中段南支脉，呈北西西—南东东走向，长约 100 千米。

二、地理特征

　　山峰海拔多在 3500 ～ 4000 米之间，山脊不甚连续，实际上分为呈雁行状排列的三段。西段称为南山，最高峰海拔 3947 米，山幅宽度不超过 10 千米；中段称为牦牛山，最高峰海拔 4472 米，山幅宽 15 ～ 20 千米，含有煤层；东段较高，是牦牛山的主体，最高峰为沙利克山，海拔 4711 米。

　　三个山段之间均有断层造成的横向谷地，并有泉水出露。牦牛山山体由裸露的早古生代变质岩和沉积岩构成，植被稀少。煤的蕴藏较丰富。

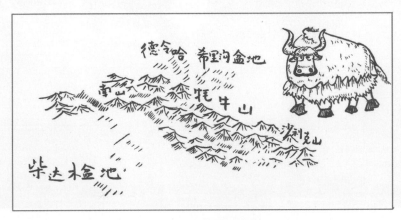

牦牛山位置示意图

第八节 / 布青山

一、位置境域

布青山是昆仑山脉中列支脉，位于青海中部，黄河源头扎陵湖和鄂陵湖之北。蒙古语意为"狩猎山"。西起托素湖北岸，东止花石峡。长220千米，宽50～60千米。大部分在4000米以上，一般山峰在5000米以上，相对高差为1000米，最高峰海拔5480米，有小片冰川分布。为柴达木盆地内流水系与黄河外流水系的界山。分水岭平坦，山脊多处被河流切割。

︺ 布青山全景（张胜邦，2010年10月摄）

布青山位置示意图

︿ 布青山花石峡（张胜邦，2010年1月摄）

二、地理特征

布青山位于托素湖—阿拉克湖断层地带南端，属于新生代褶皱、断块高山区。山脉走向是北西西—南东东向，横贯南部边缘地区，山脉主脊位于恩特可可、乌兰乌拉、马尔争、塔温查一线。山势北陡南缓，主干河流呈东西向，其支流为南北向，河道较宽，呈"U"形。其地质特征为：主要地层为二叠系砂砾岩建造，其上覆有三叠系、第三系及第四系，二叠系之前为地槽区，二叠纪晚期发生褶皱上升，三叠纪早期又下降沉积，直至三叠纪晚期返为陆地，燕山期和喜马拉雅运动使陆地不断升高，形成现在的高山地貌。

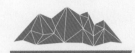

第九节／祁漫塔格山

昆仑山脉北列支脉。蒙古语意为"开花山岭";维吾尔语意为"弟弟",即比阿喀祁漫塔格山(哥哥)要小。

一、位置境域

祁漫塔格山,位于柴达木盆地西南角,西段位于新疆维吾尔自治区塔里木盆地东南,向东延伸入青海柴达木盆地西南。呈西北—东南走向,在青海境内长150千米,宽60~80千米。山峰海拔多在4000~5000米,最高峰海拔5318米。地势从西北向东南降低,西北部海拔约5500米,到东南降至海拔5000米以下。有小型现代冰川发育。

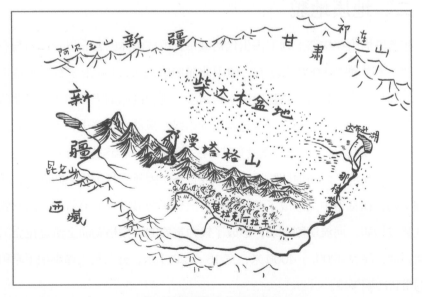

祁漫塔格山位置示意图

△ 远眺祁漫塔格山（张胜邦，2013年7月摄）

二、地质地貌

祁漫塔格山在构造上为下古生代褶皱带，组成山体的岩石以花岗岩与石灰岩为主。高峰海拔 5000 米左右，但因北麓俯临海拔 3000 米左右的柴达木盆地，因而相对高度较大，它是柴达木西南部与青南高原的天然界山。山北侧以 1700～2000 米的高差屹立于柴达木盆地南缘。风沙灾害严重，大沙带沙丘可侵袭到海拔 3500 米以上，虽然没有常年性河流发育，但这些河流注入柴达木盆地，成为内流河，对山地切割深邃，形成宽谷。因新生代山体不断隆升，河流强烈下切，在宽谷中又形成了深切河床，出现了两级以上河流阶地。山南侧由于地势较缓和，河流切割微弱，形成了较为宽展的那棱格勒河上游楚拉克阿拉干河谷地，海拔 3200～4000 米，宽 15～20 千米，分布有山麓洪积平原和狭窄的带状冲积平原。

三、魔鬼谷

在阿尔金山自然保护区东端有一段谷地，距离若羌县 350 千米。南面是东昆仑山主脊，北面是祁漫塔格山，两山夹峙间是一条河流，山谷里雨量充沛，气候湿润，牧草茂密，鲜花遍布。以前当地牧民称这条山谷为"那棱格勒"，蒙古语意为"太阳河谷"。

传说东昆仑是个年轻美貌的王子，祁漫塔格是个美丽的公主，两人如胶似漆，而不管河西走廊和塔里木绿色走廊的干旱少雨。人民渴得嗓子冒烟，可伴郎富士和伴娘卡拉娜却极力主张他俩的婚礼要大摆宴席，隆重豪华。他们耗费了人民无数的财物，苍天震惊，黎民哀号，老昆仑气得直跺脚，塔克拉玛干都气疯了，民间怨声载道。苍天一怒之下，将东昆仑王子和祁漫塔格分开了，永远不许他们结婚，并把富士流放到太平洋荒岛，把卡拉娜驱逐到欧洲，使这两个始作俑者也得到惩罚。为此，东昆仑常常发怒咆哮，祁漫塔格随时都会哭泣胡闹。每当沉沉黑云笼罩山谷，伴随着隆隆雷声、阵阵阴风和道道闪电，谷中到处可以看到蓝莹莹的鬼火，听到猎人求救的枪声、牧民或挖金人绝望悲惨而凄厉的号哭。雷雨过后，谷中到处是烧焦的牧草和动物的尸体，景象恐怖，就像是魔鬼所为。所以美丽的那棱格勒谷成了"魔鬼谷"。

近来科学家们解开了"魔鬼谷"之谜：那棱格勒河谷是一个雷击区，湿润的空气受到昆仑山主脊阻挡，沿河谷聚集，形成雷雨云。谷中三叠纪火山喷发后形成的大面积强磁性玄武岩和石英闪长岩矿脉及铁矿脉，与雷雨云在磁场互相作用下，很容易形成雷暴现象。此时，在无其他高大树木及物体的情况下，兀立的野兽、牲畜和人便成了雷击放电的对象。人们误以为这一切都是魔鬼所为，称那棱格勒河谷有魔鬼作怪。另外，夏季地面解冻，人畜一不小心便会陷入水草覆盖的泥沼之中，弄不好还会掉入流向不定的暗河里，在别处又冲出地面，形成"移尸"现象。

◥ 祁漫塔格山（张胜邦，2014年6月摄）

四、库木库里沙漠

世界上海拔最高的大沙漠。面积达 1600 平方千米，呈不规则长方形，横卧在祁漫塔格山与库如克皮提勒克塔格山一求拉克塔格山之间，海拔为 3900 ～ 4700 米，主要由高大的金字塔沙丘、复合型新月形沙丘和新月形沙丘链组合而成。沙山高度平均 100 米，最大达 300 米。绵延数十千米的沙山，在海拔 3900 米以上明净的天空背景下，端庄、秀丽，夺人魂魄。

271

第十节 / 其余诸山

柴达木盆地由南北山脉环绕形成，其中分布有许多山峰。除前文所述，其余山脉介绍如下。

一、阿尔格山

昆仑山脉中最西一条支脉。位于青、新、藏三省（区）交界处。西北部在新疆维吾尔自治区境内，东南入青海延伸 50 余千米。在青海省境内位于勒斜武担错以北，北至省界；东以苏鲁贝提力克达里亚河河源与博卡雷克塔格山毗邻，西至省界。平均海拔 5000 ～ 5500 米。主要由雪莲山（海拔 5598 米）、巍雪山（海拔 5814 米）、黑驼峰（海拔 5561 米）和平台山（海拔 5364 米）等组成。其中巍雪山有冰川发育。

二、沙松乌拉山

昆仑山脉北列支脉。位于青海西部，柴达木盆地格尔木南缘格尔木河与那棱格勒河之间。蒙古语意为"雪山"，因终年积雪而得名。呈北西西走向，长 54 千米，方块状。平均海拔 5300 米，主峰索斯诺乌拉海拔 5446 米，最高峰开木棋陛里格，海拔 5621.8 米。山体由砂岩夹石灰岩和花岗岩侵入体组成。北麓为灶火河、托拉海河发源地，南麓融水汇入格尔木河。

三、博卡雷克塔格山

博卡雷克塔格山蒙古语意为"西山梁"，位于柴达木盆地西南。北以那棱格勒河和祁漫塔格山分界，南以卓乃湖—卡巴钮尔多湖与可可西里山、巴颜喀拉山为邻；东以格尔木河与布尔汉布达山毗邻，西以苏鲁贝提力克达里亚河源头与阿尔格山过渡。为东昆仑山脉主脉，近东西走向，青海境内长 500 千米，南北宽 70～80 千米，西端最宽达 130 千米。山峰海拔多在 4500～5500 米之间，最高峰布喀达坂峰（又叫新青峰，也叫博卡雷克塔格峰）是一个巨大的山结，海拔 6860 米，为省内最高点。

南北坡明显不对称，南坡短且缓，北坡长且陡。山体主要以花岗岩、石灰岩组成。地势自西向东倾斜，西段那棱格勒河源头众多支流侵蚀切割，主分水线偏离到南麓，那棱格勒河正源红水河切穿主脉，袭夺库赛湖以西水源，河源伸入布喀达坂峰西南部，使这个巨大冰川作用中心的冰雪融水大都纳入柴达木内流水系，给干旱的柴达木盆地提供了宝贵的水资源。

位于东部的昆仑山口是格尔木至西藏的主要交通要隘，有公路通过。博卡雷克塔格山分别以额尔滚赛埃图河上游—雪山河—昆仑河一线和太阳湖—库赛湖一线为界，分为北、中、南三支。

北支以红水河干流为界分为东、西两段，西段以极高山为主，东段全是高山。西段位于红水河干流以西，山岭近东西走向，山脊不连续，主要由求勉雷克塔格、塔鹤托坂日、雪山峰组成，均发育有现代冰川。其中塔鹤托坂日最高，海拔 5972 米。东段位于红水河干流与格尔木河干流之间，叫沙松乌拉山，山岭东西走向，山脊较连续，海拔 5000～5500 米。

中支是东昆仑山的主脊，多为极高山，冰川十分发育，分别以红水河干流和昆仑山口为界，分为西、中、东三段：西段由布喀达坂峰、化石山、群山包组成，其中布喀达坂峰高 6860 米；中段由圆头山、圆顶山、狼牙山、湖北冰峰等山脉组成，其中湖北冰峰最高，海拔 5933 米；东段唐格乌拉山，由可可赛根孟克、阿青岗欠日旧、尕义生都、岗切曲昌纳邹、扎陇阴桑等山峰组成，其中尕义生都最高，海拔 5785 米。

南支主要为极高山，包括马兰山、五雪峰、大雪峰等山峰，其中大雪峰最

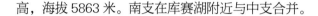

高，海拔 5863 米。南支在库赛湖附近与中支合并。

四、布喀达坂峰

东昆仑山脉主峰。蒙古语意为"野公牛峰"，因山形而得名。位于青海最西部，因处青海、新疆交界处，又名"新青峰"。山顶为冰川，主峰海拔 6860 米，为青海最高峰。位于格尔木市区以东 360 千米，北纬 36°00′，东经 90°51′，是海西州、玉树州、新疆的界山。原名莫诺马哈。1979 年，国务院批准改名为布喀达坂。

布喀达坂峰东西长 35 千米，南北宽 24 千米。南坡陡峻，北坡较缓，山顶较平坦。山体由砂岩、石灰岩、花岗岩组成，形成一个巨大的山结。西北部与阿尔格山相连，东北部连接楚拉克塔格山，共同构成具提力克河和楚拉克阿拉干河的分水岭。东南部延伸出博卡雷克塔格山。雪线高度 5400 米，有现代冰川发育，多达 30 余条，面积 360 平方千米。北麓融水 20 余支，汇入新疆苏鲁皮提勒克河，注入阿雅格库姆湖；南麓融水 10 余支，汇入红水河，由那棱格勒河流入柴达木盆地。

五、马兰山

原名乌兰山，蒙古语，意为"红色山"，由山色而得名，后演变为马兰山，以盛产黄金而闻名，也是藏羚羊的栖息地。位于格尔木城区西南 375 千米处，北纬 35°50′，东经 91°37′。海拔 5790 米，常年积雪。共有冰川 42 条，面积 195 平方千米，总储水量 2223 亿立方米，平均年融水量 680 万立方米，属于极大陆性冰川。近世纪以来，冰川处于退缩状态，但幅度不大；下世纪对冰川径流的影响不大。

六、唐格乌拉山

昆仑山脉中列支脉。柴达木盆地南缘，位于格尔木城区东南 100 千米处，北纬 35°40′—35°43′，东经 95°05′—95°50′，东西走向，长 100 千米。平均海拔 4600 ～ 4800 米，最高峰扎陇朋桑海拔 5029 米。山体主要由砂岩、石灰岩与花岗岩侵入体组成。北麓有温泉，注入秀沟河。

七、德令哈市境内诸山

德令哈市境内山地根据构造运动的强度和幅度，形成海拔 4000 ～ 5800 米的高山和海拔 4000 米以下的中山两个二级类型。按构造运动的差异性或外引力切割引起的地貌相对高差，可分为相对高差 1000 ～ 2500 米的大起伏山地，高差在 500 ～ 1000 米的中起伏山地，高差在 200 ～ 500 米的小起伏山地和高差在 20 ～ 30 米的丘陵 4 个三级类型。二级和三级山地类型相叠加后，本市山地地貌可分为大起伏高山、中起伏高山、小起伏高山、高海拔丘陵、中起伏中山、小起伏中山和中海拔丘陵 7 个类型。

大起伏高山主要分布在党河南山山脉、喀克图山脉、哈日科山脉和宗务隆山脉。党河南山山脉境内有党河南山、克普腾蒙克（5220 米）、傲木荣蒙克、野牛脊山（4891 米）、奥格图尔乌兰山，平均海拔 5000 米。喀克图山脉境内有喀克图蒙克、果青果尔斑夏哈勒根、盖尔哈达山，平均海拔 5100 米。哈日科山脉由上述两山脉汇合而成，主要山体有哈日赞希里、哈日科、查汗哈达、宝依日格山（亦称亚合隆许马马尔岗）、草芒东山、日尼黑山。西段海拔 4800 ～ 5000 米，最高 5562 米；东段 4400 ～ 4500 米，最高 4714 米。宗务隆山脉由库尔雷克山、科克希里山、巴勒根山、宗务隆山（4691 米）、巴音山（5030 米）、蓄集山、贡艾里沟山组成。科克希里山以西山脊平均海拔 4200 米，最高 5656 米，东段山脊高度 4500 米左右，最高 5102 米。

中起伏高山和高海拔丘陵，主要分布在祁连山脉中高海拔宽谷盆地周围、喀克图河上游和哈拉湖盆地周围地区。

中山和中海拔丘陵，零星分布于境内祁连山脉中中海拔宽谷地、盆地边缘地带。

八、茫崖市境内诸山

茫崖市虽属柴达木盆地的一部分，但由于三面环山，中间低洼，构成了盆地中的小盆地，自成一体。全区西高东低，自西北向东南倾斜。北部阿尔金山南西部尕斯山组成高山地带，约占全境的 1/5。境内最低点为阿拉尔、尕斯湖地带，海拔 2840 米；最高点是青新边界上的尕斯蒙克雪峰，海拔 5684 米，终年积雪。荒漠戈壁和流动沙丘占全区面积的 1/2，平原沼泽区占 1/10，低山丘陵约占 1/5。

茫崖地区是柴达木盆地的狭口，狭管作用明显。强劲的西北风从狭口进入盆地，风蚀作用不断进行，山体剥蚀，沙丘移动，沙漠广布。全区地貌从形态上分布主要有山地地貌、丘陵地貌、沙漠沙丘地貌、风蚀雅丹地貌、丹霞地貌、冲积—洪积平原。

（一）山地

昆仑山脉尕斯山脉的乌兰乌珠尔、尕斯山和阿尔金山脉查汗托罗盖山脉的乌兰乌拉山（维吾尔语称阿卡腾能山）、查汗托罗盖山（维吾尔语称阿哈提山）以及金鸿山接头于茫崖镇边境，呈南、西、北状环绕茫崖市西部。乌兰乌珠尔是昆仑山脉北支东端的一座大山，呈西西北—东东南走向。西段称尕斯乌珠尔山，为青新两省区界山，平均海拔 4000 米，最高峰为 5684 米。东段乌兰乌珠尔山最高峰为骆驼峰，海拔 5257 米。山体总长约 150 千米，山幅宽约 20 千米。山南为阿达滩河谷盆地，山北为尕斯草原。南山坡陡峭，北山坡平缓。山北麓有东西向狭长形洪积平原，西段高峻，东段低平，呈西北—东西向倾斜。山体构造为下古生代褶皱带，以花岗岩和石灰岩为主。由于远古的冰川运动和雨雪水的冲刷，山间沟壑发育，沟切较深，如宽沟、东沟、西沟、大沟、冰沟等。山涧中还有黑山、奶头山、莲花石山等山体。

阿尔金山坐落在茫崖市西北部，是茫崖与新疆塔里木盆地的界山。东端在当金山附近与祁连山相连，西端在东经87°附近与昆仑山的北支西段尕斯乌珠尔山并列。山体走向为东东北—西西南，全长约500千米（在茫崖市境内约180千米），西宽（50千米）东窄（18～20千米）。山顶海拔在4000米左右，山坡南缓北陡。最高峰为阿卡托山，海拔4790米。阿尔金山山体构造为震旦系地垒式断块山脉，地质构造复杂。因受塔克拉玛干沙漠影响，气候干燥，山体岩石裸露，山坡多为岩屑。高处因峭壁耸立，强烈的风化作用使岩屑剥落下滑，随雪水冲沟堆积，在山根底部堆积成乱石堆，纵横交错，沟谷下切较深，属于干燥剥蚀型山体。阿尔金山脉在茫崖市境内的分支有乌兰乌拉山（阿卡腾能山，海拔4642米）、依腾布拉格山（海拔4534米）、大通沟北山（海拔4114米）、金鸿山（海拔3605米）等，均为荒山秃岭，山坡陡峭，坡度大，风化强烈，峡谷多，乱石堆较为发育。

1. 安南坝山

安南坝山是阿尔金山脉的东段。阿尔金山是昆仑山脉的一个支脉，为柴达木盆地北缘的一个较低山脉，平均海拔约4000米。其西段是阿哈提山，中段为金鸿山和安极尔山，北段是金雁山，东段便是安南坝山。

安南坝山西起拉配泉，东至当金山口，全长187千米。山脉走向：西部与金雁山走向一致，延于东西西；东部由北东东转向北西西，与赛什腾山西端隔苏干湖遥遥相对，似呈一脉。主峰海拔5798米，山脊尖突，呈金字塔形，峰顶终年积雪，有近50条冰川发育。

在安南坝山南麓，形成数十条分支从其主峰带由北而南向盆地伸延，其间发育一系列切割度很大的沟谷，如龙尾沟、金泉沟、安南坝沟、盐场北沟、西大沟、大通沟等。大沟谷长达10～20千米不等，在各沟谷的出口处都形成有较大面积的冲积扇，并在冲积扇之下形成较为宽阔的山前平原。

山体主要由云母片岩、石英岩等变质岩和花岗岩、绿色火山岩类组成。大部分山体呈中等切割中低山面貌，山坡普遍覆盖岩屑与黄土混杂物。北麓沟谷发育，切割强烈，多冲积扇地形与沙丘；南侧宽浅谷地和低矮山岭相间分布，在强烈的干燥剥蚀作用下形成众多岛山。有红柳、沙柳等旱生灌丛植被和野驴、岩羊等野生动物。矿藏有云母、石棉等。

2. 冷湖沙山

位于冷湖镇西侧，北起冷湖三号构造南至冷湖五号构造，全长 25 千米，其西部是昆特依大盐滩。连绵沙山成为冷湖镇西面的天然屏障，冷湖油区的三号、四号和五号油田均位于沙山区内。沙山全由第三系地层组成，最高峰海拔约3400 米。

（二）丘陵

分布在茫崖市西北和东南一带，由西北至东南山势愈来愈缓，相对高度愈来愈小，属阿尔金山的一部分。其间的落雁山、斧头山、碱石山、凤凰台、大风山、油砂山、南翼山、尖顶山、月牙山、采石岭、黄瓜梁、小梁山等低山丘陵，与阿尔金山构成群落。多为干燥剥蚀型地表，生长稀疏耐旱耐瘠的小半灌木，物质组成为砂砾石或碎石、裸岩，无利用价值，丘陵沟壑间和平坦处积存较厚的流沙和不规则的沙丘。

1. 峨博梁—牛鼻子梁丘陵区

位于冷湖镇西部，西起安极尔山，北临峨博梁背斜带，东南为昆特依大盐滩，南为察汗斯拉图盆地。本区丘陵大部由第三系及部分中生界与第四系的地层组成，丘陵的延展方向与背斜带一致，同受老山构造线方向的控制，成反"S"形雁形排列。峨博梁—牛鼻子梁丘陵区地形由西北向东南逐渐降低，背斜带的北部有断层出现，形成的丘陵也多是北陡南缓，愈近老山丘陵因高差大而形状狭窄，远离老山丘陵的形状较为平坦。发育的丘陵地貌有红岩垄岗丘陵、穹形丘陵、风积丘陵、山麓冰碛高台地、风蚀夷平丘陵和红岩低山等。

2. 东坪—里坪丘陵区

位于冷湖镇西南部，冷湖大盐滩南部。东界西台吉乃尔湖，西与茫崖密集丘陵区相邻。本区全由第三系和第四系地层构成，背斜开阔，褶皱平缓。西北高东南低，丘陵稀疏分散，除近山处有垄岗丘陵和低山丘陵、穹状丘陵外，多为风蚀土丘丘陵和剥蚀平原区，被切割的高原残体零星分布。

3. 南八仙—茶冷口—水鸭子墩丘陵区

位于冷湖镇南部、南八仙西部，茶茫公路和茶冷公路穿行其间。该区主要为第三系地层，东起南八仙，西至大盐滩，北至水鸭子墩，南至西台吉乃尔湖北部。区内丘陵多为风蚀垄岗丘陵，大者呈垄丘状，小者如坟丘，海拔3000 ～ 3300 米，高低错落，星罗棋布。地质学称其为雅丹地貌，为盆地一大奇特景观。

九、乌兰县境内诸山

乌兰县的主要山脉，北有祁连山支脉，南有柴达木盆地山脉。属祁连山支脉的有：茶卡北山（又名关角吉山），海拔4231 ～ 4521 米；铜普山，海拔4232 ～ 4701 米；阿汉达来山，海拔3692 ～ 4664 米；柯柯赛山，海拔3881 ～ 4601 米；布赫特山，海拔3500 ～ 3700 米。属柴达木盆地山脉的有：乌兰布拉格山，海拔3185 ～ 4437 米；茶卡南山（又名哈莉哈德山），海拔3132 ～ 4004 米；阿里根刀若山，海拔3587 ～ 4476 米；牦牛山，海拔4035 ～ 4472 米。

十、都兰县境内诸山

都兰县地域辽阔，地形复杂，既有嵯峨连绵的高山，也有广阔平坦的盆地。境内有布尔汗布达山、阿尔茨托山、布青山、鄂拉山等山脉，有八宝、秀沟、洪水川等山川相间的山地和山前丘陵、山前倾斜平原等地貌类型。

1. 布尔汗布达山

位于县境南部，蒙古语意"神山"，为昆仑山的东延山地。规模宏大，山势雄伟，系褶皱—断块型高山区。山脉南以秀沟、灭格滩根郭勒、乌兰乌苏河与唐格乌拉山、布青山分界，西连祁漫塔格山，东与阿尼玛卿山（积石山）相接。东西长360千米，地势自西向东倾斜，南北宽50～70千米，山脊较连续，山峰海拔多在5000米左右，最高峰舒尔干乌拉峰，海拔5731米。这里是中国夏季风的西界，也是外流河与内流河的分界。

其地形特征为山峦绵延起伏，自西向东横亘境内，山脉走向为北西西向，主脊位于德海乌拉、桑根乌拉、伊克高里、下拉温、扎那合热一线，主脊山峰均在海拔5000米以上。最高峰系位于伊克高里的措木策峰，海拔5486.2米，其余山峰在5100～5300米之间。洪水川谷地至主峰20千米，相对高差1600米。山势南高而陡，北低而缓，河流呈南北向分流，南坡河流汇集于洪水川、秀沟一带，北部河水流入盆地。河谷由于长期崩裂，两岸尽为悬崖峭壁，使得山谷狭窄、陡峭。格尔木河发源于山地南坡，切穿山地西段，进入柴达木盆地。

大部分山地处于冰缘环境下，寒冻风化强烈，山地中多有宽阔平谷地，多季节性河流。地质构造属昆仑褶皱系和柴达木地块的过渡地带，岩层主要为震旦系片麻岩和片岩，大面积分布海西期细粒花岗闪长岩和细粒花岗岩。

2. 布青山（详见本书第四章第八节）

3. 哇洪山

位于牦牛山以东，系新生代中低山区。山地地形为四周群山环抱，中心为草滩，形似不规则的盆状。盆地中心为野马滩，滩南为阿尔茨托山，滩东系哇洪山和哈利哈德山，滩北有下查查山，滩西是夏日哈山、大海滩山和阿尔茨托山。下查山走向为东西向，哇洪山、大海滩山、阿尔茨托山均呈北西向，山脉主脊位于夏日哈山—哇洪山—阿尔茨托山—下查查山一线，山峰海拔均在4000米以上，最高峰哇洪山主峰海拔5031米。其地质特征为：加里东运动后，该地区回返成陆，后来的华力西期至喜马拉雅期的各次构造运动都以断裂构造为主，区域内东西向及北西向的断层得到强化，形成了长轴方向各异的断块，致使区域内的山脉走向各异。哇洪山区基岩主要为奥陶—志留系的变质岩系，上泥盆统的碎屑岩、火山岩及少量的石炭系、二叠系、三叠系地层。

4. 察汗乌苏山

位于沙柳河以南、柯柯赛以西、香日德以北、白石崖以东地区，为断块体高山区。区域内东南高，西北低，由柯柯赛山、哈茨普山、扎麻日山、东兰山、那日马拉里山、森母字克山、下拉木松山组成。山脉均为北西向，山脉之间有柯柯赛沟、曲里盆地、察汗乌苏河相间。柯柯赛山主峰海拔5270米，其余山峰海拔为5061～5130米之间，哈茨普山主峰为海拔4982米，那日马拉里山主峰海拔4310米，下拉木松山主峰海拔4238米，山势大都南陡北缓。河流走向为北西向，与山脉走向平行，最大河流为察汗乌苏河。其地质特征为：加里东运动使区域内回返成陆地，但凹陷区在中石炭纪继续沉积，沉积地层为海陆交互相和海相。石炭纪晚期受华力西运动影响，海水退出，并产生了北西向断裂。到印支期北西向断裂得到进一步发展，形成北西向断裂组，断层的北盘向西南盘推掩，形成东高西低的地形。印支晚期区域内发生了强烈的岩浆活动，大量中酸性、酸性岩沿北西向断裂层侵入，形成基岩、岩株和晚二叠纪火山岩。

十一、大柴旦行政区境内诸山

大柴旦镇地处柴达木盆地北部地带，境内四面环山，喀克图蒙克、古尔斑保热达陇、科克希里山、柴达木山雄踞于东部，锡铁山、绿梁山绵延于南，赛什腾山、马海达坂（大青山）横亘于西部，这些山脉分属于祁连山脉和柴达木山脉。两条山脉在境内呈北西西—南东东走向。海拔一般在4000米左右，山间分布有一系列次盆地，诸如小柴旦盆地、大柴旦盆地、马海盆地、鱼卡盆地等，雪线高度约在海拔4000米。总的地势是北高南低，平均海拔在3000米以上。

大柴旦镇属柴达木古湖遗迹，是柴达木盆地的主要沉积区，具有柴达木盆地的所有地貌特征。全区地貌类型，从成因分主要有干燥剥蚀地貌、风沙地貌、流水地貌、湖泊—流水地貌、湖泊地貌和构造地貌等，从形态上分主要有高山、中山、低山、丘陵、台地和平原；在平原地貌类型中又分为洪积平原、冲积—洪积平原、冲积平原、冲积—湖泊平原、湖积平原等。

大柴旦镇的山地主要分布于四周，干燥剥蚀高山由古老变质岩系构成的赛什腾山、绿梁山、锡铁山，其绝对高度均在 4000 米以上，各山体相对切割均在 1000 米以上，具有独立山体的性质，成为境内东南西三部的天然分隔。大起伏高山，如夏日哈勒金山（党河南山）、古尔斑宝日达陇、土尔根达坂山展布于境内北缘，构成北缘天然屏障；中起伏高山，如祁连山脉中的宗务隆山脉西段的达肯达坂山、柴达木山、库尔雷克山、科克希里山；小起伏高山主要分布在高海拔宽谷喀克图河、哈尔腾河河源地区；中山主要分布于境内盆地和高山带之间的过渡带和中起伏高山的鞍部。其海拔大部在 3400～3800 米之间。

1. 赛什腾山（详见本书第四章第四节）

2. 土尔根达坂山

"土尔根达坂"为蒙古语音译词，意为"陡峻的山"，又叫哈尔根达坂山。地处大柴旦行政区北部境内，为祁连山脉的南支。广义的土尔根达坂山包括塔塔棱河与大哈尔腾河之间的广阔山地，西起苏干湖盆地以东，东到乌兰哈德郭勒源头。山体呈西北—东南走向。整个山地东西长 300 千米，中部南北宽达 100 千米，东、西两端较窄，东端仅 20 千米。整个山地被小哈尔腾河、鱼卡河分为北、中、南三支。北支和南支在东部与中支合并。中支是广义土尔根达坂山的主脉。北支称察汗峨博图岭，位于大哈尔腾河与小哈尔腾河之间。东西长 75 千米，南北宽 10～15 千米。山岭西部较低，东部较高，山峰海拔一般 4000～5000 米。最高峰位于东部，海拔 5249 米，5000 米以上的山峰有少量现代冰川。中支位于小哈尔腾河与鱼卡河之间，是狭义的土尔根达坂山。东西长 200 千米，西部宽 60 千米，东部宽 20～30 千米。山峰海拔一般 4500～5500 米，中、东部较高，海拔一般在 5000 米以上。最高峰果青合通夏哈尔格，位于东部，海拔 5592 米，也是广义土尔根达坂山的主峰。5000 米以上发育有较大面积的现代冰川。南支称柴达木山，位于鱼卡河与塔塔棱河之间，主要是由中生代花岗岩组成的块状山地。山峰海拔一般 4500～5000 米，最高峰是西部的柴旦峰，又叫红旗峰，呈馒头状，海拔 5656 米，发育有现代冰川。

土尔根达坂山地是祁连山区的冰川作用中心之一。这里分布有冰川 323 条，冰川面积达 415.36 平方千米，冰储量 24.28 立方千米，平均粒雪线海拔 4900～5100 米，冰川末端最高海拔 5400 米，最低海拔 4540 米。祁连山区最大的冰帽——敦德冰帽就发育于此。南坡冰川融水汇入马海河和塔塔棱河，分别注入马海湖和小柴旦湖；北坡冰川融水汇入哈尔腾河，注入大、小苏干湖。

3. 党河南山

坐落在青海西北部，位于青海省与甘肃省交界。西端以当金山口为界与阿尔金山相接，东南经古尔班保热达陇、克普腾孟克山、傲木荣孟克山、野牛脊山与哈拉湖相连，东西长约 300 千米，南北最宽处 35 千米，最窄处不足 10 千米，呈东高西低的北西走向。西段是甘青两省的界山，东段全部在青海省境内。山岭东段较高，山峰海拔一般在 5000 米左右。最高峰位于古尔班保，海拔 5620 米。4800 米以上的山峰一般发育有现代冰川。野牛脊山、古尔班保为其东段的次一级山岭。

党河南山地貌垂直变化明显，海拔 3500～4000 米为山前戈壁带，4000～5000 米为寒冻风化带，5000 米以上为现代冰川及冰川作用下的角峰与刀脊。

党河南山为祁连山西端的一段山脉。祁连山一带在远古时期是大海洋，后经加里东运动发生褶皱，形成祁连山雏形。在大地构造上，祁连山分北祁连山加里东褶皱带、中祁连山前寒武纪隆起带和南祁连山加里东褶皱带，在古老的褶皱带上，断裂构造特别发育。

4. 野牛脊山

野牛脊山又称"却荀力安木吉勒"，是党河南山东段的次一级山岭。山体呈西北—东南走向展布于疏勒南山南部、哈拉湖西南部、哈尔科山与喀克图蒙克山一线的北部，西北起于甘肃省阿克塞哈萨克族自治县建设乡境，越过省界后进入青海省德令哈市，总长约 80 千米，宽 10 ~ 16 千米。其山脊海拔一般为 4300 ~ 4800 米，山势总体上西高东低，东部多呈丘陵状起伏，西部在流水切割下地势起伏较大。野牛脊山的南坡陡峭，剥蚀作用强烈；北坡相对平缓，冻融作用剧烈。北坡和西南坡各有大哈尔腾河的一条支流，是大哈尔腾河的发源地之一。

这里属大陆性半干旱高原气候区，寒冻风化作用强烈，高山流石坡发育，成土作用弱。山上植被稀疏低矮，以高寒荒漠植被和高山流石坡植被为主，主要有雪兔子、雪莲花、火绒草、嵩草、热状驼绒藜等耐寒、耐旱的植物，栖息有白唇鹿、藏原羚、盘羊等高山寒漠动物。

5. 柴达木山

"柴达木"为蒙古语音译词，意为"盐泽"。属祁连山区西段最南部支脉，位于大柴旦行政区中部，与土尔根达坂山相并列，呈西北—东南走向。西北部起自大青山，连接柴达木蒙克山主峰（柴旦峰海拔 5656 米）、库尔洛克山（海拔 4108 米），东南至布依坦乌拉山。山体长约 210 千米，山幅宽窄不等，为 15 ~ 50 千米。平均海拔 5000 米以上，山顶终年积雪。中部高两端低，西部山地局部有风沙覆盖，东部山顶低而宽平。

雪下基岩主要由三叠系砂岩夹石灰岩和变质岩组成。在海拔 4800 米以上的地带，柴达木山分布有现代冰川 31 条，冰川面积 28.19 平方千米，冰储量 0.98 立方千米，为其南、北两侧河流——鱼卡河和塔塔棱河的发源地。在干旱、寒冷的自然环境中，这里发育有灰棕漠土、棕钙土、高山寒漠土、草甸土等土壤类型，植被稀疏，栖息有岩羊、雪鸡等野生动物。此外，还分布有金、铜、铅、锌、油气、煤炭等多种矿产资源。

6. 绿梁山

位于柴达木盆地北部，依克柴达木之南，西起鱼卡河谷，东至塔塔棱河谷。长 60 千米，宽一般 10 千米。山峰海拔多在 3500 ~ 4000 米，山坡上部较陡，下部和缓。山脊不连续，多呈独立的块状山地。最高峰位于西段，海拔 4111 米。

第五章 青南高原名山

青南高原位于青海省南部东昆仑山脉和唐古拉山脉之间，平均海拔在 4200 米以上。东面和西面分别与四川、甘肃和西藏三省（区）相邻。北纬 31°30′—36°15′，东经 89°30′—102°30′。面积 47 万平方千米，约占全省总面积的 65%。行政区划包括玉树州、果洛州全境，黄南、海南州南部，海西州及格尔木市唐古拉山镇。

　　青南高原山地主要由唐古拉山脉及昆仑山脉两条主要支脉可可西里山脉和巴颜喀拉山脉构成。高原海拔 5500 米左右，山岭高度多在 6000 ~ 7000 米。地貌形态多是高差不大的平顶山岭、峡谷、第三系熔岩台地和宽广的长江、黄河源高平原，宏观形态比较平缓，是山不全山，是原不全原，故称山原。山原地势呈由西北向东南倾斜。

第一节／综　述

一、昆仑山脉南支脉与青南高原

东昆仑北带从西到东由阿尔格山—布尔汗布达山—阿尼玛卿山构成，南带从西北到东南由可可西里山—巴颜喀拉山构成。在东昆仑北带东段之北，还有鄂拉山和西倾山与之并列，也可视为北带的一部分。东昆仑山及其支脉可可西里山、巴颜喀拉山、阿尼玛卿山横贯青海中南部，与通天河以南的唐古拉山一起构成了青藏高原东北部，称为"青南高原"。此地海拔普遍在4500～5000米，较低的东部谷地亦达3200～4000米。雪线在5400米左右，常年积雪山峰较多。青南高原西部和南部同藏北高原、川西北高原连成一片。这片高原的高原面相当完整，地势自西向东渐低，仅东南部被河流深切，形成高山峡谷。

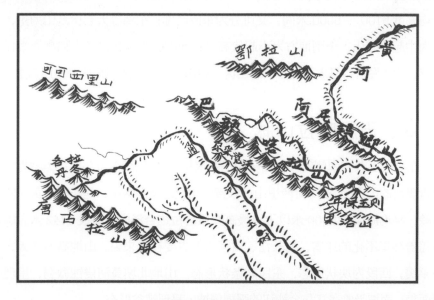

青南高原名山位置示意图

长江、黄河均发源于本区山地，巴颜喀拉山是长江和黄河发源地带的分水岭。高原河湖沿岸牧草丰美，是良好的畜牧区。

二、可可西里山脉

可可西里山又称为可可稀立山。它横亘在青海省西南部及西藏自治区东北部，海拔 6000 米左右。可可西里山是长江上游通天河支流楚玛尔河源地，构造为下古生代褶皱带。山体不宽，高差不大，山坡平缓。青新交界处的山峰汇集着许多冰川，最大冰川的面积可达 1000 平方千米，宽大的冰舌上又有许多冰塔林。山麓北面有一些坡度和缓的丘陵。再向北为楚玛尔河谷地，谷中覆盖着冲积物，水流分散，河床宽浅（500 米），下切微弱，积水成池。

三、唐古拉山脉

唐古拉山脉是青藏两省的界山，是长江和澜沧江的发源地，走向近东西向。其西段常被北北东走向的谷地隔断，形成短轴山地，广布一些极高山。其东段平均高度 5100～5500 米间，又可分为东西两部：东部以大起伏高山为主，少量为中起伏高山，个别地方为小起伏高山；西部，中小起伏高山和高海拔丘陵共存，皆较发育，基本无大起伏高山区。唐古拉山脉以冰川和冰缘作用为主。

四、巴颜喀拉山脉

东昆仑山东支南侧的一支山脉为巴颜喀拉山。"巴颜喀拉"蒙古语意为"富饶青黑色的山"。西接可可西里山，东接四川岷山及邛崃山，是长江、黄河的分水岭，平均海拔在 5000 米以上，最高峰雅合拉达合泽山，海拔 5442 米。山脊覆盖着终年不化的冰雪，为长江、黄河水的主要补给来源。山地高差不大，山坡平缓，西段为块状形态，东段为条状形态。山地北坡黄河侵蚀微弱，呈现高原面貌；南坡受雅砻江与金沙江的强烈侵蚀，呈现峡谷形态。

第二节 / 可可西里山脉

可可西里山位于西藏自治区东北部及青海省西南部，又称可可稀立山，是昆仑山脉南支。由于这里高寒缺氧，条件恶劣，又被称为人类禁区，很少有人进入，因而保存了最完整的青藏高原的原始地貌，具有重要的科研价值。

一、位置境域

广义的可可西里山脉在青海境内北以勒斜武担措—可可西里湖—卓乃湖一线与昆仑山分界，南至乌兰乌拉湖—沱沱河一线与唐古拉山分界；西起省界，东至楚玛尔河下游与巴颜喀拉山脉相接。地理坐标为东经89°25′—94°55′，北纬34°87′—35°45′。西北—东南走向，长500余千米，宽20～30千米。

主脉即狭义的可可西里山脉，位于西金乌兰湖—错仁德加一线之北。主要

可可西里山脉位置示意图

由岗扎日东峰、天台山、汉台山、巴音多格日旧山等组成。其中，岗扎日东峰最高，海拔 6136 米，为大起伏的极高山；天台山、汉台山为中起伏高山；其他均为小起伏高山或高海拔丘陵。位于可可西里山脉主峰之南的乌兰乌拉山和冬布里山，可视为广义的可可西里山脉内的次一级山岭。

二、地貌特征

高原面海拔多在 5000 米左右，山峰海拔一般 5100 ～ 5500 米，仅青藏交界处有少数雪峰超过 6000 米。山岭绝对高度大，相对高度小，多为高海拔丘陵和小起伏高山，少数为中起伏高山，个别为大、中起伏极高山，山脊不甚连续。海拔 5600 米山地夷平面上，发育有零星的平顶冰川。由于地处内陆，气候干燥，除北侧有少量淡水湖外，其余南北星罗棋布之湖泊均为咸水湖。东部楚玛尔河宽谷内甚至出现沙丘。山地草原草类稀疏，人烟与畜群均少。

三、地质概况

可可西里山于印支运动开始上升，喜马拉雅运动中更剧烈隆起，第四纪期间有火山活动。

可可西里山与其东侧的巴颜喀拉山，同为中国三叠系分布最广、发育最好的地区。山体大致为一巨大复向斜，三叠系位于轴部，二叠系地层出露于两翼；与褶曲轴面近于平行的逆冲断构造亦极发育。藏北玛尔盖茶卡北岸，所见二叠系灰岩竟逆冲于羌塘高原北部第三系砂砾层之上，成为飞来峰。

可可西里山脉的岩石丰富多样。其中，在西金乌兰湖、移山湖一带发现了具有洋壳性质的蛇绿混杂岩，以及大量的放射虫和海绵化石，其时代可确定为早石炭世—早二叠世，这是这一带已经发现的最老地层。这表明，早在 3 亿年前，可可西里地区就已经是古特提斯海的一部分了。

到了晚二叠世—早三叠世，可可西里地区已属于相对稳定的滨海和浅海环

可可西里的藏羚羊（何启金，2015年3月摄）

境。科学家在这时的灰岩层中发现了早三叠世的双壳类、腕足类、有孔虫等化石。到中、晚三叠世发生大规模海侵，发现了晚三叠世的双壳类、腕足类、有孔虫等类化石。

距今约1.95亿年的三叠纪末，羌塘地块向北推挤，发生强烈的造山运动，使乌兰乌拉—夏仑曲断裂以北的可可西里地区褶皱隆起成为山地。侏罗纪末，燕山运动使中特提斯两侧的陆块碰撞、隆起成陆。唐古拉山地区出露的地层完整地记录了这一地区从海洋到陆地的演变过程。

此后的白垩纪（约1.4亿年前），可可西里地区以山间湖盆广布的面貌出现。在盆地中沉积了红色碎屑岩层，其中发现有非海相双壳类动物群化石。始新世（4500万年前）时，印度板块与欧亚板块碰撞，导致喜马拉雅运动发生。在可可西里地区形成了宽缓褶皱、冲断及走滑断层。

可可西里地区地层有些缺失不全，但所见地层中的化石门类却十分丰富，从石炭纪到第四纪均有代表性化石存在，如早石炭世和早二叠世的放射虫，晚二叠世的有孔虫，早三叠世的双壳类，中、晚侏罗纪的双壳类、菊石、藻类，早白垩纪和中新世的非海相双壳类、腹足类、植物大化石、孢粉等。始新世的造山运动以后，地处青藏高原腹地的可可西里地区，随着青藏高原的整体隆起而抬升，往后并有明显加快的趋势。

可可西里山脉的岩石丰富多样。大黑台山底与腰部是白垩系或第三系的紫红色粉砂岩，山顶则是新生代的火山岩。

四、气候特征

由于海拔高，空气稀薄，自然条件恶劣，可可西里地区年均气温低于−8℃，年降水量 100 毫米左右，属高寒荒漠气候。这里的春天很短暂。7 月，气候多变，雨雪频繁。本地区降水主要受地形和水汽来源的影响。来自印度洋的西南季风，通过雅鲁藏布江谷地和横断山三江谷地，不仅可长驱直入青藏高原东南部，而且在高原北部夏季东风的配合下影响可可西里地区的降水。同整个高原降水量的分布规律一样，可可西里地区降水在东南部稍丰富，向西北逐渐减少；降水也集中于西南季风爆发后的植物生长季。

五、土壤特征

可可西里地区因受第四纪冰川作用，独特的气候影响和微弱的生物、化学作用，土壤发育普遍较差。土层浅薄，除个别地方因地形原因土层较厚外，一般约为 20 厘米。沙质、石质化强，普遍含有砾块。在谷地和个别湖岸边也可以见到流动和半流动沙丘。土层分化差，矿物再分配弱。土温低、结冻期长，下伏深厚的多年冻土，地表寒冻冰缘地貌形态多种多样。生物作用微弱，土壤有机物含量较低。

六、矿产资源

由于这里地质构造复杂多态，又具备生成各种矿藏的条件，已查明的有金、银、铅、锌、铁、盐等多种矿藏。

七、水系特征

可可西里地区是中国第一大江——长江的发源地。它的东南部正是楚玛尔河、沱沱河与尕尔曲等组成的长江河源水系。可可西里地区是中国乃至世界湖泊分布最密集的地区之一。面积达 200 平方千米以上的湖泊有 7 个，最大的乌兰乌拉湖面积为 544.5 平方千米；1 平方千米以上的湖泊总面积达 3825 平方千米；据航测，1 平方千米以下的湖泊更是多达 7000 多个。

该区域水环境系统既有属外流水系的地表水，又有属内流水系的地表水，有星罗棋布的湖泊，有巍峨耸立的冰川，还有许多出露的泉水。外流水主要分

▷ 可可西里（何启金，2019年6月摄）

布在可可西里地区东南部，有长江水系的沱沱河、楚玛尔河及尕尔曲。沱沱河源于本区南缘的唐古拉山各拉丹冬雪峰北坡，自南向北透流约 10 千米后折向东横穿本区东南部，通流约 150 千米，再向东穿过青藏公路注入通天河。沱沱河河水补给源为冰川融水，流量较大，为终年流水河流。楚玛尔河源于区内可可西里山东部，自西向东横穿本区中部，通流约 200 千米，最后注入通天河。楚玛尔河为季节性河流，河水补给源主要为地下水及雨雪水。尕尔曲源于各拉丹冬雪峰东南部，其河水为冰川融水补给，流量较大，常年流水，在区内通流长度十余千米，最后与沱沱河汇合注入通天河。

另外，以上述三条河流为主干，其间还包含有数十条乃至上百条一级、二级支流，其中绝大多数以雨雪水补给，为季节性河流。内流河主要分布在可可

↖ 可可西里无人区（何启金，2015年12月摄）

西里地区西北部，较大的河流主要有还东河、那棱格勒河、盼来沟、倒流沟、白沙滩、洪水河等，除还东河、那棱格勒河等少数河流以冰川融水补给为常年流水外，多数河流均为季节性河流，河床不稳，通流长度几十至数百千米不等，以补给地下水或湖泊为最终归宿。

与内流河密切相关，区内的湖泊大部分亦为内流湖，其中最大的是乌兰乌拉湖。大部分湖泊为半咸水湖，淡水湖少见。同时，盐湖的数量也较少，主要有西金乌兰湖、勒斜武担湖、苍措、海丁诺尔及盐湖。因气候变化，20世纪90年代以来，可可西里地区湖泊面积显著增加，盐湖湖水有淡化的趋势。

区内地下水泉眼数量较多，主要分布在西北部、东部及东南部分布较少。受地质、土壤、气候等环境要素的影响，区内各类水体环境质量状况差异较大。总体上看，水环境质量不太好。多数湖泊为半咸水湖，无饮用价值，地表水普遍偏碱性，pH值大都在8.0以上，有些内流河还是咸水。流量较大的一些河流，水中泥沙量、浊度也较高。相比而言，本区冰川融水及其所形成的外流水系地表水和地下水（泉水）的环境质量优于内流水系的地表水和湖水。

八、自然保护区

可可西里自然保护区位于青海省西南部的玉树州，东经89°25′—94°05′，北纬34°19′—36°16′。其范围为昆仑山脉以南，乌兰乌拉山以北，东起青藏公路，西迄省界。保护区西与西藏自治区相接，南同格尔木唐古拉乡毗邻，北和新疆维吾尔自治区相连，东至青藏公路，总面积4.5万平方千米。可可西里国家级自然保护区是世界上原始生态环境保存最完美的地区之一，也是目前中国面积最大、海拔最高、野生动物资源最为丰富的自然保护区之一。可可西里气候严酷，自然条件恶劣，人类无法长期居住，被誉为"世界第三极""生命的禁区"。正因为如此，给高原野生动物创造了得天独厚的生存条件，成为"野生动物的乐园"。

九、生态环境

可可西里独特的地理环境与特殊的高原生态系统，为多种野生动物提供了良好的栖息环境，素有高原"动物天堂"的美誉。这里有231种动物（其中脊椎动物65种，国家重点保护的野生动物20余种），多属于青藏高原特有种，而且每一种动物的种群大、数量多。已查明的哺乳类动物共16种，如藏野驴、野牦牛、藏羚羊、藏原羚、黄羊、熊、狼、雪豹等大型哺乳类动物，许多属于青藏高原特有种；鸟类30种，其中特有种7种。区内高等植物202种，其中86种为特有种。多数植物呈低矮、垫状的形态，5种点地梅和5种雪灵芝，数种凤毛菊、黄芩、红景天、水柏枝等构成了世界上少有的垫状植被景观。这些野生动植物种类不仅是中国的珍稀物种，而且为世界生物界所瞩目，无论在学术上或在自然保护上都有特别重要的意义，可可西里因而被称为"世界第三极"的珍稀野生动植物基因库。

十、索南达杰自然保护站

清水河畔的索南达杰自然保护站位于青藏铁路沿线、可可西里东侧，青藏公路2952千米处。背靠昆仑山脉，海拔4600多米，年均气温低于零度。国旗在索南达杰自然保护站上空飘扬，这里的每一块墙壁和砖头都凝聚着环保志愿者的心血和汗水。1996年5月，中国民间第一个自然生态环境保护站——索南达杰自然保护站奠基。民间环保组织绿色江河环境保护促进会会长杨欣先生以当年长江漂流般的百折不挠精神，通过义卖《长江魂》一书筹集钱款购买建筑材料，并通过招募志愿者，于1997年9月建立索南达杰自然保护站。该站成为可可西里反偷猎的最前沿和青藏线上的生态环境教育基地。1998年，在企业和环保人士的资助下，保护站增建了风光发电装置、高空瞭望塔、多功能厅、厨房、卫生间等设施。索南达杰自然保护站有着整个长江源区所有保护单位中最好的配置。从《亲历可可西里十年》及一些纪录片中，我们能看到索南达杰保护站建站之艰难，以及在可可西里这片荒原上为之付出和牺牲的那些勇士。

2001年1月，索南达杰自然保护站志愿者机制启动，每年向全国招募志愿者，分批到索南达杰自然保护站志愿服务一个月。志愿者们通过协助政府的反偷猎行动，进行野生动物调查和生态环境保护宣传，对当地居民、游客及青藏铁路建设者进行环境教育和培训，协助科学家的环境考察等专题活动，为可可西里的生态环境保护做出了贡献。完成了《昆仑山口到五道梁野生动物调查》《关于青藏铁路施工单位基地选址及铁路建设分段施工的建议书》等报告，为青藏铁路建设过程中的生态保护起到了关键的参考作用。

十一、旅游指南

游客可以免费参观保护站的展厅和野生动物救护中心，展室内义卖藏羚羊纪念品，募集的资金都会用于野生动物的救护。工作人员会为有需要的游客提供力所能及的帮助，身体良好并有环保意识的自助旅游者会被允许在该站住上一晚。可可西里是中国湖泊分布最为密集的地方，它与三江源自然保护区相接，属于羌塘高原内流湖区和长江北源水系交汇地区：东部为楚玛尔河水系组成的长江北源水系，西部和北部是以湖泊为中心的内流水系。可可西里还有许多奇特的自然景观，如布喀达坂冰川下热气蒸腾、水温高达91℃的沸泉群，乌兰乌拉山末端长达2000米的海相侏罗系剖面，盐湖边盛开的朵朵盐花，以及太阳湖等多彩的高原湖泊、山谷冰川、冻土地貌，构成了可可西里特有的旅游资源。可可西里对于开展自然环境保护、生物多样性保护、科学研究和生态探险旅游等方面都具有不可替代的价值。

1997年12月，可可西里被批准为国家级自然保护区，可可西里保护区管理局的基地设于格尔木。目前，在保护区沿线已建成不冻泉、五道梁和沱沱河等三个自然保护站，其海拔均在4500米以上。2003年1月开始，索南达杰保护站交由管理局派人管理，实现了政府与民间环保组织携手，共同保护可可西里。2016年，随着三江源国家公园的建设，将可可西里国家级自然保护区、三江源国家级自然保护区的索加—曲麻河保护分区进行整合，并将楚玛尔河特有鱼类水产种质资源保护区归并，形成新的三江源国家公园长江源园区。

可可西里是中国大地上最美的一片荒原。这里雪山绵亘，路与天齐，有着众多美丽的湖泊、雪山和冰川，有着无数珍稀的野生动物。它因可可西里山而得名，地理概念是以可可西里山为主体的邻近山原湖盆地区。沿着昆仑山奔向唐古拉山的铁路线，在每年5—6月藏羚羊迁徙和12月交配的季节里，从车窗内你能很容易地看到这些高原上的精灵。

第三节／唐古拉山脉

唐古拉山脉，又叫唐拉山或唐拉岭，藏语意为"高原上的山岭"，在蒙古语中意为"雄鹰飞不过去的高山"，亦为传说中藏区著名的山神。

一、位置境域

唐古拉山脉位于西藏自治区东北部与青海省边境处，东经 89°7′—94°8′，北纬 32°5′—33°5′，是青藏高原中部的一条近东西走向的山脉。东段为西藏与青海的界山，也是长江、怒江、澜沧江的发源地。它西起赤布张湖，沿青藏两省区边界向东绵延千里，在襄谦以东转为北西走向，渐与横断山脉的云岭和怒山接合。山幅较宽广，最宽处可达 150 千米以上。

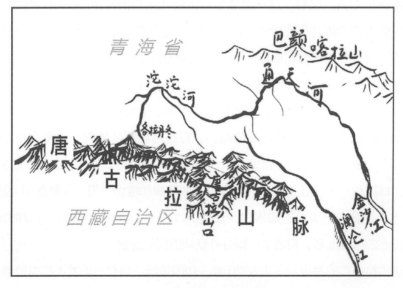

唐古拉山脉位置示意图

↖ 唐古拉山脉（一）（张胜邦，2013年8月摄）

二、地质地貌

　　唐古拉山脉在中生代时，因为羌塘地块向北与欧亚板块碰撞，而褶皱隆起并逐渐露出海面。以后，这一地域受新生代几次造山作用的影响，继续上升，而形成如今的山体。在地质学上，唐古拉山是青藏高原薄皮构造的一部分，是由其南边的班公错—怒江断层带和北边的澜沧江断层带夹峙的产物。唐古拉山的垂直自然带谱属于大陆性，但东段为半湿润型，西段为半干旱型。

　　山脉地势西北高东南低，南北翼极不对称，北坡平缓，与高原面的相对高差仅1000米，是一座拱形隆起的高山。最高峰各拉丹冬雪山，海拔6621米。唐古拉山山峰林立，气候非常寒冷，成为多年冻土的典型地区。雪线5400米左右。山峰冰川广布，且主要集中在各拉丹冬及碑加雪山一带。主峰冰川为冰帽，最大冰川是著名的姜根迪如冰川，长达14.7千米。壮观的雪峰，林立的冰峰，千姿百态的冰蚀地形，构成了一幅分外妖娆的高原奇景。

　　唐古拉山口的海拔虽高达5220米，却因坡缓、高差小而并不显得险要和难以逾越。

关于其地质构造性质，目前学术界有不同观点，一说为准地台，又一说为燕山期冒地槽。本区具有印支运动和燕山运动等多旋回性质，在构造组合形态上是一个复式向斜，喜马拉雅运动中强烈隆升则是公认的。作为青藏高原内部一条重要的褶皱断块山地，北界为雁石坪大断裂，南界为藏北安多大断裂，成为青藏高原自然区划非常重要的一条界山。

主峰各拉丹冬（海拔6621米）是长江正源沱沱河的发源地，也是怒江、澜沧江的发源地。现在还有小规模更新世冰川残留，刃脊、角峰、冰川地形普遍，中更新世形成的冰川比今天的大约28倍，准平原面上可成小片冰盖，其两坡冰川堆积物厚达800米以上。冰川消融后，山地就急速上升。两侧则承受更多的泥沙石砾，发生地层下陷，形成近东西走向的湖区和喷出温泉。山坡上形成喀斯特地形。南坡比北坡的冰川少，但冰川地形比南坡发育。

唐古拉山与喀拉昆仑山脉相连，是长江和怒江的分水岭。西段为藏北内流水系与外流水系的分水岭，东段则是印度洋水系和太平洋水系的分水岭。怒江、澜沧江和长江都发源于唐古拉山南北两麓。

远在1.4亿年以前，唐古拉山地区还是一片广阔的海洋，氧气充足，气候温

↖ 唐古拉山脉（二）（何启金，2015年10月摄）

暖湿润，海水清澈碧透，繁殖着大量的腕足、珊瑚等海生动物。早期海底活动强烈，组成了海相沉积岩层（灰岩）夹火山岩地层。以后受到大规模的地壳构造运动，海水退出，逐渐形成内陆高山，这便是唐古拉山的雏形。自第三纪以来的喜马拉雅造山运动，边界受北西西向断裂控制，唐古拉再次块断隆升，致使形成今日的高大山脉。

三、气候特征

山体东部属寒冷半湿润气候类型，西部属寒冷半干旱气候类型。年均气温0℃以下，最暖月除西部低于5℃外，其余5～10℃。年降水量250～500毫米，由东南向西北递减。多年冻土广为发育，最厚可达100米以上。

唐古拉山地区光能资源较丰富，年日照时数2936.7小时，年日照百分率65%。冬季漫长寒冷，春季气温回升缓慢，秋季降温快。年平均气温 –4.2℃，极端最高气温24.7℃，极端最低气温 –45.2℃，平均气温年较差24.2℃。全年无明显的无霜期，有霜日数348.9天。年平均风速4.2米／秒，主导风向以西风为主，大风年平均出现日数168.2天，沙尘暴年平均日数11.1天。

四、冰川分布

唐古拉山地区冰川面积达 2082 平方千米，在青海境内 1564 平方千米。雪线高度自东向西从 5300 米升至 5600～5800 米，且夷平面保存得越来越完整，因而现代冰川规模由东向西越来越大。山脉东段现代冰川规模小，集中在辐射消融较弱的北坡；不仅西段冰川规模大，而且南坡也出现冰川。最西端的各拉丹冬雪山和尕恰迪如岗是冰川分布最集中区，面积达 790 多平方千米。古冰川遗迹分布范围远超过现代冰川规模，在中、西段发现 3 次冰期的遗迹，其中以唐古拉山冰期规模最大。当时整个山脊带均为冰川覆盖，形成冰帽，下伸的冰舌长达 60 千米以上，南翼冰川规模大于北翼，与现在情况相反。这些遗迹为研究青藏高原乃至世界气候变化提供了实物例证。

五、土壤与植被

唐古拉山脉水热条件沿东西方向和南北坡向而呈明显的变化，从而形成了明显的土壤垂直地带性分布规律。随着海拔由高到低，土壤类型依次为高山寒漠土、高山草甸土、高山草原土、山地草甸土、灰褐土、栗钙土和山地森林土，其中以高山草甸土为主，沼泽化草甸土也较为普遍，冻土层极为发育。沼泽土、潮土、泥炭土、风沙土等为隐域性土壤。东段北坡为高山草甸土；唐古拉山口附近北坡发育碳酸盐高山草甸土；向西过渡为高山草甸草原土；最西端进入羌塘高原区，则为高山草原土；南坡自东向西为亚高山灌丛草甸、高山草甸、高山草原，相应的土壤为高山灌丛草甸土、高山草甸土、高山草原土。

植被以高寒草原为主，混生有垫状植物。在唐古拉山宽广的山幅之间，分布着众多的河谷和湖盆草场，水草丰美，是天然的优良牧场。青藏公路以东，海拔 4400～5000 米为嵩草和蓼组成的高山草甸带；5000 米至雪线为高山冰缘稀疏植被带，主要植物有垫状点地梅、苔状蚤缀、风毛菊、火绒草、葶苈草；

最上为高山永久冰雪带。以西海拔 4500～5000 米为紫花针茅、羊茅等禾草组成的高寒草原，其上接高山冰缘稀疏植被带或部分镶接混有座垫植物的原始高山草甸带。

六、矿产资源

在漫长的地质时期，经过复杂的地质作用，在唐古拉山形成了铁、铜、铅锌、钼等丰富的多金属矿床。闻名中外的唐古拉水晶无色透明，质地优良，是电子工业、国防工业、光学仪器的珍贵原料。

从已发现的矿点和矿种看，其特点是多而富。现已知八字错铁矿（位于青藏公路 107 道班 4 千米处）、小唐古拉铁矿（位于青藏公路 100 道班北约 20 千米处）品位在 45% 以上，据估算其储量各有数千万吨。当曲铁矿位于青藏公路 107 道班东南约 60 千米处，矿体赋存于中侏罗统砂岩组之灰岩夹层中，含矿带东西断续延长约 10.5 千米，全铁品位为 45% 左右，锰 3.77%～7.67%。系高炉富矿，估计铁矿储量在 1 亿吨以上。

七、水资源

河流主要有沱沱河、尕尔曲（木鲁乌苏河）、当曲河、札木曲、布曲、冬曲等。沱沱河是长江的正源，发源于唐古拉山脉的祖肯乌拉山，全长约 140 千米，流域面积 14867 平方千米。尕尔曲（木鲁乌苏河）为通天河的上游，发源于唐古拉山的各拉丹冬，流域面积约 5625 平方千米。当曲河为长江源头之一，隔河与玉树州相邻，流域面积 31251 平方千米。该河与尕尔曲、沱沱河汇合后称通天河。另外，唐古拉山区青藏公路 103—104 道班地段有 3 个温泉带，有温泉 40 余处，温度 17～72℃。大多数温泉温度为 57～72℃，可用作取暖和发电用。有些温泉的成分达到了医疗矿水的标准，可供医疗、水浴之用。

八、生物资源

动植物资源较丰富，有草甸、草原、沼泽及水生植被等植被类型，是中国与青海省重点保护物种的栖息地。国家重点保护动物有 69 种，其中国家一级重点保护动物有藏羚羊、野牦牛、白唇鹿、雪豹等 16 种，国家二级重点保护动物有藏原羚、猕猴、棕熊、小熊猫等 53 种，另有艾虎、沙狐和斑头雁等省级重点保护动物 32 种。全镇农作物品种较少，粮食作物是青稞，并盛产冬虫夏草等名贵高原中药材。

九、人文风俗

对牧人而言，主营养有三样，肉、酥油和奶酪；主饮品以酥油茶为主，辅之以清茶、奶茶；主甜食也有三样，红糖、白糖、蜂蜜；任何食品不可缺少的是盐。普遍食用的主食是青稞、小麦和豌豆，吃得最多的野生植物是人参果（蕨麻）和黄蘑菇，经常食用的乳制品有酸奶和奶渣。大米也越来越多地走进牧民家庭。节日时饮青稞酒、啤酒已很流行。

一般日饮五次茶，即早茶、上午茶、中午茶、晚茶、睡前茶；吃三顿饭（夏季昼长或牧忙季节，也会吃四顿饭）：喝早茶时抓点糌粑，加上些细奶渣；中午抓糌粑，外加酸奶、肉丁汤或手抓肉；晚上大多食各种粥。藏北人非常好客，有客人的时候，或节日、宗教活动、结婚、赛马，甚至春天听到第一声鸟鸣、第一次春雷等场合，都会尽可能举办一次丰盛的家宴。

畜牧业是当地牧民唯一的生产手段和生活来源，他们住牛皮帐篷、穿羊皮藏袍、吃牛羊肉、烧牛粪、运输使用牦牛，过着逐水草而居的游牧生活。由于牧民人口的不断增长，牲畜的增加，超出了长江源头草场所能承受的能力，再加上自然环境的影响，草场逐年退化，迫使许多牧民举家迁徙到海拔更高、自然条件更恶劣的雪山山腰去放牧，放牧高度已超过冰舌，达到海拔 5500 米植物生长极限高度。

十、故事传说

相传，当年文成公主远嫁吐蕃，当来到唐古拉山时，被漫天的大雪所阻而无法前行。无奈之时，经随行僧人的点拨，公主将其乘坐的金轿上的莲花座留下镇风驱雪，这才得以安然过山。

当年成吉思汗率领大军欲取道青藏高原进入南亚次大陆，却被唐古拉山挡住去路。恶劣的气候和高寒缺氧，致使大批人马死亡。所向披靡的成吉思汗只能望山兴叹，败退而归。

十一、旅游指南

大唐古拉山口海拔5231米，是青、藏两省区的天然分界线，也是青藏线109国道的最高点。唐古拉山顶终年积雪不化，数十条远古冰川纵横奔泻，可谓"近看是山，远望成川"。这里还可以看到神秘莫测的一日四景。往返的游客大多数在此停留、拍照、观景。翻过大唐古拉山口，前面的还有一处海拔5010米的小唐古拉山口。过后即进入西藏境内的羌塘高原，两旁雪山连绵，蓝天草原相映，牛羊像珍珠般洒落绿野。此处空气含氧量只有水平线的六成，一般乘客路过唐古拉山口，会有明显的高原反应。

铁路在唐古拉山越岭地段是一条最高海拔5072米、比青藏公路最高海拔低159米且地质条件相对较好的线路。唐古拉车站设计为三股道，属于客货两用的综合车站，是青藏铁路全线海拔最高处的中间站，同时也是世界上海拔最高的火车站，候车室内配备有大型制氧设备。

青藏线3352千米处的109道班（即21工区），海拔近5100米，负责唐古拉山垭口的维护，是整个青藏公路从格尔木到拉萨36个工区中最高的一个，被誉为"天下第一道班"。

第四节 / 巴颜喀拉山脉

巴颜喀拉山脉位于青海省中部偏南。是庞大的昆仑山脉南支的一部分。巴颜喀拉（喇）在蒙古语的意思，是"富饶青（黑）色的山"；藏语叫"职权玛尼木占木松"，即"祖山"的意思。巴颜喀拉山脉是长江、黄河的分水岭。

一、位置境域

巴颜喀拉山西接可可西里山，东连岷山和邛崃山。东经 94°50′—101°45′，北纬 32°20′—35°15′。在青海境内长 750 千米，宽 100～150 千米，面积约 84000 平方千米，平均海拔 4000～5000 米。主峰勒那冬泽海拔 5267 米。

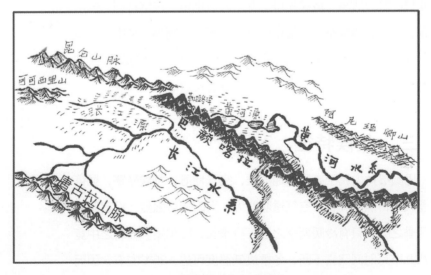

巴颜喀拉山位置示意图

二、地质地貌

巴颜喀拉山脉主要是由中生代地层构成的褶皱山脉，呈西北—东南走向。由三叠系灰色砂岩、板岩及中生界早期闪长岩和第三系红色岩层组成。因长期构造剥蚀作用而趋准平原化，峰岭低缓，沟谷切割不深。山体浑圆，呈山原地貌形态。山脉平均海拔在 5000 米以上，山脊覆盖着终年不化的冰雪。山地高差不大，山坡平缓，西段为块状形态，东段为条状形态。

山体发育有宽浅的冰川"U"形谷，谷宽达 2 ～ 5 千米，谷内湖沼密布，与冻土层存在有关。无现代冰川，更新世中、晚期的冰川遗迹明显。海拔 5300 米以上覆盖有终年不化的冰雪，融水成为通天河和黄河水系主要补给水源。北侧为黄河源高原，地势平缓。南侧因长江水系强烈下切而出现袭夺黄河水系的现象。巴颜喀拉山口海拔 4810 米，青康公路由此通过。

整个山峰没有明显的山脊线，山峰多断续展布。自西而东 5200 米以上的山峰有扎日尕那、热合扎茶达、贡果亚陇岗、哈格扎玛、雅拉达泽、尼采扎母那九、若亚那足、巴窝打则、勒那冬则、窝格若热娘杂日、赞布杂日、年保贡什则等。其中最高峰为年保贡什则，海拔 5369 米，其上有小面积的现代冰川，人们习惯把勒那冬则称巴颜喀拉山主峰，海拔 5266 米。

三、气候特征

巴颜喀拉山属于高原山地气候，空气稀薄，气候酷寒，昼夜温差大、日照时间长、空气透明度大、太阳辐射强烈，没有明显的四季之分，只有冷暖两季之别。冷季长，暖季短。一年之中竟有八九个月时间飞雪不断，冬季最低温度可达 −35℃左右，因而

↖ 巴颜喀拉山脉（张胜邦，2008年6月摄）

许多 5000 米左右的雪山有经年不融的皑皑积雪和终年不化的冻土层。而温暖季节则比较短暂，一般只有 3 个多月时间，而且气温较低，即使是盛夏季节，最高气温也不过 10℃左右。

据当地气象资料记载，年均气温在南坡最冷的称多县清水河和最热的班玛县城分别为 −4.9℃和 −2.6℃，最冷的 1 月分别为 −17.0℃和 −7.6℃，最热的 7 月均温分别为 6.4℃和 11.7℃，极端气温最低分别 −42.9℃和 −25.9℃，北坡的玛多更可降到 −48.1℃，最高分别为 22.3℃和 28.1℃。年均蒸发量分别为 1139.0 毫米和 1269.4 毫米，玛多为 1318.6 毫米；多年平均降水量分别为 516.1 毫米和 667.1 毫米，玛多仅 305.5 毫米。全年降水多集中于气温较高的 5—9 月，雨热同期，对植物的生长有利。冬春季盛行西北风，最大风速为 30.0 米 / 秒。其中清水河的霜日数为全国之最，可达 353.0 天。

巴颜喀拉山虽然地势高寒，气候复杂，但雨量充沛，是青海南部重要的草原牧场。这里盛产被人们称为"高原之舟"的牦牛和举世闻名的藏系绵羊，故有"牦牛的故乡"之称。

四、土壤特征

本区的土壤是在高寒气候条件下形成的。主要有高山寒漠土、高山草甸土、山地草甸土、草甸土、灰褐土以及少量的沼泽土和栗钙土等。

五、植被特征

巴颜喀拉山地区的植被以典型的高寒山地灌丛和草甸以及高山流石坡稀疏植被等为主。只在东南端的班玛县分布有较大面积的河谷森林，称多县亦有少量的大果圆柏疏林。森林主要为寒温性针叶林，组成树种分别以分布于大渡河上游高山河谷地带及其山地阴坡半阴坡海拔 3400～4300 米的紫果云杉、海拔 3600～4200 米的川西云杉、海拔 4000～4200 米的小片红杉以及阳坡呈斑块状分布的大果圆柏为主。岷江冷杉、鳞皮冷杉、巴山冷杉和鳞皮云杉等常与紫果云杉伴生，或组成小面积纯林。在海拔 3700 米以下地段，暖温性阔叶林仅有小块状的白桦林和零星的红桦等分布。其他植被类型有以分布于海拔 3600～4500 米阴坡、半阴坡山地的金露梅、山生柳、窄叶鲜卑花等为建群种的高寒和寒温性灌丛。以小嵩草、矮嵩草等嵩草属的几个种分别为建群种组成的高寒草甸和一些杂类草甸，海拔 3800～4600 米。以分布于海拔 3500～4500 米的藏嵩草为建群种的高寒沼泽草甸，以分布于海 4600 米以上高山带的以风毛菊、垂头菊、红景天、雪灵芝、兔耳草、合头菊、虎耳草和葶苈等属为主组成的高山流石坡稀疏植被，另外还有少量的农业植被。

六、生物资源

山麓中生长着千百年的云杉、松柏，成林蔽野，古木参天。山坡上有虫草、贝母、大黄等名贵药材。山脚下，野驴、野牦牛、藏羚羊、岩羊、白唇鹿、黑熊等珍贵动物，成群出没于森林草原之中。湖内有高原上特有的鱼类 20 多种。种子植物 1116 种，分属于 64 科、295 属。

七、矿产资源

巴颜喀拉山地区砂金资源丰富，采金历史悠久，以往的开采多限于玛曲—玛多以北地区，据史料记载估计采金量不少于 3 万吨。1983—1986 年采金者近10 万人次，年产金量 1 万余两。

八、水资源

巴颜喀拉山是黄河的发源地，黄河正源卡日曲发源于西部的各姿各雅山东麓。

第五节／阿尼玛卿山脉

阿尼玛卿山是中国对外开放的十大山峰之一。阿尼玛卿大藏文书中意为活佛座前的最高侍者。"阿尼"是安多藏语的译音，意为先祖老翁，也含有美丽、幸福或博大无畏等意。"玛卿"的意思是黄河源头最大的山，也有雄伟壮观之意。

阿尼玛卿是一座神山，和西藏的冈仁波齐、云南的梅里雪山和玉树的尕朵觉沃并称为藏传佛教四大神山。它既是多麦安多百姓的依山或魂山，也是与黄财神相媲美的财宝神山。

一、位置境域

阿尼玛卿雪山又称玛积雪山，藏语意为"祖父大玛神之山"。位于青海省东南部果洛州玛沁县境内，延伸至甘肃省南部边境。距果洛州州府大武镇 80 千

△ 阿尼玛卿山位置示意图

⟋ 阿尼玛卿山（一）（张胜邦，2010年8月摄）

米，距西宁 521 千米。

西北起于东经 98°43′，与长石头山分界处，东南止于东经 101°51′，甘、青两省交界处，长 350 千米，宽 50～60 千米。呈西北—东南走向，与区域构造线方向一致。山脉长约 350 千米，宽约 50 千米，是三江源国家公园的重要组成部分，也是东昆仑山脉的最高所在。中国第二大河——黄河在这里 180 度大拐弯后向东南流去，主峰玛卿岗日正在大拐弯中央，由三个海拔 6000 米以上的峰尖组成，最高峰海拔 6282 米，位于东经 99.4°，北纬 34.8°。三座雪峰银光烁烁，远远望去，犹如浮在云天之上的水晶雕塑，令人不得不产生敬畏之心和某种宗教幻想，这就是阿尼玛卿的神圣和神奇。共有 18 座海拔 5000 米以上的雪峰耸立在茫茫高原，山上冰雪连绵，终年不化。这个地区受西南季风的影响，降水量比较丰富，是具代表性的半潮湿高寒山地景观区。

二、地质地貌

阿尼玛卿山的山势巍峨磅礴。山体由砂岩、石灰岩及花岗岩构成，在地质上属于晚古生代，受第三纪末喜马拉雅造山运动与青藏高原之隆起而形成。其岩石大多为二叠系、三叠系砂岩，夹有石炭系地层与花岗岩侵入体，故山势极为雄伟。最高峰玛沁保木拉呈锯齿重叠形。由于地势高峻，因而气候多变，冰峰雄峙，冰川面积约为126平方千米，有冰川57条。其中位于东北坡的哈龙冰川长7.7千米，面积2平方千米，垂直高差达1800米，是黄河流域最长最大的冰川。

三、气候条件

这里的总体气候具有高原大陆性气候的特点：寒冷，干旱，昼夜温差大，日照时间长，空气透明度大，太阳辐射强烈；没有明显的四季之分，只有冷暖两季之别，且冷季长，暖季短。天气变化无常，有时一日数变，风雪冰雹交替降临。据实测，每年4月底以前为狂风大雪主宰；6月初至8月末，阴雨连绵，雪雹齐全，时而还伴有龙卷风，日降水量10毫米左右的情形往往持续20天以上。一年中最低气温为1月，峰顶气温可达-50℃以下；4月底至6月初和9—10月，主峰最低气温为-30℃。全年降水多集中于气温较高的5—9月，雨热同期，对植物的生长极为有利。全年以西北风和东北风最盛，西风也较多。2—4月风最大，又以3月为最。风速在17米/秒以上的大风常常连续15天以上。海拔4700米的地方最大风速可达40米/秒。

四、水文特征

阿尼玛卿山区现代冰川十分发育，大小冰川40余条，面积约150平方千米，水资源丰富，冰川融水分别汇入黄河支流切木曲等水系。

五、植被特征

阿尼玛卿山区的植被以典型的高寒类型的山地灌丛和草甸为主，兼有少量的河谷森林和滩地高寒草原以及高山流石坡稀疏植被等。只在本区西北部的黄河及其支流的河谷地带才可见到森林植被，主要有少量分布于海拔 3000 ～ 3800 米的高山河谷地带和山体切割强烈的陡崖峭壁间，以及阴坡半阴坡和阳坡分别以青海云杉、祁连圆柏为主组成的寒温性针叶林或青海云杉、白桦混交林。海拔 3400 ～ 4500 米的阴坡、半阴坡山地和河谷滩地是以金露梅、山生柳、头花杜鹃、百里香杜鹃等为建群种的高寒和寒温性灌丛，以及少量分布于海拔 3200 ～ 4200 米山地的阳坡的沙棘灌丛。海拔 3800 ～ 4700 米的阴坡分布鬼箭锦鸡儿灌丛。海拔 3000 ～ 4600 米是分别以嵩草属的几个种为建群种组成的高寒草甸和一些杂类草甸以及少量滩地垂穗披碱草甸。海拔 3500 ～ 4200 米是以藏嵩草为建群种的高寒沼泽草甸，以紫花针茅为建群种的高寒草原。海拔 4600 米以上的高山带是以水母雪莲、垂头菊、四裂红景天等组成的高山流石坡稀疏植被。

六、土壤特征

本区的土壤是在高寒气候条件下形成的。主要有高山寒漠土、高山草甸土、高山灌丛草甸土、高山草甸草原土和少量的沼泽土等。阿尼玛卿山区的植物区系就是在这种高寒类型的生态环境下形成的。

七、自然资源

阿尼玛卿山是东昆仑山生物资源最丰富的地区，是野生动植物的天堂。这里有成片成片的松、柏、桦、杉、黑刺等林木，林间栖息有白唇鹿、獐、雪豹、黄羊、岩羊、雪鸡等数十种珍稀野生动物，盛产冬虫夏草、雪莲、大黄等名贵药材。其中白唇鹿、原羚、马鹿、麝、岩羊、棕熊、野驴、猞猁、盘羊、雪豹、蓝马鸡、黑颈鹤、藏雪鸡等都是国家级的保护动物。作为雪豹的繁殖栖息地，这里早已为国际动物学界所关注，已有许多国外的科学家同中国合作，将这里作为雪豹行为生态的研究基地。

阿尼玛卿山区动植物资源丰富。半山是高原草原甸草场，玛积雪山脚下是水草丰盛的高山牧场，泉水交错，灌溉着无数称为"梅朵塘"的草滩。夏季片片草滩上花团锦簇，牛羊成群。主峰东侧海拔4000米生长着茂密的高山灌木丛，海拔3200米以下是环山的黄河之滨，孕育着片片的原始林地。周围物产丰富，有珍贵的虫草、雪莲等，高山草甸和林地带生活着雪鸡、马鸡、雪豹、白唇鹿等珍禽异兽。

↙ 阿尼玛卿山（二）（张胜邦，2009年8月摄）

在植物资源方面，阿尼玛卿山区更有许多珍贵的高山特有种类，冬虫夏草就是其中之一。它是植物和动物的结合体。动物是一种叫作绿蝙蝠蛾的昆虫。这种昆虫的幼体在长到如结茧前的桑蚕大小时，蛰居土中。到冬季，虫草菌的菌丝侵入虫体内，吸取其养分，致使幼虫因体内充满菌丝而死。到夏季，自虫体的头部生出一根细长如棒球棍样的子座，露出土外，便成了名副其实的虫草。子座通常单生，偶尔也有双生的。虫草生长在海拔 3600 ～ 4000 米的高山草甸和灌丛中，它是一种不易多得的医药用菌类植物，体内含有虫草酸，具有滋补强壮和润肺等功效，主治肺结核、体弱咳嗽、神经性胃病、食欲不振、筋骨疼痛等症，是青海省主要的出口创汇产品之一。

八、神山传说

阿尼玛卿山不仅自然风光旖旎，而且各种传说更给它笼罩了一层神秘色彩。阿尼玛卿山的神灵转自阿尼玛卿大藏文书中，意为"活佛座前的最高侍者"，即开天辟地九大造化神之一，在藏族人民信仰的 21 座神雪山中排行第四，被称为斯巴侨贝拉格，专掌安多地区的山河浮沉和沧桑之变，是藏族的救护者。

阿尼玛卿山是青海果洛州内最雄伟的一座高山，它怎么会出现在青海境内呢？这里有一个古老的传说。

我们居住的这个世界是斯巴老神沃德巩甲和他的八个儿子造成的，人们把他们父子九人合称开天辟地的九位神灵。斯巴老神的八个儿子都是山神：雅隆的雅拉雹香波、北方的念青唐古拉、上部的觉娃觉卿、东方的玛卿邦热以及觉沃月甲、西乌卡日、吉雪旬拉曲保、诺吉康娃桑布，其中玛卿邦热排行第四。

有一天，斯巴老神出外打猎时，遇见了从安多来的一群百姓，寒暄之中，得知安多地区连年受灾，鬼魅横行，生灵涂炭。斯巴老神听了后甚为忧虑，不觉愁上眉梢。儿子们见他这样茶饭不思，忧心忡忡，都十分担心，便相劝道："阿爸，鹿群羊群汇聚在草原上，因为草原上水草丰美；安多的百姓受灾受难，是因为那里出妖魔鬼怪。只要除掉那里的妖孽，百姓自然会安居乐业。有我们弟兄八个前去降妖，你老人家就不必担心了。"老人没等儿子们说完就打断了他们的话，说道："男子汉老了像老虎一样。虎虽然老了，身上的花纹不变；别看我老了，但我的身体仍然健壮。我要为解救受苦受难的同胞，和你们一起尽心尽力。安多康巴卫藏，虽然地区不一样，但都是藏族同胞聚居的地方。我们父子不但要帮助安多的百姓解除灾难，还要让各地的黎民都过上安居乐业的日子。孩子们，为了普天下人民的幸福，你们就各奔前程，去帮助那里的百姓除妖斩魅吧。"接着就给儿子们分了工，有的去藏北，有的去康巴，老四玛卿邦热被分到去安多。

老四带上阿爸为他准备的酥油、曲拉、糌粑等食物，身穿藏服，头戴毡帽，脚蹬高靴，骑上了他平日喜爱的大白马，准备上路。启程时，老父亲拉住马嚼子反复叮咛道："儿啊！这次出门远行，一定要记住：对头上有辫子的人要有慈父一般的感情，对背上有装饰品的人要有慈母一般的感情，对与你同龄的年轻人要有兄弟一般的感情。只有具备这三样，你才是世界上最幸福的人。只有得到安多人民对你的信任和帮助，你的事业才能成功。藏历羊马年我们父子在安多相会。去吧，孩子！"

玛卿邦热来到安多后，牢记阿爸临行的嘱托，尊老爱幼，团结百姓，用非凡的智慧和魄力，很快消灭了兴风作浪的妖魔，降伏了作恶多端的猛兽，惩办了残害百姓的坏人，使安多的老百姓过上了安居乐业的生活，大家便推举他为安多地方的首领。

光阴似箭，不知不觉到了藏历羊马年，父子们约定在安多相会的时间到了。

这一天，风和日丽，万里晴空，由一千五百名骑着降伏的各种猛兽，手执大刀、长矛、弓箭、盾牌，人身兽头的骑士组成的仪仗队和安多众百姓集合到黄河上游首领的宫殿前，列队迎接斯巴老神沃德巩甲。玛卿邦热率领文武大臣对老阿爸行过大礼之后，侍立一旁。斯巴老神举目望去，但见一座九层白玉琼楼屹立在面前。父子俩登上九层宝殿顶端的阳台举目远眺，只见滔滔黄河围绕着宫殿自西向东，然后又折向东北流去，在阳光下闪闪发光，就像大地献给他

⤡ 阿尼玛卿山（三）（张胜邦，2010年1月摄）

们的一条哈达。草原上鲜花盛开，绿草如茵，骏马在奔驰，牛羊在悠闲地吃草。下得楼来，斯巴老神依次见过了老四的三百六十名家臣，然后率众走出大殿，与安多的众百姓相见。众百姓欢腾雀跃，拿出新鲜的糌粑、刚打出的酥油、刚出锅的手抓羊肉、热气腾腾的煮蕨麻、香喷喷的青稞酒献给斯巴老神和玛卿邦热父子享用。随着鼓声，年轻人们跳起了玛多果卓舞，歌手们唱起了赞美的颂歌。

　　忽然间，雷声大作，云雾四起，斯巴老神和玛卿邦热及其家族消失得无影无踪。而白玉琼楼宝殿在云雾中冉冉上长，转眼间一座冰雕玉刻的雪山拔地而起——这就是现在的阿尼玛卿雪山。

　　阿尼玛卿山与藏族英雄史诗《格萨尔王传》也有较为密切的关系。《格萨尔王传》史诗称阿尼玛卿山神是"战神大王"，是史诗主人公格萨尔所在的神山。在另一个异文分部本《英雄诞生》中还说：格萨尔是阿尼玛卿山神与龙女果萨拉姆梦合而生。为求其保佑，安多藏区百姓至今还对其虔心供奉，顶礼膜拜。在青海藏区，经常可以看到阿尼玛卿山神的画像，白盔、白甲、白袍，胯下白马，手执银枪。他武艺超群，降魔济贫，拥有无穷的智慧。阿尼玛卿山有如此大的神威，自然成为朝拜之地。遇到灾难，藏区百姓总要呼唤阿尼玛卿，盼望法力无边的山神伸以援手。佳节时分，人们拿出柏香、炒面、酥油，给山神煨桑敬礼。

每逢藏历的羊年或者神门（尼果）、雪门（岗果）隔开之年，朝拜的人们携带简单的行装、灶具和食物，顶风冒雪、跋山涉水、风餐露宿，来到阿尼玛卿山，绕山朝拜一周，才算尽了虔诚膜拜之心意，以达到消除罪孽、灵魂升天的目的。绕山一周，徒步一般要七八天时间，沿途条件很艰苦，没有顽强的体力和毅力是难以支持下来的。

九、旅游资源

阿尼玛卿山旅游资源丰富独特，拥有闻名遐迩的日照金山、黄河流域最长最大的哈龙冰川等自然旅游资源，是传说中藏族英雄格萨尔王的寄魂山，在整个藏区特别是安多藏区地位崇高，拥有胜利白塔和曲格那降魔白塔等众多人文旅游资源。阿尼玛卿山本身的美丽景色可与西部的三江源、鄂陵湖、扎陵湖，东部的青海湖、贵德黄河、坎布拉国家地质公园媲美，形成了集雪山、湖泊、河流、丹霞地貌于一体的"高原香格里拉"景色，加之当地的藏族风情，使阿尼玛卿山无论是自然环境还是人文景观都充满了梦幻神秘色彩，具有独特的魅力和良好的旅游资源。

第六节／尕朵觉沃

尕朵觉沃，多称尕朵觉悟，是玉树人视为其守护神的千古名山，和西藏的冈仁波齐、云南的梅里雪山和青海的阿尼玛卿山并称为藏传佛教四大神山。藏语又称"觉悟夏尕"，意为"白圣客"。它是吐蕃赞普赤松德赞供奉的藏区神山之一，是长江流域众多神山之王，是造福玉树地区的非凡神山。

一、位置境域

尕朵觉沃地处玉树州称多县尕朵乡，是由主峰及几十座千姿百态环绕的山峰组成的群山体。主峰海拔 5470 米，平均海拔 4900 米。其主峰山势雄伟、险峻，其他山峰则十分象形，奇特的山形似鬼斧神工，造就了无数美丽的传说。

尕朵觉沃位置示意图

二、宗教文化

藏区每个地方都有自己的活佛，尕朵觉悟脚下的活佛叫作热萨活佛，本名热萨仁波切。热萨仁波切是玉树州曲麻莱县巴干寺的住持活佛，他还是当地有名的藏医。他的仁慈、善良还有高超的医术使之在当地具有很大的影响。

尕朵觉悟转山分大中小三种，一般选择中转。常规有三个转游途径：内转径即主峰的转游，以陡而著称，路途最近，到觉悟山前之后仅用半天可转完，只有高僧大德和出家人才可走这条道；中转径和外转径分别需要 2 天和 9 天时间。

转山 从赛康寺出发，完全需要徒步路段约 25 千米；顶转只需要 1 天，但路程比较危险，曾多次出现事故；中线：从杂朵镇开始，徒步全程。正常徒步计划为 3 天。

↖ 尕朵觉沃（张胜邦，2011年10月摄）

赛康寺（色航寺） 藏语称"赛嘎日茸洛拉顶贡"，意为"白光自宗永固寺"，位于扎朵乡柯庆沟的赛嘎达则山下，去乡 11 千米。寺东有赛念日山，寺西是尕朵觉悟山，西北则为赛嘎达则山。寺处三山交界处交通要道，是称多县境内规模最大、影响面最广的格鲁派寺院。历史上许多高僧大德在朝觐尕朵觉悟神山时，都将所带宝物赠予该寺。明清时期该寺是藏区收藏珍宝最多的寺院之一。在马步芳统治青海时期，赛康寺曾四次遭兵匪洗劫。历尽劫难后的今天，赛康寺僧人依然秘密收藏有珍贵佛像及古物百余种。改革开放以后，寺院重建有五明佛学院、密宗学堂、显宗学堂，并新建了一座较大规模的藏医院。

三、旅游指南

从玉树州结古镇到神山脚下的赛康寺有近 200 千米的路程。从结古镇往东沿 214 国道走到清水河乡，然后从岔路口往北向曲麻莱县方向行进 50 千米左右，就能远远地望见一个犹如凌空出世般的山尖，那就是神山的主峰了。公路只通到赛康寺，要一睹神山的雄姿，只能从赛康寺租马前往。

在尕朵觉悟周围，还分布着诸如唐蕃古道、格萨尔王登基台等遗迹，再加上玉树本身就是格萨尔王的故乡，更加增添了尕朵觉悟神山的神圣和伟大。

第七节 / 年保玉则

年保玉则，亦称果洛山，藏语意为"年神碧玉峰"，被当地藏族同胞视为神山而受到崇敬。2005 年，年保玉则被正式批准为国家地质公园。

一、位置境域

年保玉则是巴颜喀拉山的最高峰，主峰海拔 5369 米。它坐落在巴颜喀拉山脉东段，东经 101.1 度，北纬 33.3 度，位于果洛州久治县西南部 30 多千米处。长 40 千米，宽 25 千米，面积约 900 平方千米。

△ 年保玉则位置示意图

二、地质地貌

年保玉则岩石属中生代早期花岗岩。山体由好几条山脊和相应的峡谷组成，顶部是三个常年积雪的山头，俯瞰而视，形似花瓣。雪线高度，北坡4860米，南坡5060米。冰舌末端高度4450～4840米。峡谷中以山谷冰川和悬冰川为主，有面积达5.05平方千米的7条冰斗冰川和冰斗悬冰川。冰雪融化后，北坡融水全部流入黄河，南坡融水流入大渡河源头支流克柯曲。

在雪峰周围的山谷中汇成大大小小160多个湖泊，形成雪山镜湖辉映的景象。久治县旅游局的实地考察统计和当地藏族老乡的说法是，较大的海子有16个，除了仙女湖、妖女湖外，还有日东玛错、玛尔杂湖、玛日当湖等；星罗棋布的小海子则达300多个，为取吉祥之意号称360个，传说是由当年进藏时经过这里的文成公主流下的思乡之泪汇聚而成的。人们相信它有3600座山峰和360个海子，因为它是藏传佛教修行的大圆满。

年保玉则的险不亚于陕西的华山、安徽的黄山。据考察，年保玉则海拔5000米以上的山峰就有二三十座之多，这些山峰大都成环形围绕于主峰旁，素有"三十二天罡"之称。它们不仅有高耸入云的摩天气势和刀劈斧凿般的鳞次栉比及悬崖突兀，更有着布满于山涧深不可测的洞穴和沟壑，流水在峥峒中发出雷鸣般的声响，然后销声匿迹，又在另一山脚边喷涌而出，形成一汪汪清澈见底的美丽湖泊。

三、气候特征

本区域处在亚热带季风高原高峰气候区域的边缘，致使这里的气候变化是最无常的。一天中人们会经历春夏秋冬四季变化，体验骤雪来骤雨去的高山气候特征。清晨满天星斗，却有大雪纷纷扬扬降下，寒气逼人，俨然隆冬景象；一轮红日从东方冉冉升起，整个山体被浓雾弥漫，不久金色的阳光洒满大地，碧空如洗；上午，山上浓云密布，下起倾盆大雨；正午时分，云开雾散，烈日炎炎，回到了盛夏的酷暑季节；午后，突然狂风四起，雷鸣电闪，冰雹从天而降；傍晚时分，夕阳西下，草原完全恢复了昔日的宁静，年保玉则揭开了神秘的面纱，亭亭玉立，婀娜多姿。神山年保玉则，以其重峦叠嶂，雪岭泛银，严冬打雷，盛夏飞雪，风吹石鸣，月明星灿而闻名。

在盛夏7—8月间的黄金季节里，忽而朗朗晴空，天高云淡；忽而阴云密布，像山坳中隐伏着无数条巨龙，从石缝和山泽中喷涌出无数条冲天云柱。刹那间，整个群山就被云盖雾遮，混混沌沌。风从山口吹来，发出凄厉的啸声，夹杂着野狼的嘶嚎，使人毛骨悚然，置身于此，你会觉得又回到了混沌未开的史前世纪。

在晨曦的霞光里，你会看到和峨眉山金顶相媲美的佛光。见到佛光，你会有飘飘欲仙的感觉，你的灵魂顿觉得到了升华。据说，曾有人亲眼看见白龙腾空飞向天际的壮观景象。难怪，住在大山四周的朴实牧人把年保玉则当作保佑他们风调雨顺的神山了。年保玉则的神奇、险峻和它那隐藏着的无数神秘和自然景观永远令探险家们心驰神往。

四、自然资源

山麓中生长着千百年的云杉、松柏，成林蔽野，古木参天。山坡上有虫草、贝母、大黄等名贵药材。山脚下，野驴、野牦牛、藏羚羊、岩羊、白唇鹿、黑熊等珍贵动物，成群出没于森林草原之中。湖内，有高原上特有的鱼类20多种。

五、神话传说

1. 勇斗黑牦牛

年保玉则的神奇，还在于她蕴含了太多的传说。相传很久以前，金沙江藏古科龙哇一位勇敢善良、英俊壮美、武艺超群的年轻猎人，舍家弃业，只身来到年保玉则山脚下，看到湖畔景色迷人，牧草丰美，就定居下来，以打猎为生。一天，他看到从空中飞来一只老雕，嘴里噙着一条小白蛇。白蛇正是年保玉则山神的三女儿所化。老雕是恶魔的化身，经常出来危害生灵。猎人用弓箭射伤老雕，救下了小白蛇。后来，年保玉则山神幻化成白牦牛与前来强占神山的恶魔的化身——黑牦牛激战七天七夜。猎人看到白牦牛身疲力竭，就勇敢地加入激战行列，协同白牦牛打败并杀死了恶魔。年保玉则山神为了报答猎人对他们一家的救命之恩，就把最小也是最美丽的三女儿许配给了猎人为妻。他们后来生了三个儿子，分别叫昂欠本、阿什姜本和班玛本。他们个个勤劳勇敢，聪慧善良。为了生存和发展，他们开疆拓土，各奔东西，繁衍生息，创下了人们今

↙　年宝湖（张胜邦，2007年6月摄）

天常说的上、中、下三果洛。至今，传说住在年宝湖周围的牧民仍可看到湖中的白牦牛潜出碧波，徜徉嬉戏于湖岸上，久久不肯离去。年保玉则主峰下耸立着一座酷似美女的小山峰，传说就是年保玉则山神三女儿的化身。

年保玉则山高水多，是出了名的，相传有山峰 3600 座，湖泊 360 个。相传，那一个个美丽的湖泊是年保玉则山神大战恶魔负伤后血滴溅落下来变成的。也有说是瑶池水落，即当年孙悟空大闹天宫时扳倒瑶池，池水落入年保玉则而形成的。其中位于年保玉则西北山脚下的两个十分美丽的湖泊，最为著名。其形象一双清澈美丽的大眼睛，面积约 10 平方千米，两湖之间以河为纽带，相互沟通。其中较大的湖叫"西姆措"（意即仙女湖）据说，牧羊姑娘经常用湖水洗浴梳妆，变得一个个美丽异常，像天女下凡，由此得名"西姆措"。另一个湖是"妖女湖"。据说恶魔被杀死后魂灵不散，就幻化成美丽少女，经常从湖里上岸来迷惑年轻小伙子，故而得其名。

2. 神迹显像

大山四周布满了传说中的圣景遗迹。有莲花生佛的脚印，那脚印足有簸箕大，五个脚指头清晰可辨，入石三分，可见神力之无边。有格萨尔王点兵训军的石座，峻立在雪峰平台上，仿佛依然能听到当年那震天撼地的厮杀声，能看到威武雄壮的千军万马。格萨尔王妃珠姆的浴血奋战池依然喷涌，香气四溢。格萨尔王的将领加扎挥刀砍在两三丈深的岩壁上，刀痕亦然；将领先巴切肉的石磴仍旧静卧。拉隆化德山神的修仙洞深邃而神秘。年保玉则主峰的东南西北和正面左右两侧共有六座山峰，便是传说中的六位守山的门神。正门左门神叫拉耶尕吾，右侧门神叫加什达玛吾，东面山关门神叫拉翁托格，南面山关门神叫克采囊谦，西面山关门神叫扎衣赛查，北面山关门神叫帕翁折合玉，均是以其山势的形态而得名，或威武，或挺拔，或高昂，或神勇，姿态各异。还有一尊石山，从远处看，酷似猪八戒蹲伏在石峰上，神态栩栩如生，憨态可掬。据说当年唐僧师徒从西天取经回来路过年保玉则，猪八戒因贪恋这里奇异的山光水色，就幻化成石像，再也不肯回长安了。

在石峰的云台上，盛开着一种叫"然都拉瓦尕柔"的野花，花开九瓣，两尺来高，枝繁叶茂，姿态华贵，妖艳妩媚；但它的毒性也叫人不寒而栗，飞鸟走兽从两三米外经过，也会中毒而亡。据说这种花是上天派来专门守护神山神湖的士兵。

这里又是有名的乱石头岗。也许是千万年前的某次火山爆发，使乱石呈辐射状散布在大山北侧；也许这里是亿万年前的大海，由于地壳上升，海水退走了，留下了这些奇形怪状像石蛋的滚石；也许是天外飞来石，来点缀这空旷的草原绿水。

年保玉则三千六百峰，造就了三千六百多个故事；年保玉则三百六十湖，每一个都荡漾着无穷无尽的诗情画意与传说。

3. 年保玉则神山的传说

在康甘地方的一个部落里，有一户人家，家中只有一个老阿妈和一个女儿，母女俩就靠在年保玉则神山放牧几只山羊度日。每天老阿妈的女儿都去放羊。这一天，一个二十出头的年轻小伙子骑着一头白额青牛，来到牧羊女的跟前，对她说："你们母女俩为什么要住在这个地方呢？"牧羊女说："我们母女俩所有的财产就只有这几只山羊，没法儿随着季节迁移草场，只能在这儿住着。"小伙子说："没关系，你们要想迁移草场，我可以给你们借来驮牛。"牧羊女答道："不需要，我们不走。就是我们母女迁到部落里去，谁知道会不会有我们落帐的地方？现在我们实在是太穷太苦了，去了也只能给别人家干活当佣人。"小伙子又问道："你们真的不想离开这儿？"牧羊女说："谢谢你的好意，我们真的不想离开这儿。"

第二天，母女俩正在家里，那个骑白额青牛的小伙子又来了。牧羊女认出正是昨天见到的年轻人，就热情地招呼他。小伙子对牧羊女的老阿妈说："请把你的女儿嫁给我吧！我会给你一辈子用不完的财宝。"老阿妈心里想：他会给我一生用不完的财宝，可女儿一走只剩下我一个人，那怎么成呢！便说道："你就是真给我一生用不完的财宝，我也不会让女儿嫁给你的。"

牧羊女听了小伙子的话，对阿妈说道："阿妈拉，咱们要吃的没有，要喝的没有，这个小伙子要能给一生用不完的财宝，那就太好了，让我跟他去吧！"这时，老阿妈心里很难受，她想：我用肉和血养育的这一个女儿，真要给嫁出去了，以后我可怎么活下去呀！想着想着，她哭泣着说道："我的女儿，不能嫁出去！"小伙子再也没说什么，就走了。

又过了五六天，小伙子又来了。他对牧羊女的老阿妈说："如果你不愿意把女儿嫁出去，我就做你家的上门女婿，行不行？"老阿妈答道："上门女婿也不要，要是让你当了女婿，你肯定会把我女儿领上逃走的。"小伙子又说："我要是想领走，领走也可以，你想拦也拦不住，可那样做你就太可怜了。你连我当上门女婿都不同意！呀，那好吧！"说完走了。

可从那以后，骑牛小伙子就经常到牧羊女家来坐坐。时间一长，牧羊女和那小伙子俩人就变得亲密了起来。没过多久，牧羊女生了一个男孩。可自从这个男孩一出生，那小伙子就连面都见不着了。

小男孩长到十三岁的时候，对他阿妈说道："我是年保玉则山神的儿子，我要收服管辖果洛所有的地方。"他阿妈听了这话惊得不知怎么办，便生气地训斥道："像你这样的小孩，怎么能统治果洛？你怎么可以说是山神的孩子，年保玉则可是地方的保护神。你别尽说些让人恶心的话，外人听了会耻笑你，果洛的头人听了会杀死你的。"

又有一天，小男孩对阿妈说："我要到山坡那边去爬山。"说完就走了。等他回家的时候，骑着一匹马来到阿妈跟前，高兴地说："我今天捡了一匹马。"他姥姥听了外孙的话，说道："这里哪会白捡一匹马，你要是抓来了人家的马，我的羊怕也保不住了。"小男孩说："就是因为你这也不行那也不行，咱们家才要吃没吃，要喝没喝。这匹马我要定了！"

后来，小男孩长到十八岁的时候，他姥姥去世了，只剩下他们母子二人了。一天，儿子对阿妈说："明天我要去劫财当英雄了。"第二天，儿子真的挎上长刀，骑着一匹光背马，直奔果洛地区很有名的一户恶霸家而去，把那恶霸的牲畜全部赶走了。他在前边走，身后追来了许多追兵。他们举起火枪照着他直放，可不管火枪怎样射，他却没中一颗子弹。追兵追到跟前，就和他打斗了起来。说来也怪，这儿子在搏斗中，不用刀刃斩，而是用刀背砍，追兵们被砍得东倒西歪，死了一大片，他赶着所有的牲畜回到了家里。阿妈见到他害怕极了，狠狠地训斥他。还没训几句，追兵又追来了。这儿子对阿妈说："阿妈，你看着吧，他们打不过我。"阿妈焦急地喊道："孩子，你别这样乱来，你让我还是落个好死吧！"儿子根本听不进阿妈的话，冲进战阵中，又举起刀背向追兵砍杀。追兵们被杀得东倒西歪，全被杀死了。就这样，果洛康甘部落从此对这位勇士格外尊崇，他便成了果洛地区康甘部落的头领，据说他真的就是年保玉则山神的儿子。

六、旅游资源

1. 年保玉则主峰

年保玉则主峰属 5000 米级的技术型山峰。位于青海省久治县索呼日麻乡、白玉乡境内，是巴颜喀拉山的最高峰，坐落在巴颜喀拉山脉东段，由无数海拔在 4000 ～ 5000 米以上的山峰组成，长 40 千米，宽 25 千米。顶部由 3 个常年积雪的山头组成，山体则由好几条山脊和相应的峡谷组成，俯瞰而视，形似花瓣。峡谷中以山谷冰川和悬冰川为主。冰雪融化后，在雪峰周围的山谷中汇成大大小小 160 多个湖泊，形成雪山镜湖之景。相传这里是果洛藏族之发祥地。

2. 仙女湖

仙女湖是从年保玉则景区正门进入顺栈道走看到的第一座湖，公路已延伸至仙女湖景区。湖水清澈见底，能十分清楚地看见水下的高原湖泊鱼。每日晨昏浓雾围绕，幽雅静谧。藏人们常将玛瑙、银币和风马等抛洒在湖中，祈求吉祥如意。湖东南立着一块巨石，上面有一条深深的石痕，直通湖内，传说这是年保山神小女儿与猎人成婚处。因此，石块下筑有一煨桑池台，四周经幡飘动，香火不断。从景区门口到仙女湖租马区 4 千米，车子可进入。

⬉ 仙女湖（张胜邦，2007年6月摄）

3. 文措湖

文措湖位于年保玉则景区的西南方向，分为上文措湖和下文措湖。上文措湖靠东，下文措湖靠西一些。徒步从西入口南北反穿，可沿着西久公路在白玉乡隆格寺丁字路口处向东行 13 千米，即到达文措湖。一般从正门进入。不做两日以上徒步打算的游客一般不会去到文措湖边。文措湖的山体形如电影《指环王》中魔界的山形，不加任何人为的雕琢，四周野生动物和湖中的鱼类种类众多。在下文措湖西岸，遍布着许多大大小小的温泉，每日清晨，雾气茫茫，似云海仙境。

第八节／鄂拉山

鄂拉山位于青海东部，属昆仑山脉东段之布尔汉布达山的东延部分。藏语意为"青色的山"。鄂拉山口昔日为唐蕃古道要隘，今倒邦（青海倒淌河—西藏邦卡）公路从此穿过。

一、位置境域

鄂拉山西北部起于柴达木盆地东部山地，东南部止于兴海县黄河附近，为共和盆地与兴海盆地的西部屏障。西北—东南走向，长约 150 千米，宽 20 ～ 30 千米。

鄂拉山位置示意图

二、地理特征

鄂拉山地势总体上由南西往北东逐渐降低。一般山峰海拔 3800～4500 米，海拔 4600 米以上的群峰林立，海拔在 5000 米以上的山峰有切龙岗（5134.6 米）、查千岗日（5256.8 米）、都龙牙哆（5179.4 米）、麻卓岗 5025 米，虽根尔岗（5305 米）、索拉山（5043.6 米）等多座，多集中于西北部。

5000 米以上山地古冰川地貌常见，如冰斗、围谷、角峰、刃脊等。4200 米以上地段冰缘作用较为强烈：上带见有石海、石河、冰蚀洼地与台地，基岩裸露，构成高山荒漠地貌景观；下带为融冻泥流带，发育泥石流滑坡及泥石流

↖ 鄂拉山（一）（张胜邦，2017年4月摄）

台地。4000 米以下以流水作用为主，侵蚀切割强烈，谷底、谷坡有草类植被发育。鄂拉山口一带有保存较好的剥夷面，山坡较河卡山平缓，山口海拔约 4600 米。

鄂拉山地区有一系列以铜为主的多金属矿床和矿点，多数产于二叠系砂板岩及碳酸盐岩中。有印支期中酸性侵入岩，属矽卡岩型矿床。矽卡岩型矿床是指从岩浆中分泌出来的气体和热水溶液与易起化学反应的围岩发生接触交代而成的矿床，故也称接触交代矿床。

鄂拉山在大地构造上处于柴达木准地台东南缘与松潘甘孜印支地槽褶皱系西端的交接部位。山体由中生代和古生代砂岩、板岩、灰岩、大理岩、火成岩及晚古生代至中生代花岗岩组成。山体高大、厚重，峰峦重叠，多冰蚀峰谷，呈高山草甸或高山冻原地貌。山顶和山腰多为岩石经物理风化而成的山麓为坡积裙，冰缘突岩、石海、石河等，局部可见由冰水沉积所成的终碛堤及蛇形丘。

自然垂直带谱较明显。3500 ～ 3800 米为中生性草甸草原—亚高山草甸草原土，3800 ～ 4100 米为亚高山中生性草甸，为良好的山地牧场。野生动物有雪鸡、旱獭等。

三、主要支脉

鄂拉山由三条分支山脉组成，由北东往南西依次为：

河卡南山（其南东延伸部分为贵南与同德交界处的居布尔大山） 呈北西—南东向展布，成为共和盆地的西南部边界。多由高山和中山构成，其南西侧成为兴海—同德盆地的北东边界。主要由三叠系的砂岩及板岩构成。山体较浑圆，沟谷较发育，雨季较易孕育泥石流。

万石山—尖山—夏儿岗一带群山 呈北北西—南南东向展布；多由中高山和高山所构成。阳坡陡峭，多为块石地和碎石流。阴坡较宽缓且植被相对较发育，除高山草甸外，局部如赛宗寺一带有灌木林，以至柏木林。山体高大而陡峭，由三叠系砂岩、板岩、部分石灰岩、砾岩和二叠系砂岩、板岩、大理

　↖ 鄂拉山（二）（张胜邦，2017年4月摄）

岩及少量火山岩所构成。

　　虽根尔岗—虎达一带群山　呈北北西—南南东向，南部近于呈南北向展布，多由高山和极高山构成。山体由三叠系砂岩、板岩、火山岩和印支中晚期花岗岩类所构成。山岭陡峭，岩石裸露，山顶和山坡布满块石和碎石流，仅在坡麓有少量植被，构成高山草甸。在鄂拉山口青康公路路面海拔 4900 米。

　　以上三条分支山脉的汇聚处即为鄂拉山山顶部位，是共和县地势最高地区。

第九节／各拉丹冬山

各拉丹冬山是长江的发源地，也是中国最具特色的冰川雪山之一，海拔6621米，为唐古拉山脉之主峰。藏语意为"高高尖尖之山峰"，是藏族文化中的男性神山。山峰右侧有座觉木日迈山，为女性神山。

一、位置境域

各拉丹冬突耸于青海省西南部青藏边境格尔木市各拉丹冬乡，位于东经91°，北纬33.5°。系由一大片南北长达50余千米、东西宽30余千米、攒聚50余条巨龙般之山岳冰川群所组成。

△　各拉丹冬雪山位置示意图

△ 各拉丹冬的早晨（何启金，2009年9月摄）

各拉丹冬冰峰西南侧之姜根迪如冰川为长江的发源地，末端海拔高5395米。由冰川、冰斗融水汇成一股宽约 3 米、深约 0.2 米之小溪流，北流 9 千米至巴冬山下接纳朵恰迪如岗雪山群之冰川融水后，流经长约 15 千米之谷地，继续北流，分流成宽 6 米与 4 米的两条小河。小河两侧谷地尚有众多瓣套状之水网，此即沱沱河之上源。

二、气候特征

各拉丹冬冰川地段斜坡湿地广布，高地温、高含冰量冻土地段较长，冻胀、融沉作用强烈；安多以南分布有岛状冻土和深季节冻土。冬春季节气温很低，寒风凛冽。7—8 月天气稍微转暖时，雨水丰富，飘过一片云彩来，不是雨雪就

是冰雹。各拉丹冬冰川海拔 5231 米，是青、藏两省区的天然分界线，也是青藏线 109 国道的最高点。唐古拉山顶终年积雪不化，数十条远古冰川纵横奔泻，可谓"近看是山，远望成川"。这里还可以看到神秘莫测的一日四景。翻过大唐古拉山口，前面的还有一处海拔 5010 米的小唐古拉山口。过后即进入西藏境内的羌塘高原，两旁雪山连绵，蓝天草原相映，牛羊像珍珠般洒落绿野。此处空气含氧量只有水平线的六成，一般乘客路过唐古拉山口，会有明显的高原反应。

三、自然资源

在各拉丹冬有很多植物如藏药、虫草，还有许多动物如野牛、野驴、藏羚羊、狼、狐狸等成群生活。各拉丹冬雪山冰川的伸缩变化，非常明显地揭示了当地乃至青藏高原和全球气候的变迁，极具科研价值。

四、旅游资源

1. 雪峰

各拉丹冬峰周围自然景观奇特壮观。冬季，这里是冰雪的世界，山上山下，银装素裹；夏秋季节，烈日炎炎，冰消雪融，山下天然草原上盛开着五颜六色的野花，姹紫嫣红，草原上点缀着成群的牛羊。除主峰各拉丹冬峰外，海拔 6000 米以上的山峰还有 40 余座，冰川覆盖面积 790.4 平方千米，有冰川 130 条。雪线高度北坡 5570 米。南北侧各有一条弧形冰川。南支姜根迪如冰川长 12.8 千米，宽 1.6 千米，尾部有 5 千米长的冰塔林，是长江正源沱沱河的发源地；北支冰川长 10.1 千米，宽 1.3 千米，尾部有 2 千米长的冰塔林、冰桥、

各拉丹冬的冰川（何启金，2016年11月摄）

冰草、冰针、冰蘑菇、冰湖、冰钟乳等，构成千姿百态的冰塔林世界。有野牛、野驴、藏羊羚、雪鸡等珍禽异兽和水晶石，周围为优良的天然草场，是探险旅游、登山、猎奇、科学考察的理想之地。各拉丹冬冰山群属于山岳冰川。高达六七十米的冰塔林，银盔白甲，高耸入云，一座挨一座，有的像撑天玉柱，有的如摩天水晶楼，有的似宝剑寒气凌凌直刺云天。冰塔林中，有高高耸起的冰柱，有玲珑剔透的冰笋，有形如彩虹的冰桥，有神秘莫测的冰洞，还有银雕玉琢的冰斗、冰舌、冰湖、冰沟……神工鬼斧，冰清玉洁，简直是一座奇美无比的艺术长廊。夏秋季节，山上银装素裹，山下野花烂漫。各拉丹冬冰峰附近海拔 6000 米以上蕴藏的冰山水晶石，被称为"江源瑰宝"。

2. 冰塔

各拉丹冬雪山东面的山脚下，有一个面积约 800 平方千米的冰塔群，被人们称为"岗加巧巴"（意为"百雪圣灯"）。这些冰塔林形状各有不同。有的犹如精工细雕的水晶塔，高耸林立在地平线上。在阳光的照射下，塔身闪烁着五颜六色的光柱，纵横交错，使整个冰林变成了彩虹世界。塔顶随风传出悦耳的法铃声，如此迷人的冰雪景色真是别有天地。有的冰峰俨然一对玛瑙般的骏马耳朵，两边对称和谐，有黑白两色构成的斑纹；有的却像一双巨大而深陷的眼窝，时刻窥探着这片辽阔的大地；有些冰峰酷似恐龙和雪蛙抱人。总之，奇形怪状，比比皆是。最有趣的莫过于冰林深处的七色光。在冰林深处有一座断体的冰塔，其残存的根部有个深深的裂缝，从裂缝中闪烁出灿烂的七色光，色彩缤纷，变幻莫测，引人入胜。究竟它是什么，是山神的珠光，还是龙宫的宝气，或是天地间的灵光，谁也无法说清。有些冰塔的底部融化后形成了许多干净而舒适的冰房，门前挂着由许多细长的冰柱构成的帘子，步入其中稍坐片刻，就有一种温暖如春的感觉。如此千姿百态、光彩夺目的冰塔林，无疑是大自然历经千百年精雕细琢造成的，可称得上是举世无双。

第十节 / 其余诸山

　　除前文所述可可西里山、唐古拉山、巴颜喀拉山和阿尼玛卿山等高大山脉之外，青南高原上的其余山脉按照行政区划介绍如下。

⟋　青海西南诸山位置示意图

一、玉树州境内诸山

玉树州地处青藏高原腹地，北临昆仑山脉和巴颜喀拉山脉，南望唐古拉山脉，东接川西高山峡谷，西连藏北高原，是二江一河的发源地。总的地势是被两山夹峙，南北高、当中低，西高东低，各河流由南北汇聚中央，由南东的高山峡谷流出境外。区内大部分海拔在 4000～5000 米间。最高为布喀达坂峰，海拔 6860 米，最低为东南处玉树市东仲境内的金沙江江面，海拔 3335 米，二者相差 3525 米。

（一）玉树州的山脉分区

玉树州的山脉分为以下三个区。

1. 昆仑山大起伏高山区

仅占中区之祁漫塔格—布尔干达高山极高山区一部分，分布在玉树州西北部。境内有全省最高山布喀达坂峰，巍雪山、五雪峰、大雪峰、马兰山等海拔 5800 米以上的雪山，以及海拔 5500 米的山脉，相对起伏 1500～2000 米。区内平均海拔超过 5000 米。现代冰川广泛发育在海拔 5500 米及以上的高山区，海拔 5000 米左右广泛分布古冰川遗迹及冰缘地貌。

2. 江河上游大起伏高山山原区

分布在玉树州的东南部、巴颜喀拉山脉以南及唐古拉山脉以北广大地区，主要由于新构造动动总体抬升中的差异和受长江、澜沧江及其支流溯源侵蚀的影响，使原始高原面解体而形成山原区，地貌上形成一系列近于平行的北西向展布的山岭和谷地。

山地海拔一般在 5000～5200 米，有保存较好的夷平面。在通天河和扎曲河之间，海拔高达 5400 米的山峰较多，且有海拔 5930 米的色的日大起伏极高山区及海拔 5752 米的保梭色峰的大起伏高山区，二者现代冰川及古冰川遗迹发育，后者且一直延伸到山下谷地中。广大山顶面上冰缘地貌发育，尤其以冰冻重力作用的冰缘突岩、岩屑坡石海地貌很常见。

三大河的干流谷地海拔一般为3400～4300米，而支流谷地海拔一般为4000～4500米。河谷以窄谷为主，宽谷次之，峡谷间有。区内地形复杂，以大中起伏为主，河谷中有小片农田，森林、高山牧场也比西部为优。

根据河流的不同，本区分为两个小区：通天河—黄河上游大、中起伏高山河谷小区和澜沧江上游大中起伏高山河谷小区。

3. 唐古拉高山极高山区

分布在玉树州南部，唐古拉山是青、藏界山，山体总体走向北西西，总地势是西高东低。西段山脊海拔平均在5500米左右，山峰都超过5800米，最高峰为长江沱沱河源头的各拉丹冬，海拔6621米，广泛发育现代冰川。东段除少数几个山头外，一般在5000～5500米，基本无现代冰川，但古代冰川遗迹广布，且几乎全为永久冻土范围，并发育冰缘地貌。除一些大起伏的极高山外，山地起伏较小，一般在1000米以内，以中小起伏的高山地貌为主。

（二）玉树州的主要山脉

1. 昆仑山脉

处在玉树州北部，山脊为玉树州与海西、果洛两州分界线，海拔全部超过4500米，近东西走向到北西走向。除上面提到的极高山以外，其余皆为高山区。在自治州分布的有三个支脉：

博卡雷克塔格和阿尔喀山支脉 博卡雷克塔格山西段山脊平均海拔5200米，中段（湖口冰峰—昆仑山口附近）5400米，东段5000米左右。阿尔喀山山脊海拔为5100～5300米。

可可西里山支脉 是昆仑山西段最南部的一列山脉，总体近东西走向，由于受构造影响，常被错断和弯曲，山脊平均海拔为5100～5300米。

巴颜喀拉山支脉 是昆仑山脉东段最南的一列山脉，海拔为4800～5100米，主峰高5267米。该山脉没有明显的主山脊线，在数十千米范围内，山顶面齐一，是唯一保存良好的原始夷平面。

玉树州境内的昆仑山脉，按起伏高差可分为大、中、小起伏高山和高海拔丘陵四个地貌类型。除少数高山发育现代冰川，以冰川作用为主外，西部山地冰缘作用占优势，东部山地则冰缘作用和流水作用共存。

2. 唐古拉山脉

是青藏两省的界山，是长江和澜沧江的发源地，走向近东西向。其西段常被北北东走向的谷地隔断，形成短轴山地，广布一些极高山。东段平均高度5100～5500米间。东经95°以东，以大起伏高山为主，少量为中起伏高山，个别地方为小起伏高山；东经95°以西，中小起伏高山和高海拔丘陵共存，皆较发育，基本无大起伏高山区。唐古拉山脉以冰川作用和冰缘作用为主。

3. 其他高山

在昆仑山和唐古拉山之间的高原面上分布着一些零星高山。

祖尔肯乌拉山　近东西走向，山体被北偏东走向盆地相隔，山脊除个别为大起伏极高山外，一般海拔高5400米左右，以中小起伏高山为主，也发育高海拔丘陵地貌。山地地貌以冰缘作用为主。

江源高原上的高山　位于祖尔肯乌拉山以北，可可西里山之南楚玛尔源头和羌塘内陆区高原面上。平均海拔5000米左右，山体走向北西或北西西。以高海拔丘陵为主，次为小起伏高山，中起伏高山零星分布。无现代冰川，但古冰川遗迹发育，为永久冻土区，冰缘作用发育。

冬布里山—色的日—保梭色山　位于唐古拉山和巴颜喀拉山之间的一条山脉，呈北西和北西西延伸，被通天河和扎曲河切割横穿，平均海拔5300～5400米，除个别山峰为极高山外，主体以高山为主。冬布里山以中起伏为主，局部大起伏、小起伏和丘陵。色的日以大起伏高山为主，中起伏高山分布在通天河支流上游的谷地两侧，小起伏高山和高海拔丘陵仅个别地方零星分布。除冰缘作用和古冰川遗迹普遍外，色的日还发育现代冰川，保梭色山有零星现代冰川和及较发育的流水作用。

二、果洛州境内诸山

果洛州境内主要山峰如表5.1所示。

表 5.1 果洛州境内主要山峰简介

名　称	概　　况
阿尼玛卿	详见本书第五章第五节
年宝玉则	详见本书第五章第七节
卡尔吉佐毛日则	藏语，卡尔为地域名，吉为藏语连接词，佐毛日则为峰名。位于玛多县扎陵湖乡境内
加达·西日德则	藏语。位于玛多县扎陵湖乡北部
玛尔达·西玛德则	藏语，玛尔达为地域名，西玛德则意为"沙石峰"。位于玛多县扎陵湖乡北部
科多·卡哇吉合则	藏语，科多为地域名，卡哇吉合则为峰名。位于玛多县黄河乡境内
江多·合拉德则	藏语，江多意为"江曲上游"，合拉德则为峰名。位于玛多县黑河乡境内，海拔4787.7米
木格·智尕拉则	藏语，木为地域名，格为藏语连接词"的"，智尕拉则意为"白色岩石峰"。位于玛多县花石峡乡北部
东格·多纳冬什则	藏语，东为地域名，多纳冬什则意为"黑石似箭，林立成峰"。位于玛多县花石峡乡西南部，海拔4963米
玛拉查则	藏语。位于玛多县扎陵湖北部，海拔4653米

（续表5.1）

名　称	概　况
措哇尔尕则	藏语，措哇尔意为"两湖中间"，尕则意为"峰"。位于玛多县扎陵湖、鄂陵湖中间，海拔4610米
勒那冬则	藏语，意为"黑龙经尖峰"。位于玛多县黑河乡境内，呈南北走向，海拔5266.8米，山上常年积雪
旺仓玉则	藏语。位于玛多县黑河乡西南部，海拔5142米
尕乐拉则	藏语。位于玛多县黑河乡西南部，海拔5001米
热加拉则	藏语。位于玛多县扎陵湖东部，海拔4556米
亚额拉则	藏语。位于玛多县鄂陵湖南，海拔4460米
康日夏则	藏语。位于巴颜喀拉山峰西侧，海拔4883米
扎阿拉则	藏语。位于玛多县黑海乡西侧，海拔4495米
斗格屯保	藏语，斗为地域名，格为藏语连接词，屯保意为"高山"。位于玛多县黄河乡境内
当格·当日屯保	藏语，当为地域名，当日为山名。位于玛沁县当项沟
科地·西娘屯保	藏语，因该山形似鹿心而得名，科地为地域名，西娘为山名。位于甘德县江千乡境内，海拔4597米
怡怡·东日屯保	藏语，怡怡为地域名，东日意为"形似海螺的高山"。位于甘德县江千乡北部
扎合日·玛日干屯保	藏语，扎合日意为"岩石"，玛日干意为"积攒酥油的箱子"，因山形似积攒酥油用的木箱而得名。位于甘德县江千乡东南部，东经100°27′，北纬34°07′，海拔4606米

（续表5.1）

名　称	概　　况
柏米·日赞屯保	藏语，柏米为地域名，日赞为山名。位于甘德县下藏科乡境内
孟毛·赛德屯保	藏语，孟毛为地域名，赛德为山名。位于久治县门堂乡东部
扎叶·赛池	藏语，意为"金盔甲"。位于久治县西部，在哇赛、哇尔依、索呼日麻乡之间，东经100°44′、北纬33°29′，海拔5123.8米。传说赛池是一座神山，是年宝叶什则神山南门卫，身穿金制盔甲而得名
扎智益	藏语，意为"四方山"。位于玛多县黑河乡西北46千米处，东经98°37′，北纬35°28′，海拔5093米。
窝洛堆扎	藏语，意为"举债山"。位于玛多县花石峡乡东南部，呈西北—东南走向，石头山，东经98°59′，北纬34°47′，海拔5124米，
阿尼科	藏语。位于玛多县西北部，呈西北—东南走向，长约25千米，东经98°02′，北纬35°17′，主峰海拔5730米
中兰多让建	藏语。位于玛多县花石峡乡西南部，西北—东南走向，长约40千米，东经98°41′，北纬35°04′，主峰海拔5200米。又名长石头山，1950年修筑青康公路时，由中国人民解放军命名
呀格亮扎	藏语，意为"牦牛山"。位于玛多县花石峡乡西北部，呈东西走向，长约4千米，东经97°54′，北纬35°18′，海拔5070米
阿尼群贡	藏语，因山的形状似大鹏而得名。位于玛沁县拉加乡北面，东经100°39′，北纬34°49′，海拔3624米
赛日昂约	藏语。传说该山是阿尼玛卿雪山的生父。位于玛沁县下大武乡西南部，东西走向，东经99°09′，北纬34°53′，主峰海拔5262米
尼卿班玛仁托	藏语，因山上长满尼卿班玛花而得名。位于甘德县岗龙乡东北部，东经100°26′，北纬33°51′，主峰海拔4896米
克钦	藏语，全称为"克布钦华吾扎尔顿"，意为"能征善战的好汉"，传说是神山班玛仁托的大臣。位于甘德县下藏科乡南部，东经100°44′，北纬33°58′，海拔4508米

（续表5.1）

名　称	概　　况
吉娘	藏语，意为"吉迈中心山"。位于达日县德昂乡西北部，东经100°01′，北纬33°34′，海拔4781.5米。山势陡峭，山中有少量灌木丛
柏玛日赞	藏语，因山上长有柏麻而得名。位于达日县特合土乡西北部，东经98°59′，北纬34°11′，海拔4585.5米
日查	藏语，意为"花山"，因山上石头五颜六色、形态多种多样而得名。位于达日县莫坝乡北部，东经99°32′，北纬33°21′，海拔4710米
其库扎	藏语，因此山北侧有格萨尔温泉得名。位于达日县上红科乡西北部，东经99°02′、北纬33°07′，海拔5078米
多娘	藏语，意为"多柯沟的心脏"，因此山岩石呈红色，山体形如心脏，且位于多柯河的源头而得名。位于班玛县达卡乡西北部，东经99°56′，北纬33°08′，海拔4825米
羊忠吉赫寨	藏语，吉赫寨是神名。位于班玛县莫巴乡西北部，东经100°37′，北纬33°10′，海拔4163米
吾和玛查热	藏语，意为"花新娘"。位于玛沁县尼卓玛山口南，东经99°25′，北纬34°29′，海拔5418米
莫莫底丫	藏语。位于玛沁县当洛乡西侧，东经99°30′，北纬33°57′，海拔4881米
同步岗	藏语，意为"高大的山"。位于玛多县黄河乡东部，东经98°35′，北纬34°31′，海拔4810米
赞布杂日	藏语，赞布是神名，杂日意为"石山"。位于玛多县黄河乡西南部，东经97°55′，北纬33°56′，海拔5226米
莫格尔日秀	藏语，莫为地域名，尔日秀意为"美丽的山峰"。位于玛多县北部，东经98°14′，北纬35°18′，海拔5007米
塔玛尔当杂日	藏语，塔玛尔当意为"红土断崖峰"。位于玛多县北部。东经98°15′ 北纬35°26′，海拔5241米
扎西拉让	藏语，意为"有路的山坡"。位于尼卓玛山口西南部

三、玛沁县境内诸山

玛沁县境内主要山峰如表 5.2 所示。

表 5.2 玛沁县境内主要山峰概况

名　称	概　　况
阿尼玛卿峰	详见本书第五章第五节
帕垭·赛日昂约	藏语，意为"金贵犀牛山"。位于阿尼玛卿峰西北部，距阿尼玛卿峰24千米，东经99°10′，北纬34°52′，主峰海拔5262米
妈英·智合吉加尔莫	藏语，意为"威猛女王山"。位于阿尼玛卿峰北侧，紧贴阿尼玛卿峰，东经99°26′，北纬34°50′，海拔5611米
桑伟韵庆·贡漫拉热	藏语，意为"天界仙女山"。位于阿尼玛卿峰背面，距阿尼玛卿峰10千米
香吾·帕日智合让	藏语，意为"长岩卧葡山"。位于阿尼玛卿峰西部，距阿尼玛卿峰8千米，东经99°24′，北纬34°42′，主峰海拔5029米
龙宝格同智尕儿大臣	藏语，意为"短善白岩山"。位于阿尼玛卿峰西北部，距阿尼玛卿峰22千米，东经99°，北纬34°55′，主峰海拔4955米
尼尔哇·章吉夏嘎尔	藏语，意为"客欢白脸山"。位于阿尼玛卿峰西北部，东经99°20′，北纬34°53′，主峰海拔4745米
安确·卡赛巴尼领	藏语，意为"黄顶和尚山"。位于阿尼玛卿峰西侧，东经99°23′，北纬34°52′，主峰海拔5310米
热格日东香	冰川。藏语，意为"千顶帐房"，传说中是阿尼玛卿的亲族和卫士的居住地。东经99°28′，北纬34°52′，海拔4630米
卓玛本宗	藏语，意为"十万位度母宫"，传说是十万度母的魂山。东经99°35′，北纬34°37′，海拔4120米

（续表5.2）

名　称	概　　况
郎日班玛本宗	藏语，意为"岭山万朵莲花宫"。位于阿尼玛卿峰东侧，东经99°41′，北纬34°41′，海拔3961米
尕岔贡麻	藏语，意为"出土盐的上山"。东经99°42′，北纬34°48′
吾和玛查热	藏语，意为"新娘"。位于尼召玛山口南，东经99°25′，北纬34°29′，海拔5418米
尼召玛	藏语，意为"日照时间长的阳坡"。位于吾和玛查热山西北部，东经99°36′，北纬34°34′，海拔4942米
莫莫底丫	藏语，意为"雾气缭绕的山峰"。位于当洛乡西侧，东经99°30′，北纬33°57′，海拔4881米
当格·当日屯保	藏语，当格为地域名，当日为山名。位于当项乡当项沟
阿尼琼贡	藏语，因山形似大鹏而得名。位于拉加乡北面，东经100°39′，北纬34°49′，海拔3624米
云保杂格日	藏语，意为"白色的云保神石山"。位于大武滩石峡煤矿东侧
阿尼格托	藏语，意为"神山"。位于军功乡中部，据说是曲哇部落开山祖普济法师的参禅地，东经100°29′，北纬34°36′
塔美乃日杂	蒙藏合成语。位于拉加乡与甘肃玛曲县分界处，东经100°54′，北纬34°23′，海拔4509米

四、甘德县境内诸山

甘德县境内属典型的高山山地地貌，多高山谷地，地势由西北向东南逐渐降低。西北部多为高山，东南部地势较低，多为中高山。由于河流冲切，形成地形分割破碎剧烈，山坡陡峭、狭窄。山脉高度一般在 4300 米以上。最高峰在东柯曲河上游的吉尔根，海拔 5200 米；最低处在马赛河与黄河交汇处，海拔为 3680 米。丘陵分布于中高山之间，相对高度仅几十米。东西柯曲两岸有较为平坦的滩地。全县沟壑纵横，河溪密布。黄河、东西柯曲、当曲河谷海拔较低，河谷狭窄。境内主要山峰如表 5.3 所示。

表 5.3 甘德县境内主要山峰概况

名 称	概 况
西娘	藏语，因地形酷似鹿心得名。位于江千乡西部，东经100°26′，北纬34°08′，海拔4597.3米
南克则	藏语，因此山形状像人拳头且属周围最高的山，故名南克则，意为"天拳头"。位于江千乡东北部，东经100°41′，北纬34°17′，主峰海拔4513米
玛尔干木	藏语，玛尔意为"酥油"，干木意为"箱子"，因地形像积攒酥油的箱子而得名。位于江千乡南部，东经100°27′，北纬34°07′，海拔4606米
东拉	藏语，传说在很久以前，有一位神骑着一头长着银白色好看角的鹿，来到此地居住，故名为东拉，意为"海螺角"。位于江千乡北部，北纬34°16′，东经100°32′，主峰海拔4316米
尼卿班玛仁托	藏语，尼卿班玛是当地的一种花名，仁托意为"高山"。位于岗龙乡东北部，东经100°26′，北纬33°51′，主峰海拔4896米。山体上部由岩石构成，半山腰以下均为砾石，山坡陡峭，是当地群众心目中的神山
俄索日玛	藏语。位于下藏科乡北部与玛沁县交界处，呈南北走向，东经100°45′，北纬34°15′，主峰海拔4835米。山顶常年积雪，是下藏科乡境内海拔最高的山，从远处眺望，山体呈青色而得名

（续表5.3）

名　称	概　况
夏赛义日	藏语，夏意为"鹿"，日意为"山"。位于青珍乡西北部，东西走向，东经99°47′，北纬34°21′，主峰海拔4934米。气候寒冷，四季降雪，山顶终年积雪不化，是甘德县境内海拔最高的山
恰移聂热	藏语，意为"似火烧的白花石山"，因山体为石灰岩而得名。位于青珍乡东南部，东经100°13′，北纬34°03′，主峰海拔4655米
目日	藏语。此山原名叫"玛日桑哇俄旦"，后来简称"目日"，传说是格萨尔王供奉神灵的地方，是当地的一座神山。位于东吉乡西南部，山势呈南北走向，东经99°49′，北纬33°52′，主峰海拔4711米
克钦	藏语，"神山"之意，其全名为"克布钦华吾扎尔等"，意思是"能征战的好汉"，是神山班玛仁托的大臣。位于下藏科乡南14千米处，东经100°44′，北纬33°58′
安拉加·加毛	藏语。位于柯曲乡东部10千米处，东经100°01′，北纬33°59′，海拔4438米。山顶有两座大岩石。传说很久以前有一对汉族夫妇到此地传授织帐牛毛料子的技术，因遇不幸而死，随之化成两块岩石，两石相距50米。后来，为了纪念这对夫妇，藏族人民就将此山取名为安拉加·加毛
下拉德	藏语。位于上贡麻乡北面10.8千米处，东经99°40′，北纬33°58′，海拔4662米。传说格萨尔王的一位王妃叫阿什德里毛，在此狩猎，将猎物储存于此山，由此得名
拉普才尖	藏语，意为"信仰的神山"。位于下贡麻乡东南14千米处，东经100°12′，北纬33°45′，海拔4602米。此山是当地群众煨桑的地方
湾日果欧合	蒙藏合成语，意为"黑山头"。东经100°16′，北纬33°57′，主峰海拔4824米。传说早年有一名叫湾日托巴的蒙古族牧民在此居住放牧，特别是牛很多，到山上放牧，使得大片山都变为黑色，故得名

五、达日县境内诸山

县境内地貌属巴颜喀拉山原区。地形由西北向东南倾斜，巴颜喀拉山脉从西北向东南延伸。地势西北高、东南低。县内分成长江支流的尼曲河、满掌河和黄河支流的夏曲、达日河、柯曲、尼曲等水域。西北部山体较大，山坡较缓，山顶浑圆，滩地较开阔。东南部山体较长，山坡较陡，群峰雄叠，山脉倾向明显。山顶多条形凸凹状。最高控制点在桑日麻乡的热合川山，海拔 5200 米；最低海拔在德昂乡与久治县交界处，标高 3820 米。境内主要山峰如表 5.4 所示。

表 5.4　达日县境内主要山峰概况

名　称	概　　　况
措什多山	位于桑日麻乡境内，向东南蜿蜒80余千米，顶峰4800米，常年积雪。坡度一般60°，最大80°。山顶为石峰
尼日多山	位于桑日麻乡境内，与措什多山相连，顶峰5000米。坡度一般60°。山顶为岩石陡壁
渡娘山	位于桑日麻乡东南部，向东延伸至达日河谷，顶峰4500米。坡度一般50°
热合川山	位于桑日麻乡西南部，顶峰5200米。坡度一般60°
夏尔布山	位于建设乡北部，顶峰4565米。坡度一般65°。山顶岩峭如石壁
喜仁托马山	位于特合土乡南部，顶峰4710米，常年积雪。坡度一般65°，最大75°
边马日赞秀毛山	位于特合土乡西北部，顶峰4586米。坡度一般45°，最大60°
日杂欠玛山	位于特合土乡南部，顶峰4900米。坡度一般60°。山顶石峰林立
尼达山	位于上红科乡北部，顶峰5100米。坡度一般70°。遍山皆大小流石
万山	位于上红科乡、桑日麻乡境内，顶峰4700米。坡度75°。山顶石峰林立

（续表5.4）

名　称	概　况
特尔干山	位于上红科乡西南部，顶峰4600米。坡度一般65°。山顶为石峰
日查山	位于莫坝乡北部，顶峰4200米。坡度一般60°。山顶有30平方米凹地，夏季积水成潭
桑池贡麻山	位于莫坝乡东南部，顶峰4500米。北坡50°，南坡70°
吉娘山	位于德昂乡和窝赛乡交界处，顶峰4782米。坡度一般70°。山坡多为流石
吉尔干山	位于德昂乡以北8千米处，顶峰4700米。坡度一般55°，最大70°。石质山峰，北坡有灌木
尼龙日吉山	位于德昂乡东部，顶峰4500米。坡度一般60°。北坡有1～2米高的灌木丛
查齐孞里山	位于德昂乡东部，顶峰4500米。坡度一般35°。山顶为绝壁，山腰生有约2米高的灌木丛
扎木喜山	位于下红科乡西部，山顶4050米。坡度一般60°。石质山峰。山坡生有约1米高的灌木丛
赛罗山	位于下红科乡南部，顶峰4500米。坡度一般70°。山顶石峰林立

六、玛多县境内诸山

玛多县属高平原地区，地势自西北向东南倾斜，海拔大部分在4500～5000米之间。地形起伏不大，相对平坦，比高500～1000米。西北高，东南低，山间有平坦地、沙漠地、沼泽地。

玛多县西北部和北部有布青山、马拉驿山、长石头山，属小积石山脉；南部和东南部有措石多山、同布山，属大积石山脉。两者同属巴颜喀拉山支脉，海拔均在4200米以上。境内主要山峰如表5.5所示。

表 5.5 玛多县境内主要山峰概况

名　称	概　况
长石头山	位于县城东北、花石峡西南，西接布青山，东连玛沁积石山，呈西北—东南走向，连绵40余千米。整个山势起伏不大，平均海拔4500米以上，最高峰为5200米
布青山	详见本书第四章第八节
措石多山	位于县城东南，北傍黄河，西北连巴颜喀拉山，为其支脉，呈西北—东南走向。海拔4200米以上，最高为5200米
马拉驿山	位于县城东北，东北靠长石头山，东南濒临兰波河，西北连布青山，系布青山支脉。海拔4200米，最高为4850米
同布山	位于县城东南，北起斗格纳滩南端，由北向南绵延至黄河，约40千米，系积石山支脉
巴颜喀拉山	在县境西南，主峰勒那东泽海拔5267米，详见本书第五章第四节

七、格尔木唐古拉山区境内诸山

格尔木唐古拉山区境内诸山如表 5.6 所示。

表 5.6 格尔木唐古拉山区境内诸山概况

名　称	概　况
乌兰乌拉山	位于青海省西南部格尔木市唐古拉山镇政府西北125千米处，在可可西里自然保护区的南部。北方是著名的可可西里山，南方是祖尔肯乌拉山，西方有乌兰乌拉湖，北部属玉树州治多县西部工委管辖区域。平均海拔4800米，主峰索多岗日海拔5689米
祖尔肯乌拉山	蒙古语，意为"像心脏的山"，是唐古拉山脉支脉，因山体呈红色、形似心脏而得名。位于唐古拉山镇政府西180千米处，东经90°00′—91°00′，北纬33°56′—34°20′。西起青、藏边界，东至青藏公路，近东西走向，宽40～60千米，平均海拔4500～5000米，主峰5887米，最高峰岗钦扎仲海拔6137米，海拔5000米以上的山峰有10余座。岩层主要由中侏罗系紫色和灰色砂岩、粉砂岩、泥质灰岩构成。主脊带有平顶冰川发育。南坡受西南季风影响大，冰川规模较大。北坡冰川规模小且零星分布，沱沱河纵穿山体中部。周围湖泊众多，有高山草甸植被发育，为优良草场。野生动物丰富，主要有野骆驼、野牛、雪鸡、黑颈鹤等

（续表5.6）

名　称	概　　况
各拉丹冬	详见本书第五章第九节
玉珠峰	蒙古语"道尔吉巴力登"，意为"神山"。位于市区南，昆仑山口以东，距格尔木市140千米，距109国道40千米。海拔6178米，为昆仑山脉中段最高山峰。终年积雪，多冰川，现辟为旅游、登山之地
玉虚峰	传说为玉皇大帝的妹妹之一玉虚女神居住地，因而得名。距格尔木市区500千米，海拔5980米。为旅游观光之地
小唐古拉山	因是唐古拉山主脉的分支而得名，位于唐古拉山镇政府西南110千米处，东经91°20′—91°55′，北纬33°05′—33°38′。平均海拔5500米。主峰赛多浦岗日海拔6016米，主要由砂岩、石灰岩及冰川形成，又名开心岭。1954年，青藏公路筑路大军在遭受暴雨、存粮吃紧之时，闻藏族头人昂才用500头牦牛运粮将至，加上狩猎队发现煤矿、彭德怀元帅调拨100台汽车和1000名工兵等喜讯，大家相当开心，慕生忠将军即以"开心岭"为之命名

八、黄南州境内诸山

黄南州境内群山起伏，峰峦叠嶂，山势雄伟。州境西部山脉属昆仑山脉布尔汉布达山北段的鄂拉山和青海南山向东延伸的汇合部分。山脉总的走向呈北西西—南东东。主要山峰有扎玛日根山、夏德日山、夏琼山、盖戈拉玛山、麦秀山、甘玛通西山、申宝山等。在州境东南部，河南县境内的李恰如山和阿米莫尔藏山向西汇合延伸，属秦岭山脉南支西倾山的西延部分，主要有卓毛山、扎玛日山、达日宗喀恰山、迪日休玛山、优干山等。境内4000米以上主要山峰如表5.7所示。

表5.7 黄南州海拔4000米以上主要山峰

山峰名称	海拔（米）	位　　置
扎玛日根	4971	泽库县北部夏德日、王家两乡境
杂玛达那	4931	同仁县西北部兰采乡境
直亥	4812	泽库县北部

（续表5.7）

山峰名称	海拔（米）	位　　置
盖格拉玛	4773	泽库县北部与贵德县交界处
夏琼山	4767	同仁县西19千米处，为年都乎、牙浪、兰采三乡之界山
沃合德	4745	同仁县西部兰采乡境
申宝山	4664	尖扎县北部，与贵德县之界山
夏德曰	4607	泽库县城北，夏德日乡因其命名
阿米莫尔藏	4539	河南县城南75千米处，柯生乡境
哲赫布曲尔	4510	河南县城东南75千米处
额什宰	4483	河南县城东南部53千米处，为李恰如山主峰
卓毛	4473	河南县城西部44千米处，宁木特乡境
额米尼日杂	4470	河南县城西南部62千米处
纳木能吉	4439	河南县城西南部71千米处
赛日赫	4438.5	河南县城东南部61千米处
迪日公玛	4425	泽库县城西部，河南、泽库、同德三县之界山
拉让喀	4418	河南县城西南部69千米处
古瑞岗	4412	同仁县西北部23千米处，兰采乡与泽库县界山
吉岗	4408	河南县城南部41千米处，托叶玛乡境
胡瓦扎日玛	4400	河南县城西南部38千米处
加达	4045	同仁县南部曲库乎乡境，又名布达峰

（续表5.7）

山峰名称	海拔（米）	位　　置
曼仑额日	4392	同仁县南部曲库乎乡，与泽库县多福顿乡界山
直哈隆	4388	河南县城南部41千米处
坎巴扎干	4375	同仁县曲库乎乡东16千米，与瓜什则乡界山
阿米涅麦	4298	同仁县瓜什则乡南13千米处
鄂角隆哇卡	4290	河南县城东部31千米处
阿米年日	4281	同仁县多哇乡西21千米处，与泽库县之界山
大布勒赫卡	4271	同仁县瓜什则乡境，与甘南夏河县之界山
那拉加德卡	4270	同仁县多哇乡西南19千米处，与夏河县之界山
塔日来	4241	同仁县多哇乡西北23千米处，与泽库县之界山
叶赫娘喀	4214	河南县城南部62千米处
夏宗	4204	河南县城东南部72千米处
坎布托泽	4194	同仁县瓜什则乡西南17千米处，与加吾乡之界山
杂玛尔	4185	同仁县多哇乡西17千米处
图若合赫	4173	河南县城西部46千米处
古德亥	4163	同仁县曲库乎乡西北11千米处
哈琼卡	4155	河南县城西部42千米处
萨卡拉卡	4142.8	泽库县东北部王家乡境
旺恰力	4141	同仁县兰采乡南14千米处

（续表5.7）

山峰名称	海拔（米）	位　　　置
达尔乎	4132	河南县城南部27千米处
江仑贡玛	4121	同仁县多哇乡西北23千米处，与曲库乎乡之界山
宁塞	4117	河南县城南部25千米处
扎西太日	4107	泽库县多禾茂乡境，与夏河县之界山
琼则	4098	同仁县多哇乡东南10千米处
曼日	4093	同仁县瓜什则乡南18千米处
恰木东	4086	河南县城南部33千米处
盖日来	4063	同仁县曲库乎乡东9千米处
印则	4058	同仁县扎毛乡北8千米
扎恰如	4050	同仁县多哇乡南12千米处
代尔龙喀	4033	河南县城西北部34千米处
华切	4020	同仁县多哇乡西南21千米处
参美纳尔宗	4010	河南县城南部31千米处
恰洛赫	4004	河南县城南部23千米处

九、尖扎县境内诸山

尖扎县山脉属昆仑山脉东段南支脉，主要山体有申宝山、泽钦山、折戈里山、戈尕山等。境内主要山峰如表5.8所示。

表 5.8　尖扎县境内主要山峰概况

名　称	概　　况
申宝山	藏语，意为"魔王山"。位于县境西部贾加乡境内，主峰海拔4614米，为境内第一高峰。东经101°35′00″，北纬35°48′03″。与县城的方位角为47—00密位（县城西向偏北12°），距县城33千米；与乡署的方位角为44—50密位（乡署西向偏北3°），距乡署18千米。西北—东南走向，山基长14千米，平均宽12千米，占地约168平方千米；山脊长12千米，平均宽3千米。基部坡度较缓，约20°，腰部以上坡度较陡，有的地段超过30°。为贾加乡及多加乡夏秋草场
泽钦山	藏语，意为"山神山"。位于县境中部尖扎滩乡境内，主峰海拔4213米，为境内第二高峰。东经101°46′54″，北纬35°52′36″。与县城的方位角为42—50密位（县城西向偏南16°），距县城23千米；与乡署的方位角为54—10密位（乡署西向偏北55°），距乡署14.5千米。西北—东南走向，山基长17千米，平均宽9千米，占地153平方千米左右。整体坡度15°～20°，山脊长约7.2千米，最宽处1.2千米。为尖扎滩乡及措周乡、能科乡夏秋草场
折戈里山	藏语，意为"花山"。位于县境西南部尖扎滩乡境内，主峰海拔3853米。东经101°48′01″，北纬35°45′31″。与县城的方位角为36—80密位（县城西向南43°），距县城29千米；与乡署的方位角为43—00密位（乡署西向偏南12°），距乡署6.5千米。西北—东南走向，山体长21千米，平均宽7.2千米，总面积151.2平方千米。北坡坡度较缓，10°～15°；南坡东缓西陡，东段16°～20°，西段20°～30°。为尖扎滩乡夏秋草场
戈尕山	藏语，意为"牛角山"。位于县境西南部尖扎滩乡境内，主峰海拔3835米。东经101°49′18″，北纬35°43′27″。与县城及乡署的方位角均为36—50密位（县城及乡署西向偏南52°），距县城30千米，距乡署6.5千米。西北—东南走向，西段海拔3081米、3315米、3332米三伴峰延入贵德县境。山基全长26.5千米，平均宽6.5千米，占地172平方千米左右。境内脊长23千米，为羊智河与拉莫河的分水岭。北坡较缓，适于放牧；南坡较陡，15°～30°。为尖扎滩乡夏秋草场

十、泽库县境内诸山

泽库县境内主要山峰如表 5.9 所示。

表 5.9 泽库县 4000 米以上主要山峰一览

山峰名称	海拔（米）	位　　置
扎玛日岗	4971	夏德日、王家两乡境
直亥	4812	北部
盖格拉玛	4773	北部与贵德县交界处
夏德日	4607	夏德日乡北部
迪日公玛	4425	县城西部，泽库、河南、同德三县之界山
古瑞岗	4412	与同仁兰采乡界山
曼仑额日	4392	与同仁曲库乎乡界山
阿米年日	4281	与同仁多哇乡界山
塔日来	4241	与同仁多哇乡界山
萨卡拉卡	4142.8	王家乡境
扎西太白	4107	多禾茂境与甘肃省夏河县之界山

十一、河南县境内诸山

河南县山体连绵，峰峦簇聚，重峦叠嶂，不胜枚举，均属高海拔，浅切割山体，其中海拔 4000 米以上的山体即有 40 多座。境内主要山峰如表 5.10、表 5.11 所示。

表 5.10 河南县境内主要山峰概况

名 称	概 况
卓毛山（召木山）	藏语，意为"犏母牛山"，该山主峰与海拔4453米的卓毛扎日干峰双峰并峙，远眺形如仰卧犏母牛之双乳，故以山形名其山。位于县城西部宁木特乡境内，主峰海拔4473米。东经101°10′，北纬34°36′。与县城之坐标方位角为41—00密位，距县43.50千米；与乡署之坐标方位角为44—00密位，距乡15.30千米。是县西部山地的主要山脉，与支脉赤龙卡、干木其赫、温阿山组成河南县西部泽曲河西侧山地。呈南北走势，南北长约27千米，东西宽约20千米，总面积约540平方千米。支脉向南延伸至黄河北岸，向东与哇洛赫扎买日山衔接，北部与同德县龙哇欧却日山、泽库县日享木山连接。西部山区峰峦叠嶂，山势连绵，沟深坡陡，地形险阻，道路崎岖，气候多变。山巅部分牧草稀少，山腰、山脚地带牧草较好。山区西南部临接黄河，是全县仅有的乔林地区
哇胡扎玛日山	蒙藏混合语，哇胡为蒙古语，意为"柽柳"；扎玛日为藏语，意为"红石山"。该山牧草低矮，红色岩石遍山裸露，山脚下四面都有小片滩地，滩地生有丛丛柽柳，故以柽柳和红色岩石名该山，可意译为"柽柳红岩山"。位于县城西南部宁木特乡境内，主峰扎玛日海拔4408米。东经101°16.3′，北纬34°29.9′。与县城之坐标方位角为38—10密位，距县38千米；与乡署之坐标方位角为34—30密位，距乡12千米许。是河南县西部另一重要山脉，与支脉等山构成河南县西部泽曲河东侧山地。呈西北—东南走向，脊长11.50千米，宽0.1～0.3千米。山左水系流入兰木措河，山右水系流入泽曲河。山势陡峻，岩石裸露，气候寒冷，土表潮湿，仅可用作夏季草场
参美纳尔宗山	蒙藏混合语，参美为蒙古语，意为"套马索"。位于参美沟垴。参美沟狭长蜿蜒，沟口开阔，宛如自上抛下的套绳，故名。纳尔宗为藏语，意为"石羊很多"。该山沟深坡陡，行人罕至，时有石羊成群出没，故将套绳、石羊糅合为山名。位于县城南部智后茂乡境内，主峰海拔4170米。东经101°40.9′，北纬34°27.7′。与县城之坐标方位角为28—00密位，距县城31.10千米。山势陡如立壁，峰顶宽阔平坦，东西长0.5千米，南北宽0.3千米，可以放马驰骋。土石山体，牧草低矮，可以用作夏季草场。传说文成公主远嫁藏王松赞干布时，唐皇不忍公主远离，每天站在金銮殿上翘首眺望公主行程。一日公主抵达日月山下，参美纳尔宗山峰遮住唐皇视线。唐皇遂命武士削去该山峰顶，以便继续遥望公主行止。该山遂为平顶

（续表5.10）

名　称	概　　况
央宗尖木参山	央宗为佛教宁玛派圣符"卐"藏语名称，象征永恒、坚固；尖木参意为"宝幢"。该山东半山体曾于1930年前后借与拉卜楞寺五世嘉木样丹贝坚赞，遂有喇嘛在山顶上垒起坛（蒙古语敖包，藏语拉布宰），取名央宗尖木参，意为"永恒宝幢"，后遂取作山名。位于县城东部，主峰海拔4314米。东经101°51.8′，北纬34°44.2′。与县城之坐标方位角为15—00密位，距离23千米处。南北走向，土石山体，山体长9.50千米，宽5.80千米。山势陡峻，混合草场，牧草低矮，可作夏秋草场
拉果喀山	藏语，拉意为"陡峻"，果意为"坚韧"，喀意为"山、山梁、山峰"。山势陡峻，山体表层草皮层厚，草根盘结，坚韧如革，即山陡峻、坚韧两层特点连缀而为山名。位于县城西北智后茂乡境内，是智后茂乡多特牧委会与泽库县宁秀乡的分界山。主峰海拔4063米。东经101°17.5′，北纬34°53.1′。与县城之坐标方位角为50—00密位，距县城32.50千米。土石山体，东西走向。境内脊长13千米许，宽0.1～0.2千米。山麓平缓，顶部陡峻，牧草尚好，可作夏季草场
叶赫娘喀山	藏语，叶赫意为"雄牦牛"，娘意为"心、心脏"。山北麓有一叶赫娘沟，上游右侧有海拔4010米的山包，形如牛心。当地群众向以雄性牦牛比喻勇敢、强悍，且因该山陡峭险峻，非有雄性牦牛的强悍体魄难以攀登，遂将心形山包附丽于象征彪悍的雄性牦牛，以之命名该山。位于县城西南宁木特乡境内，是宁木特乡与甘肃省玛曲县欧拉秀玛乡的分界山。主峰海拔4214米。东经101°07.3′，北纬34°19.7′。与县城之坐标方位角为37—20密位，距县城62千米。东西走向，山势陡峭，脊长3.40千米，宽0.2～0.4千米
达日宗喀恰山	藏语，达日宗意为"马群集聚之地"，喀恰意为"平、平顶"之意，遂将生态特点与山体特点合为山名，可译为"群马集的平顶山"。位于县城东南部托叶玛乡境内，海拔4078米。东经101°48′，北纬34°26′。与县城坐标方位角为25—50密位，距县城37千米；与乡署之坐标方位角为21—20密位，距乡30.90千米。土石山体，南北走向，顶长1.40千米，宽0.3～0.7千米。坡缓顶平，牧草丰茂，适宜放牧，可作夏季草场

（续表5.10）

名　称	概　况
智赫陇喀恰山	藏语，智赫意为"石、岩石"，陇意为"沟、峡谷"，喀恰意为"山、山梁"，合而为石峡山梁。该山为岩石山体，山下北侧为朗依峡沟，故以石峡命名山梁。位于县城东南部柯生乡与甘肃省玛曲县交界处。主峰智赫哈布曲，海拔4510米。东经101°57.4′，北纬34°06.6′。与县城之坐标方位角为25—70密位，距县城76千米；与乡署之方位坐标角为17—50密位，距乡38.60千米。该山为西北—东南走向山梁，主峰之外尚有智赫陇公玛（4508米）、智赫陇哇玛（4434米）、智赫陇休玛（4338米），脊长10.50千米，宽0.1～0.2千米。青砂岩石质山体，北麓稍缓，灌木丛生，南麓较陡，岩崖峥嵘。分水线为青甘界。 主峰智赫哈布曲为蒙藏混合语，"哈布曲"为蒙古语，意为"挽扶"，主峰左右各有矮小山包一个，与主峰形如左右挽扶，因以为名。伴峰名称均为藏语："公玛"意为"上"，"哇玛"意为"中"，"休玛"意为"下"，以上、中、下排列伴峰次序
托力喀恰山	蒙藏混合语，"托力"为蒙古语，意为"铜镜"；"喀恰"为藏语，意为"山顶、山梁"。该山顶部平坦，呈椭圆形，宛如镜面朝天的硕大铜镜，故以山顶特点命名该山。位于县城东南柯生乡境内乡署东北部，主峰4312米。东经101°58.5′，北纬34°21.7′。与县城之坐标方位角为23—20密位，距县城53千米；与乡署之坐标方位角为10—70密位，距乡署42.10千米。西北—东南走向，南北两麓山基陡峭，山腰坡度较缓，缓坡带石块裸布。东端有一崩崖地段，长1.10千米，宽0.2～0.4千米。土石山体，草甸植被，牧草尚好，但无水源，仅作夏季草场使用
鄂玦陇哇喀山	藏语，意为"杜鹃花环绕的山梁"。该山东西两侧各有两条山沟，每年夏秋四条沟中都有粉红、粉白色杜鹃花开放，对山形成环绕之势，因而得名。位于县城东南部赛尔龙乡境内乡署西北部，主峰海拔4290米。东经101°55.3′，北纬34°38.1′。与县城之坐标方位角为18—50密位，距县城30.40千米；与乡署之坐标方位角为52—00密位，距乡26.10千米。南北走向，土石山体，脊长1.80千米，宽0.2～0.3千米，分水岭为青甘界
济农山	蒙古语。济农为河南县蒙古族人民始祖、河南蒙古第一世和硕亲王察罕丹津之父达尔加·博硕克图济农（后世称济农王）的敬称。位于县城西南，托叶玛乡南部附近，主峰3700米。东经101°32.8′，北纬34°36.5′。与县城之坐标方位角为33—80密位，距县城15.40千米；与乡署之坐标方位角为39—20密位，距乡署1.90千米。山顶圆形，径约0.2千米。土石山体，南北走向，牧草丰好，可作冬春草场。该山原名吉愣山，察罕丹津受封和硕亲王后在该山顶立一祭神祭坛，遂名该山为济农山。辖区牧民每年五月初四都来祭祀，至今兴盛不衰

（续表5.10）

名　称	概　　　况
喇布坦德亚赫山	藏语，喇布坦为河南蒙古八世亲王巴勒珠尔喇布坦的敬称，德亚赫意为"美丽"，全名意为"喇布坦的美丽山包"。位于县城西部智后茂乡境内，主峰海拔3542米。东经101°34.1′，北纬34°44.4′。与县城之坐标方位角为46—20密位，距县城3.30千米。山体圆形，径约0.5千米。顶部呈东西向脊岭，长0.15千米，宽0.1千米。牧草丰好，可作四季草场。该山原名艾美格，蒙古语，意为"孤独的老妪"。该山为一与周围诸山互不连属的独立山体，由东北面的优干山上俯视时，恰如以山基为肩、脊岭为头的箕坐老妪，故以为名。民国初年，拉卜楞寺四世嘉木样尕藏图旦旺秀将之改为今名
候让喀山	蒙藏混合语，候让为蒙古语，意为"马头琴"（现代蒙古语名"绰尔"）；喀为藏语，意为"山顶"。该山南麓有沟，亦名候让，沟身狭长恰如琴身，沟口宽阔恰如琴鼓，沟垴两岔恰如琴轴，该山即以沟名为名。位于县城东南部智后茂乡境内，主峰海拔3706米。东经101°39.8′，北纬34°41.2′。与县城之坐标方位角为23—10密位，距县城7.20千米。西北—东南走向，脊长5.50千米，宽0.4千米。牧草低矮，草质尚好，可作夏秋草场
延巴加登山	蒙藏混合语，延巴为蒙古语，意为"红花岩石"；加登为藏语，加意为"骑士"，登意为"七、七个"。该山山体为红色、土红色岩石，主峰左右各有3座伴峰（左侧3座海拔3678米、3408米、3626米，右侧3座海拔3562米、3670米、3614米），7座山峰沿延巴河一字排开，犹如威严的戍边武士，故以此意命名该山。位于县城东南赛尔龙乡境内，乡署西北部的延巴河畔。主峰3694米。东经101°58.8′，北纬34°31.3′。与城之坐标方位角为20—40密位，距县城40.50千米；与乡署之坐标方位角为17—75密位，距乡15.50千米。西北—东南走向，脊长22.90千米，宽0.1～0.3千米。草甸植被，草质优良，水源充沛，可作四季草场
候荣山	藏语，候荣意为"野鸽"。该山风化岩孔很多，常年栖息数千野鸽，故而得名。位于县城东南部赛尔龙乡境内，乡署西北部，主峰海拔3660米。东经102°01.1′，北纬34°26.6′。与县城之坐标方位角为21—60密位，距县城49.80千米；与乡署之坐标方位角为41—60密位，距乡署11.80千米。土石山体，西北—东南走向，顶长0.4千米，宽0.2千米。灌丛植被，水草丰美，宜作夏秋草场。近年发现山中蕴藏有汞、铁、金、锑等矿苗，且有一孔水质清澈的矿泉

（续表5.10）

名　称	概　　况
其加玛日山	藏语，其意为"狗"，加玛日意为"红色"。该山牧草低矮，地表裸露，红色岩石杂陈其间，整个山体均被感染成为红色。同时，由该山西北方向远眺，极类一头东臀西、四肢俯伏、颌吻贴地的獒犬，故以山色山形命名该山。位于县城东南部智后茂乡境内，主峰海拔3784米。东经101°09.9′，北纬34°38.4′。与县城之坐标方位角为25—70密位，距县城11.50千米。东北—西南走向，脊长1.80千米，宽0.9千米。牧草低矮，草质不佳，但可利用
干玛日喀山	藏语，干玛日意为"红色崖坎"。该山位于干玛日河即红崖河上游两支流源头之间，故可意译为"红崖河源山"。位于县城西北智后茂乡境内干玛日河两支流上游之间，主峰海拔3817米。东经101°14.7′，北纬34°48.3′。与县城之坐标方位角为49—20密位，距县城34.60千米。土石山体，东西走向，基长11千米，宽4.60千米。牧草丰好，水源充足，牲畜饮水半径小，可作四季草场
夏吾喀山	藏语，意为"大鹿山"。该山水丰草好，20世纪60年代前常有大鹿麇集出没，故以生态现象命名该山。现在早已不复往日景象，该山大鹿几近绝迹。位于县城西北智后茂乡境内，主峰海拔3807米。东经101°20.7′，北纬34°48.7′。与县城之坐标方位角为48—10密位，距县城26.10千米。山体独立，西北—东南走向。土石地表，南缓北陡，基长11.50千米，宽4.50千米。东、西、北三面分别为夏吾河、干玛日河及其支流包围，水源充足，牧草丰好，可作四季牧场
迪日休玛山	藏语，迪日意为"聚集、集结"，休玛意为"下"（上中下序列之下）。该山山体相对独立，沟壑辐射，峰峦棋布，远眺犹如秫穗簇聚，蔚为壮观，又因该山位于泽曲河发源地迪日公玛之下，故可译名为"下群众簇聚山"。位于县城西北部智后茂乡境内，主峰海拔3906米。东经101°23.1′，北纬34°50.7′。与县城之坐标方位角为49—50密位，距县城24.10千米。山体独立，土石山体，南坡和缓，北坡较陡，基长13千米，宽7千米。山垴部呈东西走向，长6千米，宽4千米。水草丰好，可作四季草场

（续表5.10）

名　称	概　　况
华吾阿尔朗山	藏语，意为"英雄山"。该山于延巴河南岸岿然屹立，其势犹英雄临战，威武不屈；山垴部分黑色岩崖壁立，犹如传说中的武士被发覆额，八面威风。故而得名。位于县城东南赛尔龙乡境内，主峰海拔3356米。东经102°0.5′，北纬34°30.4′。与县城之坐标方位角为20—90密位，距县城44.30千米。山垴部分岩石裸露，山腰部分土石覆体。灌丛植被，水草丰好，可作四季草场。当地群众崇尚英雄，20世纪70年代之前，该山黑色岩崖覆额之式一直成为青壮男子，特别是赛尔龙乡青壮男子流行发式，群众叫英雄头。该山在群众心目中的地位由此可知
优干山	原为蒙古语。意为"汉人之山"。传说很早以前曾有汉人来该山阳坡居住，1960年开荒种地时曾在山前坡地挖出过断砖残灶，证明传说不虚。后来逐渐转化为藏语，由于传写不同，语意遂有很大差异。一说意为"翡翠山"。传说很早以前有一汉人在该山前埋藏过一箱翡翠，因以为名。一说意为"兔山"。由山对面向北远眺，山形犹如硕大无比的苍兔，头东尾西，横卧泽曲河滨。夏如苍兔闲睡，悠闲自得；冬如玉兔卧雪，冰清玉洁。故以卧兔命名该山。一说意为"翡翠色的山梁"。该山夏季牧草丰茂，青翠欲滴，因以得名。位于县城北部智后茂乡境内，主峰海拔3805米。东经101°36.8′，北纬34°45.2′。与县城之坐标方位角为58—00密位，距县城2千米。土石山体，草甸植被，东西走向，东西长约9.05千米，南北宽约5.90千米。主峰海拔3805米，山势稍陡。前有泽曲绕山流过，水草丰美，新中国成立初期草高尚可没膝，是优良的天然牧场。该山东南隅建有著名的黄教寺院拉卡寺，是周围蒙藏群众主要的宗教活动场所。山之阳坡即优干宁，是县城及智后茂乡署驻地，是全县政治、经济、文化活动中心

表 5.11　河南县海拔 4000 米以上主要峰峦

山峦名称	语种	名称译音	位置	地理坐标		海拔（米）
				北纬	东经	
达尔玦乎山	藏	神幡	县城南部26.70千米处	34°29′	101°34′	4132
参美纳尔宗山	蒙/藏	套绳沟石羊聚	县城南部31.10千米处	34°27′	101°40′	4170
恰洛赫山	藏	花斑石山色	县城南部23.20千米处	34°31′	101°36′	4004

（续表5.11）

山峦名称	语种	名称译音	位置	地理坐标		海拔（米）
				北纬	东经	
央宗尖木参山	藏	永恒宝幢	县城南部23千米处	34°44′	101°51′	4314
晒日果山	藏	斑驳而坚韧	县城南部25.20千米处	34°30′	101°35′	4118
拉果喀山	藏	陡峻韧梁山	县城西北部32.50千米处	34°53′	101°17′	4063
代尔龙喀山	藏	藏宝山	县城西北部34千米处	34°52′	101°15′	4033
拉让喀山	藏	长坡山	县城西南部68.50千米处	34°24′	100°58′	4418
叶赫娘喀山	藏	牛心山	县城西南部62千米处	34°19′	101°07′	4214
恰木东山	藏	花石岗山	县城西南部32.50千米处	34°30′	101°22′	4086
纳木能吉山	藏	明照佛山脉	县城西南部70.50千米处	34°28′	100°53′	4439
哇胡扎玛日山	蒙/藏	柽柳红岩山	县城西南部38千米处	34°29′	101°16′	4408
瓦音沃什宰山	蒙/藏	富贵山巅	县城西南部42.50千米处	34°26′	101°17′	4376
卓毛山	藏	犏母牛山	县城西南43.50千米处	34°36′	101°10′	4473
宁赛山	藏	艳阳坡	县城南部24.50千米处	34°32′	101°29′	4117
椎戛尔玛山	藏	白骡子	县城南部32.50千米处	34°26′	101°31′	4008
香日山	藏	北山	县城南部29.50千米处	34°28′	101°30′	4162
拉日玛山	藏	仙女山	县城南部26.20千米处	34°31′	101°27′	4103
达日宗喀恰山	藏	群马聚集之地	县城东南部37千米处	34°26′	101°48′	4078
赛尔旦山	藏	金山	县城西南部41.50千米处	34°24′	101°22′	4306

（续表5.11）

山峦名称	语种	名称译音	位置	地理坐标		海拔（米）
				北纬	东经	
直合隆山	藏	石崖山	县城南部40.80千米处	34°22′	101°35′	4388
吉岗山	蒙	石膏山	县城南部40.50千米处	34°21′	101°32′	4408
托力喀恰山	蒙/藏	铜镜山	县城东南部53千米处	34°21′	101°58′	4312
智赫龙喀恰山	蒙/藏	石碛山梁	县城东南部76千米处	34°06′	101°57′	4510
扎果尔山	藏	圆形石山	县城东南部32.50千米处	34°28′	101°47′	4304
夏宗山	蒙	碗形山窝	县城东南部72千米处	34°16′	102°09′	4203
李恰如山	藏/蒙	龙宫玉柱山	县城东南部55.80千米处	34°22′	102°00′	4483
鄂玦陇哇喀山	藏	杜鹃花环绕山	县城东部30.40千米处	34°38′	101°55′	4290
恰如沃什宰峰	蒙	玉柱山巅	县城东南部53.20千米处	34°20′	102°00′	4483
额米尼日杂山	藏	鹿群山	县城西南部61.50千米处	34°24′	101°04′	4470
夏许乎扎尔干山	藏		县城西部45.50千米处	34°43′	101°06′	4173
哈琼喀山	藏	小鹿山	县城西部42千米处	34°42′	101°08′	4155
达尔玦乎山	藏	神幡	县城南部26.70千米处	34°29′	101°34′	4132
开托洛乎山	蒙	美神山	县城东南部70.60千米处	34°19′	102°11′	4026
智赫陇休玛山	藏	下峡梁	县城东南部71.80千米处	34°07′	101°54′	4434
阿米山	藏	老爷山	县城东南部56.20千米处	34°15′	101°49′	4441
莫尔藏山	蒙	秃头山	县城东南部70千米处	34°14′	101°56′	4436
塞木曲乎峰	藏	少爷峰	县城东南部60.50千米处	34°14′	101°55′	4539

十二、同仁县境内诸山

同仁县境内群山起伏，东西横亘，属鄂拉山东延余脉与青海南山东延余脉交会部分，海拔 4000 米以上的高大山峰有森布岗山、旺恰力山等 50 多座。同仁县境内主要山峰如表 5.12 所示。

表 5.12 同仁县境内主要山峰概况

名　称	概　况
森布岗山	藏语，意为"妖山"。位于兰采乡政府西南14千米处，东经101°41′，北纬35°35′。山体呈东北—西南走向，海拔4110米，总面积约12平方千米。上部为石质山，下部为土质草山，西侧生长有灌木林
旺恰力山	藏语，意为"花宝瓶"。位于兰采乡政府南偏西14千米处，东经101°43′，北纬35°33′。山体呈南北走向，海拔4141米，总面积约14平方千米。表层为土质草山，适宜放牧
乙合牙岗山	藏语，意为"弓袋山"。位于兰采乡政府西南24千米处，东经101°38′，北纬35°30′。此山属杂玛日岗山向东北延伸的一座山峰，呈东北—西南走向，海拔4729米，总面积约10平方千米。上部为石质山，下部为土质草山，是尕日哇牧委会的秋季草场
色日本僧山	又称财日本僧山。藏语意为"三弟兄山"，因山的三峰像三个弟兄一样，故名。位于兰采乡政府南偏西21.8千米处，东经101°44′，北纬35°29′。山体呈南北走向，海拔4473米，总面积约12平方千米。上部为石质山，下部为土质草山，并长有疏灌木丛
加干乃毛山	藏语，意为"'加干'圣地"。位于兰采乡政府东南部12千米，与年都乎乡的交界处，东经101°50′，北纬35°34′。山体呈南北走向，海拔4010米，面积11平方千米。表层为石质山，西北面长有灌木林，东面长有松树林，南面系草山。北侧有一石洞，即为传说中的佛祖仙地
盖日岗山	藏语，意为"彩缎山"。因此山植被开花后，五颜六色，远看如同华丽的绸缎一样，故名。位于兰采乡政府南12千米处，东经101°48′，北纬35°33′。山体呈南北走向，西邻温库沟，北至曲库，东连哲格姜，西靠阿米夏琼山，海拔4066米，面积约10平方千米。表层为土质山，西南面有灌木林，东侧长有牧草

（续表5.12）

名　称	概　　况
阿米夏琼山	又称夏琼山。藏语意为"凤凰山"。因该山主峰是县境内的最高峰，故取"群鸟之王"之意，得名"夏琼"。一说夏琼是传说中此山的土地神。位于县城西部19千米，是年都乎乡、牙浪乡、兰采乡交界处。东经101°49′，北纬35°29′。山脉呈南北走向，主峰海拔4767米，另有8座山峰，总面积约12平方千米。山高坡陡，终年积雪，林业资源丰富，为隆务河起到了涵养水源的作用。阿米夏琼山与加吾乡的阿米德合隆山南北纵贯全境，构成东西部山区，形成两山夹一谷的地形
古瑞岗山	藏语，意为"雪鸡山"。因山上有雪鸡栖息，故名。位于兰采乡政府南23.5千米与泽库县交界处。东经101°44′，北纬35°28′。山势呈南北走向，海拔4412米，总面积约30平方千米，本乡境内约4平方千米。上部为石质山，下部为土质草山
加达岗山	又称加波达岗山，藏语意为"黎明山"。因早晨的阳光首先照到此山，故名。此山亦名阿米曼日山，藏语意为"草药山"。位于黄乃亥乡政府西南5.5千米处。东经101°57′，北纬35°34′。山体呈东南走向，海拔3421米，是黄乃亥乡境内的最高点，总面积约12平方千米。表层为土质山。北坡是疏松柏林及灌木林，南坡为草地，适宜放牧
恰钦岗山	又称恰切岗山，藏语意为"大山"。因此山面积广，是当地主要山脉，故名。位于双朋西乡政府以东14千米，与循化县交界处。东经102°21′，北纬35°36′。山体呈东西走向，海拔4014米，面积约16平方千米，是恰切山脉在本乡境内的主要山脉和最高峰。表层为土质草山，适宜放牧
德合岗卡山	藏语，意为"后山"。此山位于加吾力吉牧委会所在地后面（西部），故名。位于瓜什则乡政府西南15千米，与加吾乡的交界处。东经102°08′，北纬35°25′。山体呈东西走向，海拔4014米，面积约20平方千米。表层为土质草山，生长有灌木林
坎布托泽山	藏语，意为"枣红色的高山"。因此山峰极高，秋季时满山灌木霜染成为枣红色，故名。位于瓜什则乡政府西南17千米，与加吾乡的交界处。东经102°08′，北纬35°24′。山体呈东西走向，海拔4194米，面积约20平方千米。表层为土质草山，并长有灌木丛
曼日山	藏语，意为"药山"。因山上生长有各种草药，故名。位于瓜什则乡政府西南17.5千米处。东经102°08′，北纬35°52′。山体呈东西走向，海拔4093米，总面积约20平方千米，瓜什则乡境内约14平方千米。表层为土质草山，生长有灌木林

（续表5.12）

名　称	概　况
阿米涅麦山	阿米涅麦是藏族一地神名，传说居于此山，故名。位于瓜什则乡政府南13千米处。东经102°16′，北纬35°22′。山体呈南北走向，海拔4298米，总面积约32平方千米。表层为土质草山，长有灌木林及牧草
古仓怡伊玛山	藏语，意为"雪鸡窝的花色山"。此山悬崖上有雪鸡窝，并生长有五颜六色的灌木林，故名。位于瓜什则乡政府南15千米处。东经102°18′，北纬35°21′。山体呈东西走向，海拔4088米，总面积约20平方千米。上部为岩石山，下部为土质草山，山南部有灌木林
冬泽山	藏语，意为"矛头峰"。因山峰形似矛，故名。位于瓜什则乡政府南16千米处。东经102°15、北纬35°21′。山体呈南北走向，海拔4038米，总面积约15平方千米。上部为岩石山，下部为土质草山，长有灌木丛
宗曾卡山	宗曾卡是藏语一山神名。相传此山居住的山神是阿米夏琼（土地神）的财物保管，名叫宗曾卡，故名。位于牙浪乡政府西南7千米处。东经101°52′，北纬35°30′。山体呈东西走向，海拔4018米，面积约6平方千米。表层为土质草山，北侧有灌木林
曼仓额日岗山	藏语，意为"草药青山"。因山上长有大黄、冬虫夏草等多种草药，且牧草茂盛，故名。位于曲库乎乡政府西部10千米，与泽库县多福屯乡交界处。东经101°51′，北纬35°26′。此山属阿米夏琼山脉的一座山峰，呈南北走向，东侧为宗增山，海拔4392米，面积约3平方千米。表层为石质草山，长有疏灌木林
宗增山	藏语，意为"管家"。传说此山是土地神阿米夏琼的管家，故名。位于曲库乎乡政府西10.5千米处。东经101°51′，北纬35°26′。该山属曼仓额日岗山的一座山峰，呈南北走向，海拔4282米，面积约8平方千米。表层为石质山，东北侧长有灌木林，其牧草中并长有疏灌木林，适宜放牧
加达山	又称加布达山。藏语意为"红柳"。因山上生长的灌木林以红柳为主，故名。位于曲库乎乡政府西8千米处。东经101°52′，北纬35°26′。山体呈西东走向，海拔4045米，总面积约6平方千米。上部为石质山，下部表层为土质山，长有灌木林及牧草，适宜放牧

（续表5.12）

名　称	概　况
古德亥山	藏语，意为"深处的山"。因该山地处古德沟垴，即古德沟深处，故名。位于曲库乎乡政府西北11千米处。东经101°53'，北纬35°28'。山体呈西北走向，海拔4163米，总面积约28平方千米。表层为土质山，长有牧草及灌木丛。东侧山沟里坐落着古德村委会所辖的8个村
盖日来山	藏语，意为"白土山"。因此山呈白土色，故名。位于曲库乎乡政府以东9千米处。东经102°02'，北纬35°23'。山体呈南北走向，海拔4063米，总面积约23平方千米。有四个小山峰。表层为土质草山，北部有0.5平方千米的松树林，其余为草山，是较理想的放牧地
郭芒来山	藏语，意为"黄羊多的山"。因山上常有野生黄羊出没，故名。位于曲库乎乡政府东南11千米，与多哇乡交界处。东经102°03'，北纬35°21'。山体呈南北走向，海拔4081米，总面积约7平方千米。表层为土质草山，适宜放牧
坎巴杂干山	藏语，意为"枣红色大山"。因山上的灌木叶子呈枣红色，故名。位于曲库乎乡东部16千米，与瓜什则乡交界处。东经102°07'，北纬35°22'。山体呈西北—东南走向，海拔4375米，总面积约8平方千米。上部为石质山，下部为土质草山，长有灌木丛，适宜放牧。山上栖息有雪鸡、麝、黄羊等野生动物，并长有少量中草药
达那山	藏语，意为"马耳朵山"。因山峰形似马耳朵，故名。位于扎毛乡政府西南14千米，与泽库县多福屯乡交界处。东经101°47'，北纬35°15'。山体呈西北—东南走向，海拔4282米，面积约12平方千米，本乡境内约4平方千米。山东侧长有灌木林及牧草，山上有雪鸡等野生动物栖息
色什果山	藏语，意为"黄头鹰山"。此山顶有黄头鹰的巢穴，故名。位于扎毛乡政府西南13千米处。东经101°47'，北纬35°15'。山体呈西北—东南走向，海拔4170米，面积约3平方千米。表层为土质山，长有灌木及牧草，有雪鸡等野生动物栖息
日岗山	藏语，意为"帐房形山"。因山形如牧民住的帐房状，故名。位于扎毛乡政府西南12.5千米处。东经101°46'，北纬35°16'。山体呈西北—东南走向，海拔4348米，面积约7平方千米。上部为石质山，下部为土质草山。山北侧长有灌木林，山上有雪鸡等野生动物栖息

（续表5.12）

名 称	概 况
赛果山	藏语，意为"鹫鹰山"。因山顶常有鹫鹰盘旋，故名。位于扎毛乡政府西10千米，与泽库县多福屯乡交界处。东经101°48′，北纬35°18′。山体呈南北走向，海拔4163米，面积约24平方千米。表层为土质山，东、西、北三侧长有灌木林，南侧长有牧草
目华山	藏语，意为"女婿山"。"目华"是该山的土地神名，传说此山神是为招婿到此地的，故名。位于扎毛乡政府西3千米处。东经101°52′、北纬35°20′。山体呈西北—东南走向，海拔3416米，面积约9平方千米。表层为土质山，四周长有松树及灌木林，面积约6平方千米
印则山	藏语，意为"常乐山"。传说该山土地神名叫"印则"，故名。位于扎毛乡政府北7.5千米处，东经101°52′，北纬35°24′。山体呈南北走向，海拔4058米，面积约4平方千米。表层为石质山，山的东侧生长有灌木林，其余为草山，适宜放牧
果芒山	藏语，意为"黄羊多的山"，该山栖息着较多的野生黄羊，故名。位于多哇乡政府西北28千米，与曲库乎乡交界处。东经102°01′，北纬35°21′。山体呈南北走向，海拔4012米，总面积约21平方千米，在本乡境内11平方千米。表层为土质山，长有牧草及灌木林
姜仓贡玛卡山	藏语，意为"上狼窝山"。因此山经常有狼群出没，且地处下狼穴山之上，故名。位于多哇乡政府西北23千米，与曲库乎乡交界处。东经102°04′，北纬35°25′。山体呈东西走向，海拔4121米，总面积约23平方千米，本乡境内12平方千米。上部为石质山，下部为土质山，生长有牧草及灌木丛
杂玛尔山	藏语，意为"红岩山"。此山土质为红色，故名。位于多哇乡政府西北17千米处。东经102°07′，北纬35°18′。山体呈西北走向，海拔4185米，总面积约20平方千米。山顶为石山，中下部为土质山，生长有牧草及灌木丛
塔日来山	藏语，意为"悬崖顶"。因山势陡峭，故名。位于多哇乡政府西北23千米，与泽库县交界处。东经102°00′，北纬35°15′。山体呈南北走向，海拔4241米，总面积约24平方千米，本乡境内约16平方千米。表层为土质山，山上长有灌木林及牧草

（续表5.12）

名　称	概　　况
恰切山	藏语，意为"华丽的大山"。该山岩石色彩多样，山体面积较大，故名。位于多哇乡政府西北16千米处。东经102°05′，北纬35°15′。山体呈南北走向，海拔4100米，总面积24平方千米。上部为石质山，下部表层为土质山，生长有牧草及灌木林
阿米年日山	藏语，意为"闻号山"。相传，诚心的人站在此山山顶，可以听到西藏三大寺的螺号声，故名。位于多哇乡政府西21千米，与泽库县交界处。东经102°01′，北纬35°10′。山体呈南北走向，海拔4281米，总面积约28平方千米，本乡境内约12平方千米。上部为石质山，下部为土质山，并生长有灌木林及牧草
华切山	藏语，意为"英雄山"。传说此山土地神是一个勇敢无比的小伙子，故名。位于多哇乡政府西南21千米，与泽库县交界处。东经102°02′，北纬35°07′。山体呈南北走向，海拔4020米，总面积24平方千米，本乡境内约12平方千米。表层系土质山，并生长有牧草及灌木林
德加日日干山	藏语，意为"灰色的大山"。因此山中部土质呈灰色，故名。位于多哇乡政府南7千米处。东经102°16，北纬35°07′。山体呈南北走向，海拔4016米，面积约40平方千米。表层为土质山，并生长有面积约30平方千米的灌木林
琼则山	藏语，意为"凤凰顶"。相传此山土地神为一凤凰，故名。位于多哇乡政府东南9.2千米，与甘肃省夏河县交界处。东经102°18′，北纬35°07′。山体呈南北走向，海拔4098米，总面积32平方千米，本乡境内约18平方千米。表层为土质草山，生长有灌木丛
多拉卡山	藏语，意为"石壁顶"。因山上岩石悬崖形如围墙，故名。位于多哇乡政府南偏东11千米，与夏河县桑科乡交界处。东经102°18′，北纬35°06′。山体呈南北走向，海拔4242米，总面积约16平方千米，本乡境内约4平方千米。表层为土质草山
乍怡如山	藏语，意为"华丽的山峰"。因山顶石头五颜六色，故名。位于多哇乡政府以南11.5千米，与夏河县桑科乡交界处。东经102°17′，北纬35°06′。山体呈南北走向，海拔4060米，总面积12平方千米，本乡境内约8平方千米。表层为土质草山，并生长有灌木丛

（续表5.12）

名　称	概　况
杂干秀玛山	藏语，意为"下大岩山"。因地处杂干山的下部（西侧），故名。位于多哇乡政府南14千米处。东经102°16′，北纬35°04′。山体呈西北一东南走向，海拔4026米，总面积约5平方千米。上部表层为石质山，下部为土质山，东侧接杂干山峰，西、南、北三侧生长有灌木林，其余为疏灌木及牧草
杂干山	藏语，意为"高峰"。因山峰高大，故名。位于多哇乡政府东南15.5千米，与夏河县桑科乡交界处。东经102°17′、北纬35°04′。山体呈南北走向，海拔4060米，总面积约16平方千米，本乡境内约2平方千米。3500米以上表层为石质山，以下为土质山。山东侧生长有面积约1平方千米的灌木林，其余为疏灌木丛及牧草
那拉加德日东山	又称那拉加德合日东山。藏语意为"驼峰山"。因此山与那拉加德卡山之间有一鞍部，两山恰似驼峰一般，故名。位于多哇乡政府南16千米，与夏河县桑科乡交界处。东经102°16′，北纬35°03′。山体呈东西走向，海拔4082米，面积约12平方千米。上部为石质山，下部表层为土质山，生长有牧草及灌木林，适宜放牧
那拉加德卡山	又称那拉加德合卡山。藏语意为"驼峰山顶"。因此山与那拉加德日东山之间有一鞍部，两山形似驼峰，故名。位于多哇乡政府西南19千米，与夏河县桑科乡交界处。东经102°12′、北纬35°02′。山体呈东西走向，海拔4270米，面积43平方千米，本乡境内的16平方千米。上部为石质山，下部表层为土质山，生长有牧草及灌木林
达热卡山	藏语，意为"灰青马山"。相传此山土地神骑一匹灰青马，故名。位于多哇乡政府南偏西23千米，与夏河县桑科乡交界处。东经102°08′，北纬36°00′。山体呈西南走向，海拔4210米，面积约25平方千米。表层为土质山，并生长有牧草及灌木，适宜放牧
索迪卡山	藏语，意为"哨卡顶山"。旧时此山曾作为哨卡，故名。位于瓜什则乡东北13.2千米，与循化县岗察乡交界处。东经102°25′，北纬35°31′。山体呈南北走向，海拔3589米，总面积约6平方千米，本乡境内4平方千米。生长有牧草，适宜放牧

（续表5.12）

名　称	概　　况
杂玛日岗山	藏语，意为"红岩山"。因山上有少量红色岩石，故名。位于兰采乡政府西南26千米，与泽库县交界处。东经101°38′，北纬35°30′。山体呈东西走向，最高峰海拔4971米，常年积雪不化，面积约4平方千米，均为碎石带。西南侧有一面积约200平方米的淡水湖，山上有雪莲、雪鸡、岩羊等野生动植物资源
杂玛达那山	藏语，意为"红岩马耳峰"。因此山有两个山峰，远看似马耳朵，故名。位于兰采乡政府西南26千米处。东经101°36′、北纬35°30′。属于杂玛日岗山的一座山峰，呈东西走向，海拔4931米，常年积雪不化，系岩石山峰，面积约0.5平方千米。山上有雪莲、雪鸡、岩羊等野生动物植物资源
沃合德岗山	蒙古语。据传，在藏族进驻兰采部落之前，此地区为蒙古族游牧地区，故地名多为蒙古语。位于兰采乡政府西南26千米，与泽库县交界处。此山属杂玛日岗山向东延伸的一座山峰，呈东西走向，海拔4745米，面积约6平方千米。上部为石质山，下部为土质草山，属通尖乎牧委会夏秋草场，有雪莲、虫草、雪鸡、岩羊等野生动植物资源

第六章 名山保护

青海诸多山脉虽为名山，但由于地处偏远、环境恶劣，对于世人来说还很陌生。近些年来，在青海的科学考察、旅游观光等活动越来越多。本章从科学考察、自然保护、生态旅游三个方面做简要介绍。

第一节／科学考察

一、玉珠峰

玉珠峰又称可可赛极门峰，海拔 6178 米。玉珠峰是昆仑山东段最高峰，位于格尔木南 160 千米的昆仑山口以东 10 千米。其两侧矗立着许多 5000 米左右的山峰，南北坡均有现代冰川发育，地形特点是南坡缓北坡陡，其中南坡冰川末端海拔约 5100 米，北坡比降较大，冰川延伸至 4400 米。山峰顶部常年被冰雪覆盖，无岩石裸露。冰雪坡较为平缓，由于每年气温高，导致消融大于积累，其属于消退型大陆冰川。

玉珠峰地区属于大陆性气候，全年降雨量仅 200 毫米。在海拔 5000 米以上的高海拔地区，受高空对流气流的影响，其降雨量高出山前地带数百毫米。年平均气温在 –5℃，极端最低气温可达 –30℃。登山季节从 5 月至 9 月，其中 5 月风较大，7—8 月雨水较多，因而以 6 月或 8 月底 9 月初最佳。

（一）玉珠峰科学考察路线

玉珠峰的山形地貌极具登山科考价值。一般而言，玉珠峰的科考路线主要有两条：南线和北线。

南线　自玉珠峰的南坡进入。南坡路线非常清楚明了，对于攀登技术要求较低，非常适合登山初学者或是初次进行高山科学考察者。从大本营 BC（大本营建在海拔 5050 米处）出发，先登上一个 30° 左右的碎石坡，然后沿左侧向下几十米，在山谷中向北 300 米，在 5300 米处可看到一个平地——ABC。从 ABC 出发向东北侧山坡斜切，中间有两个大雪坡，坡度在 20°～25°，过后到达一个宽阔的山脊上，有个坡度为 10°～15° 的较平坦地带，到达 C1。从 C1 到顶峰，路线比较长，在降雪较少、春季风季刚过去的情况下，有很多亮冰区。

尤其在靠近顶峰的地方，坡度虽然不到 30°，但还是有滑坠的危险。顶峰比较宽大，有个航空测标的铁架。

北线 从玉珠峰的北坡进入，该条路线地形较为复杂多变。沿着北侧的三条冰川均可以登上玉珠峰顶，其中 2 号（N1）、3 号（N2）冰川（从东往西数）路线为已登山路线。北坡路线的最大特点是在山下看不清登顶路线（因 5600 米以上部分被挡住）；其次，登顶前需要翻越其他山头，如 2 号冰川路线上需翻越5819 米和 5920 米的山头各一座。并且登山途中还会遇到冰壁、冰裂缝等地形。

玉珠峰是登山爱好者和科学考察人员初次攀登雪山的最佳山峰。科考人员可先在南坡获得高海拔地区的登山经历，再在北坡学到更多的冰雪技术和登山战术。

（二）玉珠峰主要科学考察

玉珠峰主要科学考察事件如表 6.1 所示。

表 6.1 玉珠峰主要科学考察事件

	时间	科学考察事件
南线	1990年8月	北京大学登山队沿西南山脊路线（S1）登顶
	1999年5月	贵州青年探险协会沿东南坡转南坡路线（S3）登顶
	1999年6月	逻格因登山指南队沿西南坡转南坡路线（S2）登顶
北线	1997年8月	北京大学登山队沿北坡2号（N1）、3号（N2）冰川路线登顶
灾难	2000年5月	玉珠峰发生重大山难，5人丧生

1. 南线科学考察事件

（1）北京大学登山队沿西南山脊路线（S1）登顶。1990 年 8 月，北京大学
登山队沿西南山脊路线（S1）登顶，大本营在主峰西南冰川末端的河滩上，沿
西南山脊的碎石坡攀登，在西南山脊与主峰南坡的结合处，便是 C1 的位置，海
拔约 5500 米。C1 以上是平均坡度 35° 的雪坡。

（2）贵州青年探险协会沿东南坡转南坡路线（S3）登顶。1999 年 5 月，贵
州青年探险协会自东南坡转南坡路线（S3），大本营在主峰东南的冰川末端，C1
以下需要穿越冰川上的裂缝区。

（3）逻格因登山指南队沿西南坡转南坡路线（S2）登顶。1999 年 6 月，逻

格因登山指南队从格尔木出发，沿青藏公路途经纳赤台和西大滩，过昆仑山口后，在 G109 国道 2900 千米里程碑之前离开青藏公路，沿简易公路行驶 10 千米，到达玉珠峰南坡海拔 4900 米的大本营。吉普、卡车和中巴甚至小面包车都可直接开到大本营。之后，逻格因登山指南队自西南坡转南坡路线（S2）登顶。大本营位置同上，沿冰川右侧的碎石坡攀登，至岩冰交接处绑上冰爪继续沿雪坡向上，在最靠近主峰的一条岩石脊的中部有一处小平台，C1 便建在这里，海拔约 5600 米。

2. 北坡路线

1997 年 8 月，北京大学登山队沿北坡 2 号（N1）、3 号（N2）冰川路线登顶。北京大学登山队从格尔木出发，沿青藏公路途经纳赤台到达西大滩，然后离开公路下河滩。大本营在冰川末端冲刷沟外沿，离西大滩直线距离约 6 千米，海拔约 4300 米，拖拉机、越野吉普和卡车可以到达。

3. 灾难

2000 年五一期间，攀缘这座昆仑山中端最高峰的两支业余登山队遇险，之后相继脱险，两人去世，三人失落，一人冻伤。

二、东昆仑山

东昆仑山处于地震带，且东昆仑地震带是世界上最复杂的地质地震环境之一。历史上曾发生过多次 8 级以上的地震，其中 2001 年发生了 8.1 级强震。东昆仑山由于处于无人区，其地震遗址保护较为完整，对于开展地震研究更为便利。沿昆仑山活动断裂百余年来曾发生 1971 年 3 月 24 日托素湖 6.8 级地震、1963 年 4 月 19 日阿拉克湖东 7 级地震、1937 年 1 月 7 日花石峡 7.5 级地震和 1902 年 11 月 4 日阿拉克湖西 7 级地震。

2004 年 7 月 19 日，中国地震局和法国地球物理研究所的科学家深入青藏高原东昆仑地震遗址，对这里开展了世界上首次大规模的古地震研究。中法科学家在青海省格尔木市东昆仑古地震遗址——东、西大滩活动断裂带和新开挖的探槽中进行古地震研究，这也是世界上第一次对东昆仑进行的大规模古地震研究。根据在这里发现的地震活动断层，科学家认为，东昆仑地震断裂带为研究地球地壳变形、地震成因和预测地震现象提供了极为重要的科学依据。

根据此次的考察来看，因遗址地处青藏高原腹地，海拔高且多为无人区，除昆仑山口附近外，遗址基本未受到人类活动的破坏。但是专家们认为，这些地震遗迹处于自然状态下，会不断受到风、沙、雨、雪、气温等自然力的侵蚀、冲刷、掩埋、冻融等作用的破坏，随着时间的流逝会很快消失殆尽，那将是无法挽回的损失。因为8级以上地震具有千年以上周期，到下一次如此规模的地震来临也可能是千年以后的事了。

中国科学院可可西里科考队于2006年10月18日从玉珠峰脚下的西大滩出发，进入可可西里自然保护区。在昆仑山南麓，科考队实地考察了2001年发生在昆仑山口西的8.1级大地震的踪迹。据研究地质学的丁林教授介绍，2001年11月14日昆仑山口西发生的这次地震，是近50年来中国大陆内部震级最大的一次地震。地震所形成的各种地表破裂现象不仅是迄今为止，中国唯一、世界罕见且保存最完整、最壮观、最新的地震遗址，同时也是研究地震构造背景、成因、青藏高原内部运动学、动力学等重大科学问题的珍贵资料。

2001年在东昆仑山南缘发生的昆仑山口西8.1级地震，形成了长达430千米的构造形变带，这是中国大陆上一次大地震形成的最长的地震形变带。地震形变带最大水平位移近7米，最大垂直位移近4米。地震裂缝、陡坎、鼓包、滑坡等构造形变现象清晰、种类齐全、规模壮观、组成规律明显，具有极高的科学研究价值和观赏价值，是地球赋予人类的宝贵自然资源。昆仑山地震形变带位于世界屋脊青藏高原腹地，海拔在4600米以上，不仅是全球大陆上海拔最高的地震形变带，而且所有的地面构造变形都发生在冻土层中，明显具有青藏高原现今构造变形的特色。

这里面积约4.5万平方千米，平均海拔4580米，有205种野生动物，因其自然原始本真，更显荒野秘境之美。目前，这里正和中昆仑自治区级自然保护区一道，积极创建昆仑山国家公园。昆仑山在中华民族的文化史上具有"万山之祖"的显赫地位，相信随着创建工作的推进，珍稀濒危野生动植物及其栖息地拯救保护更加有力，生物多样性更加丰富。

三、阿尼玛卿山

（一）阿尼玛卿山科学考察路线

现在阿尼玛卿山已经成了理想的登山场地，是初级登山者的最佳训练营地之一。对于普通游客来说，环山一周会碰上许多神奇的自然景象，是一种奇妙的风光旅游。在转山的过程中，随着角度的变化，阿尼玛卿山主峰玛卿岗日峰一次又一次以新的面貌呈现在游客面前，可以说是一步一景。晨光中雪山被金光照耀，白里见红，红中见白，雄浑壮丽，庄重宁静，神奇动人。

阿尼玛卿山的进山线路主要有两条：一条是从青海省省会西宁乘汽车出发到果洛州玛沁县，全程 638 千米，需时 2 天。但冬季有时大雪封山，交通会临时停断。从玛沁沿东倾沟北上至雪山乡，全程 55 千米。雨季常有山洪暴发，阻碍交通。从雪山乡换乘马或牦牛，溯切木曲河西行 30 多千米，可达曲哈尔晓玛冰川末端的登山大本营。另一条是从西宁市乘坐汽车到青海湖再到温泉，这一段路况良好，全程 460 千米。从温泉到大本营有 360 千米。正式登山，在天气良好的条件下需要 9 天时间。然后从大本营前往玛沁、贵德，返回西宁。这条路线攀登的是阿尼玛卿山的第二高峰，海拔 6268 米。它的登山路线要短一些，而且这座山峰的山形更为峻峭。

攀登过程：

（1）离开 4600 米的 BC，要经过一个很大的裂缝区，必须结组前进，有许多暗裂缝，这是最恐怖的。过了这段裂缝区后，就来到一个雪坡，非常长，雪坡下也暗藏着冰裂缝。走过雪坡后就到达 C1，C1 海拔 5100 米。

（2）从 C1 出发，很快就到一个雪沟。先下去，再爬出来后，就到了一片冰塔林。随后攀登一个 5 米高的直立冰壁，一直攀到冰塔林顶端，就可以看到一座雪桥。这是由滚落下来的冰雪堆积形成的桥，长 2～3 米；但桥很容易坍塌，要注意雪融化的程度。过了雪桥后，再爬上一个比较陡峭的雪坡，就是比较好走的路了。在5600米的裂缝区找个好点的地方扎营，当心西南方向有个很大的流雪区。这一天的路不长，但较复杂。

（3）在C2往上看，有一条长长的雪坡通往顶峰，很陡，这里经常发生流雪，必须修建路绳。走一段就可以看到东南山脊有一条又长又宽的大裂缝挡住了道路，在这里要改走东北山脊。东北山脊的路是越往上越陡，最后一段坡度达到70°，约有30米长。翻过这个坎，就是一小段很缓的雪坡直达峰顶，峰顶是一片平坦的雪地。

（二）阿尼玛卿山主要科学考察

阿尼玛卿山主要科学考察事件如表6.2所示。

表6.2　阿尼玛卿山主要科学考察事件

时间	登山记录
1926年4月	美国人洛克推测阿尼玛卿山主峰海拔为8534米，为世界第一高峰
1949年	美国人测量阿尼玛卿海拔，为9041米，是世界最高峰。这期间还有一些勘察队来此，然而都无功而返
1960年6月	北京地质学院登山队11人沿东北坡首次登上阿尼玛卿二峰。玛卿才逐渐被人认知
1981年5月	日本新潟山岳登山队8人沿东南山脊登上主峰玛卿岗日
1984年9月	武汉地质学院登山考察队与日本长野县山岳协会登山队联合成功登顶阿尼玛卿山
1994年7—8月	北京青年登山队攀登阿尼玛卿峰，因天气原因，在登顶后下撤中，队长汪晓征不幸遇难
1996年8月	北京大学登山队5人登上阿尼玛卿峰
2004年7月	青海省登山协会带台湾登山队攀登阿尼玛卿峰，未获成功
2005年10月	青海登山协会带深圳登山队攀登阿尼玛卿峰，未获成功

（续表6.2）

时间	登山记录
2010年	中国地质大学（北京）登山队登顶成功
2015年8月	北京大学山鹰社骆驼登山队14名在校生全员登顶主峰玛卿岗日，终结了这座山峰近20年无人登顶的记录
2015年8月	中国人民大学自游人协会登山队16人成功登顶主峰玛卿岗日，创历史登顶人数之最
2019年7月	清华大学清研讯科登山队成功登顶阿尼玛卿主峰
2020年8月17日	北京大学登山队3人登上阿尼玛卿峰主峰

（1）美国人首次对阿尼玛卿山的认识。1926年4月，美国人洛克从卓尼出发，前往阿尼玛卿山。但由于兵乱，终未能渡过黄河接近这座他心中的圣山，只能远远地眺望，进行了一次初步的测绘，得出阿尼玛卿山海拔28000英尺（约8534米）的结论。事后证明这个结论是错误的。

（2）中国登山队首次登顶。1960年6月，北京地质学院（中国地质大学前身）登山队11人登上阿尼玛卿二峰，首次揭开了阿尼玛卿神圣而隐秘的面纱。登山队员对阿尼玛卿雪山的东部、南部、北部进行了科学考察，详细测绘了阿尼玛卿二峰地区地形图，研究了地质构造和近百年来该地区的气象和冰川进退规律。

（3）日本登山队的阿尼玛卿山认识发端。1981年5月，日本新潟山岳登山队8人沿东南山脊登上主峰玛卿岗日。

（4）中日联合攀登阿尼玛卿峰。1984年9月13日上午9时50分，中国队员曾曙生、陈建军、包德清、刘强、王勇峰、熊继平和日本队员清水澄、小松达、山田诚共9人胜利地登上了阿尼玛卿二峰之巅。

（5）中国民间登山的首起山难事故。1994年7—8月，北京青年登山队在登顶阿尼玛卿Ⅱ峰下撤时，发生了中国民间登山的首起山难事故。

（6）北京大学山鹰社的首次登顶。1996年8月1日，北京大学登山队5人登上阿尼玛卿峰。

（7）中国地质大学（北京）登山队的二次登顶。2010 年，中国地质大学登山队 11 名年轻的登山队员再次登上阿尼玛卿 II 峰。登山队员不仅考察了阿尼玛卿地区的冰川发育，分析了冰川变化可能带来的地质灾害类型及其强度，而且在顶峰采集雪水，送往青海玉树地震灾区最大的藏传寺庙——结古寺。当地藏民被登山队员此举感动与鼓舞，为此结古寺高僧特意手书藏文感谢信一封，以表达他们对登山队的感谢与祝福。

（8）北京大学山鹰社再度登顶。2015 年 8 月，北京大学师生沿东北山脊路线，队伍分为两组，由每组的 4 个新队员进行山脊修路任务，老队员交替先锋结组在旁边指导，由新队员完成较简单的 15 个绳距后，老队员继续完成 8 段裂缝区的绳距，将路线打通至海拔 5800 米雪坡顶部。8 月 2 日，A 组老队员张中义和夏凡上至 5270 米处，与攀登队长周泽宸和教练斌斌组成 4 人探路组，携带帐篷及高山食品展开阿尔卑斯式突击攀登，A 组队员在其身后进行修路接应；3 日，探路组上至 5900 米处宿营，A 组在雪坡顶端附近 5740 米处建立 C1 营地；4 日，探路组横切东北山脊 150 米冰壁，随后下降 200 米至山脊西侧的冰川，转至北坡路线继续向上攀登，当晚宿临时营地；5 日，5 时 40 分探路组出发攻顶，两个半小时后终于站在了玛卿岗日之巅，成为自 1996 年山鹰前辈登顶后近 20 年来的首批访客。

（9）中国人民大学登山队创造登顶人数之最。2015 年 8 月，中国人民大学自游人协会登山队 16 人成功登顶主峰玛卿岗日，创历史登顶人数之最。

（10）清华大学登山队成功登顶。2019 年 7 月 5 日，清华大学登山队前站从北京出发。8 日，登山队大部队从北京出发前往玛沁县大武镇。11 日，全队进山建立大本营 BC（海拔 4400 米）。此次攀登选择成都自由之巅团队于 2018 年开辟的西南壁新路线，碎石路段多，暴露感强，技术攀登路线长，对队员的体能、技术等综合能力要求较高。18 日，全队运输物资并建立高山营地 C1（海拔 5100 米）。20 日，3 位教练童海军、王术麟、靳文辉与队员谢昌益修通 C1

至高山营地C2（海拔5700米）的路线，次日全队到达C2。22日凌晨2时30分，8名队员与2位教练从C2营地出发冲顶，早上6时3分成功登顶，并于同日全队安全下撤返回大武镇。

（11）2020年8月3日，北京大学登山队（由1名带队老师、15名队员组成）从北京出发，次日抵达西宁。6日，队伍抵达果洛藏族自治州大武镇，进行适应性行走及物资准备。9日，队伍进山并搭建本营。14日，大部队到达高山营地C1（海拔5100米）。16日，大部队向上攀登到达海拔5820米的高山营地C2，准备次日凌晨冲顶。由于突遇大风、强降雪的恶劣天气，大部分队员于17日早晨被迫下撤。冲顶组（队员张磊、刘博老师以及一名教练）则于当日下午5时20分成功登上阿尼玛卿峰主峰。

四、岗什卡雪峰

岗什卡雪峰位于青海省门源县境内，海拔5254.5米，是祁连山脉东段的最高峰，也是门源境内群山之首，峰顶常年白雪皑皑。岗什卡雪峰是环西宁旅游圈最近的第一高峰，是青海省登山运动管理中心确定重点开发的三座登山雪峰之一。岗什卡雪峰海拔不高，是旅游爱好者登山探险的理想场所，亦可作为登山、山地纵走的训练基地。随着青海省登山探险旅游知名度的不断提高，它已经吸引了众多的国内外登山探险旅游爱好者。

岗什卡雪峰周围重峦叠嶂，垂直植被分布明显，山顶古冰川人迹罕至，冰瀑冰挂气势雄浑，流水潺潺彩瀑缤纷，山脚草木苍郁，鲜花怒放，牛羊成群，野生珍稀动物经常出没。岗什卡雪峰是神话中西王母的水晶宫，华热藏族崇拜的十三大山神中的第一神峰，具有较高的历史艺术观赏、科学考察价值。

岗什卡雪峰地区属高寒半温气候区，年均温度在1℃左右，1月平均温度为−13.5℃，7月平均温度为12℃；年降雨量550～600毫米，80%的年降水量集中在5—9月；3—4月为大风天气。6—7月、9—10月是最佳登山季节；8月属当地雨季，不利于开展登峰活动。

　　岗什卡的攀登以冰雪技术为主，路线上冰裂缝较多。攀登时应结组，不能盲目攀登，如果有教练指导登山最好。在岗什卡地区，一般修路和登顶需 3 天的好天气。这里与青藏高原腹地同一海拔高度相比，含氧量要高，所以基本不会有明显的高山反应，因为它的北坡底部是河西走廊，海拔只有 1300 米左右。

（一）岗什卡雪峰科考路线

　　大本营 BC（海拔 4070 米）建立在平坦的达板滩上，东西方向是一条走廊式的峡谷，两侧山坡较缓，碎石很少，一条小溪从北面山坡流下，离水源很近。

　　BC→C1 营地　BC 离 C1 距离较远，约 5.5 千米，海拔上升约 530 米，需 4～5 个小时。先经过一段碎石坡，长大约 2.5 千米。路线上有些地方碎石较大，需穿徒步鞋和使用手杖。在雪线下约 300 米，有一段坡度在 40° 以上的碎石坡，行走困难，需要小心通过。翻过 40° 碎石坡，上到雪线。越过一条山脊后，沿 "之" 字形路线继续上升，就到达岗什卡峰雪线下方的 C1 营地。路线上浮雪较厚（注意冰裂缝），应结组行走，不宜单独行走。在攀越山坡时需做好保护工作。

　　C1 营地→顶峰　从 C1 到顶峰高差约 646 米，需 7～8 小时，最好早上 5:00 就从 C1 出发。营地向上是约 200 米、坡度为 35° 左右的小山脊。山脊上面是一段 500 米左右的平地，走过平地就到达了主峰的脚下，准备开始冲顶。前进路线的坡度约在 40°，途中会有冰坡出现，需要结组攀登，做好保护，不宜单行。在途中应控制好时间，最好在中午 1 点以前能登顶，因为高原气候从中午以后天气都有较大的变化。

　　顶峰→C1 营地　在顶峰摄影时应互相做好保护，不能大意，不能长时间不戴手套、雪镜，以免造成冻伤和雪盲，不宜久留。下撤时应控制速度，尽量走原路，不可盲目开辟新路。结组做好保护，防止滑坠，确保安全。

（二）岗什卡雪峰主要攀登历史

　　岗什卡雪峰主要攀登历史如表 6.3 所示。

表 6.3 岗什卡雪峰主要攀登历史

时间	登山人员	结果
2000年7月	三地（香港、澳门、台湾地区）大学生联合登山队19名队员	未登顶
2002年10月	日本新潟山岳登山队16名队员	未登顶
2004年10月	日本长野中高年登山队27名队员	3人登顶
2006年5月2日	中国湖南8名登山者	2人成功登顶
2006年8月	甘肃兰州8名队员	未登顶
2007年6月24日	青海户外联盟山友老走、西宁理体青年旅舍张勇2人	2人成功登顶
2011年7月26日	陕西狼图腾户外俱乐部5名队员	王玉龙、曹阳2人成功登顶
2012年7月24日	北京师范大学绿色营地登山队9名队员，完成大学生社团首登	4人登顶
2012年10月5日	青海征途户外探险俱乐部登山队	10名队员登顶
2014年7月29日	宁夏石嘴山缘野户外运动俱乐部4名队员	李洪海1人登顶
2015年7月24日	青岛向阳山户外运动俱乐部5名队员	3人登顶
2016年2月23日	青海大学生郭智阳	独自登顶
2016年5月29日	哥伦布户外俱乐部领队大方、山友孔昊昊2人	2人南坡登顶
2018年10月5日	中国北京极度体验户外俱乐部登山队员吕彬、方秋实等4人	4人登顶
2019年8月27日	四川警察学院在读大学生余某于海拔5000米处突遇冰雹天气，被迫折返	未登顶

（三）岗什卡雪峰钙华台地

在距离青海省省会西宁约 200 千米的门源县岗什卡雪峰发现一处国家级现代冰川遗迹，以及一处碳酸盐岩地貌——钙华台地，亦称"七彩瀑布"。这也是中国迄今为止发现的距离省会最近的一处冰川，特殊的岩石构造、壮观的冰山以及完整的植被带，让其成为科学考察的理想之地。

岗什卡雪峰为冷龙岭主峰，是祁连山脉东段的最高峰，海拔 5254.5 米，面积约 450 平方千米，其上发育的现代冰川总面积为 81 平方千米。除目前见到的终年不化的现代冰川外，该地区还留存有大量倒数第二次冰期、末次冰期活动的遗迹，属世界级地质遗迹。岗什卡钙华台地遗迹所处的三级构造单元属于走廊南山岛弧，其景观主要包括钙华台地、藻滩、钙华瀑布、钙华彩池等形态。该地区钙华台地呈带状，长度约 200 米，宽度为 20 ~ 50 米，承载钙华台地景观的地质体主要为灰—灰白色灰岩，钙华台地形成时代为第四纪。这对寻找极具经济价值的温泉具有指导意义，对研究高原隆升、气候变迁有重大科学意义。

在钙化台地处看到，其上游沿山谷有多处泉眼，泉水呈无色透明，流量较小；台地东侧陡坎处形成高度不等的瀑布群；台地表面雪白的钙化层层叠叠，而泉台被苔藓和微生物染成了翠绿色，外加褐色的铁质薄膜。

当地有丰富的地热资源，常年温度在 20℃左右。尤其在冬季，随着下雪量的增加，冰雪被地热温度融化后顺着泉眼涌出，在台地边缘倒挂的白色冰柱会形成七彩斑斓的瀑布景观，观赏性极佳。基岩表面局部形成钟乳石，多见一层乳白色的结晶体。台地前缘形成台幔。从泉水口到河中的碎石上，皆留下以红褐、碧绿、雪白、灰白色为主的五彩缤纷的钙华。

第二节 / 自然保护

一、阿尼玛卿山

阿尼玛卿山是东昆仑山生物资源最丰富的地区，初步调查认为该区域有野生动植物320种（分隶47科158属），且不乏珍稀动植物。其中白唇鹿、原羚、马鹿、麝、岩羊、棕熊、野驴、猞猁、盘羊、雪豹、蓝马鸡、黑颈鹤、藏雪鸡等都是国家级的保护动物。阿尼玛卿山周围物产丰富，有珍贵的虫草、雪莲等。高山草甸和森林地带生活着雪鸡、马鸡、雪豹、白唇鹿等珍禽异兽。当地政府已在这里设立了保护区。

其中，雪豹是一种稀少而珍贵的高山动物，常在海拔3600～5300米的高山上活动，是国家一级濒危保护动物，在国际上有很高的关注度。作为雪豹的繁殖栖息地，阿尼玛卿山早已为国际动物学界所关注，已有许多国外的科学家同中国合作，将这里作为雪豹行为生态的研究基地，从而更好地关注雪豹的生存和繁衍状况。在植物资源方面，阿尼玛卿山区有许多珍贵的高山特有种类，冬虫夏草就是其中之一。由于具有很高的药用价值，近年需求量不断上升，导致冬虫夏草的数量在不断减少。正因如此，有许多专家开始强烈呼吁在青海地区建立"冬虫夏草保护区"，以保护这种珍贵的植物。

众多珍稀野生动植物及其重要的生态环境地位，使得这里成为政府和社会各界广泛关注的区域，政府也制定了许多有力的保护措施：

（1）划定保护区范围。政府在阿尼玛卿山划定核心区、缓冲区和实验区，进行管控，严格限制任何形式的开垦和利用，在治理过程中不断完善法律法规和技术手段。

（2）加强巡视与监控。防止违法砍伐、采集珍贵动植物和非法开采等活动，提高区域生态系统环境可持续性的管理和维护，对不符合相关要求的行为及时依法查处。中国科学院南京土壤研究所喜马拉雅山地区土壤保持与生态修复技术创新团队，通过分析阿尼玛卿山地区土地利用类型、植被覆盖度、水土流失等指标数据，制定土壤保持和治理方案；湖南师范大学阿尼玛卿山地区传统村落保护与可持续发展研究小组，则着眼于推动文化遗产和经济利益协调发展，提高农民收入和生活质量，将可持续发展的理念融入社会实践之中。

（3）保护区内动植物保护。对种群数量少、稀有濒危的动植物，制定科学的保护修复方案，进行人工繁殖、移栽等技术支持。例如，中国科学院西北高原生物研究所阿尼玛卿山保护生态研究创新团队，专注于对阿尼玛卿山的生态系统进行全面调查和监测。他们主要研究区域内植被类型、生物多样性、鸟类数量分布、珍稀野生动物保护及栖息地保障等问题，为制定当地自然保护管理政策和规划提供科学依据。

（4）生态旅游管理。推行精准产业扶贫政策，实行旅游人数配额、限制线路、质量控制等严格规范，消减旅游业对生态保护方面的不利影响，同时也将阿尼玛卿山地区美丽的自然风光展现给广大游客，促进当地经济发展。

（5）科研院所加强智力支持。中国科学院成都山地灾害与环境研究所的阿尼玛卿山区域环境演变及资源开发与利用研究小组，从生态环境保护和治理的角度出发，开展了一系列针对该地区土地资源开发、生态环境保护等方面的研究。他们采用多种现代技术手段，如遥感技术、GIS技术等，对该地区人类活动、自然环境、生物资源等进行综合评价和分析，并提出相关建议和措施，推进该地区可持续发展。

这些措施在实施过程中有针对性、科学可行，并成了维护阿尼玛卿山地区生态环境健康状况的重要保护措施。

二、可可西里山

青海可可西里国家级自然保护区位于青海省玉树藏族自治州西部，成立于

1997 年，属于可可西里地区。它是横跨青海、新疆、西藏三省区之间的一块高山台地。青海可可西里国家级自然保护区保护范围为：东至青藏公路，西至青海省界，北至昆仑山脉的博卡雷克塔格山，南至格尔木市唐古山乡与治多县界，东经 89.25°—94.05°，北纬 34.19°—36.16°，总面积 450 万公顷，是我国建成的面积最大、海拔最高、野生动物资源最为丰富的自然保护区之一。核心区为可可西里山与乌兰乌拉山—冬布勒山之间，面积 1.55 万平方千米。青海可可西里国家级自然保护区主要是保护藏羚羊、野牦牛、藏野驴、藏原羚等珍稀野生动物、植物及其栖息环境。

2017 年 7 月 7 日，在波兰克拉科夫举行的第 41 届世界遗产大会上，经世界遗产委员会一致同意，青海可可西里获准列入《世界遗产名录》，成为中国第 51 处世界遗产。

（一）植物保护

保护区现有高等植物约 202 种，分属 30 科 102 属。以矮小的草本和垫状植物为主，木本植物极少，仅存在个别种类，如匍匐水柏枝、垫状山岭麻黄。200 多种植物中，青藏高原特有种和青藏高原至中亚高山、西喜马拉雅和东帕米尔分布的种在区系成分中占主导地位。并有一定数量的北极高山成分，而温带亚洲分布的种较少，温带和世界广布的种极其个别，仅出现在环境相对稳定的水域生境中，如海韭菜和眼子菜。

据初步统计，保护区有青藏高原特有种 84 种，约占该区全部植物的 40%，其中青海可可西里地区特有种和变种有 8 个以上；青藏高原至中亚高山、西喜马拉雅、东帕米尔分布的种约 50 种，占该区植物的 25%；北极—高山成分有 5 种。

植物种类虽少，但是种群大、分布广。保护区特别高寒、干旱的严酷的自然环境限制了大多数植物的生存，该区的主要植物种，也是青藏高原特有种的种群十分庞大，分布也很普遍。如镰形棘豆、冰川棘豆、唐古拉山点地梅、鼠鞠风毛菊、匍匐水柏枝以及雪灵芝、镰叶韭，高山葶苈等。

垫状生长型的植物种类多（50种，占全世界的1/3），分布广。保护区许多植物都以低矮、垫状的生长型出现，使该区出现大面积垫状植被景观。在广阔的宽谷、湖盆地区，5种垫状的点地梅，5种垫状的雪灵芝，数种垫状的凤毛菊、黄芪、棘豆、红景天、水柏枝等在各地构成了世界上少有的大面积垫状植被景观。一方面，垫状植物大量出现表明青藏高原腹地高寒、干旱、强辐射、强风对植物生长的限制和塑造；另一方面，垫状植物的存在发展对改造原始生态环境，尤其是土壤环境有着积极作用。

（二）动物保护

这里自然条件恶劣，人类无法长期居住，被称为"世界第三极""生命的禁区"。然而，正因为如此，给高原野生动物创造了得天独厚的生存条件。可可西里独特的高寒自然环境形成了多种多样的自然类型和原始生态环境，使得这片尚未被污染的净土成为"野生动物的乐园"。可可西里是中国动物资源比较丰富的地区之一，拥有的野生动物多达230多种，其中属国家重点保护的一、二类野生动物就有20余种。这是青藏高原东部及南部森林动物不能比拟的，被称为青藏高原动物基因库。保护区已知有哺乳类动物30种，隶属5目12科20属；有鸟类56种，隶属10目22科。此外，该区产2种裂腹鱼类及4种鳅类，几乎全为高原特有种。爬行动物仅青海沙蜥1种。拥有野牦牛、藏羚羊、野驴、白唇鹿、棕熊等青藏高原上特有的野生动物。

由于地势高亢，气候干旱寒冷，植被类型简单，食物条件及隐蔽条件较差，保护区动物组成简单。但是，除猛兽猛禽多单独营生外，有蹄类动物具结群活动或群聚栖居的习性，种群密度较大，数量较多，如野藏羚羊、野牦牛、野驴、藏原羚、牦牛、白唇鹿、棕熊等野生动物。

在保护区生存着中国特有动物种群——藏羚羊，为国家一级保护动物。历史记录中，藏羚羊的数量曾达到百万只之多。由于20世纪的过度盗猎导致其濒临灭绝。许多盗猎分子发现藏羚羊的价值后不断猎杀藏羚羊，通过贩卖藏羚羊绒获得巨大利益。据调查，20世纪70—90年代，每年被盗猎的藏羚羊数量平均在 2 万头左右；同时，由于盗猎活动的严重干扰，藏羚羊原有的活动规律被扰乱，对种群繁衍造成严重影响。现存种群数量在 7 万～ 10 万只。

针对这种恶劣的情况，20 世纪 80 年代，藏羚羊被列入《濒危野生动植物种国际贸易公约》中严禁贸易的濒危动物，公约中明确规定任何捕猎或与藏羚羊有关的贸易都是违法的。同时，我国也着手开展保护藏羚羊工作。现在藏羚羊的数量在逐年攀升，但对其的保护还有很长的路要走。

哺乳动物 按哺乳类区系成分，可把本区哺乳类动物划分为青藏高原特有种、古北界种和广布种三种区系。

鸟类 可可西里鸟类区系组成特征：在鸟类组成中，全为古北界成分，其中青藏区种类的组成占很大比例，主要是适应青藏干旱气候的种类，如藏雪鸡、西藏毛腿沙鸡、褐背拟地鸦、长嘴百灵、雪雀、高山岭雀等。

鱼类 可可西里鱼类区系简单，与水系格局的复杂性形成鲜明对照，充分体现了本区严酷的环境条件对鱼类生存的巨大影响。可可西里鱼类包括高原鳅属的 4 种鳅、裂腹鱼亚科的裸腹叶须鱼和小头裸裂尻鱼。

昆虫 可可西里地区有昆虫 37 属 142 种，其他节肢动物 13 科 22 种。

（三）生态价值

青海可可西里国家级自然保护区是羌塘高原内流湖区和长江北源水系交汇地区。东部为楚玛尔河水系组成的长江北源水系，西部和北部是以湖泊为中心的内流水系。区内 1 平方千米以上的湖泊有 107 个，200 平方千米以上的湖泊有 7 个。最大的乌兰乌拉湖，湖水面积 544.5 平方千米，是青海省第四大湖。可可西里湖泊大部分为咸水湖或半咸水湖，矿化度较高。区内现代冰川广布，冰川总面积 2000 平方千米，有布喀达坂冰帽冰川、马兰山冰川、岗扎日冰川等。该区有许多奇特的自然景观，如山谷冰川、地表冻丘、冻帐、石林、石环、多彩的高原湖泊，盐湖边盛开的朵朵"盐花"，以及现代冰川下热气蒸腾、水温高达 91℃的沸泉群等，组成了特有的旅游资源。乌兰乌拉山末端长达 2000 米的海相侏罗系剖面，对于开展地质、古地理、古生物等科学研究具有重要的意义。该区的矿产资源主要有金、银、铅、锌、铁、石英、玉、煤、盐等。可可西里被誉为"世界第三极"和青藏高原珍稀野生动物基因库，在自然环境保护、生物多样性保护、科学研究和生态探险旅游等方面具有重要的科研和生态价值。

三、巴颜喀拉山

雄奇高峻的巴颜喀拉山位于青海省的果洛、玉树和四川省的阿坝等三个藏族自治州境内，呈西北—东南走向，其末端向西南可延伸到川西高原。位于山脉西北部的主峰海拔高达 5266 米，山顶终年积雪不化，发育有现代冰川。其山口处海拔 5082 米，是西宁通往玉树，连接川西高原公路的必经之处。位于南坡山腰的称多县清水河乡是全国霜日数最多的地区。蒙古语"巴颜"意为"富贵"，"喀拉"意为"黑色"，藏语山名为"查拉"。巴颜喀拉山北麓的黄河源区是世界闻名的"中华水塔"，不仅分布着无数的河湖水域、山泉以及冰川，而且分布有大片的高寒类型湿地，因此是高寒生态系统中物种多样性最为丰富的地方。每年夏天，许多水禽和野生草食动物都栖息于此。

黑颈鹤是中国青藏高原特有的珍稀物种，被列为国家一级保护动物，在中国的青藏高原和云贵高原的一些湿地中，零星分布着少量的黑颈鹤，一般 2 ～ 10 只，最多也不过 20 ～ 50 只，很少有更大居群一起活动的。黑颈鹤具有很高的观赏价值。美国的鹤类研究中心收集了世界现有 15 种鹤类中的 14 种，但至今仍缺少黑颈鹤的标本。它是目前世界上鹤类中濒危程度最为严重的一种，全球仅存不足千只，已列入国际濒危物种红皮书中，亟待保护。黑颈鹤的觅食和繁殖地多选择在高寒沼泽湿地或高寒沼泽草甸、湖滨草滩等处，这类地方人烟稀少，水草丰美，食物充足，是黑颈鹤的理想栖息地。每年 3 月初，尽管这里仍被白茫茫的冰雪覆盖着，大地依然冻得硬如铁石，黑颈鹤就已经从南方的越冬地飞回到这里，为繁殖它们的后代进行早期的准备工作。飞行时，它们都是列队而飞，有时排成"人"字，有时排成"V"形，有时还排成一路纵队，不紧不慢地挥动双翼，动作轻盈，姿态优美。

黑颈鹤一般到 5 月初开始产卵，通常每窝产卵两枚。历经 31 ～ 33 天的夫妻轮流孵化，雏鸟便可出壳。幼鹤出壳后 10 多个小时即能下水游泳。它们浑身毛茸茸的，使人见了甚觉可爱。母鹤对它们更是爱护备至，精心喂养。但是，它们之间并不团结，经常相互打斗，有时竟难分难解，甚至出现伤亡。这种在鸟类中少见的"不良"行为，或许也是黑颈鹤数量奇少的原因之一吧；但是，作为一种生存竞争的行为，这或许又是符合自然法则的。

秃鹫是青藏高原上体形上最大的猛禽，体重有七八千克，双翅展开接近 2 米。秃鹫一般在森林中的大树上筑巢产卵，繁殖后代，觅食地却经常是在没有丛林生长的草原地带，所以经常需要长途飞行。秃鹫是国家二级保护动物，在世界自然保护联盟濒危物种红色名录中被列为近危物种（在不久的将来有濒危或灭绝危险）。与秃鹫在长相和生活习性等方面相似的还有胡兀鹫，顾名思义，是因为它长着一撮小胡子，也是青藏高原上的大型猛禽之一。

秃鹫也是当地人们心目中的"神鸟"。它们力气很大，十几只就可抓起一头牛飞到空中，然后在一定的高度将牛扔下来摔死，再行饱餐。但是，秃鹫通常只是喜欢觅食腐肉，对高原上因老、病、冻、饿等原因而倒毙，甚至已经腐臭的动物尸体感兴趣。由于它们的"打扫"和"清理"，不但清除了草场污染，清洁了高原环境，美化了自然景观，而且在很大程度上减少了疾病的传播，所以，人们把它们和乌鸦等其他类似的以食腐肉为主的飞禽通称为高原"清道夫"。由于秃鹫和胡兀鹫是藏族同胞心目中的"神鹰"，所以，人们普遍对它们敬畏有加。

藏狗通常是黑黄两色，背部及两侧为黑色，四条腿为黄色或白色，腹部和四蹄略带白色。它们眼睛的上部靠近内侧的地方有一对黄色的毛斑，就像是另外一对眼睛，所以又叫作"四眼狗"。藏狗的繁殖能力很强，一胎能产 4 ～ 6 只甚至更多。

巴颜喀拉山不仅是动物的天堂，而且还是高原植物南北分布的天然界线。山坡上有虫草、贝母、大黄等名贵中药材。青海玄参就是其中之一。它是由俄国人于 19 世纪 80 年代在中国采集到的，作为命名根据的模式标本也一直保存在国外。整整一个世纪以来，中国的植物学家们一直未能采集到这种植物的标本，也从未见过这种中国特产的植物。对于它的形态特征及生境、习性等各方面性状的了解也只能是从国外的资料中获悉。甚至在权威的《中国植物志》中也不得不遗憾地写上一句"我们尚未采集到标本"。

第三节 / 生态旅游

青海地处青藏高原东北部，地貌复杂，群山连绵，山地旅游资源异常丰富。

一、山峰景观

1. 阿尼玛卿山

阿尼玛卿山横亘于果洛州玛沁县东北部，是中国对外开放的十大山峰之一，有 18 座海拔超过 5000 米的山峰。主峰玛卿岗日由 3 个海拔 6000 米以上的尖峰组成，最高峰海拔 6282 米。阿尼玛卿山区现代冰川丰富，有大小冰川 40 余条，面积约 150 平方千米，冰川融水分别汇入黄河支流切木曲等水系。阿尼玛卿山是东昆仑山生物资源最丰富的地区，山体海拔 3200～3600 米处为山地针叶林，3600～4000 米处为亚高山灌丛草甸，4000 米以上为高山草甸。盛产冬虫夏草、贝母、大黄、黄芪、羌活等名贵药材，高山草甸和森林地带生活有白唇鹿、雪豹、雪鸡等珍贵动物，这里还是雪豹的繁殖栖息地。

阿尼玛卿山迷人的传说使其具有神圣、神秘、神奇的色彩，是雪域高原上的一座著名神山，被藏族人民奉为开天辟地的九大造化神之一，在藏族传统文化中具有举足轻重的地位。每逢朝拜时节，信徒络绎不绝。尤其藏历马年，转山人数达 10 万之多。

阿尼玛卿山西北角的鄂拉山口是唐蕃古道的必经之路。1980 年，阿尼玛卿峰对外开放，成为旅游探险、登山活动和科学考察的胜地。2010 年，阿尼玛卿雪山景区被国家旅游局评为 3A 级旅游景区。

2. 年保玉则

年保玉则又名果洛山，距县城 40 千米，相传为果洛藏族的发祥地，是藏族群众尊崇的一座神山。年保玉则由许多高耸险峻的山峰组成，主峰海拔 5369 米。年保玉则东南侧分布有以松柏、冷杉为主的原始森林。峡谷莽林中常有雪豹、棕熊、猞猁等野兽出没。山脚西北仙女湖畔东南屹立着一块巨石，上面有一条深深的石痕直通湖内，传说是年保玉则山神的三女儿幻化成人，与果洛藏族祖先成婚的历史遗迹。年保玉则的天气变幻莫测，即使在盛夏，一天之内可会领略到四季的变化。

白玉寺，位于果洛州久治县白玉乡达日塘，始建于 1857 年，占地面积达千余亩，系四川省白玉县白玉寺的子寺，是青海、四川、甘肃三省边界地区规模最大、影响最广的藏传佛教宁玛派寺院。寺院规模宏大，雄伟壮观。主要建筑有经堂 7 座、佛殿 3 座、灵塔 3 座、大型转经房 8 座及僧舍等，有僧众千余人。白玉寺每年举行佛事活动 8 次，其规模与场面，以藏历三月一日至十日的"白玉十日"为最，有晒大佛、跳欠、演藏戏等活动。届时有青海、川西、甘南藏区群众及游客聚集，场面宏大、庄严、隆重而热烈。

2003 年，年保玉则升为国家级自然保护区。2005 年，年保玉则被评为国家地质公园。2017 年，中央第七环保督察组对青海开展了环保督察，指出青海自然保护区违规旅游开发问题突出，生态修复进展迟缓。2018 年 4 月以来，年保玉则国家公园等景区发布禁游令，以保护景区不断恶化的生态环境。

3. 唐古拉山

唐古拉山脉位于西藏自治区东北部与青海省交界处（青藏高原），东段为西藏与青海的界山，东南部延伸接横断山脉的云岭和怒山。藏语意为"高原上的山"，又称"当拉山"，在蒙古语中意为"雄鹰飞不过去的高山"，是青藏高原中部的一条近东西走向的山脉。最高峰各拉丹冬海拔 6621 米，是长江正源沱沱河的发源地，也是旅游景点之一。唐古拉山口的海拔高达 5200 多米，但地形坡度较缓，相对高差较小，两面被两座雪山夹持着，西边是唐古拉山，东边是龙亚拉峰，是对外开放可攀登的雪山。唐古拉山有大量冰川分布，刃脊、角峰、冰川地形非常普遍，是一座奇美无比的雪山。

距唐古拉山口约50千米有一处温泉，其海拔约5000米。温泉地区位于唐古拉山中段。区内中生代地层广布，是中国特提斯—喜马拉雅中生代海槽坳陷较深部位，侏罗系地层发育较好，是研究中国海相侏罗系地层最好的地区之一。该泉水不大，却细流不断。泉水温度与许多泉汤差不多，在此高寒雪域地带实属不可多见。

2019年，格尔木市依托唐古拉山生态旅游资源，重点推介唐古拉牦牛、唐古拉羊等国家地理标志农产品，规划建设以长江源纪念碑、野生动物观测站、长江源星空拍摄基地、青藏铁路沱沱河大桥等为核心的高原特色生态旅游圈，建成"长江1号"邮局、水生态保护站、斑头雁观测基地、318自驾游营地等，全镇生态特色产业得到积极发展。同时，充分发挥辖内唐古拉山镇交通区位、生态地位等优势，依托新型城镇化建设，全力推动长江源头生态第一镇建设，力争把唐古拉山镇打造成发展更有效益、城镇更具品位、环境更加生态、民生更为幸福的生态旅游小镇。

4. 念青唐古拉山

在拉萨以北100千米处，屹立着举世闻名的念青唐古拉大雪峰，北沿是纳木错，山顶最高处海拔7117米，终年白雪皑皑，云雾缭绕，雷电交加，神秘莫测，如同头缠锦锻、身披铠甲的英武之神，高高地矗立在雪山、草原和重重峡谷之上。在西藏古老的神话里，在苯教或藏传佛教的万神殿中，在当地牧羊人和狩猎者的民歌和传说里，念青唐古拉山是西藏最引人注目的神山，吸引着成千上万的信徒、香客、旅游者前来观瞻朝拜，成为世界屋脊上最大的宗教圣地和旅游景观。

5. 巴颜喀拉山

巴颜喀拉山是青海省境内长江与黄河的分水岭，主峰位于玉树州玛多县西南，海拔5266米。巴颜喀拉山地属大陆性寒冷气候，因海拔较高，加之地域辽阔，这里的山峰显得并不险峻，比较平缓，有的山峰浑圆粗犷，有的山峰远看像山、近看像川，山岭之间犹如平原一般广袤平坦，山前遍布大小湖泊和沼泽，其中著名的有星宿海、扎陵湖和鄂陵湖，是理想的黄河探源、登山科考之地。

巴颜喀拉山口 位于山脉中部鄂陵湖以南，是唐蕃古道的必经之地。7世纪初，吐蕃赞普松赞干布统一了青藏高原，与唐王朝建立了友好关系，并多次向唐王朝请婚。唐太宗于贞观十五年（641）派李道宗护送文成公主入藏和亲，经日月山口、巴颜喀拉山口前往吐蕃首都。以后，唐王朝又遣金城公主入藏，嫁与赤德祖赞。

长江源、黄河源 黄河发源于巴颜喀拉山脉西段雅拉达泽山以东的约古宗列盆地，海拔在4500米左右。南麓是长江北源所在，山势和缓，山前遍布大小沼泽和湖泊，其中著名的为星宿海、扎陵湖和鄂陵湖。北坡平缓，南坡深切，多峡谷。山区地势高，气候寒冷，属高寒荒漠草原，人烟稀少，只有藏人在此从事畜牧。山间谷地上，牦牛、绵羊远近成群。向阳的缓坡上一块块草滩，偶见零星牧包土房点缀其间。

唐蕃古道 指唐朝和吐蕃之间的交通大道，是中国古代历史上一条非常著名的道路，也是唐代以来中原内地去往青海、西藏乃至尼泊尔、印度等国的必经之路。著名的文成公主远嫁吐蕃赞普松赞干布走的就是这条大道。它的形成和畅通至今已有1300多年的历史。

玉树自古就是连接西藏、四川、西宁的交通要道，是唐蕃古道的必经之地。境内以古道和商路为主线，一路的名胜古迹、风土人情更是多姿多彩，美不胜收。巡游此道，你将领略到绚丽的高原风光和神奇的江河源头，贝沟的千年古雕尤其令人神往。

巴塘热水沟 位于距玉树州结古镇45千米的巴塘乡南面山谷，海拔3900米。谷内曲径通幽，植物茂盛，野生动物众多，风景宜人。谷中多温泉，富含多种微量元素。据有关文字记载，巴塘热水沟温泉沐浴疗疾的历史非常久远。在每个泉水池的石头上都有藏文刻着该泉眼的疗疾功能。这些藏文有的清晰可辨，有的已被风化而难以辨认。

星宿海 位于玛多县西北 20 千米，距西宁 510 千米。黄河进入星宿海盆地，河水漫流，在地势稍低处积水形成大小不一、形状不同的海子和水泊，大的有几百平方米，小的只有几平方米。它们密密麻麻，星罗棋布，宛如天上的繁星降落到这里，故称星宿海；又如孔雀展屏，因此，当地藏族把星宿海叫作"玛洋"，意思是"孔雀滩"。水泊、海子周围是如茵的草原，风光秀丽。

扎陵湖、鄂陵湖 位于玛多县西北 30 千米，是黄河流域两个最大的淡水湖。黄河流经星宿海后，从扎陵湖西南隅流入，自东南隅流出，注入鄂陵湖，两个湖泊像是牵手并肩、亭亭玉立于黄河源头的姐妹。所以，人们称这两个湖为"黄河源头姊妹湖"。扎陵湖，又称"查灵海"，藏语意为"白色的长湖"，因其水色略呈乳白色而得名；鄂陵湖，藏语意为"青色的长湖"。两湖中间有多处鸟岛，栖息有天鹅、斑头雁、赤麻鸭、棕头鸥、褐背地鸭等多种鸟类，是青海湖鸟岛之外的又一个鸟的王国。两湖之间的措哇尕什则山，海拔 4610 米，山顶建有黄河源牛头铜碑一座，上有胡耀邦同志和十世班禅大师分别用汉、藏文题写的"黄河源头"，碑式别致。自山顶四望，群山环抱，扎陵湖、鄂陵湖湖光山色尽收眼底。山下宽阔的草地上有一座小巧玲珑的寺院，名措哇尕什则多卡寺。扎陵湖畔建有藏王松赞干布迎接文成公主的行宫，更为此地增添了一道美丽的旅游景观。

6. 昆仑山

昆仑山位于柴达木盆地南缘，东西全长约 2500 千米，宽 130 ～ 200 千米，西与新疆帕米尔高原接近，东面与四川岷山相连，平均海拔 5500 ～ 6000 米，总面积达 50 多万平方千米。昆仑山是高原地貌的基本骨架，也是青海省重要的区域界线。因其浩浩荡荡、气势磅礴，古人称之为"龙脉之祖"，是中华道教和华夏文明的发祥地，也是昆仑神话传说的摇篮。

昆仑山口地处昆仑山中段，在格尔木市区南 160 千米，海拔 4772 米，相对高度 80 ～ 100 米，亦称"昆仑山垭口"，是青藏公路穿越昆仑山脉的必经之地、咽喉之所。昆仑山口地势高耸，气候寒冷潮湿，空气稀薄，生态环境独特，自然景象壮观。这里群山连绵起伏，雪峰突兀林立，草原草甸广袤。冰丘有的高几米，有的高十几米。冰丘下面是永不枯竭的涓涓潜流。一旦冰层揭开，地下水常常喷涌而出，形成喷泉。冰锥有的高一二米，有的高七八米。这种冰锥不断生长，不断爆裂。爆裂时，有的喷浆高达二三十米，并发出巨大的响声。昆仑山口有大片高原冻土层，虽终年不化，但冻土层表面的草甸上却生长着青青的牧草。每到盛夏季节，草丛中盛开着各种鲜艳夺目的野花。

7. 玉珠峰和玉虚峰

玉珠峰位于海西州格尔木市以南的昆仑山，海拔 6178.6 米，山峰终年积雪，冰川纵横。玉珠峰两侧矗立着众多海拔约 5000 米的山峰，南北坡均有现代冰川发育。其地形特点是南坡缓北坡陡，南坡线路清楚，北坡相对复杂，具有冰裂缝、冰塔林、刃形山脊等多种地形，是登山爱好者的探险胜地，也是国家登山队的训练基地。

玉虚峰是玉珠峰的姊妹峰，位于格尔木市昆仑山口的西侧，海拔 5933.1 米。玉虚峰是道教朝觐中心之一，道教昆仑派的主道场，被誉为"道教的洞天福地""神山之最"，每年有很多国内外朝圣者来此朝拜。玉虚峰还是青海昆仑玉的产地。2008 年北京奥运会"金镶玉"奖牌使用的青海昆仑玉即出于此。

8. 年钦夏格日山

年钦夏格日山位于海北州海晏县和刚察县交接处的哈尔盖大草原上，海拔4385 米，顶峰常年积雪，白云缭绕，登上山顶，奇山异峰傲立在眼前，青海湖及周围湖光山色尽收眼底。顶峰奇石林立，表面光洁如削，能敲出铿锵的金属之声。其中有一根高 3 米、直径 3.3 米的天然石柱引人注目。晋人张华《昆仑铜柱铭》中记载："昆仑铜柱，其大如天，圆周如削，肌体美焉。"相传这是盘古开天地时用以支撑天地的昆仑天柱，被藏族群众称为"镇山神柱"。《山海经》称："西海之南，流沙之滨，赤水之后，黑水之前，有大山，名曰昆仑之丘。有神——人面虎身，有纹有尾，皆白——处之。其下有弱水之渊环之，其外有炎火之山，投物辄然。有人，戴胜，虎齿，有豹尾，穴处，名曰西王母。"据考证，"弱水之渊"指青海湖，"昆仑之丘"指夏格日山，"炎火之山"指夏格日山东侧的热水山，"神"指西王母。传说她人面兽身，长着九条尾巴，守护着昆仑山，是这山的仙主。环湖藏族群众信奉的"阿乃贡玛加毛"，就是西王母。环湖藏族群众信奉的"阿乃贡玛加毛"也是家神。她象征英勇果敢，智慧超群，能掘陷坑捕获猛虎，结网扣逮雄豹。当地人推举她为首领。阿乃贡玛加毛有 9 个儿女，环青海湖地区留有 3 个，一个是骑狼的，一个是骑骆驼的，另一个是骑狐狸的。其他 6 个打发到别的地方去了。

此外，近代还有王洛宾先生与萨耶卓玛相遇后，一曲脍炙人口的歌曲《在那遥远的地方》也传遍了世界各地。古有西王母助中原、拓疆域，设宴邀请周穆王来夏格日，留下了《白云歌》：

（王母吟）

白云在天，山陵自出。

道里悠远，山川间之。

将子无死，尚能复来？

（周穆王吟）

予归东土，和治诸夏。

万民平均，吾顾见汝。

此及三年，将复而野。

这首古老的情歌，情切切，意绵绵，响彻天宇，流传百世。据说在公元前985 年，即周穆王十七年，周穆王荣获西王母的邀请，从中原携带贵重的礼物，乘坐八匹马拉的套车，千里迢迢来到青海湖大草原上的夏格日，会见这位少数民族的首领。西王母热情接待了周穆王并接受了他的礼物，还设宴盛情款待周穆王。据说地点就在昆仑山脉的北隅中，那里是西王母所居之地。当时西王母的国家经济发达、军事强大，夏格日风景如画。西王母俊秀，气质高雅，备受周穆王的尊重和爱戴。游览欢欣多日，周穆王几乎乐而忘归。据《穆天子传》

中记载，周穆王与西王母在瑶池欢欣多日，别时作了以上歌谣。西王母希望周穆王再来，并约定三年后重来秀美的夏格日。但由于国事繁忙，时隔五年后，周穆王才去昆仑之丘与西王母相会。

夏格日山，腰脊以上全系花岗石和片麻岩，山腹之间多有天然洞穴。不少洞壁似乎都有人工磨损的痕迹，地上也有灰烬和牲畜残骨。地质队员们曾调查过这里的石洞，他们认为这些石洞对研究青海历史很有价值。夏格日山那超拔的形体和高洁冷峻的气质，映显了多变的气候和多彩的风光。宗教文化和民俗文化为其打下了神秘和古异的人文烙印。加上此山的奇险峻峭及周边草原风景如画，景色随季节而变化，秋冬时节，这里银装素裹，天空湛蓝，雄山雪白，草场金黄，风景分外艳丽，具有观赏、游览、攀登等价值。

9. 可可西里山

可可西里山横亘于玉树州西北部，是昆仑山脉的南支，整个山体呈东西走向，长约 500 千米，平均海拔 5000 米以上。主峰是海拔 6305 米的岗扎日，为楚玛尔河源地。可可西里山山势平缓，多年冻土广泛分布，因地处内陆，气候干燥，高处有永久性积雪与冰川。南北两侧湖泊星罗棋布，湖水清澈透明，湖光山色如一幅展开的画卷，游人至此，心旷神怡，流连忘返。

10. 尕朵觉沃神山

尕朵觉沃神山位于玉树州称多县境内，主峰海拔高达 5395 米，山势高峻挺拔，气势磅礴，终年积雪不化，银装素裹，巍峨壮观。佛教经典《甘珠尔》中记述有在尕朵觉沃神山悟道成佛的功德。吐蕃时期，吐蕃赞普将此山奉为藏区的主要圣山之一而朝拜供奉。在英雄史诗《格萨尔王传》中，也有把此山作为岭国的主要圣山之一供奉祭祀的叙述。尕朵觉沃山腰和山沟生长着茂密葱郁的灌木林，栖息着白唇鹿、马鹿、藏羚羊等珍稀动物，还生长有雪莲、血茶、雪滴石、虫草等高原珍贵植物。清晨和傍晚的尕朵觉沃神山，在蓝天白云、金色霞光的映衬下更加美丽、壮阔、神秘，是一处游览观赏、摄影的好去处。

11. 岗什卡雪峰

岗什卡雪峰位于海北州门源县境内，是祁连山主峰之一，亦名冷龙岭，面积约 450 平方千米，海拔 5254.5 米。雪峰集现代冰川的壮观和完整的植被带为一体。峰顶有百万年冰川，积雪终年不化，气候瞬息万变。每当夕阳西下，晚霞轻飞，山顶晶莹的白雪熠熠闪光，犹如玉龙遨游花锦丛中，暮霭升腾，被称为"龙岭夕照"，是门源古八景之一。

岗什卡雪峰还是青海省登山运动管理中心确定重点开发的登山雪峰之一，既是旅游爱好者登山探险的理想场所，亦可作为登山、山地纵走的训练基地。

12. 阿尼直亥山

阿尼直亥山位于海南州贵南县东南与贵德县的交界处，主峰海拔 5011 米，常年积雪。这里既有神奇的神话传说，也有含多种矿物质的温泉和茂密秀丽的天然植物园，是人们观光游览、度假休闲的好地方。山间主要分布有央宗沟、德孔沟和秀让沟。森林茂密，野生植物种类繁多、分布广阔，白杨树、桦树、柏树、云杉等在这里常年安家落户，还有雪莲、冬虫夏草、大黄、羌活、黄芪、柴胡等药用植物，石羊、雪鸡、旱獭等野生动物。主要景点有阿尼直亥雪山、温泉、美女林、过哇银措、扎查梅朵滩、古城堡遗址等。

13. 拉脊山

拉脊山地处海南州贵德县境内，最高峰海拔 4524 米。北坡险峻，山岩多有裸露，除夏季外，山坡常常被白雪覆盖；南坡平缓，宜牧草生长，是省内有名的高山牧场。拉脊山是环夏都西宁旅游圈中海拔较高、风景独特的山脉。拉脊山多种生态类型相间，高山草甸、高山湿地、高山灌木和山腰乔木广布，山上还出产有冬虫夏草。这里气候类型多样．有时同日内有雨、雪、雾、岚等气象景观。每当夏季，山坡上绿草如茵，繁花似锦，牛羊成群，还有空阔的蓝天、悠逸的白云，是人们休闲度假的佳境。

14. 祁连山

祁连山是甘肃省西部与青海省东北部边境的山脉，由数条平行的山岭组成，山谷相间，绵延 1000 余千米。祁连山中众多的峡谷是中原与西域、青藏高原之间重要的通道，最重要的峡谷就是扁都口（祁连县境内），是西平张掖道必经之处，也是连接丝绸之路河西道和青海丝路的重要通道。祁连山中的卓尔山和牛心山景观独特。其中，卓尔山植被茂盛，物产丰富，景致秀美，是青海省主要的"音乐家采风基地"和"摄影家创作基地"。每年油菜花开的季节更是美不胜收，嫩黄的花海、翠绿的植被，还有红色的山体形成鲜明的色彩冲击，吸引着络绎不绝的游客和艺术工作者前往观景采风。在牛心山可欣赏高山牧场、林海风光、游牧风情以及喀斯特地貌万佛崖，自然景观由高到低分布各异。盛夏季节，一山可览四季美景。

15. 吉冈山

吉冈山位于黄南州河南县境内，为石灰岩喀斯特地貌发育，呈圆锥形，四周与其余山体以浅谷相连，成为独立的山体。山顶海拔 4408 米。四周为风化裸露的石灰岩石林，中心是平坦的草滩。吉冈山是自然生态名山，又是雪域圣地之一，自古就有"千佛魂山"之称。其山顶及山体四周野生植物品种繁多，生长着 400 余种植物。在山林灌木中，还栖息着几十种野生动物。

16. 天峻山

天峻山位于柴达木盆地东部边缘布哈河南岸，海拔 4125.4 米，为环青海湖13 座名山之一，是风景独特的夏季游览胜地。天峻山峰峦沟壑间，清泉长流，山北是灌木丛，山南是松林，有雪豹、马鹿、獐子、岩羊等野生动物和鹰、雪鸡、马鸡等飞禽。天峻山上有喀斯特地貌的石林，形成于距今约 3.5 亿年前的石炭纪，在形成过程中遭遇地壳运动，青藏高原抬升造成缺水、干旱，水蚀过程未能完成，经漫长的风蚀后，形成巍峨高大、气势雄伟，山上山下风光绮丽、景象万千的独特风貌。

17. 大通娘娘山

大通娘娘山位于西宁市大通县，主峰海拔 4010 米。据史料记载，隋大业五年（609），隋炀帝亲自统兵十几万出征吐谷浑，到西平（今西宁）后进入长宁谷，在娘娘山下大宴群臣，为进攻吐谷浑部署军事。当时隋炀帝胞妹乐平公主随行，殁于金娥山，后人建成圣姥庙以示纪念。娘娘山景区山高沟深，空气湿润，苍松翠柏，从山脚直达顶峰，千姿百态，形成山高、山秀、山圣的特色。主要景点有金猴观海、弥勒佛、塌庙台、明长城等。

18. 柏树山

柏树山位于海西州德令哈市以北，总面积10万公顷，最高峰海拔4000多米，是德令哈市一处旅游风景区。这里山泉较多，有野牦牛、野驴、马鹿、林麝等几十种青藏高原独有的野生动物，祁连圆柏、黑刺、雪莲、红景天等种类繁多的野生植物。主要景区有贡艾里沟、弄克图、陶紫沟、巴音岗、灶火沟、雅沙图等。

19. 达坂山

达坂山位于海北州门源县境内，海拔3600～3900米之间，气候寒冷，接近顶峰处分布着陈年冻土层。迂回曲折的达坂山公路是往返门源的必经之路。达坂山北侧是门源油菜花田，北坡植被覆盖率达80%以上，满山满坡生长有高山柳、山狼麻、小杜鹃（俗称香柴）、金露梅（俗称扁麻）等。这些灌木丛与山草竞相生长，景色随季节变化。夏季山坡上一片郁郁葱葱，白色的羊群点缀其中，生机勃勃；秋季天高云淡，山坡上的植被颜色变为深浅不一的金黄色。

20. 日月山

日月山位于西宁市湟源县境内，青藏公路通过的日月山垭口海拔3520米，是青海湖东部的天然水坝。因山顶土石呈红色，唐代初称"赤岭"，是一座历史悠久的文化名山。611年，唐朝文成公主远嫁吐蕃赞普松赞干布时途经此地，因日月宝镜的故事而得名。山顶两侧建有纪念文成公主的日亭和月亭，均为八角砖木结构，亭顶琉璃瓦，绘有太阳、月亮图案，富有深厚的藏族风格。

日月山自古就是历史上羌中道、丝绸之路南线、唐蕃古道的重要通道。南北朝时期，因河西走廊长期战乱而开辟丝绸之路南线，经日月山、青海湖，过柴达木盆地通往西域。唐代开辟的唐蕃古道由青海的东部入境，从西南部出境，前往江河源，贯穿海南州腹地，抵达拉萨。日月山曾是会盟、和亲、战争，以及"茶盐""茶马"互市等众多历史事件的见证。2008年，日月山被评为国家3A级旅游景区。

21. 白塔山

白塔山位于海北州门源县境内，海拔3242米，植被覆盖率达80%以上，因山头有一座白塔而得名，年代久远，有较丰富的人文历史内涵。塔平面呈长方形，白塔居中，高约10米，通体洁白，挺拔秀丽，是当地人祈福求雨的场所。登上白塔山顶，可俯视门源全景，观赏百里油菜花海，仰视祁连山雄姿。

22. 照壁山

照壁山位于门源县浩门河南岸，海拔3068米，高大雄伟，横断面成壁，与浩门古城的南门正面相对，故名照壁山。西侧有一座形似照壁山的小山，称为小照壁山，海拔2995米，山势比较平缓。沿石阶登上山顶观景台，可远眺祁连雪山，俯瞰门源县城及县城南部的大部区域、油菜花海和错落分布的青稞田、浩门镇，所有美景一览无余。这里还是看日出、日落的绝佳地点。大小照壁山壁面遍生云杉，间有灌木丛生，常年碧翠，相互依偎，景色十分壮观，被列为门源古八景之一。

23. 元朔山

元朔山也称老爷山，位于西宁市大通县，是西宁市附近山势雄伟、风景优美的山峰。景区因其保护完好的自然风貌和独特的人文景观，成为旅游和避暑之地。每年农历六月六花儿会和朝山会，吸引着海内外游客齐集老爷山，游山观景，聆听"花儿"，异常热闹。

老爷山山势雄奇险峻，植物种类繁多。其中，木本植物57种，草本植物170多种，分布有桦树、云杉、山杨等上层乔木，枸橘、沙棘、黄刺、托叶樱桃等中层灌木，野药、山菊、兰花等地被植物群体系。2010年，大通老爷山被国家旅游局评为4A级旅游景区。

二、青海省名山旅游资源区域分布

青海省名山旅游资源区域分布如表 6.4 所示。

表 6.4 青海省名山旅游资源区域分布一览

地区		主体构成	主要特点
西宁市	西宁市区	南山、北山	高原明珠城、高原都市观光区、避暑度假地
	湟中区	南佛山景区	山林秀美，山形奇特，道观探幽
	湟源县	日月山	文成公主入藏纪念地，唐蕃古道和丝绸之路南线必经之地
	大通县	老爷山景区	老爷山、明代长城、桥头公园
		宝库风景区（达坂山）	黑泉水库、达坂山隧道、察汗河森林公园、野生牦牛繁育基地
河湟旅游区	湟水谷地 互助县	北山国家森林公园	高原生态明珠，祁连山植物王国和天然动物园，分为浪士当、卡索峡、元莆达坂、扎龙沟、下河五大景区
		南门峡风景区	水库风光、山岳森林景观
	乐都区	上北山森林公园	原始次生林、峡谷、山涧
	黄河谷地 循化县	孟达风景区（巴颜喀拉山支脉西倾山）	物种丰富，名树古木，高山湖泊，被誉为"高原上的西双版纳"
		积石峡、禹王石、黄河漂流（积石山）	大型丹霞地貌景观，壁立千仞，奇峰怪石，清秀黄河
	尖扎县	坎布拉—李家峡景区	丹山碧水、丹霞地貌群、现代大型水电建筑
	龙羊峡	贵德黄河段	龙羊峡下峡口至李家峡库区、黄河古道、峡谷风光、水电建筑、古城新貌、丹霞地貌
青海湖旅游区	祁连山 门源县	高原生物与地学研究基地	油菜花景观、草场、雪山、冰川、湖斗定位观察，高寒草地生态定位观察
	祁连县	祁连山风景区	原始森林风光、倒淌的八宝河畔、度假村
		黑河、黑河大峡谷	神秘的峡谷地带，平均海拔4100米，幽深狭长
	青海南山	青海南山、151景区、二郎剑	美丽的大草原、水色风光、金色沙滩
	海心山	海心山、三块石	瑶池仙岛、鸟栖息地

（续表6.4）

地区			主体构成	主要特点
柴达木旅游区	格尔木	雅丹地貌	南八仙、一里坪、俄博梁雅丹群	壮观、奇特的雅丹地貌
		昆仑文化旅游区	一步天险、昆仑神泉、无极龙凤宫、玉虚峰和玉珠峰、瑶池、野牛沟岩画、昆仑山门	神仙福地、道教祖庭、野生动物乐园、昆仑六月雪奇观、登山者的乐园
	德令哈		可鲁克湖、托素湖鸟岛、柏树山、怀头他拉岩画	高原绿洲农业、荒漠、湖水景观
三江源旅游区	果洛	阿尼玛卿山	阿尼玛卿山、玛卿岗日峰、左哈龙沟、右哈龙沟、哈龙冰川	登山探险之佳选，夏日牧场、雪山融为一体
		久治	年保玉则、年保冰川、仙女湖、妖女湖、德隆寺	湖光、雪山、牧场、冰川、奇峰为一体的自然风光
	玉树	囊谦	砍荣峡谷、娘荣谷、白札原始森林、尕尔寺、肖荣石林	囊谦县至尕尔寺间景色优美，有雪山、草原、溪流、峡谷、森林、野生动物等
		可可西里	可可西里自然保护区、青藏高原湖泊群、现代冰川风火山口、索南达杰自然保护站	广阔的无人区、高原珍稀动物乐园、原始的生态环境
		长江源	沱沱河沿、长江第一桥、长江源头、各拉丹冬雪山、唐古拉山口	雪山、河流、湖泊景观和千姿百态的冰塔林
	黄南	河南县	圣湖仙女洞景区	天然溶洞，体量大，神秘莫测
			黄河第一湾（赛日永峡谷、吾合特峡谷）	雄险的峡谷风光、美丽的大草原、奔流不息的黄河

第七章 名人与名山

名山不仅是自然景观，还是一个民族与国家的文化。青海的名山从古至今与一些名人有很大的联系。本章以时间分线分三节加以简述。

第一节／古代

一、日月山与文成公主

日月山的由来与文成公主有关。唐太宗贞观十四年（640），吐蕃派特使禄东赞到长安献聘礼求联姻，唐太宗将文成公主相许。公主远嫁，唐太宗准备了各种日用器皿、珠宝饰物、绫罗绸缎及书籍、药物、蚕种、谷种等作为嫁妆，还派乐队、工匠随同去吐蕃。他们从大唐帝国的京都长安起程，渡过黄河，进入青海，沿湟水西行。过日月山后，松赞干布亲自率兵在扎陵湖南岸安营迎接公主，李道宗主持了隆重的婚礼。松赞干布和文成公主经玉树进入西藏，受到吐蕃人民隆重欢迎。文成公主远赴西藏联姻，沿途留下了很多美好的传说和史迹。

据说，文成公主从长安乘坐马拉轿车进藏时才 16 岁，大约花了一年时间走到日月山。再往西去道路崎岖不平，只能骑马，文成公主便在此休息并学习骑马，停留了大约两个月。

传说，文成公主动身西去和亲之时，悲痛万分。唐王送了一面宝镜劝慰她，要她到了汉藏分界的地方，取出来照看，从镜子里就能够看见家乡和父母、亲人。历经艰辛，辗转到了赤岭，公主思亲心切，便取出宝镜照看，镜中显现的只是自己消瘦的面容和残阳斜照下的赤岭山脉。她此时才明白，父母是为江山社稷而哄骗了自己。悲愤伤心之下，她把宝镜扔了出去。宝镜摔成两半，正好落在两个小山包上。东边的半块朝西，映着落日的余晖；西边的半块朝东，照着初升的月光。日月山由此得名。如今，根据文成公主那些动人的历史传说而建设的日月山景区已初具形态，景区内有文成公主像、文成公主纪念馆以及日亭、月亭、日月泉等。

历史上，日月山还是唐朝与吐蕃的分界。7 世纪，以松赞干布为首的吐蕃雅隆部落，兼并了其他部落后，在一个叫逻些（拉萨）的地方建立了吐蕃王朝，与当时的唐王朝就以赤岭为界。

松赞干布被推为赞普后，他倾慕唐王朝的繁荣与文明。贞观八年（634），他派出使者赴长安与唐朝通聘问好。唐太宗对吐蕃的首次通使也很重视，当即派使臣冯德遐持书信前往致意还礼。松赞干布"见德遐，大悦。闻突厥与吐谷浑皆尚公主，乃遣使随德遐入朝，多赍金宝，奉表求婚"。可是，当时唐太宗没有同意。松赞干布几次派人向唐朝请婚也未能如愿，便决定用武力通婚，于贞观十二年（638）爆发了蕃唐首次战争。松赞干布率军进攻唐松州（治嘉诚，今四川松潘），被唐军击退，这就是历史上的"松州之战"。吐蕃兵败后，松赞干布遣使到长安谢罪，并派大相禄东赞备厚礼——黄金五千两及宝物珍玩数百件，到长安再次向唐太宗请婚。翌年，太宗允以宗室女文成公主下嫁松赞干布，并于贞观十五年（641），指派江夏王李道宗随同吐蕃王朝使者禄东赞护送文成公主去吐蕃王朝的国都逻些。

二、南山与张思宪《凤台留云》

南山，位于西宁市南边的城南区，海拔 2419 米。南山以关帝庙为中心的建筑群，始建于明永乐八年（1014），是西宁现存保护较好的明建筑。相传南凉时，有凤凰飞临西宁南山，故南山又叫凤凰山。在南山公园西北部有一座小山包，上有平台，顶上有一亭，名曰凤凰亭。《西宁府新志》载："凤凰山上有寺阁，可以眺远，西以岩洞，下有大川……"相传南凉时有凤凰飞临其上，又名凤凰台。亭上有一横额，上书"河湟引凤"。虽然传说中的孔雀楼早已荡然无存，但咏叹凤凰山的《凤台留云》至今仍然广为传诵。

凤台留云

张思宪

凤台何日凤来游，

凤自高飞云自留。

羌笛一声吹不落，

纤纤新月挂山头。

张思宪，清代诗人，书法家，青海历史上著名的文化人物。1828年出生在古城西宁的一户书香世家。他自幼聪明好学，少年时就成为了西宁府的岁贡生。"凤台留云"是西宁古八景之一，也是现在西宁的一大胜景。

三、五峰山与杨应琚

五峰山的最早建筑是道教的宫观。为了开展宗教活动，互助地区的道教信徒于明崇祯十五年（1642）在风景秀丽的五峰山修建了宫观，请来了德高望重的道长作主持，香火一直比较兴旺。该山也因宫观的存在而出了名，成为旅游胜地，但宫观一直没有名称。清乾隆时，西宁道按察使司佥事杨应琚闻名游山，应道人的请求，根据周围有五座高低不等的山峰这一地理特征，将此山起名五峰山，宫观为五峰寺，还出资在这里修建了游廊亭台。从此，五峰山、五峰寺声名大振，观光客络绎不绝，善男信女也纷纷入山进香，念经求仙，祈祷平安。

乾隆三年（1738）六月六，杨应琚在五峰寺召集盛大群众集会，欢庆五峰寺和五峰"寒泉精舍"书屋的落成，当地土族、汉族、藏族群众竞相参加，用"安召""拉伊""花儿"等抒发情怀。五峰寺农历六月六花儿会就是这样流传下来的。这天，杨应琚还吟诗一首，以志此举，从西宁赶来助兴的同僚和文士也纷纷唱和，遂开清代土乡诗风。

四、南佛山与清代阿嘉活佛

南佛山，当地又称西元山。其最早称南朔山，因有道士居于此山，又称西玄山，位于湟中县鲁沙尔镇西南15千米处的金纳山峡中，是积石山西段一座奇特的山林，海拔3265米。此山重峦叠嶂，山势高峻，山顶平坦，山形宛如屏障。远望山岩，有的像狮虎，有的如大象，还有许许多多难以名状，令人称绝。

历史上，南佛山曾是青海地区著名的道教圣地，山上道观廊殿错落有致，大小洞府9处，素有"道藏第四太元极真洞天"之称。

整个南佛山由前山、后山和朔屏台三大部分组成。前山的主要洞府叫绿杨洞，亦叫张佛殿，洞深、宽各3米多。洞口顶上有一棵古柏，状如盘龙，苍劲挺拔；两株皂角，盛夏开花，清香四溢。

洞内塑有张佛金神像一尊，手执一条鲤鱼，反映传说中"一鱼点化，二道成仙"的故事。洞内又有一小洞，俗称"黑虎洞"，洞口原画有黑虎饲子图，为当地民众求子之处。

洞前用石块砌成月台，台地上置一铜鼎，重600余斤，是清乾隆五十五年（1790）西宁石坡街金火匠李洪印、李洪福铸造。洞左有菩萨殿三间，右为无量洞。灵官殿屹立在峭壁悬崖之上，有石梯可攀。

南佛山上的西源观，建于明万历十七年（1589），距今已有400多年的历史。在《湟中区志》中有记载，《西宁续志》中亦有赞美西源山的诗文，有"终南之尾，西源之巅"之说，是名副其实的"洞天福地"。道教徒居住此山后，改称西玄山。传说元、明时期山中有道士修炼成仙，后被定为全国道教十大洞天之四，命名为"太玄极真洞天"。后改"玄"为"元"称"西元山"，道名"太元极真洞天"。明代是西元山道教活动的全盛时期，建筑规模宏大，道士众多，香火旺盛。清顺治初，塔尔寺阿嘉活佛朝山进香，认为这里是静修的好地方，即在广阔平坦的山顶上修建了佛殿，故而西元山又被称为南佛山。远眺该山，如彩绘的屏风，故民国年间文人墨客又称它为朔屏山。

五、土楼山与郦道元

土楼山山顶丛林之中，古洞窟凿嵌于山腰峭壁之间。露天金刚经千百年风雨削蚀自然形成，顶摩云天。古刹殿宇鳞次栉比，是继山西省太原悬空寺之后的中国第二大悬空寺。千百年的风剥雨蚀和鬼斧神工，造就了这一奇峰，或状如层楼迭起，或如宝塔凌空。北魏郦道元所注《水经注》中曾记载："湟水又东，经土楼南，楼北依山原，峰高三百尺，有若削成，楼下有神祠，雕墙故壁存焉。"根据此山现存文物遗迹考证，这里辟为宗教活动场所，始于东汉和帝永元年间（89—104），距今已有1900多年的历史。

六、娘娘山与隋炀帝

（详见本书第二章第十节）

至于隋炀帝到过河湟谷地，在《隋书·炀帝纪上》《隋书·食货志》中有过记载。在金山宴请群臣，则在《隋书·炀帝纪上》《西宁府新志·卷四》中有记载："金山，西去县治七十里，上有漱池，雨多则内有积水，能出云雨，居民遇旱而祷之。隋炀帝大宴群臣于其上。"但至于后妃或正宫娘娘殂于金娥山的凄怨动人的传说并无史料记载。

这些传说皆出自文人的浪漫情结，再加上民间文学及历史探讨的杂糅，使得娘娘山的奇传异说可谓是林林总总，并融入了河湟民众神圣无尘的精神家园之中。

七、阿尼玛卿山与格萨尔王

在史诗《格萨尔王传》中，阿尼玛卿山山神被称为"战神大王"，是格萨尔王所在的神山，因此在藏族群众心目中的地位极高。阿尼玛卿山最具代表性的自然景观是冰川。阿尼玛卿山的冰川主要是第四纪冰川作用后留下的完整的冰川地质遗迹。阿尼玛卿以神山的高昂，为世人演绎了一种神秘的美学魅力。

在搜集到的一个异文分部本《英雄诞生》中还说，格萨尔是阿尼玛卿山神与龙女果萨拉姆梦合而生，与藏族英雄史诗《格萨尔王传》也有较为密切的关系。为求其保佑，安多藏区百姓至今还对其虔心供奉，顶礼膜拜。在青海藏区，经常可以看到阿尼玛卿山神的画像。山神白盔、白甲、白袍，胯下白马，手执银枪，他武艺超群，降魔济贫，拥有无穷的智慧。阿尼玛卿峰有如此大的神威，自然成为百姓朝拜之地。遇到灾难，藏区百姓总要呼唤阿尼玛卿，盼望法力无边的山神伸以援手。佳节时分，人们拿出柏香、炒面、酥油，给山神煨桑敬礼。

每逢藏历的羊年或者神门（尼果）、雪门（岗果）隔开之年，朝拜的人们携带简单的行装、灶具和食物，顶风冒雪、跋山涉水、风餐露宿，绕山朝拜一周，才算尽了虔诚膜拜之心意，达到消除罪孽、灵魂升天的目的。绕山一周，徒步一般要花七八天时间，沿途条件很艰苦，没有顽强的体力和毅力是难以支持下来的。

八、唐古拉山与成吉思汗

传说 700 多年前，成吉思汗率领大军欲取道青藏高原进入南亚次大陆，却被唐古拉山挡住去路。恶劣的气候和高寒缺氧，致使大批人马死亡。所向披靡的成吉思汗只能望山兴叹，败退而归。

九、尕朵觉沃与吐蕃赞普及格萨尔王

尕朵觉沃意为"上康区主神"，它是吐蕃赞普赤松德赞供奉的藏区神山之一，是长江流域众多神山之王，是造福玉树地区的非凡神山。佛教经典《甘珠尔》中记述了有关尕朵觉悟拜师取经时的远大祈愿、积德行善的无私无畏、悟道成佛的无量慧能和赐福生灵的无限功德。传说尕朵觉沃是一位智勇双全的大将军，他统率着将士们捍卫美丽富饶的"多堆"，使人们安居乐业，人畜两旺。周围的 28 座山峰分别是他的 7 位战将、7 位神医、7 位铸剑师、7 位裁缝师，还有他的奶奶、子女等山峰。

根据历史和古迹可知，被史家称为"祖孙三王"之一的藏王赤热巴坚曾慕名从拉萨远行，专程朝拜尕朵觉悟，途中所用的宝座至今仍保藏在觉悟山背后的赛康寺内。 史称出生于康区下游、今四川甘孜藏族自治州德格县邓科境内的英雄格萨尔王曾把许多珍稀之宝供奉于尕朵觉悟，其中最具代表性的金瓶为供奉之珍品。故史传觉悟附近有许多珍稀矿产，扎朵金矿可为见证之一。 藏传佛教宁玛派高僧白玛都德在朝拜尕朵觉悟时曾目睹九层佛坛灵现的盛况，并以石刻碑文作记。此石碑刻立在觉悟山嘛呢堆中。

第二节 / 近、现代

邓少琴（1897—1990），四川江津（今重庆市江津区）人，历史学家。作为现代学者探寻昆仑山所在之处的先行者，邓少琴先生曾有三篇文章论到昆仑，其中专论昆仑的一篇名为《山海经昆仑之丘应即青藏高原之巴颜喀拉山》。他说："所谓巴颜喀拉山者即古称昆仑之丘。"清代齐召南所撰的《水道提纲》提到，元代招讨使都实所穷河源在朵甘思西部，其东北有大雪山，名亦耳麻不莫骂剌，译言腾气里塔，即昆仑也。邓先生的另两篇文章中的昆仑也大致在这一带，只是范围的广狭有所不同。

第三节／当代

一、可可西里

1. 可可西里与杰桑·索南达杰

1992 年，青海治多县委为保护和开发可可西里的资源成立了西部工作委员会，治多县委副书记杰桑·索南达杰任第一任书记。1994 年 1 月 18 日，索南达杰和 4 名队员在可可西里抓获了 20 名盗猎分子，缴获了 7 辆汽车和 1600 张藏羚羊皮。但他在押送歹徒行至太阳湖附近时，遭盗猎分子袭击，中弹牺牲。几天后，当搜寻小组找到他时，索南达杰依然保持着半跪的射击姿势。如今，这位藏族烈士的雕像矗立在可可西里保护区昆仑山口处，以弘扬索南达杰的英雄精神，并启迪后人。

2. 可可西里与作家杜光辉

作家杜光辉以雪域高原可可西里为背景创造出了一系列的小说，在这些作品中，表现的是严酷的自然环境、激烈的人性冲突；但杜光辉已经不满足于像以往那样只展示这种冲突和斗争的曲折离奇，沉醉于其中荡漾的快意恩仇，而是在意于突出对某种主体价值的肯定。长篇小说《可可西里狼》是杜光辉的一部力作，小说描述了可可西里的优美风景，彰显了人类中心主义给自然界带来的灾难，以跌宕起伏的故事情节呼吁摒弃人类中心主义的生态观，呼吁人与自然和谐共处，表达了对日趋严重的生态危机的深刻忧虑以及倡导人类热爱自然、感悟自然，人与自然和谐相处的生态思想。

作家陈忠实在为小说所作的序言中评论道："这部小说的文字极富表现张力，勾勒出一幅幅雄浑苍莽的画面，真实地展示出苍凉、美丽却又危机四伏的可可西里。作品犀利地剖析着人的灵魂中的善与恶，人类的真情、友谊、道德，利益冲突中的背信弃义、残酷杀戮，发出一声声回肠荡气的呼唤，发人深省。"

3. 可可西里与诗人、作家陈运和

陈运和，字用和，号螺洲人，系福建福州人氏。作家、诗人，书法家，曾用笔名陈实、白虹。毕业于九江大学文史专业。上饶地区（市）作协主席、名誉主席。1960 年开始发表作品。1995 年加入中国作家协会。作品多次获省级以上创作奖。

陈运和在其散文《我写过一首 1214 公里的长诗》中提及可可西里无人区："那没有人居住和生活的地方，恰恰是行者的灵魂可以栖落的地方。因为严格来说，它根本不能算是观光地，它的美不是走马观花就能领略，犹如朝圣者般虔诚，和这里的一草一木谈话，让人把自我的欲望跪于大自然的膝下，方能在高原强劲的心跳声中感受雪域的圣洁与坚韧。"

二、唐古拉山与诗人、作家陈运和

著名诗人陈运和于 2005 年 6 月 9 日租轿车沿青藏线采风，途经唐古拉山口时下车照相，60 多岁却没感到头晕，一路上一点高原反应都没有。然后，继续去西藏拉萨、日喀则等地采风、写诗。陈运和站在海拔 5231 米的唐古拉山口标志碑下，写下诗歌《过唐古拉山口》："……时而阳光，伴随走一走；时而冰雹，双肩抖一抖。进入生命禁区，登临敢昂首；何惧空气稀薄，下车喜逗留！ 2005 年 6 月 9 日的印辙，刺骨寒风写感受，海拔 5231 米的险境，飒爽英姿显身手——山高，高不过诗人脚板；春浓，浓不过歌者追求。一生难碰此机遇，乐与终年不化的雪峰共镜头……"

三、昆仑山口与陈毅副总理

昆仑山山口是青藏公路穿越昆仑山脉的必经之地，咽喉之所，是世界屋脊汽车探险线的必经之地，也是昆仑六月雪观光的重要景点。许多过往行人来到这里后，都要在此驻足观赏一番。1956 年 4 月，陈毅副总理在前往西藏途中路

过昆仑山时，激情满怀，诗兴大发，当即写了一首《昆仑山颂》：

> 峰外多峰峰不存，岭外有岭岭难寻。
>
> 地大势高无险阻，到处川原一线平。
>
> 目极雪线连天际，望中牛马漫逡巡。
>
> 漠漠荒野人迹少，间有水草便是客。
>
> 粒粒砂石是何物，辨别留待勘探群。
>
> 我车日行三百里，七天驰骋不曾停。
>
> 昆仑魄力何伟大，不以丘壑博盛名。
>
> 驱遣江河东入海，控制五岳断山横。

四、坎布拉与地理学家黄进

黄进（1927—2016），中国著名地理学家、丹霞地貌学家。黄进教授自20世纪60年代开始研究丹霞地貌，但系统研究开始于1978年，1982年发表了关于丹霞地貌坡面发育的经典论述。1989—1990年，黄进教授得到中山大学自然科学基金的资助，1990—1994年及1997—1999年又两度得到国家自然科学基金资助，先后对陕、甘、宁、川、黔、黑、冀、豫、鄂、湘、浙、皖、赣、闽、粤、桂、青、蒙、新、滇等省区进行丹霞地貌考察。到目前为止，在全国已经确定的1005处丹霞地貌中，黄进教授已实地考察了900多处。

20世纪80年代初，青海的旅游业刚刚兴起。1994年，黄进教授来到西宁，受邀前往坎布拉考察丹霞地貌。西宁到李家峡120余千米，汽车走了近4个小时，到达李家峡已是午后。李家峡镇（后改名坎布拉镇）是以水利水电四局机关、施工队和家属居住区形成的颇具规模的城镇。当时从李家峡到坎布拉既不通汽车，也没有路，要走17千米的黄河古道。黄进教授便骑毛驴进坎布拉进行考察，并传为佳话。1997年7月，全国第六届丹霞地貌旅游学术研讨会在青海举行，当年恰逢黄进教授70岁大寿，遂成一次盛会。

青海坎布拉丹霞地貌由红色砂砾岩构成，岩体表面丹红如霞，以奇峰、方山、洞穴、峭壁为主要地貌特征。

参考文献

黄荣海 . 中国地理百科·河湟谷地 [M]. 广州：南方日报出版社，2015.

刘建泉、汪杰、蒋志成 . 中国地理百科·祁连山 [M]. 广州：南方日报出版社，2016.

马丽芳 . 中国地质图集 [M]. 北京：地质出版社，2007.

青海百科全书编纂委员会 . 青海百科全书 [M]. 北京：中国大百科全书出版社，1998.

青海省地方志编纂委员会 . 青海省地方志·自然地理志 [M]. 合肥：黄山书社，1995.

青海省地质矿产局 . 青海省区域地质志 [M]. 北京：地质出版社，1991.

孙鸿烈，郑度 . 青藏高原形成演化与发展 [M]. 广州：广东科技出版社，1998.

伍光和 . 柴达木盆地 [M]. 兰州：兰州大学出版社，1990.

西北师范学院地理系，青海师范大学地理系 . 青海省地理 [M]. 西宁：青海人民出版社，1987.

尤联元，杨景春 . 中国地貌 [M]. 北京：科学出版社，2013.

张忠孝 . 青海地理 [M]. 北京：科学出版社，2009.

卓玛措 . 青海地理 [M]. 北京：北京师范大学出版社，2010.

张立汉 . 中国山河全书 [M]. 青岛：青岛出版社，2005.

班玛县地方志编纂委员会 . 班玛县志 [M]. 西宁：青海人民出版社，2004.

大柴旦镇地方志编纂委员会 . 大柴旦镇志 [M]. 北京：中国县镇年鉴出版社，

2002.

大通县地方志编纂委员会. 大通县志 [M]. 西安：陕西人民出版社，1993.

达日县地方志编纂委员会. 达日县志 [M]. 西宁：青海民族出版社，2013.

德令哈市地方志编纂委员会. 德令哈市志 [M]. 北京：方志出版社，2004.

都兰县地方志编纂委员会. 都兰县志 [M]. 西安：陕西人民出版社，2001.

甘德县地方志编纂委员会. 甘德县志 [M]. 西安：三秦出版社，2003.

格尔木市地方志编纂委员会. 格尔木市志 [M]. 北京：方志出版社，2005.

贵德县地方志编纂委员会. 贵德县志 [M]. 西安：陕西人民出版社，1995.

贵南县地方志编纂委员会. 贵南县志 [M]. 西安：三秦出版社，1996.

刚察县地方志编纂委员会. 刚察县志 [M]. 西安：陕西人民出版社，1998.

共和县地方志编纂委员会. 共和县志 [M]. 西宁：青海人民出版社，1991.

果洛藏族自治州地方志编纂委员会. 果洛藏族自治州志 [M]. 北京：民族出版社，2001.

海北藏族自治州地方志编纂委员会. 海北藏族自治州志 [M]. 兰州：甘肃人民出版社，1999.

海南藏族自治州地方志编纂委员会. 海南藏族自治州志 [M]. 北京：民族出版社，1997.

海西蒙古族藏族自治州地方志编纂委员会. 海西蒙古族藏族自治州志：1991—2002[M]. 西安：陕西人民出版社，1998.

海晏县地方志编纂委员会. 海晏县志 [M]. 兰州：甘肃文化出版社，1994.

河南县地方志编纂委员会. 河南县志 [M]. 兰州：甘肃人民出版社，1996.

互助土族自治县地方志编纂委员会. 互助土族自治县志 [M]. 西宁：青海人民出版社，1993.

化隆回族自治县地方志编纂委员会. 化隆县志 [M]. 西安：陕西人民出版社，1994.

黄南藏族自治州地方志编纂委员会. 黄南藏族自治州志 [M]. 兰州：甘肃人

民出版社，1999.

湟源县地方志编纂委员会.湟源县志[M].西安：陕西人民出版社，1993.

湟中区地方志编纂委员会.湟中区志[M].西宁：青海人民出版社，1990.

尖扎县地方志编纂委员会.尖扎县志[M].兰州：甘肃人民出版社，2003.

久治县地方志编纂委员会.久治县志[M].西安：三秦出版社，2005.

乐都县地方志编纂委员会.乐都县志[M].西安：三秦出版社，2012.

冷湖镇地方志编纂委员会.冷湖镇志[M].西安：三秦出版社，2003.

玛多县地方志编纂委员会.玛多县志[M].北京：中国县镇年鉴出版社，2001.

玛沁县地方志编纂委员会.玛沁县志[M].西宁：青海人民出版社，2005.

茫崖地方志编纂委员会.茫崖行政区志[M].西宁：青海民族出版社，2003.

门源回族自治县地方编纂委员会.门源县志[M].兰州：甘肃人民出版社，1993.

民和回族土族自治县地方志编纂委员会.民和县志[M].西安：陕西人民出版社，1993.

平安区地方志编纂委员会.平安区志[M].西安：陕西人民出版社，1996.

祁连县地方志编纂委员会.祁连县志[M].兰州：甘肃人民出版社，1993.

同仁县地方志编辑纂委员会.同仁县志[M].西安：三秦出版社，2001.

韦琼.循化撒拉族自治县志[M].北京：中华书局，2001.

西宁市地方志编纂委员会.西宁市志·地理志[M].西安：陕西人民出版社，1994.

西宁市城北区地方志编纂委员会.西宁市城北区志[M].西安：陕西人民出版社，1996.

西宁市城东区地方志编纂委员会.西宁市城东区志[M].西宁：青海人民出版社，2000.

西宁市城西区地方志编纂委员会.西宁市城西区志[M].西安：陕西人民出

版社，1995.

西宁市城中区地方志编纂委员会.西宁市城中区志 [M]. 西宁：青海人民出版社，2000.

泽库县地方志编纂委员会. 泽库县志 [M]. 北京：中国县镇年鉴出版社，2005.

天峻县地方志编纂委员会.天峻县志 [M]. 兰州：甘肃文化出版社，1995.

同德县地方志编委会.同德县志 [M]. 北京：民族出版社，1999.

乌兰县地方志编纂委员会.乌兰县志 [M]. 西安：三秦出版社，2003.

兴海县地方志编纂委员会.兴海县志 [M]. 西安：三秦出版社，2000.

玉树县地方志编纂委员会.玉树县志 [M]. 西宁：青海民族出版社，2012.

玉树藏族自治州地方志编纂委员会. 玉树州志 [M]. 西安：三秦出版社，2005.

艾山江·阿不都赛买提，李真. 阿尔金山国家级自然保护区冬、夏季气象状况分析 [J]. 冰川冻土，2014，36（6）：1465-1466.

安芷生，张培震，王二七，等. 中新世以来中国季风—干旱环境演化与青藏高原的生长 [J]. 第四纪研究，2006，26（5）：678-693.

方小敏，宋春晖，戴霜，等. 青藏高原东北部阶段性变形隆升：西宁、贵德盆地高精度磁性地层和盆地演化记录 [J]. 地学前缘，2007，14（1）：230-242.

侯增谦，王二七. 印度—亚洲大陆碰撞成矿作用主要研究进展 [J]. 地球学报，2008，29（3）：275-292.

焦鹏，孙轶刚. 新疆阿尔金山国家级自然保护区管理的现状及存在问题 [J]. 价值工程，2012，31（8）：287-288.

李才，翟庆国，董永胜，等. 青藏高原龙木错—双湖板块缝合带与羌塘古特提斯洋演化记录 [J]. 地质通报，2007，26（1）：13-21.

李德威. 青藏高原及邻区三阶段构造演化与成矿演化 [J]. 地球科学（中国地

质大学学报），2008，33（6）：723-742.

李吉均．青藏高原的地貌演化与亚洲季风 [J]．海洋地质与第四纪地质，1999，19（1）：7-17.

罗照华，莫宣学，侯增谦，等．青藏高原新生代形成演化的整合模型：来自火成岩的约束 [J]．地学前缘，2006，13（4）：196-211.

莫宣学．岩浆作用与青藏高原演化 [J]．高校地质学报，2011，17（3）：351-367.

施炜，刘源，刘洋，等．青藏高原东北缘海原断裂带新生代构造演化 [J]．地学前缘，2013，20（4）：1-17.

王成善，朱利东，刘志飞．青藏高原北部盆地构造沉积演化与高原向北生长过程 [J]．地球科学进展，2004，19（3）：373-381.

王亚东，张涛，迟云平，等．柴达木盆地西部地区新生代演化特征与青藏高原隆升 [J]．地学前缘，2011，18（3）：141-150.

吴福元，黄宝春，叶凯，等．青藏高原造山带的垮塌与高原隆升 [J]．岩石学报，2008，24（1）：1-30.

吴娱，张相锋，董世魁，等．阿尔金山自然保护区东部典型植物群落的物种组成、样性及生物量 [J]．生态学杂志，2013，32（9）：2251-2252.

伍跃中．阿尔金山的构造归属及其构造运动特征 [J]．地理科学与环境学报，2008，30（2）：111-114.

尹安．喜马拉雅—青藏高原造山带地质演化：显生宙亚洲大陆生长 [J]．地球学报，2001，22（3）：193-230.

张传林，陆松年，于海锋，等．青藏高原北缘西昆仑造山带构造演化：来自锆石 SHRIMP 及 LA-ICP-MS 测年的证据 [J]．中国科学（天辑：地球科学），2007，37（2）：145-154.

张进，马宗晋，任文军．宁夏中南部新生界沉积特征及其与青藏高原演化的关系 [J]．地质学报，2005，79（6）：757-773.

张克信，王国灿，骆满生，等 . 青藏高原新生代构造岩相古地理演化及其对构造隆升的响应 [J]. 地球科学（中国地质大学学报），2010，35（5）：697-712.

张旭亮，张海霞 . 基于资源分析的生态旅游开发研究：以阿尔金山自然保护区为例 [J]. 商场现代化，2005（26）：230-231.

郑剑东，阿尔金山的地质构造及其演化 [J]. 现代地质，1990，5（4）：348-350.

附录：青海海拔 *5000* 米以上山峰一览

名　称	海拔（米）	北　纬	东　经
布喀达坂	6860	36.0°	90.9°
布喀达坂南卫峰	6458	36.0°	90.9°
布喀达坂东峰	6671	36.0°	90.9°
布喀达坂南峰	6529	36.0°	90.9°
各拉丹冬	6621	33.5°	91.0°
各拉丹冬西峰	6407	33.5°	91.0°
各拉丹冬北峰	6293	33.5°	91.0°
各拉丹冬东峰	6241	33.5°	91.0°
姜根迪如岗	6543	33.5°	91.0°
嘎尔岗日	6513	33.5°	90.9°
唐古拉	6205	33.2°	91.2°
甘末星金	6166	33.6°	90.8°
恰卡碎	6108	33.6°	91.1°
吉热格帕	6070	32.8°	92.3°
尕恰迪如岗	6065	33.5°	90.9°
查仓玛	6060	33.5°	90.8°
巴冬	6052	33.5°	90.8°
巴尺金	6016	33.6°	90.8°
赛多浦岗日	6016	33.5°	91.5°
登卡	5981	32.8°	92.2°

（续表）

名　称	海拔（米）	北　纬	东　经
岗盖日	5963	34.9°	89.5°
色的日	5930		
木乃	5883	33.4°	92.4°
多勒柬陇巴	5850	33.2°	91.8°
雀莫	5845	34.0°	91.3°
热机	5790		
马兰山	5790	35.8°	90.6°
西恰日	5739	33.8°	93.1°
巴茸浪纳	5727	33.6°	92.7°
查拉杀耶	5697	33.0°	94.8°
仁艾波	5672	33.8°	91.4°
巴音赛若	5661	34.4°	93.5°
查纪永池	5628	32.8°	94.8°
莫核拉才	5612	32.8°	95.8°
欧乌格尔	5610	34.1°	91.4°
压麻	5600	32.5°	94.4°
诺将托勃	5561	32.7°	95.3°
黑驼峰	5561	35.8°	90.2°
扎那日根	5550	33.3°	94.2°
加果空桑贡玛	5499	33.3°	93.9°
廷肖拉查日	5325	33.1°	92.7°
达木吉	5321	32.2°	96.7°

（续表）

名　称	海拔（米）	北　纬	东　经
斜日贡尼	5257	34.5°	91.3°
沟机果	5187	31.9°	96.7°
郭哇替尕	5183	33.3°	93.4°
觉悟果	5169	32.0°	96.1°
桑恰	5116（5332）	34.5°	93.0°
岗钦扎仲	6137	33.9°	90.7°
扎日根	5483	34.1°	92.2°
扎格碎纳保	5283	34.1°	91.8°
霞舍日阿巴	5395		
玛卿岗日Ⅰ	6282	34.8°	99.4°
玛卿岗日Ⅱ	6268	34.7°	99.4°
玛卿岗日Ⅲ	6090	34.8°	99.4°
玛卿岗日Ⅳ	6070	34.7°	99.4°
玛卿岗日Ⅴ	5991	34.8°	99.4°
玛卿岗日Ⅵ	5966	34.8°	99.4°
玛卿岗日Ⅶ	5869	34.7°	99.4°
玛卿岗日Ⅷ	5836	34.8°	99.4°
吾和玛	5418	34.6°	99.5°
尼垅嘎卧	5221	34.3°	99.6°
玉珠	6178		
巍雪山	6004（5814）	36.1°	90.1°
塔鹤托坂日	5972	36.6°	91.2°

（续表）

名　称	海拔（米）	北　纬	东　经
玉虚	5933（6160）		
曲阿加吉玛	5930	33.5°	95.2°
日阿东拉	5876	33.5°	95.0°
岗则吾结	5808（5937）	38.5°	97.7°
雪山峰	5826	36.2°	92.0°
湖北冰峰	5804	35.8°	92.9°
保梭色	5769	32.7°	96.8°
望牲山	5752	34.8°	91.1°
汉台山	5727	35.4°	90.9°
碧云山	5713	36.6°	89.4°
多索岗日	5707		
玉女	5689		
孕义生都	5668	35.6°	94.7°
玉珠小峰	5626		
晒迪章瓜给	5600	33.2°	95.5°
巴音查乌马	5596	34.9°	92.3°
吐木加拉	5551	33.5°	95.7°
达纳地纳	5537	34.0°	95.4°
采莫尼俄（达龙赛）	5514	33.9°	94.5°
桌子山	5496	34.5°	90.2°
益克光	5494	35.7°	97.7°
托日阿扎加	5486	35.3°	92.2°

（续表）

名　　称	海拔（米）	北　纬	东　经
尕朵觉悟	5478		
沙松乌拉	5470	36.0°	94.2°
巴音真扎贡如	5446	34.5°	93.5°
黑脊山	5442	35.3°	91.0°
黑牛峰	5432	36.3°	89.2°
好日阿日旧	5417	35.4°	91.8°
马尼特	5404	35.4°	97.7°
牙马托	5400	35.7°	97.3°
贡玛陇赞姑	5396	34.8°	95.3°
可可赛根孟克	5336	35.6°	94.2°
尕布日亚	5333	33.5°	96.9°
扎日南九	5306	33.4°	96.4°
冷龙岭	5255	37.6°	101.5°
高山	5254	35.4°	92.9°
约改	5233	34.5°	91.7°
白日榨加	5201	34.9°	93.8°
囊极	5165	34.2°	92.9°
尕勒奏	5076	36.6°	92.8°
年保玉则	5015	33.3°	101.1°
年保玉则南峰	5369	33.3°	101.1°
扎加	5173	35.4°	96.7°
巴颜喀拉	5280	34.2°	97.6°

（续表）

名　称	海拔（米）	北　纬	东　经
尼采扎母那九	5267	34.1°	96.5°
雅拉达泽	5229	35.1°	95.8°
雅拉达泽东峰	5214	35.1°	95.8°
那拉翁多	5010		
晒察甫	5020	33.5°	100.7°
热吾挡宗	5123	34.5°	96.6°
卡里恩卡着玛	5089	34.9°	96.6°
布青山	5047	35.2°	97.8°
察仁不桑	5041	34.1°	97.3°
平顶山	5022	33.5°	99.1°
岗格尔肖合力	5006	38.2°	98.6°
圆顶山	5291		
黑熊山	5289		
骆驼峰	5285	37.3°	91.5°
托勒南山	5257	38.8°	98.1°
托勒山	5161	39.2°	97.8°
巴音山	5030	37.5°	97.0°

后　记

　　根据青海省地方志办公室的编纂规划，2016 年 3 月，青海省地方志编纂委员会办公室召开《青海名山志》编纂工作筹备会议，编纂工作正式启动。

　　2016—2017 年，编修人员先后赴海东、海西、海南、海北、黄南、玉树、果洛七州（地）县及西宁市，走访州（地、市）县政府办公室和地方志办公室，并在青海省地方志编纂委员会办公室的指导下，拟出编写篇目，开始编写工作。2018—2020 年组织编写，2020 年 11 月形成初稿，约 23 万字，送交评审。评审组认为本志书填补了青海没有山志的空白，全志指导思想准确、观点鲜明、体系完整，在记载资料少、摆布难度大的情况下对青海的名山进行了系统的整理，形成了群山志，是一部颇具特色、较为成功的志稿；同时，评审组也指出了志稿的许多不足之处，提出了不少宝贵意见和建议。

　　根据评审专家的意见，编写组对志稿进行了认真的修改、补充，于 2023 年 5 月底由省地方志编纂委员会办公室终审定稿。

　　本志书篇目编排形式为章节体。概述部分简述了青海地理环境、自然资源、人文历史与六大山脉；第一章描述了青海山地起源、形成过程与山脉分级；第二章至第五章按照青海地域划分，分别描述了青海东部名山、环湖名山、柴达木盆地名山、青南高原名山；第六章概述了对一些名山的科学考察、自然保护、生态旅游三个方面的内容；第七章按照古代、近代、当代的时序简述了青海的名山与一些名人的联系。

　　《青海名山志》概述由陈克龙、雷延金执笔，第一章"山地起源与形成"由陈克龙、常华进、陈宗颜、鄂崇毅执笔，第二章"青海东部名山"由仁欠扎西、袁杰、李宝鑫、张航、戚一应执笔，第三章"环湖名山"由陈克龙、雷延金、韩艳丽、白云霞执笔，第四章"柴达木盆地名山"由侯光良、吴成永、李宝鑫、雷延金执笔，第五章"青南高原名山"由陈克龙、仁欠扎西、毛亚辉、李宝鑫执笔，第六章"名山保护"、第七章"名人与名山"由薛华菊、方成江、雷延金执笔。全书第一次统稿由陈克龙、李宝鑫完成，第二次统稿由陈克龙、雷延金完成，修订与校对由陈克龙、吴朝雄、雷延金完成。

　　由于资料来源广、数量大、渠道多，不同资料往往对同一地物说法不一，我们将同一事物的不同资料进行比较对照分析，确定准确的资料。原则上以政府权威部门最新发布的数据、公开发行的志书为准。

　　《青海名山志》在编纂过程中，自始至终得到省地方志编纂委员会办公室的大力支持与指导，杨松义主任多次听取汇报并提出要求，李泰年、师玉洁给予了具体的指导并进行质量把关。

　　由于我们水平的局限，加之青海地域跨度大，许多地区人迹罕至，资料不完善，因此在编纂过程中纰漏和错误在所难免，竭诚希望广大读者对书中的缺点、错误给予指正。

编　者

2023 年 11 月